Biethahn/Hoppe · Entwicklung von Expertensystemen

Jörg Biethahn/Uwe Hoppe (Hrsg.)

Entwicklung von Expertensystemen

Eine Einführung

GABLER

Prof. Dr. Jörg Biethahn lehrt Wirtschaftsinformatik und Operations Research an der Universität Göttingen.
Dipl.-Kfm. Uwe Hoppe ist wissenschaftlicher Mitarbeiter am Lehrstuhl Wirtschaftsinformatik an der Universität Göttingen und arbeitet auf dem Gebiet der Wissensbasierten Systeme, insbesondere der Entwicklungsmethodik und Applikationen.

Die Deutsche Bibliothek – CIP-Einheitsaufnahme

Entwicklung von Expertensystemen : eine Einführung / Jörg Biethahn ; Uwe Hoppe (Hrsg.). – Wiesbaden : Gabler, 1991
ISBN-13: 978-3-409-13388-3
NE: Biethahn, Jörg [Hrsg.]

Der Gabler Verlag ist ein Unternehmen der Verlagsgruppe Bertelsmann International.

Lektorat: Jutta Hauser-Fahr

ISBN-13: 978-3-409-13388-3 e-ISBN-13: 978-3-322-83835-3
DOI: 10.1007/ 978-3-322-83835-3

Vorwort der Herausgeber

Expertensysteme sollten heute Bestandteil der Wirtschaftsinformatikausbildung an allen Universitäten sein. Die inhaltlichen Aspekte der Entwicklung von Expertensystemen wurden an der Abteilung Wirtschaftsinformatik I der Universität Göttingen in einer mehrmonatigen Vorbereitungsphase systematisch aufbereitet und in einem abschließenden einwöchigen Kolloquium präsentiert.

Die vorliegenden Beiträge sind das Ergebnis dieses Kolloquiums sowie der im Anschluß daran erfolgten Diskussionen. Jeder der Autoren hat einen eigenständigen und eigenverantwortlichen Beitrag verfaßt, der jedoch gleichzeitig Teil eines in sich geschlossenen und konsistenten Werkes ist.

Das Buch richtet sich an Studenten und Forschende im Bereich der Wirtschaftsinformatik sowie der weiteren "Bindestrich"-Informatiken, die sich mit Aspekten der Entwicklung von Expertensystemen beschäftigen. Da die einzelnen Beiträge in ihren jeweiligen Themengebieten über einführende Aspekte deutlich hinausgehen, sollte auch der versierte Forschende auf dem Gebiet der Expertensysteme seinen Nutzen aus dem Buch ziehen können.

Der Beitrag von *T. Weidenhaupt* gibt einen Überblick über die **Grundlagen von Expertensystemen**, und stellt somit die Basis dar für die vertiefenden Darstellungen der nachfolgenden Autoren.

Die oftmals als Grundtechniken bezeichneten Aspekte der Wissensrepräsentation und Inferenz in Expertensystemen sind Gegenstand der Beiträge von *A. Hassepaß* und *C. v. Trott*. Der Umfang des hier zu erörternden Stoffes führte zu einer Unterteilung in die **Wissensrepräsentation und Inferenz auf Basis der Logik und in regelbasierten Systemen** einerseits sowie in die **Wissensrepräsentation und Inferenz in hybriden Systemen** andererseits.

D. Fischer behandelt in seinem Beitrag die **Nichtmonotone und probabilistische Inferenz** und beschäftigt sich mit der Problematik des Schließens in diffusen Anwendungsgebieten auf der Basis unvollständiger und unsicherer Informationen.

Der Beitrag **Erklärungsfähigkeit und Wissensakquisition** von *Stefan Kolb* stellt den Übergang dar von den Grundtechniken hin zu den methodischen Aspekten der Erstellung von Expertensystemen. Auf der Basis der Darstellung der Benutzerschnittstelle von Expertensystemen werden Erklärungsbedarf und Anforderungen sowie Arten der Wissensakquisition erläutert.

Im Beitrag **Methodische Aspekte der Erstellung Wissensbasierter Systeme** von *U. Hoppe* werden Anforderungen an eine Methodologie des Knowledge Engineering untersucht und anhand zweier konkreter Methodologien, dem Generic-Task-Approach sowie der KADS-Methodologie, dargestellt und erläutert.

H. Mucksch und *W. Fenske* beschäftigen sich in ihrem Beitrag mit der Vorgehensweise bei der Entwicklung von Expertensystemen, insbesondere mit **Entwicklungsschemata und Prototyping**. Kontrovers diskutiert wird hier die Frage der modellbasierten oder Prototyping-orientierten Entwicklung.

Das **Management von Expertensystemprojekten** steht im Mittelpunkt der Ausführungen von *R. Brockhaus*. Hierzu werden gleichsam Aspekte der Projektplanung, -steuerung und -kontrolle bei der Entwicklung von Expertensystemen betrachtet.

Der abschließende Beitrag von *J. Biethahn* zeigt **Aktuelle Grenzen von Expertensystemen und Entwicklungstrends** auf. In einer ganzheitlichen Sichtweise werden Fragen der Integration von Expertensystemen in betriebliche Informationssysteme behandelt.

Die Herausgeber danken allen Co-Autoren für die Erarbeitung der einzelnen Beiträge. Gedankt sei auch den studentischen Hilfskräften, die das vorliegende Werk in eine einheitliche Form gebracht haben.

Jörg Biethahn, Uwe Hoppe

Inhaltsübersicht

Grundlagen von Expertensystemen

Dipl.-Kfm. Thomas Michael Weidenhaupt

Abteilung Wirtschaftsinformatik der
Universität Göttingen

Inhaltsverzeichnis

1 Einleitung

Der Wunsch und der Versuch, eine Maschine mit der menschlichen Fähigkeit Intelligenz auszustatten, besitzt eine lange Tradition. Im Jahr 1796 überraschte Kemplen seine Zeitgenossen mit einem Schachautomaten, in dem jedoch lediglich ein Mensch untergebracht war. Im Jahr 1834 entwickelte der englische Professor für Mathematik Charles Babbage eine programmgesteuerte Rechenmaschine, und Weizenbaum beeindruckte 1964 seine Mitmenschen mit dem scheinbar intelligenten Kommunikationsprogramm ELIZA.

Auch die Entwicklung der Datenverarbeitung (DV) zeichnet sich von Anfang an dadurch aus, daß immer intelligentere Aufgaben vom Menschen auf das DV-System übertragen wurden. Wurde der Computer anfänglich lediglich als Gehilfe zur Bewältigung gewaltiger Zahlenmengen eingesetzt, so wurden ihm immer komplexere und intelligentere Aufgaben gestellt.

Mit dieser Intention entwickelte sich in den fünfziger Jahren die Forschung der "Künstlichen Intelligenz" (KI). Der deutsche Ausdruck "Künstliche Intelligenz" (KI), als wörtliche Übersetzung des 1956 von John McCarthy geprägten englischen Ausdrucks "Artificial Intelligence" (AI), steht für einen eigenständigen wissenschaftlichen Bereich, der sich mit dem menschlichen Denk- , Entscheidungs- sowie Problemlösungsverhalten befaßt, um dieses durch computergestützte Lösungsverfahren abzubilden[1].

Als Anwendungsbereiche der KI lassen sich unter anderen die Robotik, die sich mit computergesteuerten Handhabungssystemen beschäftigt, die automatisierte Bilderkennung, die natürliche Spracherkennung und der Bereich der wissensbasierten Expertensysteme (XPS) nennen.

Die historische Entwicklung der Expertensysteme ist eine Entwicklung von universellen Problemlösungssystemen zu hoch spezialisierten Expertensystemen. Anfänglich wurde die Zielsetzung verfolgt, mit allgemeinen Prinzipien ein System zu schaffen, das ein beliebiges Problem zu lösen in der Lage war. Im Vordergrund stand die Entwicklung von effizienten Suchstrategien und leistungsfähigen Heuristiken, um zielgerichtet den Suchraum der Problemlösungspfade durchlaufen zu können. Eine dieser Suchstrategien stellt die Means-End -Analyse, eine Differentialanalyse, dar, die in dem wohl bekanntestes Produkt dieser Phase, dem "General Problem Solver" (GPS)[2] realisiert wurde.

Die Forderung, allgemeine Probleme lösen zu können, hatte im Bereich der Expertensysteme jedoch eine eher untergeordnete Bedeutung, da das Verhalten eines Experten, eines Spezialisten abgebildet werden sollte. Die Darstellung des komplexen Wissens eines Experten erforderte neben den Suchverfahren effiziente Techniken der Wissensrepräsentation.

---

1 Vgl. HAHN, v. W.: Künstliche Intelligenz, SEL-Stiftungs-Reihe 2, Stuttgart, 1985, S. 27. CHRISTALLER, TH.: Künstliche Intelligenz - eine zukunftsorientierte Forschungsperspektive in der Informatik, in: Der GMD-Spiegel, Nr. 3/4, 1986, S. 45-53.

2 Vgl. NEWELL, A.; SIMON, H. A.: GPS, A Program that Simulates Human Thought, in: FEIGENBAUM, E.; FELDMANN, J. (Hrsg): Computers and Thought, New York 1972, S. 279-293.

Das Erkennen der Notwendigkeit leistungsfähiger Methoden zur Erfassung, der effektiven Darstellung und Integration eines problemorientieren Wissen führte zu den wissensbasierten Ansätzen. Man erkannte, daß gerade die Kriterien, die einen Experten ausmachen, nämlich sein Faktenwissen und seine Erfahrung, die effiziente Basis eines wissensbasierten Expertensystems darstellen.[3]
Heute findet man Expertensysteme in vielen Aufgaben- und Forschungsbereichen eingesetzt. Im medizinischen Bereich, zur Diagnose bakterieller Infektionskrankheiten, ist das wohl bekannteste Expertensystem MYCIN zu nennen. Ein weiteres Beispiel eines realisierten Expertensystems stellt MACSYMA dar, das mathematische Probleme vereinfacht und Beweise durchführt. In der Analyse geologischer Meßdaten und dessen Interpretation haben PROSPECTOR, sogar mit gutem wirtschaftlichem Erfolg, sowie DIPMETER und ADVISOR sich einen Namen gemacht.
Leistungsfähige Werkzeuge (Tools) haben die Entwicklung von Expertensystemen und das Arbeiten mit ihnen zudem stark vereinfacht. Schenkt man allgemeinen Prognosen Glauben, so werden in wenigen Jahren Expertensysteme bzw. Expertensystemwerkzeuge für wenig Geld zu erhalten sein. Dieses scheint wohl recht realistisch zu sein, betrachtet man die zunehmende Verbreitung immer leistungsfähigerer und kostengünstigerer Hardware.
Dieser einführende Aufsatz soll einen Überblick über die Komplexität, aber auch über die überraschende Einfachheit der Expertensysteme geben, die in den nächsten Jahren aus betrieblicher Sicht sicherlich große Umwälzungen mit sich bringen werden.
Ein Einsatz als Arbeitzplatzsystem zur Unterstützung des Managers bei seinen täglichen Entscheidungen aufgrund immer komplexer werdender Informationen ist ebenso vorstellbar, wie der routinemäßige Einsatz bei Konstruktion und Konfiguration in den technischen Abteilungen.
Im Anschluß an eine Begriffsabgrenzung soll in Kapitel 3 auf die allgemeine Architektur und Struktur von Expertensystemen eingegangen werden. Es soll gezeigt werden, wie Wissensdarstellungen realisiert werden und wie die Verarbeitung des Wissen erfolgen kann. Die Probleme, die sich bei der Entwicklung von Expertensystemen stellen, sollen im vierten Kapitel aufgezeigt werden. Beispielhaft soll hier auf das prototyping-orientierte Stufenkonzept von Harmon/King eingegangen werden.[4]
Dieser Aufsatz kann jedoch nur eine Momentaufnahme der raschen Entwicklung der wissensbasierten Expertensysteme sein. Der interessierte Leser findet in den nachfolgenden Aufsätzen eine im Detail intensivere Behandlung der verschiedenen Teilaspekte von Expertensystemen.

---

3 Vgl. HAYES-ROTH, F. et al.: An Overview of Expert Systems, in: HAYES-ROTH, F.; WATERMAN, D. A.; LENAT, D. B. (Hrsg.): Building Expert Systems, London u.a. 1983, S. 7.

4 Vgl. HARMON, P.; KING, D.: Expertensysteme in der Praxis: Perspektiven, Werkzeuge, Erfahrungen, 2. erg. Auflage, München u.a. 1987, S. 217 ff.

2 Begriffsabgrenzung

2.1 Daten und Informationen

Betrachtet man die Entwicklung der elektronischen Datenverarbeitung (EDV), so bemerkt man, daß anfänglich das Hauptaugenmerk auf Begriffe wie Datenverarbeitung, Datenbearbeitung, Datenträger und Datensysteme gerichtet war. Bald stellte sich die Erkenntnis ein, daß die Fülle der Daten ohne eine effektive, für den Menschen brauchbare Verdichtung und Aussage kaum nutzbar war.
Daten sind nach DIN 44300, Zeichen oder kontinuierliche Funktionen, die zum Zweck der Verarbeitung **Informationen** auf Grund bekannter oder unterstellter Abmachungen darstellen.[5] In der oben dargestellten Definition von Daten finden wir den Begriff Information, der als nächste Ebene in Ausdrücken wie Informationsverarbeitung und Informationssysteme seinen Eingang findet.
Informationen stellen im betriebswirtschaftlichen Sinne zweckorientiertes bzw. zielgerichtetes Wissen oder Kenntnisse über Vorgänge und Sachverhalte dar.[6]
Die Zahl 40 stellt ohne weitere Angaben, lediglich eine numerische Größe dar. Fügt man die Wörter "Grad Celsius" hinzu, so kann man die Information einer Temparaturangabe entnehmen. Erweitert man die Information um den Hinweis, daß es sich bei dieser Angabe um eine Körpertemperatur handelt, ist das **Wissen** erforderlich, daß es sich hier um eine für den menschlichen Körper bedenkliche Temperatur handelt, die gegebenenfalls die Einleitung medizinischer Maßnahmen erfordert.
Man erkennt, daß aufbauend auf Daten und Informationen das Wissen über die Verwendung der Information, d.h. das Wissen um Ursache und Wirkung vorhanden sein muß.[7]

2.2 Wissen, Experten und Expertensysteme

Es ist verständlich, daß niemand alles Wissen über alle Fachbereiche zur Verfügung haben kann. Für eine effektive Bewältigung eines Wissensbereiches, einer **Wissensdomäne**, werden Spezialisten benötigt, die Experten.[8]
Ein **Experte** stellt ein Individuum dar, das sich anerkanntermaßen durch eine hohe Konstanz und Effizienz bei der Lösung von Problemen in einem bestimmten Problembereich auszeichnet. Das **Expertenwissen** zeichnet sich durch seine fachspezifische Komplexität und Tiefe in diesem engen Problembereich, der Domäne aus. Es besteht aus Fakten und den "Daumenregeln" eines Experten, die als **Heuristiken** bezeichnet werden.[9]

---

5 Vgl. DIN 43300, Stand März 1972, S. 3.

6 Vgl. WITTMANN, W.: Information, in GROCHLA, E.: Handwörterbuch der Organisation, 2. völlig neu gestaltete Auflage, Stuttgart 1980, Sp. 894-904.

7 Vgl. PUPPE, F.: Einführung in die Expertensysteme, Berlin u.a. 1988, S. 12.

8 Vgl. KURBEL, K.: Entwicklung und Einsatz von Expertensystemen, Berlin u.a. 1989, S. 18.

9 Vgl. HARMON, P.; KING, D.: Expertensysteme in der Praxis: Perspektiven, Werkzeuge, Erfahrungen, a.a.O. S. 35.

Man kann dieses Wissen in ein routinemäßiges Wissen, das **Oberflächenwissen**, und ein spezifiziertes, grundlegendes Wissen, das **Tiefenwissen**, untergliedern.[10] Als Oberflächenwissen werden häufig die Heuristiken und Theorien bezeichnet, die das fachspezifische Allgemeinwissen eines Experten darstellen. Als Tiefenwissen werden die fundamentalen Grundprinzipien und Theorien genannt, auf die sich ein Experte besinnt, wenn es darum geht, schwerwiegende, nicht routinemäßige Probleme zu lösen.

Für das weitere Verständnis von Wissen sei noch das statische **Langzeitwissen** und das dynamische **Kurzzeitwissen** erwähnt. Übertragen auf die Funktionsweise eines Rechners stellen die statischen Daten, die Informationen und das Wissen auf einem Datenträger, (z.B. auf einer Festplatte), das Langzeitwissen dar. Die dynamischen Daten, die Informationen und das Wissen im Arbeitsspeicher eines Rechners stellen das Kurzzeitwissen dar.

Der Bereich, in dem das Wissen eines Experten, bestehend aus anwendungsbezogenen Regeln und Fakten abgelegt ist, wird **Wissensbasis** genannt.[11]

Die Erfassung und Modellierung, bis hin zur Implementierung und Wartung des Wissen wird als **Knowledge Engineering** bezeichnet.

Ein Individuum dessen Tätigkeit es ist, ein wissensbasiertes System zu entwerfen und zu realisieren, wird **Wissensingenieur (Knowledge Engineer)** genannt.[12]

Beschränkt sich das Aktionsfeld eines Wissensingenieures auf die Wissensbasis, so spricht man von einem **Wissensbasisingenieur (Knowledge Base Engineer)**. Die Verwaltung einer realisierten Wissensbasis übernimmt dann der **Wissensbasenverwalter (Knowledge Base Administrator)**.[13]

Die Abgrenzung der Begriffe **`Wissensbasiertes System`** und **`Expertensystem`**, als Teilbereiche der KI, wird in der Literatur nicht immer eindeutig vollzogen. Sie könnte aber dadurch erfolgen, daß ein Expertensystem ein problemspezifiziertes `Wissensbasiertes System` darstellt. In einem `Wissensbasiertem System` ist das fachspezifische Wissen explizit und unabhängig vom allgemeinen Problemlösungswissen über ein Problem- und Anwendungsgebiet enthalten und dargestellt.[14] Ein Expertensystem dagegen ist ein Programmsystem, das seine Verwendung darin findet, das Problemlösungsverhalten eines Experten zu simulieren. Es beinhaltet die auf ein konkretes Anwendungsgebiet begrenzten Problemlösungsverfahren und Wissensinhalte menschlicher Experten.[15] Die beiden Ausdrücke Expertensystem und Wissensbasiertes Sytem werden jedoch häufig auch synonym verwendet.

Eine mögliche Einteilung und Abgrenzung gibt die Abbildung 1 wieder. Es sind aber auch andere schematische Darstellungen denkbar.[16]

---

10 Vgl. HARMON, P.; KING, D.: Expertensysteme in der Praxis: Perspektiven, Werkzeuge, Erfahrungen, a.a.O., S. 38 f.

11 Vgl. BRYANT, N.: Managing Expert Systems, Chichster u.a. 1988, S. 10 u. S. 17 ff.

12 Vgl. RETTI, J. et al.: Artificial Intelligence - Eine Einführung, 2., überarb. Auflage, Stuttgart 1986, S. 99 f.

13 Vgl. BRYANT, N.: Managing Expert Systems, a.a.O., S. 64 f.

14 Vgl. KURBEL, K.: Entwicklung und Einsatz von Expertensystemen, a.a.O., S. 18.

15 Vgl. SAVORY, S. E.: Grundlagen von Expertensystemen, München u.a. 1988, S. 7 ff.

16 Vgl. HAHN, v. W.: Künstliche Intelligenz, a.a.O., S. 38 f.

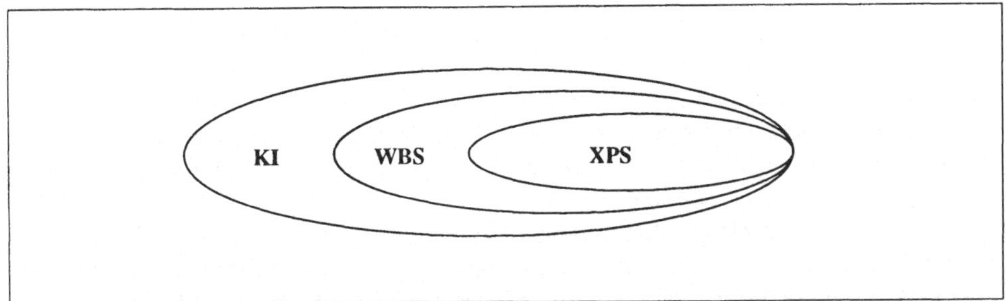

Abb. 1: Abgrenzung KI-Systeme, Wissensbasierte Systeme und Expertensysteme[17]

3 Anforderungen und Struktur von Expertensystemen

3.1 Die Anforderungen an ein Expertensystem

Die Anforderungen, die an ein Expertensystem gestellt werden, stehen im unmittelbarem Zusammenhang mit seiner erwünschten Funktionalität.

So ist es ein Ziel der Entwicklung eines Expertensystems, motiviert durch die Knappheit des Expertenwissens, ein Programmsystem zu schaffen, das den menschlichen Experten in seiner täglichen Routine unterstützt, aber auch in der Lage ist, einen Teil seiner Aufgaben zu übernehmen. In diesen geplanten Aufgaben eines Expertensystems liegen häufig auch die Ursachen für eine mangelnde Akzeptanz und Skepsis durch die Experten selbst.

Aus betrieblicher Sicht sind in diesen unterstützenden und simulierenden Funktionen weitgreifende Vorteile zu sehen, da langfristig das Wissen des Experten gesichert und weiterentwickelt werden kann.

Als erste, scheinbar recht einfache Anforderung, ist die Fähigkeit zu nennen, ein **Problem lösen** zu können.[18]

Die gefundenen Lösungen und der Lösungsweg sollten **transparent** und **erklärbar** sein.

Das bestehende Wissen sollte aktualisiert und umstrukturiert werden können. Es ist also eine gewisse **Flexibilität** notwendig, die eine Wart- und Modifizierbarkeit gewährleistet.

Das Expertensystem sollte eine anerkannte, hohe Kompetenz in der **Problemlösungsfähigkeit** besitzen. Dieses beinhaltet auch die Fähigkeit des Systems, seine eigene **Kompetenz** zu beurteilen und die Überschreitung seiner Kompetenz zu erkennen.

In scheinbarem Gegensatz zu dem letzten Punkt sollte das Expertensystem in Grenzsituationen nicht starr agieren, sondern bei Bedarf in Analogie zu Problemlösungswegen fremder Problemgebiete neue Problemlösungswege finden. Es sollte aber auch eigene Regeln brechen und neue ordnen und festlegen können, d.h. man erwartet eine gewisse **Lernfähigkeit**.

---

17 Vgl. KURBEL, K.: Entwicklung und Einsatz von Expertensystemen, a.a.O., S. 27.

18 Vgl. DAVIS, R.: Expert Systems: Where are we? And where do we go from here?, in: AI Magazine, Spring 1982, S. 3-22.

Als letzte Anforderung sei eine hohe **Benutzerfreundlichkeit** gefordert, damit nicht ein weiterer Experte nötig ist, um einfache Abfragen mit dem Expertensystem durchzuführen.
Diese Anforderungen zeigen, daß bei der Entwicklung eines Expertensystems eng mit einem Experten zusammengearbeitet werden sollte, nicht nur weil man auf das Wissen des Experten und die Struktur des Wissens angewiesen ist, sondern auch um die Akzeptanz eines solchen Produktes zu erhöhen.
Betrachtet man die derzeitige Realisation dieser Forderungen, so tritt eine starke Ernüchterung ein. So ist die geforderte Erklärungsfähigkeit und die damit verbundene Transparenz erst in Ansätzen realisiert. Sie wird in der Regel nur in der Form eines Traces (Spur) der zur Lösung verwendeten Wissenselemente dem Benutzer geboten.
Die Kompetenz bzw. die Problemlösungsfähigkeit der Systeme ist im allgemeinen gut, jedoch ist das Erkennen der eigenen Kompetenz kaum realisiert. Statt dessen ist bei Erreichen der Grenzen einer Domäne ein starkes Absinken der Kompetenz, auf Grund des fehlenden Allgemeinwissen, zu beobachten.
Es existieren Ansätze, die es ermöglichen, über Schnittstellen auf Datenbanken zuzugreifen, aber ein automatischer Wissenserwerb oder ein Lernverhalten ist nicht realisiert.
Die Forderungen nach Flexibilität und Wartbarkeit sind kaum zufriedenstellend erfüllt. Heutige Expertensysteme enthalten noch sehr viel Kontrollwissen implizit in der Wissensbasis, so z.B. in der Reihenfolge der zu verwendenden Regeln. Daher können häufig Regeln nicht einfach hinzugefügt werden, da die Struktur der Wissensbasis einzuhalten ist.
Die geforderte Benutzerfreundlichkeit ist im allgemeinen recht hoch. Es werden Masken und Pulldown-Menüs angeboten, die die Kommunikation zwischen System und Benutzer gut unterstützen.

3.2 Die allgemeine Architektur von Expertensystemen

Die Struktur eines Expertensystems besteht aus folgenden grundlegenden Einheiten:

- Dialogkomponente
- Erklärungskomponente
- Inferenzkomponente
- Wissenserwerbskomponente
- Wissensbasis

Die Kommunikation mit dem System erfolgt aus der Sicht des Benutzers über die **Dialogkomponente**. Der Wissensingenieur nutzt die **Wissenserwerbskomponente**, auch Wissensakquisitionskomponente genannt, zur Einrichtung und Pflege des Wissens.
Eine Ein- und Ausgabe kann über Tastaturen, Meßfühler, Scanner, Drucker oder Bildschirme, in Abhängigkeit vom Ausmaß der Integration des Expertensystems in das jeweilige betriebliche Informationssystem erfolgen.
Den bedeutendsten Bestandteil eines Expertensystems stellt die **Wissensbank**, auch **Wissenbasis** genannt, dar. Hier sind die problemspezifischen Fakten und Regeln einer Wissensdomäne abgelegt. Da in einem Expertensystem eine strikte Trennung von Wissen

und Ablaufsteuerung eingehalten werden soll, wird das Wissen über die Verarbeitung des Wissen separat in der **Inferenzmaschine** abgelegt.
Die Erklärung und Darstellung der Abarbeitung des Wissens für die Konsultation wird dem Benutzer über die **Erklärungskomponente** geboten.

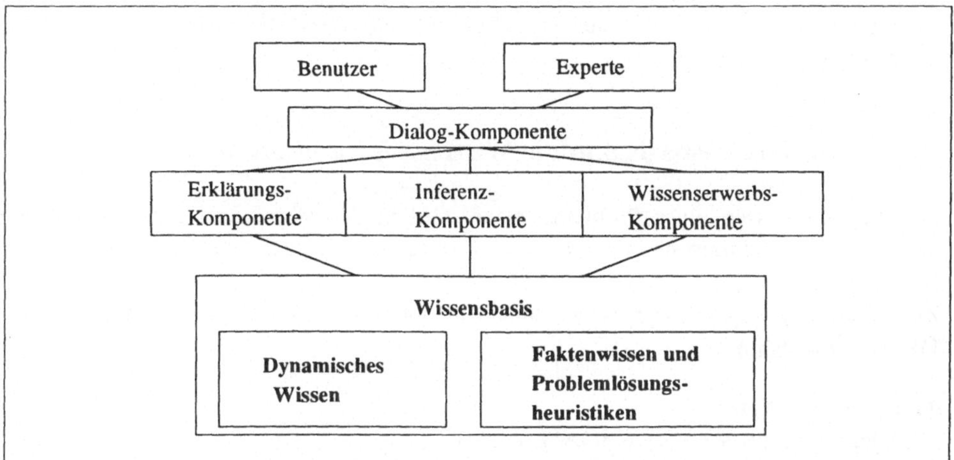

Abb. 2: Aufbau eines Expertensystem[19]

3.3 Die Wissenserwerbskomponente

Die Wissenserwerbskomponente dient der Erfassung und Fortschreibung des Wissens, d.h. es wird gewährleistet, daß bestehendes Wissen verändert, daß neues Wissen hinzugefügt und veraltetes oder falsches Wissen gelöscht werden kann.[20] Für die Erfüllung dieser Aufgaben stehen Werkzeuge wie z.B. Editoren oder Maskengeneratoren zur Verfügung.
Der Wissenserwerb kann in drei Arten unterteilt werden.[21]

1) Indirekter Wissenserwerb:
Hier wird das Wissen durch einen Wissensingenieur implementiert. Als problematisch kann sich hier der Umstand erweisen, daß bei späteren Änderungen in der Regel wiederum ein Wissensingenieur hinzugezogen werden muß. Übermittlungsfehler bei der Erfassung des Wissen können die Datenbasis unbrauchbar machen.

2) Direkter Wissenserwerb:
Bei dieser Methode gibt der Experte sein Wissen direkt in die Wissensbasis ein. Diese Form setzt voraus, daß der Experte in der Lage ist, die Eingaben durchzuführen. Eine komfortable Schnittstelle zwischen dem Experten und der Wissensbasis ist hier von großem

19 Vgl. RETTI, J. et al.: Artificial Intelligence - Eine Einführung, a.a.O., S. 79.
20 Vgl. ebenda, S. 88.
21 Vgl. PUPPE, F.: Einführung in die Expertensysteme, a.a.O., S. 110 ff.

Vorteil. Als Werkzeuge des Wissenserwerbs sind hier beispielsweise TEIRESIAS von MYCIN, KRYTON und MOLE zu nennen.

3) Automatisierter Wissenserwerb:
Hierbei nimmt das Expertensystem selbständig sein benötigtes Wissen aus verfügbarer Literatur und Falldaten (z.B. aus Datenbanken) auf. Diese Form ist aber bislang nur ansatzweise realisiert.

3.4 Die Wissensbasis und die Wissensrepräsentation

Das Expertenwissen einer Problemdomäne wird in der Wissensbasis abgelegt. Dieses Wissen muß strukturiert und kodiert werden, so daß eine maschinelle Verarbeitung durchführbar wird.
Zur Abbildung des Wissens stehen unterschiedliche Formen der Wissensrepräsentation (WR) zu Verfügung.[22]

1) semantische Netze
2) Objekt-Attribut-Wert-Tripel (OAW-Tripel)
3) Frame (Rahmen)
4) Regeln
5) logische Ausdrücke

Die ersten drei Repräsentationtechniken sind den objektorientierten Darstellungen zuzuordnen. Häufig kommen zur Darstellung des Wissens in einer Wissensbank auch mehrere Formen zum Tragen.
Im folgenden sollen die einzelnen WR-Techniken jeweils kurz erläutert werden. Eine ausführliche Behandlung dieser Problematik ist in den Beiträgen von Hassepaß und v.Trott zu finden.

ad 1) Semantische Netze
Semantische Netze stellen die älteste und allgemeinste Wissensrepräsentationsform der Künstlichen Intelligenz dar.[23]
Ein semantisches Netz ist eine Menge von Objekten, die durch Knoten dargestellt werden, und ihren Beziehungen untereinander, die durch gerichtete Kanten (Bögen) oder Glieder wiedergegeben werden.[24]
Die Knoten stellen physische Gegenstände, aber auch gedankliche Elemente wie z.B. Maschinen, Arbeitsabläufe, Konzepte oder abstrakte Begriffe dar. Die Relationen zwischen den Objekten werden durch die Kanten wiedergegeben. Sie beinhalten Aussagen wie z.B. [ist ein] oder [hat ein]. Von größerer Bedeutung sind in diesem Zusammenhang

22 Vgl. THUY, N. H. C.; SCHNUPP, P.: Wissensverarbeitung und Expertensysteme, München u.a. 1989, S. 75 ff.

23 Vgl. HARMON, P.; KING, D.: Expertensysteme in der Praxis: Perspektiven, Werkzeuge, Erfahrungen, a.a.O., S. 41.

24 Vgl. RICH, E.: KI-Einführung und Anwendungen, Hamburg 1988, S. 232 ff.

hierarchische Relationen, welche die Vererbung von Eigenschaften an untergeordnete Objekte erlauben.[25] Der Vorteil der Vererbung liegt in der verringerten Redundanz abgespeicherter Information, da nicht jedes Mitglied einer Gruppe die gruppenspezifische Information enthalten muß. Es genügt zu wissen, daß das Objekt ein Element der Gruppe ist.

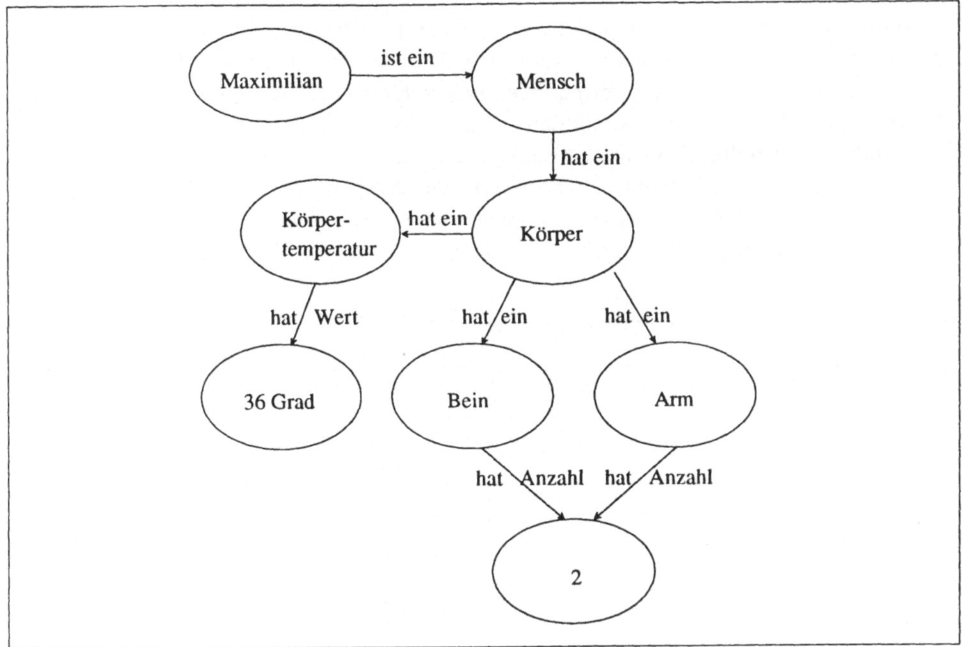

Abb. 3: Darstellung eines semantischen Netzes[26]

ad 2) Objekt-Attribut-Wert-Tripel (OAW-Tripel)
Die OAW-Tripel können als spezielle Form der semantischen Netze angesehen werden.
Die Eigenschaften von **Objekten** werden durch Attribute dargestellt, denen Werte zugeordnet werden. Geschieht diese Wertzuordnung für alle Attribute eines Objekts, so spricht man von einer **Instanziierung**.
Als Beispiel diene folgendes OAW-Tripel:
- MAXIMILIANS KÖRPER (Objekt)
- HÖHE DER KÖRPERTEMPERATUR (Attribut)
- 38 GRAD (Wert)

Den einzelnen OAW-Tripeln können Konfidenzfaktoren zugeordnet werden, die das Maß der Sicherheit ausdrücken, mit der eine Beziehung gegeben ist. Konfidenzfaktoren sind keine Wahrscheinlichkeiten. Sie geben wieder, inwieweit der Experte subjektiv dem

---

25 Vgl. KURBEL, K.: Entwicklung und Einsatz von Expertensystemen, a.a.O., S. 38 f.
26 Vgl. RICH, E.: KI-Einführung und Anwendungen, a.a.O., S. 232.

semantischen Gehalt eines OAW-Tripels vertraut. Der Wert Eins drückt die volle Zustimmung und der Wert Null ein Nicht-Zutreffen einer Aussage aus.[27]

ad 3) Frame (Rahmen)

Durch ein Frame wird eine objektorientierte Darstellung und Beschreibung realisiert. Ein Frame beinhaltet die gesamte, ein Objekt betreffende Information, die in den jeweiligen **Abteilen (slots)** des Frames abgelegt werden kann. Daneben besteht die Möglichkeit, Slots mit Voreinstellungen, sogenannten "**default values**" zu belegen.[28] Mit dieser Repräsentationsform können komplexe Informationen unterschiedlicher Natur über ein Objekt dargestellt werden. Zum einen ist es möglich, Wissen **deklarativ** als Aussage darzustellen, und zum anderen **prozedural** in Handlungsanweisungen.

Die Angabe der allgemeinen durchschnittlichen Körpertemperatur als Wert stellt das Wissen deklarativ dar. Eine Angabe hingegen über eine individuelle tatsächliche Körpertemperatur erfordert prozedural die Anweisung zur Feststellung der entsprechenden Temperatur.

Körper	
Slots	Eintragungen
Besitzer	Maximilian
Arme	Standard: 2
Beine	Standard: 2
Kopf	Standard: 1
Größe	100 cm
Alter	1 Jahr
Geschlecht	männlich
Temperatur	wenn erforderlich, mit Thermometer messen

Abb. 4: Darstellung eines Frames

27 Vgl. hierzu den Beitrag von D. FISCHER.

28 Vgl. RICHTER, M. M.: Prinzipien der Künstlichen Intelligenz, Stuttgart 1989, S. 123 ff. SAVORY, S. E.: Grundlagen von Expertensystemen, a.a.O., S. 146.

ad 4) Regeln
Eine von Expertensystemen häufig verwendete Repräsentationsform von Beziehungen stellen die Regeln dar. Eine Regel setzt sich aus einer **Vorbedingung (Prämisse)** und einer daraus folgenden **Aktion (Schluß bzw. Konklusion)** zusammen. Ist die Vorbedingung erfüllt, d.h. sie stellt eine wahre Aussage dar, so wird in dieser Situation die Aktion ausgeführt.
WENN die Verkehrsampel von Grün auf Gelb wechselt,
DANN Geschwindigkeit reduzieren
Die Schlußfolgerung kann wie ein Faktum mit einem Konfidenzfaktor belegt werden.[29]

ad 5) Logik
Man unterscheidet zwischen der **Aussagenlogik** und ihrer Erweiterung, der **Prädikatenlogik**.
Mit Hilfe der Aussagenlogik kann der Wahrheitsgehalt einer Aussage beschrieben werden. Es können die Werte `wahr` oder `falsch` vergeben werden.
Komplexere Darstellungen erreicht man, indem man die Aussagen weiter mit logischen Funktionen wie z.B. UND, NICHT, ODER oder ÄQUIVALENT zu Aussagenverknüpfungen formt.
Die Prädikatenlogik gestattet Aussagen über die Eigenschaften von Objekten. Ein Prädikat kann als Funktion von Objekten, den Argumenten, dargestellt werden. Die Objekte können Konstanten, Variablen oder Funktionen sein.[30] Quantoren geben Auskunft über das Ausmaß eines Zustandes.
Die Aussage "ist hoch (Körpertemparatur)" besagt, daß die festgestellte Körpertemparatur hoch ist.
Mit einer Erweiterung, "ist hoch (Körpertemparatur, Maximilian)" kann diese einfache Aussage zu einer Aussage zweiter Ordnung überführt werden, so daß ausgesagt werden kann, wessen Temparatur hoch ist.
Schachtelungen von Aussagen erlauben es, komplexe Zusammenhänge darzustellen:

"ist hoch (Körpertemparatur(40),Maximilian)"

Die angegebenen Beispiele sind recht einfach gestaltet, doch erkennt man, daß mit Hilfe der Logik komplexe Fakten und Relationen repräsentierbar sind.

3.5 Die Inferenzmaschine und die Abarbeitungssteuerung

Die wesentlichen Aufgaben der Inferenzmaschine sind die Steuerung der Reihenfolge, mit der die Schlußfolgerungen gezogen werden sollen, und die Herleitung von weiterem Wissen, das nicht explizit in der Wissensbank dargestellt ist.
In Konfliktsituationen ist die Auswahl alternativer Möglichkeiten festzulegen.
Eine einfache Inferenzstrategie ist die logische Regel **MODUS PONENS**, die auch als `wenn-dann`-Regel beschrieben werden kann. Der Modus Ponens besagt, wenn die Prä-

29 Vgl. HARMON, P.; KING, D.: Expertensysteme in der Praxis: Perspektiven, Werkzeuge, Erfahrungen, a.a.O., S. 49 ff.
30 Vgl. RICH, E.: KI-Einführung und Anwendungen, a.a.O., S. 149 ff.

missen einer Regel wahr sind, so kann daraus gefolgert werden, daß auch die Schlüsse wahr sind. Ein umgekehrter Schluß aus den zugrundeliegende Aussagen ist im MODUS PONENS nicht implizit enthalten.[31]

Ein weiterer Inferenzmechanismus ist das **Resolutionskalkül**. Hierbei wird durch Zusammenfassen und Umformen logischer Aussagen überprüft, ob eine neue Tatsache Gültigkeit besitzt.[32]

Es lassen sich zwei grundlegende Strategien der Wissensverarbeitung unterscheiden.

Die Vorwärtskettung (forward chaining) geht von den gegebenen Prämissen, den Fakten und Eingaben aus und führt die Suche nach einem Zielzustand durch. Die Vorwärtskettung wird auch datengesteuerte Kettung genannt.

Im Gegensatz dazu geht die häufiger verwendete Rückwärtskettung von der Schlußfolgerung, einem möglichen Zielzustand, aus und sucht mögliche Prämissen für diese Schlußfolgerung. Man spricht in diesem Zusammenhang auch von einer zielgerichteten Kettung.[33]

Bei beiden Kettungsstrategien kann noch entschieden werden, ob bei der Suche zuerst in die Breite (breadth first) oder zuerst in die Tiefe (depth first) gegangen werden soll. Eine andere Möglichkeit der Setzung von Suchprioritäten ist die `best first`-Regel, in der die aussichtsreichste Regel als erste ausgewählt wird, was jedoch zusätzliches Kontrollwissen erfordert.

Zwei weitere Ausprägungen der Ablaufsteuerung stellen das monotone und das nicht-monotone Schließen dar.[34] Beim monotonen Schließen bleiben alle für ein Attribut geschlossenen Werte im Laufe einer Konsultation wahr. Das bedeutet, daß die Menge der wahren Aussagen monoton steigt.[35]

Bei einem nicht-monotonem Schlußfolgerungssystem können gültige Fakten, die als wahre Aussage benannt waren, durch aktuelle Fakten verworfen werden. Als ein Beispiel hierfür wird häufig die Planung genannt, da es sich zu einem späteren Zeitpunkt zeigen kann, daß zuvor getroffene Annahmen und Entscheidungen falsch waren.[36]

3.6 Die Dialogkomponente

Die Aufgabe der **Dialogkomponente** ist es, die systeminterne Darstellung des Wissens dergestalt aufzubereiten, daß sie dem Benutzer in verständlicher Art und Weise zugänglich wird.

---

31 Vgl. HARMON, P.; KING, D.: Expertensysteme in der Praxis: Perspektiven, Werkzeuge, Erfahrungen, a.a.O., S. 56 f.

32 Vgl. PUPPE, F.: Einführung in die Expertensysteme, a.a.O., S. 18. RETTI, J. et al.: Artificial Intelligence - Eine Einführung, a.a.O., S. 156 f.

33 Vgl. THUY, N. H. C.; SCHNUPP, P.: Wissensverarbeitung und Expertensysteme, a.a.O., S. 102.

34 Vgl. hierzu den Beitrag von D. FISCHER.

35 Vgl. KURBEL, K.: Entwicklung und Einsatz von Expertensystemen, a.a.O., S. 58 ff.

36 Vgl. RETTI, J. et al.: Artificial Intelligence - Eine Einführung, a.a.O., S. 161 ff. HARMON, P.; KING, D.: Expertensysteme in der Praxis: Perspektiven, Werkzeuge, Erfahrungen, a.a.O., S. 65 ff.

Die Effizienz der Benutzung eines Expertensystems hängt wesentlich von einer leichten Einarbeitung in seine Bedienung, von seiner Interaktionsgeschwindigkeit und von einer hohen Fehlertoleranz der Eingabe ab.[37]
Die Gestaltung einer Dialogkomponente sollte die verschiedenen Zielgruppen der möglichen Benutzern berücksichtigen, da nicht alle Benutzer den gleichen Grad an Kenntnissen im Umgang mit Expertensystemen besitzen.[38]
Eine mögliche Lösung dieses Problems bietet die Kombination von Pull-Down-Menues, Funktionstastenkombinationen und selbst erstellbare Makrofunktionen, wie sie z.B. in Textbearbeitungssystemen verwendet werden.
Zur Gestaltung der Dialogkomponente sollten Fenstertechniken, Maskengeneratoren, Kommandosprachen mit Linecodes, pseudo-natürliche Kommandosprachen, Menues und Masken zur Verfügung stehen.[39]
Die **Interviewkomponente** als ein Bestandteil der Dialogkomponente dient der Dateneingabe und dem Dialog mit dem Expertensystem. Im wesentlichen unterscheidet man zwischen der selbständigen Datenerfassung durch das Expertensystem und der Eingabe durch den Benutzer.
Im ersten Fall bezieht das Expertensystem seine Informationen durch Sensoren und Meßgeräte oder durch andere Rechner. Im zweiten Fall wird zwischen drei Dialogformen unterschieden:

- Problemspezifikation im **Batch-Betrieb**: d.h. der Benutzer hat vor Sitzungsbeginn das Problem soweit spezifiziert, daß ein weiteres Eingreifen durch den Benutzer im Dialog nicht mehr erforderlich ist. Ein Vorteil dieser Dialogform kann es sein, daß Dialogprozesse durch Multitaskingsysteme in den Hintergrund gestellt werden, um einen höheren Durchsatz zu erhalten. Im Falle einer inkorrekten Dateneingabe bei geringer Fehlertoleranz, kann sich der Abbruch einer Sitzung, ohne die Möglichkeit des Eingreifens durch den Benutzer, als nachteilig erweisen.
- **Passiver Dialog**: Bei dieser Form beantwortet der Benutzer, ohne die Möglichkeit zur eigenen Gestaltung des Dialogs, die Fragen des Expertensystems. Hilfreich bei dieser Dialogform können Online-Referenztexte des Expertensystem sein, die dem Benutzer bei Fragen weiterhelfen.[40]
- **Dialog mit wechselseitiger Initiative**: hier kann der Benutzer aktiv in den Dialogprozeß eingreifen und ihn gestalten. Diese Form setzt aber voraus, daß der Benutzer Kenntnisse über den Dialogablauf und die Dialogform besitzt.[41]

37 Vgl. PUPPE, F.: Einführung in die Expertensysteme, a.a.O., S. 134 ff.
38 Vgl. SHNEIDERMAN, B.: Designing the User Interface, Reading u.a. 1987, S. 52 ff.
39 Vgl. PUPPE, F.: Einführung in die Expertensysteme, a.a.O., S. 135.
40 Vgl. BAUER, D. et al.: Unterstützende Komponenten für wissensbasierte Mensch-Computer-Kommunikation, in: Angewandte Informatik, Nr. 8, 1989, S. 352 ff.
41 Vgl. PUPPE, F.: Einführung in die Expertensysteme, a.a.O., S. 136 f.

3.7 Die Erklärungskomponente

Die Erklärungskomponente soll es dem Benutzer ermöglichen, in jeder Situation einer Expertensystemsitzung eine Erläuterung für die gezogenen Schlußfolgerungen und den gewählten Lösungsweg zu erhalten. Je verständlicher und plausibler eine gefundene Lösung für den Benutzer darstellbar ist, beispielsweise durch Argumentationsketten, um so höher wird die Akzeptanz der Lösung und des Expertensystems auf Seiten der Benutzer sein.
Die Erklärungskomponente dient ebenfalls der Verifikation des Systems. Dem Entwickler eines Expertensystems wird durch das Aufzeigen des Schlußfolgerungspfades, dem sogenannten Tracing, die Kontrolle über die Korrektheit der Inferenzstrategie des System ermöglicht.[42]

4 Entwicklung von Expertensystemen

4.1 Ablaufmodelle zur Entwicklung von Expertensystemen

Für die Entwicklung von Expertensystemen stellt sich die Frage der zu verwendenden Entwicklungsmethodik.
Aus dem Softwareengineering sind hinreichend Methoden zur Organisation der Entwicklung von Software- und Informationssystemen bekannt.
Eine grobe Untergliederung dieser Methoden kann durch die Einteilung in die stufenmodellorientierten und in die prototypingorientierten Modelle erfolgen.
Ziel dieser Methoden ist es, den Prozeß der Entwicklung transparent und dadurch auch kontrollierbar zu gestalten, um eine Planung hinsichtlich der benötigten Ressourcen zu unterstützen.[43]
Als Beispiel eines Stufenmodells sei hier das Phasenkonzept von Biethahn[44] kurz vorgestellt. Es gliedert sich wie folgt in sieben Phasen:

1. Problemspezifikation (Anforderungsspezifikation, Requirement Engineering)
2. Systemspezifikation
3. Systemkonstruktion
4. Systemimplementierung
5. Systemverifikation
6. Systemeinführung
7. Systemwartung

---

42 Vgl. SAVORY, S. E.: Grundlagen von Expertensystemen, a.a.O., S. 128 ff.

43 Vgl. BIETHAHN, J.; MUCKSCH, H.; RUF, W.: Ganzheitliches Informationsmanagement, Bd. I, Grundlagen, München u.a. 1990, S. 118 ff.

44 Vgl. ebenda, S. 126 f.

Die Entwicklungskonzepte des Prototypings lassen sich in experimentelles, evolutionäres und exploratives Prototyping unterscheiden.[45] Eine Kombination der beiden Methoden ließe sich erreichen, indem man z.B. das experimentelle Prototyping im Rahmen eines Stufenkonzepts in der Systemspezifikation realisiert.

Es ist jedoch zu überprüfen, ob diese "konventionellen" Methoden die Komplexität und Problemstruktur von Expertensystemen zufriedenstellend unterstützen.

Häufig gelingt es nicht eine vollständige Systemspezifikation vor der Implementierung zu erstellen, da zu Beginn des Projekts selten ein klares Verständnis der Problemstellung vorliegt und somit nur selten explizite Aussagen über die endgültige Form des Expertensystems gemacht werden können.[46]

Auf Grund dieser ungenauen Zielvorstellungen, birgt der lineare und sequentielle Ablauf der Stufenmodelle, ohne Iterationen der Stufen, Probleme, wenn es sich z.B. in der Realisationsphase zeigt, daß Regeln in der Spezifikationsphase nicht berücksichtigt wurden. Auch muß es sich zeigen, ob die die einzelnen Phasen abgrenzenden Meilensteine der Stufenmodelle in einer dynamischen Expertensystementwicklung Bestand haben, oder ob andere Mechanismen notwendige Regel- und Kontrollfunktionen übernehmen können.

Diese Probleme haben die Forderung aufkommen lassen, an Hand einer kleinen Anzahl von Fallbeispielen, sehr früh einen Prototyp zu entwickeln. Ausgehend von diesem Prototyp sollen dann weitere schrittweise Verfeinerungen und Erweiterungen, bis hin zur Erfüllung der Anforderungen, vorgenommen werden. Diese Methodik, das sogenannte **Rapid Prototyping**, bietet die Möglichkeit, früh das Verhalten des Expertensystems zu überprüfen. Es können die Korrektheit des Wissenstransfers, die Wissensspezifikation und die Annahmen über die Inferenzstrategien überprüft werden.

Diese frühe Festlegung der Struktur macht jedoch spätere Änderungen und Erweiterungen sehr aufwendig. Das Fehlen von Phaseneinteilungen erschweren die Planung und Kontrolle des Projekts.

Als ein weiterer Nachteil kann sich die frühzeitige Konzentrierung auf die Implementierung erweisen, da nur ein Bruchteil des Expertenwissens berücksichtigt wird, ohne die vollständige Beurteilung des Gesamtmodells.

Einen anderen Weg gehen die modellorientierten Entwicklungsansätze. Hier wird eine strikte Trennung von Datenanalyse und Implementierung vorgenommen, d.h. es wird zuerst ein vollständiges Modell des Expertenwissens gebildet, das anschließend implementiert wird.[47]

---

45 Vgl. FLOYD, CH.: A Systematic Look at Prototyping, in BUDDE, R. et al. (Hrsg.): Approaches to Prototyping, Berlin u.a. 1984, S. 6 f.

46 Vgl. BUCHANAN, B. G. et al.: Constructing an Expert System, in: HAYES-ROTH, F.; WATERMAN, D. A.; LENAT, D. B. (Hrsg.): Building Expert Systems, a.a.O., S. 167 f.

47 Weitere Betrachtungen sind in dem Beitrag von HOPPE zu finden.

4.2 Das Ablaufmodell von Harmon/King

Als ein Beispiel für die Umsetzung eines Stufenmodells des Rapid Prototypings soll an dieser Stelle das Konzept von P. Harmon und D. King dargestellt werden.[48]
Der Entwicklungsprozeß ist hier in sechs Phasen unterteilt.

1. Phase: Wahl eines geeigneten Problems
2. Phase: Erstellung eines Prototypsystems
3. Phase: Entwicklung eines vollständigen Expertensystems
4. Phase: Bewertung des Systems (Testphase)
5. Phase: Integration des Expertensystem
6. Phase: Wartung des Expertensystems

Einen schematischen Überblick über die Phasen gibt Abb. 5 wieder.[49]

Auf die einzelnen Phasen soll im Folgenden tiefer eingegangen werden.

1. Phase: Wahl eines geeigneten Problems
Hier erfolgt die Festlegung einer geeigneten Problemdomäne und einer spezifischen Aufgabe, deren Lösung mit Hilfe eines Expertensystems voraussichtlich realisiert werden kann.
Ein Experte oder eine Expertengruppe ist zu finden mit der Bereitschaft, dem Wissensingenieur oder einem Wissensingenieurteam das relevante Fach- und Expertenwissen, die Expertise, zugänglich zu machen. Wird mit einer Expertengruppe zusammengearbeitet, so ist der Leiter dieser Gruppe zu bestimmen.
Es ist von Vorteil für die Zusammenarbeit von Wissensingenieur und Experten, wenn ein Grundwissen über die Problemdomäne auf Seiten der Wissensingenieure vorhanden ist. In dieser Phase sollte auch die Zielgruppe, für die ein Expertensystem entworfen wird, in der Planung berücksichtigt werden.
Mit der Festlegung eines vorläufigen Problemlösungsansatzes versucht der Wissensingenieur die benötigten Methoden der Wissensrepräsentation, die Inferenzstrategien und die Art der Schlußfolgerung mit Hilfe des Experten zu erfassen.
Mit einer Kosten-Nutzen-Analyse des Entwicklungsprojektes sollen in diesem Abschnitt die zu erwartenden Kosten des Projektes abgeschätzt werden, um diese dem zu erwartenden Nutzen, wie Kostenersparnis oder Produktivitätssteigerung, entgegenzuhalten.
Es soll ein Projektplan entworfen werden, mit dessen Hilfe der Prozeß der Realisierung beobachtet und geleitet werden kann.

---

48 Vgl. HARMON, P.; KING, D.: Expertensysteme in der Praxis: Perspektiven, Werkzeuge, Erfahrungen, a.a.O., S. 218 ff.

49 Vgl. ebenda, S. 220.

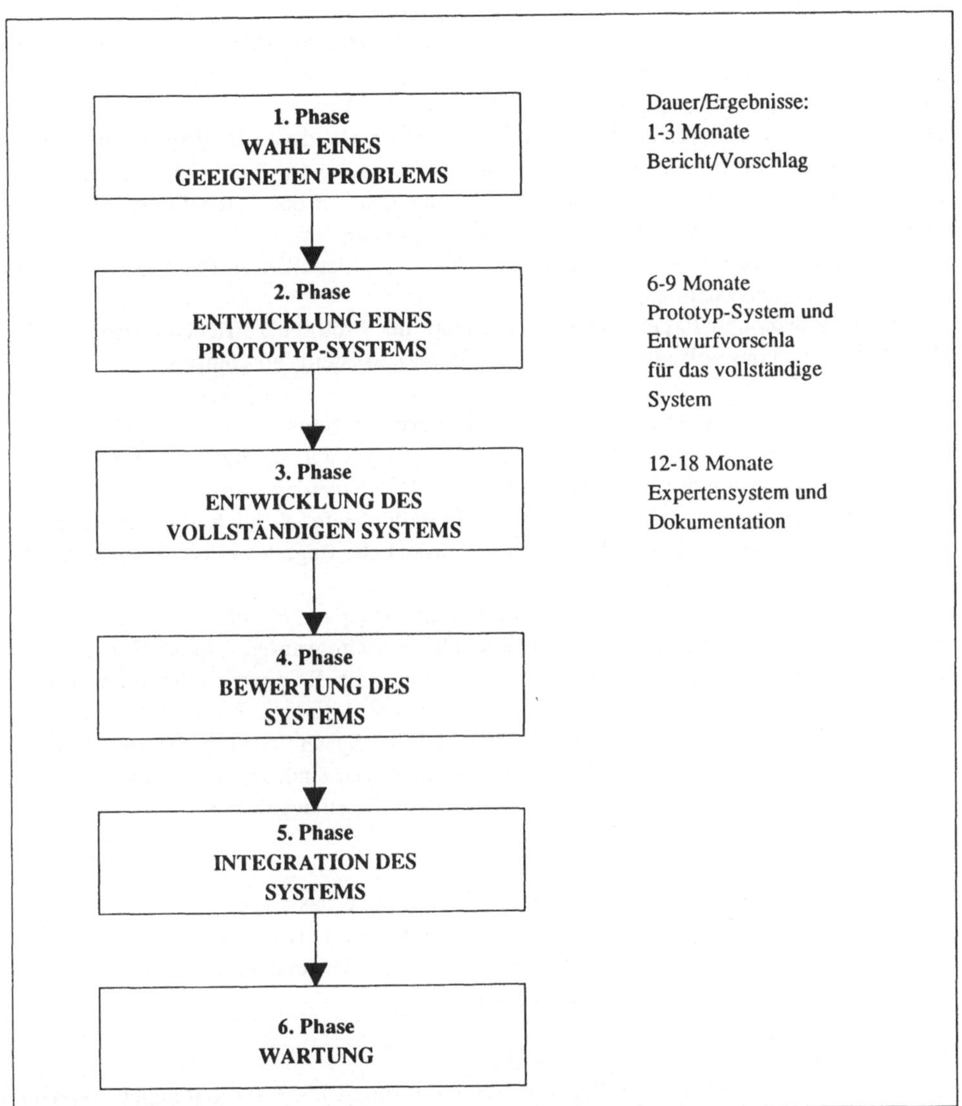

Abb. 5: Phasenüberblick

2. Phase: Erstellung eines Prototypsystems[50]

Der Wissensingenieur soll sich durch das Studium des Arbeitsbereichs und der Aufgabenstellung mit der Problemdomäne und den Problemlösungswegen vertraut machen. Dieses kann durch Befragen des Experten und durch Studium der Fachliteratur erfolgen.

50 Vgl. hierzu auch NOELKE, U.: Das Wesen des Knowledge Engineering, in: SAVORY, S. E. (Hrsg.): Künstliche Intelligenz und Expertensysteme, 2. Aufl., München u.a. 1985, S. 109-123.

Es werden die eindeutigen Leistungskriterien spezifiziert, mit denen die Arbeit bzw. die Lösungen des Expertensystems beurteilt werden sollen. Nach der Wahl eines Expertensystemwerkzeuges erfolgt die Erstellung einer Prototyp-Version.
Hier schließt sich das Testen der Prototyp-Version an Hand von Fallbeispielen an. Es ist aufzuzeigen, ob die für die Bearbeitung der Problemstellung erforderliche Repräsentation des Wissens sowie die notwendigen Inferenzstrategien mit den Darstellungs- und Verarbeitungsmechanismen des Tools realisiert werden können.
Ist dieses erfolgt, so schließt sich die Entwicklung eines detaillierten Entwurfs für ein vollständiges Expertensystem an.
Wissensingenieur und Experte können, nachdem der Prototyp zufriedenstellend arbeitet, den Umfang und das vollständige Design des Expertensystems abschätzen.

3. Phase: Entwicklung eines vollständigen Expertensystems
Der Wissensingenieur implementiert die Kernstruktur des vollständigen Systems.
Durch die Erweiterung der Wissensbasis in dieser Phase werden weitere Heuristiken in die Wissensbasis aufgenommen, wobei hier sowohl in die Tiefe, als auch in die Breite gegangen wird, d.h. es werden beispielsweise durch zusätzliche Regeln weitere Aspekte der Problemdomäne aufgenommen.
Es werden die Benutzerschnittstellen entworfen und angepaßt, mit denen dem Benutzer die Informationen des Expertensystems zugänglich gemacht werden. Dieser Punkt ist von wesentlicher Bedeutung, da hiermit die Akzeptanz des Benutzers oder eines Käufers gefördert werden kann.
Mit dem erneuten Durchspielen von Testfällen soll die Systemleistung überwacht werden, um zu überprüfen, ob noch weitere Regeln hinzuzufügen sind. In dieser Phase sollte der Experte meist schon in der Lage sein, selber neue Regeln einzugeben.

4. Phase: Bewertung des Systems (Testphase)
Sind Wissensingenieur und Experte der Auffassung, daß das Expertensystem vollständig ist, so sollte nun das Expertensystem als Ganzes auf seine Leistungskriterien hin überprüft werden. Es empfiehlt sich in dieser Situation Experten mit einzubeziehen, die nicht an der bisherigen Entwicklung teilgenommen haben.

5. Phase: Integration des Expertensystem
Der Wissensingenieur und der Experte vermitteln durch einen Technologietransfer den Benutzern und dem Wartungspersonal das notwendige Wissen, um selbständig mit dem Expertensystem zu arbeiten. Grundlegend ist hierbei der Informationsaustausch durch Schulung und eine fundierte Dokumentation des Expertensystems. Ist dieses erfolgt, so kann sich der Wissensingenieur aus dem Projekt zurückziehen.
Anschließend erfolgt die Erstellung von Schnittstellen zu externen Hardware- und Softwarekomponenten, wie z.B. Datenbanken oder Maschinen.

6. Phase: Wartung des Expertensystems

Um eine höhere Ablaufgeschwindigkeit zu erreichen, kann das Expertensystem in eine algorithmische Sprache kompiliert werden. Hierbei ist jedoch zu beachten, daß eine Wissensbasis einer großen Wandlung unterworfen ist, und durch die Übersetzung eine hohe Inflexibilität entstehen kann.

Die Wartung beinhaltet weiterhin Aktualisierung des Wissens, Pflege der Benutzerschnittstellen, sowie Anpassungen an eine sich verändernde Hardwareumgebung.[51]

5 Zusammenfassung

Mit diesem Beitrag sollte ein Überblick über die vielschichtigen Aspekte der Expertensysteme gegeben werden, die in den kommenden Jahren sicherlich eine interessante Entwicklung mit sich bringen werden.

Ihre Aufgaben liegen in der Unterstützung und Entlastung des Experten, nicht aber in seinem Ersatz. Von der Softwareentwicklung bis hin zur komplexen Entscheidungsunterstützung sind die möglichen Einsatzgebiete der Expertensysteme weit gestreut.

Zum jetzigen Zeitpunkt ist jedoch ein Widerspruch in dem breiten Interesse und der geringen Verbreitung der Expertensystems zu erkennen. Häufig sind heute lediglich kleine Systeme in eng umgrenzten Spezialgebieten realisiert.

Ein Überblick über laufende Anwendungen und Projekte bieten beispielsweise das Buch von P.Harmon, R.Maus und W.Morrissey[52] oder die Veröffentlichungen der Gesellschaft für Informatik e.V.

---

51 Vgl. ebenfalls zur Entwicklung von Expertensystem: SCHACHTER-RADIG M.-J.: Vorgehen beim Umsetzen der KI-Technologie in die industrielle Praxis, in: KRALLMANN, H. (Hrsg.): Expertensysteme im Unternehmen, Berlin 1986, S. 114 ff.

52 HARMON, P.; MAUS, R.; MORRISSEY, W.: Expertensysteme: Werkzeuge und Anwendungen, München u.a. 1989.

6 Literaturverzeichnis

BAUER, D. et al.: Unterstützende Komponenten für wissensbasierte Mensch-Computer-Kommunikation, in: Angewandte Informatik, Nr. 8, 1989, S. 351-359.

BIETHAHN, J.; MUCKSCH, H.; RUF, W.: Ganzheitliches Informationsmanagement, Bd. I, Grundlagen, München u.a. 1990.

BRYANT, N.: Managing Expert Systems, Chichster u.a. 1988.

BUCHANAN, B. G. et al.: Constructing an Expert System, in: HAYES-ROTH, F.; WATERMAN, D. A.; LENAT, D. B. (Hrsg.): Building Expert Systems, London u.a. 1983, S. 127-168.

CHRISTALLER, TH.: Künstliche Intelligenz - eine zukunftsorientierte Forschungsperspektive in der Informatik, in: Der GMD-Spiegel, Nr. 3/4, 1986, S. 45-53.

DAVIS, R.: Expert Systems: Where are we? And where do we go from here?, in: AI Magazine, Spring 1982, S. 3-22.

DIN 43300, Stand März 1972.

FLOYD, CH.: A Systematic Look at Prototyping, in BUDDE, R. et al. (Hrsg.): Approaches to Prototyping, Berlin u.a. 1984, S. 1-188.

HAHN, v. W.: Künstliche Intelligenz, SEL-Stiftungs-Reihe 2, Stuttgart, 1985.

HARMON, P.; KING, D.: Expertensysteme in der Praxis: Perspektiven, Werkzeuge, Erfahrungen, 2. erg. Auflage, München u.a. 1987.

HARMON, P.; MAUS, R.; MORRISSEY, W.: Expertensysteme: Werkzeuge und Anwendungen, München u.a. 1989.

HAYES-ROTH, F. et al.: An Overview of Expert Systems, in: HAYES-ROTH, F.; WATERMAN, D. A.; LENAT, D. B. (Hrsg.): Building Expert Systems, London u.a. 1983, S. 3-30.

KURBEL, K.: Entwicklung und Einsatz von Expertensystemen, Berlin u.a. 1989.

NEWELL, A.; SIMON, H. A.: GPS, A Program that Simulates Human Thought, in: FEIGENBAUM, E.; FELDMANN, J. (Hrsg.): Computers and Thought, New York 1972, S. 279-293.

NOELKE, U.: Das Wesen des Knowledge Engineering, in: SAVORY, S. E. (Hrsg.): Künstliche Intelligenz und Expertensysteme, 2. Aufl., München u.a. 1985, S. 109-123.

PUPPE, F.: Einführung in die Expertensysteme, Berlin u.a. 1988.

RETTI, J. et al.: Artificial Intelligence - Eine Einführung, 2., überarb. Auflage, Stuttgart 1986.

RICH, E.: KI-Einführung und Anwendungen, Hamburg 1988.

RICHTER, M. M.: Prinzipien der Künstlichen Intelligenz, Stuttgart 1989,

SAVORY, S. E.: Grundlagen von Expertensystemen, München u.a. 1988.

SCHACHTER-RADIG M.-J.: Vorgehen beim Umsetzen der KI-Technologie in die industrielle Praxis, in: KRALLMANN, H. (Hrsg.): Expertensysteme im Unternehmen, Berlin 1986, S. 105-121.

SHNEIDERMAN, B.: Designing the User Interface, Reading u.a. 1987.

THUY, N. H. C.; SCHNUPP, P.: Wissensverarbeitung und Expertensysteme, München u.a. 1989.

WITTMANN, W.: Information, in GROCHLA, E.: Handwörterbuch der Organisation, 2. völlig neu gestaltete Auflage, Stuttgart 1980, Sp. 894-904.

Grundtechniken der Wissensrepräsentation und Inferenz Teil I -

Wissensrepräsentation und Inferenz auf Basis der Logik und in regelbasierten Systemen

Dipl.-Kfm. Andreas Hassepaß

Abteilung Wirtschaftsinformatik der
Universität Göttingen

Inhaltsverzeichnis

1 Einleitende Begriffsbestimmungen und Grundlagen

In der vorliegenden Arbeit wird die Logik als grundlegende Technik der Wissensrepräsentation sowie deren Möglichkeiten, Schlußfolgerungen zu ziehen, dargestellt. Regelbasierte Systeme bauen weitgehend auf logischen Repräsentationsformen auf.
Innerhalb der Logik werden zwei grundsätzliche Formen, die Aussagenlogik und die Prädikatenlogik 1. Ordnung vorgestellt, die eine wesentliche Grundlage der Wissensrepräsentation und des Schließens für regelbasierte Systeme bilden. Anschließend wird auf Verfahren der Inferenz eingegangen.

1.1 Formen der Wissensrepräsentation

Eine der Komponenten, aus denen ein Expertensystem besteht, stellt die Wissensbasis dar. In sie wird das für die Problemlösung relevante Wissen aus der realen Welt in unterschiedlichen Repräsentationsformen abgebildet. Für die Funktionsweise ist die Gesamtheit der Komponenten eines Expertensystems samt ihrer Schnittstellen relevant. Insofern, wird nicht der Auffassung von Kurbel gefolgt, daß die Wissensbasis der wichtigste Teil eines Expertensystems bzw. eines wissensbasierten Systems ist[1], sondern es ist die Gesamtheit der Komponenten zu sehen.
Da Wissen in der realen Welt selbst häufig unterschiedliche Strukturen hat, sind für die Repräsentation dieser Strukturen verschiedene Repräsentationsformen nötig.
Gemessen daran, inwiefern das abgebildete Wissen selbst Angaben darüber enthält, wie es bei der Problemlösung aktiv zu gebrauchen ist, können deklarative und prozedurale Formen der Wissensrepräsentation unterschieden werden.

1 Vgl. KURBEL, K.: Entwicklung und Einsatz von Expertensystemen: Eine anwendungsorientierte Einführung in wissensbasierte Systeme, Berlin u.a. 1989, S. 36.

Einteilung der Repräsentationsformen:

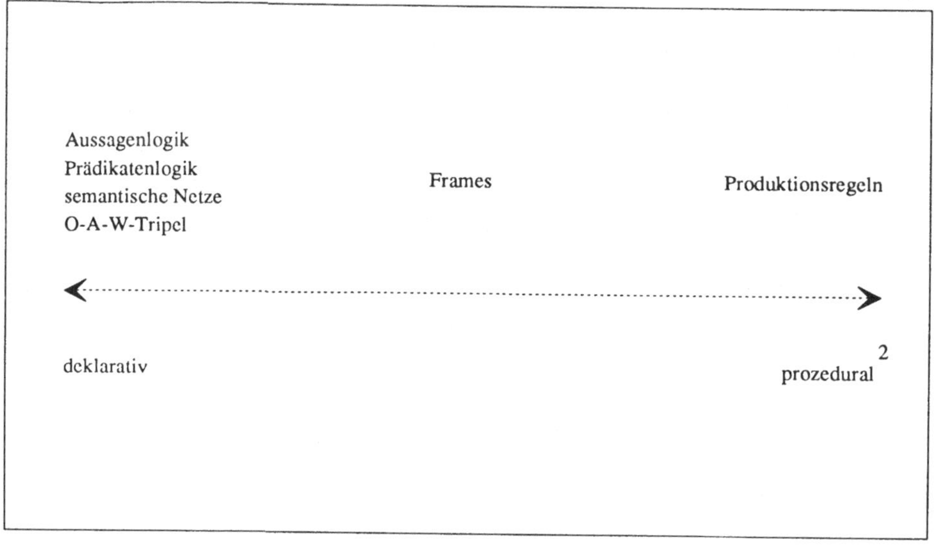

Abb. 1: Einteilung von Repräsentationsformen

Werden von Werkzeugen zur Erstellung von Expertensystemen mehrere Repräsentationsformen angeboten, spricht man von hybriden Werkzeugen.

1.1.1 Deklarative Formen der Wissensrepräsentation

Als deklarativ kann Wissen dann bezeichnet werden, wenn es sich auf die reine Beschreibung von Sachverhalten beschränkt und grundsätzlich keinerlei Angaben über die Anwendung des Wissens zur konkreten Problemlösung zur Verfügung stehen.[2]
Zur eigentlichen Problemlösung werden zusätzliches Wissen bzw. Methoden benötigt, welche über die Anwendung der deklarativ abgelegten Wissensstrukturen entscheiden. Diese Methoden werden in der Inferenzmaschine[3], frei von dem eigentlichem Faktenwissen, implementiert. Mit Hilfe dieser Repräsentationsform kann ein hohes Maß an Modularität erreicht werden.
Anzumerken ist an dieser Stelle, daß Wissen in Form von Regeln in der Literatur durchaus unterschiedlich eingeordnet wird. So faßt Schnupp Regelwissen als eine deklarative Repräsentationsform auf, indem er davon ausgeht, daß sämtliche Wissenselemente als Deklarationen notiert werden, während z.B. Kurbel bei Regeln den aktiven Gebrauch in den Vordergrund stellt und diese somit als prozedurale Repräsentationsform auffaßt.[4]

---

2 Vgl. KURBEL, K.: Entwicklung und Einsatz von Expertensystemen, a.a.O., S. 36.
3 Vgl. SCHNUPP, P.; NGUYEN HUU, C. T.: Expertensystem-Praktikum, Berlin u.a. 1987, S. 18.
4 Vgl. ebenda, S. 17. KURBEL, K.: Entwicklung und Einsatz von Expertensystemen, a.a.O., S. 37.

Die deklarative Darstellung bietet Vorteile bezüglich der Wartbarkeit der Wissensbasen, denn:

- Wissenseinheiten brauchen ohne Rücksicht auf ihre Verwendung nur einmal gespeichert zu werden.
- Neue Wissenseinheiten lassen sich einfach hinzufügen oder modifizieren und tangieren nicht die Methoden zur Problemlösung.[5]

Als Formen deklarativer Wissensdarstellung existieren im wesentlichen:

- **Die Prädikatenlogik,**
- **semantische Netze,**
- **Objekt-Attribut-Wert-Tripel,**[6]

wobei im Rahmen dieser Arbeit in Punkt 2.2 auf die erste der drei Formen näher eingegangen wird. Die anderen werden kurz erläutert.

Semantische Netze bestehen aus einem gerichteten Graphen, der aus einer Menge von Knoten und Kanten zusammengesetzt ist. Während die Knoten reale Sachverhalte oder Objekte beschreiben, stellen die Kanten Beziehungen dar. Dabei werden jeweils binäre Beziehungen zwischen den einzelnen Knoten hergestellt. Semantische Netze werden einerseits als eigenständige Wissensrepräsentationsform angesehen, andererseits lassen sie sich nutzen, um Formeln der Prädikatenlogik graphisch darzustellen.[7]

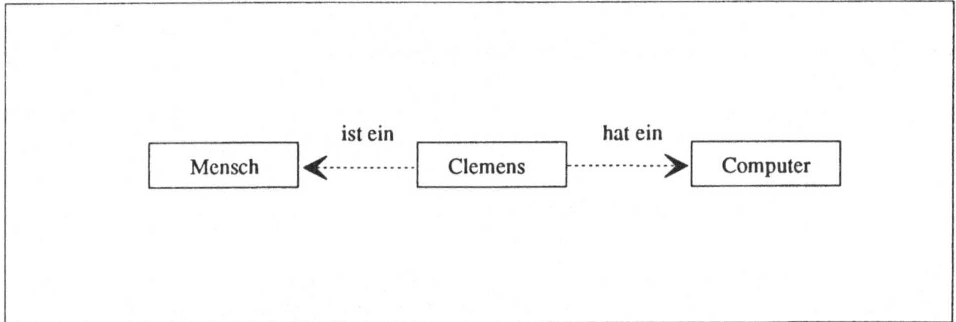

Abb. 2: Semantische Netze

5 Vgl. RICH, E.: KI - Einführung und Anwendungen, Hamburg u.a. 1988, S. 218.

6 Vgl. KURBEL, K.: Entwicklung und Einsatz von Expertensystemen, a.a.O., S. 37. RICH, E.: KI - Einführung und Anwendungen, a.a.O., S. 230.

7 Vgl. APPELRATH, H.-J.: Von Datenbanken zu Expertensystemen, Berlin u.a. 1985, S. 21 f. und S. 25. ALTENKRÜGER, D. E.: Wissensdarstellung für Expertensysteme, Reihe Informatik Bd. 57, Mannheim u.a. 1987, S. 15. KURBEL, K.: Entwicklung und Einsatz von Expertensystemen, a.a.O., S. 38. Zu diesem Abschnitt und auch zum Schließen mit Hilfe sematischer Netze siehe auch: ROLSTON, D.-W.: Principles of Artificial Intelligence and Expert Systems Development, New York u.a. 1988, S. 47 ff.

Objekt-Attribut-Wert-Tripel als Wissensrepräsentationsform sind wie folgt aufgebaut: Objekte können physische oder begriffliche Einheiten sein. Diese besitzen bestimmte Charakteristika, die durch die Attribute dargestellt werden. Die Ausprägungen der Attribute werden durch ihre Werte dargestellt. Objekt-Attribut-Wert-Tripel können auch als Spezialfall der semantischen Netze aufgefaßt werden. Wobei zwischen Objekt und Attribut die Relation "hat ein" steht, zwischen Attribut und Wert hingegen die Relation "ist ein" gebildet werden kann.[8]

Objekt	Attribut	Wert
Elefant	ist_ein	Säugetier
	Farbe	grau
	hat_ein	Rüssel

Abb. 3: O-A-W - Tripel[9]

1.1.2 Prozedurale Formen der Wissensrepräsentation

Prozedurale Wissensrepräsentationsformen stellen im Gegensatz zu deklarativen den aktiven Gebrauch des Wissens in den Vordergrund. Bereits bei der Darstellung des Wissens werden hier Angaben darüber gemacht, wie das Wissen später genutzt werden soll. Somit wird die Trennung zwischen der Repräsentation des Wissens und seiner Verwendung in ihrer ursprünglichen Idee eingeschränkt.[10]

Die Vorteile der prozeduralen Beschreibung liegen darin, daß es häufig einfacher zu beschreiben ist, wie etwas gelöst werden soll. Dies gilt speziell, wenn kein geeignetes, deklaratives Schema zugrunde gelegt werden kann.[11]

Prozedurale Wissensrepräsentation liegt z.B. in regelbasierten Systemen und Produktionsregelsystemen[12] vor, auf die in Abschnitt 4 näher eingegangen wird.[13]

---

8 Vgl. HARMON, P.; KING, D.: Expertensysteme in der Praxis: Perspektiven, Werkzeuge, Erfahrungen, 2. erg. Aufl., München u.a. 1987, S. 45 f.

9 Vgl. PUPPE, F.: Einführung in Expertensysteme, Berlin u.a. 1988, S. 29.

10 Vgl. MUCKSCH, H.; FENSKE, W.; KURZ, M.: Einführung in die Künstliche Intelligenz - Expertensysteme -, in: BIETHAHN J. (Hrsg.): Arbeitsbericht der Wirtschaftsinformatik an der Universität Göttingen 1989, S. 13 f.

11 Vgl. RICH, E.: KI - Einführung und Anwendungen, a.a.O., S. 18.

12 Vgl. KURBEL, K.: Entwicklung und Einsatz von Expertensystemen, a.a.O., S. 37.

13 Vgl. Abschnitt 4.

1.1.3 Mischformen

Weisen die Repräsentationsformen deklarative und prozedurale Eigenschaften auf, so können sie als Mischformen bezeichnet werden. Hier sind z.B. Frames zu nennen, auf die in diesem Beitrag nur kurz eingegangen werden soll. Ein Frame entspricht in der objektorientierten Terminologie einem Objekt oder einer Klasse von Objekten, dessen Charakteristika durch seine Slots (Attribute) ausgelegt sind, die wiederum verschiedene Ausprägungen (Werte) annehmen können. Somit sind deklarative Eigenschaften gegeben.[14]
Den Slots können verschiedene Arten von Prozeduren zugeordnet werden, die zur Ausführung gelangen, wenn Informationen eingetragen, entfernt oder benötigt werden. Somit sind prozedurale Aspekte gegeben[15].

1.2 Inferenz

Inferenz bedeutet Schlußfolgerung. Dazu gehört einerseits eine grundsätzliche Strategie, in der die Abarbeitung vorgenommen wird, andererseits einzelne Regeln die festlegen, wie neues Wissen gefolgert werden kann. Je nach Suchrichtung der Inferenzkette kann in vorwärts- und rückwärtsverkettende Systeme untergliedert werden.[16]

2 Logik als Grundlage der Wissensrepräsentation

Bei der Repräsentation von Wissen geht es zum einen um Tatsachen in einer relevanten Welt, die darzustellen sind, zum anderen um
einen geeigneten Formalismus, mit dessen Hilfe die Tatsachen dargestellt werden.[17]
Wird als Wissensrepräsentationsform die Logik gewählt, so kann grundsätzlich zwischen der Aussagenlogik und der Prädikatenlogik unterschieden werden. Die letztgenannte wird an dieser Stelle wiederum in die Prädikatenlogik erster und die Prädikatenlogik höherer Ordnung unterschieden.[18]

---

14 Vgl. BREWKA, G.: Wissensrepräsentationsformen und Inferenztechniken, in: KRALLMAN, H. (Hrsg.): Expertensysteme im Unternehmen: Möglichkeiten - Grenzen - Anwendungsgebiete, 2. unveränderte Aufl., Berlin 1986, S. 21 f.

15 Vgl. ebenda. KURBEL, K.: Entwicklung und Einsatz von Expertensystemen, a.a.O., S. 43.

16 Vgl. ALTENKRÜGER, D. E.: Wissensdarstellung für Expertensysteme, a.a.O., S. 298. Vgl. Abschnitt 3.

17 Vgl. RICH, E.: KI - Einführung und Anwendungen, a.a.O., S. 147 f.

18 Vgl. BREWKA, G.: Wissensrepräsentationsformen und Inferenztechniken, a.a.O., S. 14. Vergleiche auch: Schaubild Kapitel 3.

2.1 Die Aussagenlogik

Gegenstand der Aussagenlogik sind Aussagenschemata, die durch die Verbindung von Aussagensymbolen(A,B,C,...) mit Junktoren(UND, ODER,...) entstehen. Untersucht wird nicht nur der logische Wahrheitsgehalt einer atomaren Aussage, sondern die Allgemeingültigkeit eines zusammengesetzten Ausdrucks. Es müssen also wahre Sätze über den betrachteten Realitätsausschnitt gebildet werden. Diese sind mittels Junktoren zu wahren Aussagen zusammenzusetzen.[19]
Der Aufbau der Aussagenlogik kann wie folgt umschrieben werden: Ihre elementare syntaktische Einheit sind Aussagen wie z.B.:

Montag ist es sonnig.
Dienstag ist es sonnig.
Heute ist es sonnig.

Aussagen sind selbst nicht weiter strukturiert, d.h., die Objekte und Beziehungen, auf die sich die Aussagen beziehen, werden formal nicht berücksichtigt. Somit ist es unmöglich, Beziehungen zwischen den Objekten darzustellen. Die Möglichkeiten, logische Schlußfolgerungen zu ziehen, sind damit erheblich eingeschränkt. Aus einem Satz, der für eine Klasse von Objekten Gültigkeit besitzt, kann nicht die Gültigkeit für ein konkretes Objekt geschlossen werden, d.h. Klassenzugehörigkeit läßt sich nicht darstellen.[20]
In der Aussagenlogik kann sowohl die Gültigkeit atomarer, aber auch komplexer zusammengesetzter Aussagen untersucht werden. Die atomaren Aussagen atomare Aussagen haben einen Wahrheitswert, der "wahr" oder "falsch" sein kann. Sind diese Wahrheitswerte bekannt, kann die Gültigkeit zusammengesetzter Aussagen abgeleitet werden.[21]

Beispiel:
Heute ist es sonnig **:A (atomare Aussage)**
Heute ist es warm **:B (atomare Aussage)**

Wenn es heute sonnig ist,
dann ist es heute warm **:A --> B (komplexe Aussage)**

Bei der Verknüpfung der atomaren Aussagen lassen sich die folgenden Junktoren benutzen:

UND **&**
ODER **v**
NICHT **¬**
IMPLIZIERT **-->**

19 Vgl. FRANK, U.: Expertensysteme: Neue Automatisierungspotentiale im Büro- und Verwaltungsbereich?, Wiesbaden 1988, S. 36.

20 Vgl. ebenda, S. 37.

21 Vgl. SCHÖNING, U.: Logik für Informatiker, 2. überarb. Aufl., Mannheim u.a. 1989, S. 13 f. RICH, E.: KI - Einführung und Anwendungen, a.a.O., S. 149 f.

ÄQUIVALENT <->
ÄQUIVALENT ≡

Mit diesen kann z.B. folgende Wahrheitstabelle gebildet werden:

A	B	¬ A	A & B	A v B	A≡B	A -> B	A<->B
1	0	0	0	1	0	0	0
1	1	0	1	1	1	1	1
0	1	1	0	1	0	1	0
0	0	1	0	0	1	1	1

Abb. 4: Wahrheitstabelle komplexer Aussagen[22]

Eine Schwäche der Aussagenlogik liegt darin, daß sich lediglich konkrete Aussagen über den betrachteten Problembereich ausdrücken lassen und die Strukturen des Wissens dabei nicht zu erkennen sind. Ebenso lassen sich allgemeine Gesetzmäßigkeiten nicht herleiten. Um diese auszudrücken, wird der Übergang zur Prädikatenlogik notwendig. Die Prädikatenlogik ermöglicht die Darstellung von Tatsachen der realen Welt als sogenannte gut formulierte Formeln [well formed formula].[23]

2.2 Prädikatenlogik 1. Ordnung

An die Grenzen der Aussagenlogik stoßen wir wenn z.B. folgende Fakten gegeben sind:

Fakt 1: **Sokrates ist ein Mensch.**
Fakt 1: **Alle Menschen sind sterblich.**

und aus diesen Fakten die Schlußfolgerung gezogen werden soll:

Schluß: **Sokrates ist sterblich.**

22 Vgl. BONNET, A.: Artificial Intelligence - Promise and Performance, New Jersey u.a. 1985, S. 85 f. BIBEL, W.: Automated Theorem Proving, 2. rev. ed., Braunschweig u.a. 1987, S. 23.

23 Vgl. RICH, E.: KI - Einführung und Anwendungen, a.a.O., S. 150 f.

In der Aussagenlogik gibt es keine festgelegte Struktur, mit der Wissen dargestellt werden kann. Außerdem ist es schwierig darzustellen, daß die Gesamtheit aller Menschen die gemeinsame Eigenschaft besitzt, sterblich zu sein, denn es sind keine Quantifizierungen und somit auch keine Spezialisierungen möglich. Daraus folgt, daß auch für ein Individuum kein Schluß, der für eine Allgemeinheit gilt, gezogen werden kann.[24]
In der Prädikatenlogik 1. Ordnung wird einerseits eine Wissensdarstellung benutzt, die eine feste Struktur besitzt, andererseits werden Allquantoren und Existenzquantoren eingeführt.

Existenzaussage	**:"Es gibt wenigstens ein x für das gilt"**	**:∃x**
Allaussage	**:"Für alle x gilt"**	**:∀x**

Quantifizierte Variable können wieder durch konkrete Einträge ersetzt werden. In der Prädikatenlogik 1. Ordnung lassen sich diese Aussagen nur über Individuen treffen(∀x p(x)), in der 2. Ordnung sind auch Aussagen über Eigenschaften von Individuen und Mengen zulässig, z.B. (∀p p(x)). Die Prädikatenlogik 2. Ordnung wird jedoch wegen der mangelnden Implementierbarkeit nur selten angewandt.[25]
Obiges Beispiel kann mit Hilfe der Prädikatenlogik folgendermaßen dargestellt werden:

Fakt 1: **Mensch(Sokrates)**
Fakt 2: **∀x Mensch(x) --> sterblich(x)**

2.2.1 Syntax und Semantik der Prädikatenlogik 1. Ordnung

Die Prädikatenlogik 1. Ordnung unterscheidet Syntax und Semantik. Während sich die Syntax ausschließlich mit der Bildung der Formeln und der dazu notwendigen Grammatik befaßt, bezieht sich die Semantik auf die Bedeutung und Interpretation der Ausdrücke.[26]
Im folgenden wird zunächst auf die Syntax und anschließend auf die Semantik der Prädikatenlogik 1. Ordnung eingegangen. [27]

---

24 Vgl. RICH, E.: KI - Einführung und Anwendungen, a.a.O., S.150. EISINGER, N.; OHLBACH, H. J.: Grundlagen und Beispiele, in: BLÄSIUS, K.-H.; BÜRCKERT, H.-J. (Hrsg.): Deduktionssysteme: Automatisierung des logischen Denkens, Müchen u.a. 1987, S. 23.

25 Vgl. PUPPE, F.: Einführung in Expertensysteme, Berlin u.a. 1988, S. 16 f.

26 Vgl. LLOYD, J.-W.: Foundations of Logic Programming, Second Extended Edition, Berlin u.a. 1987, S. 4.

27 Zur Syntax und Semantik vergleiche ebenda, S. 4 ff. APPELRATH, H.-J.: Von Datenbanken zu Expertensystemen, a.a.O., S. 12 f. EISINGER, N.; OHLBACH, H. J.: Grundlagen und Beispiele, a.a.O., S. 24 f. ROLSTON, D.-W.: Principles of Artificial Intelligence and Expert Systems Development, a.a.O., S. 34 ff.

Das Alphabet der Prädikatenlogik 1. Ordnung kann in sechs verschiedenen Symbolklassen[28] unterteilt werden, aus denen Formeln gebildet werden können. Die ersten vier Klassen legen verschiedene Datenobjekte fest.

Konstanten	**:Sokrates,5, ...** **Abkürzung: a,b,c,d,e**
Variablen	**:Menschen, Zahlen, ...** **Abkürzung: x,y,z,u,v,w**
Funktionen	**:Geburtsjahr, ...** **Abkürzung: f,g,h,i**
Prädikatensymbole	**:Mensch, ...** **Abkürzung: P,Q,R,S,T**

Dazu kommen Quantoren und Junktoren (s.o.), aus denen komplexe Formeln gebildet werden können.
Elementare logische Aussagen, wie z.B. Mensch (Sokrates), werden auch als **Atome** bezeichnet. Wenn Aussagen über bestimmte Objekte formuliert werden sollen, so spricht man von **Termen** Terme sind somit alle Konstanten und Variablensymbole. Wenn eine Funktion f n-stellig ist und aus den Termen $t_1,...,t_n$ besteht, dann ist $f(t_1,...,t_n)$ ebenfalls ein Term. Sei P ein n-stelliges Prädikatensymbol, bestehend aus den Termen $t_1,...,t_n$, dann ist $P(t_1,...,t_n)$ ein Atom oder auch eine atomare Formel. Terme und Atome, die frei von Variablen sind, werden auch als **Grundterme und Grundatome** bezeichnet. Alle Atome sind **Formeln**. Bezüglich der Junktoren besteht innerhalb der Formeln folgende Bindungspriorität: , &, v, -->, <->, ∀, ∃.[29]
Man kann die Aussagenlogik auch als Spezialfall der Prädikatenlogik auffassen, wenn man davon ausgeht, daß nur nullstellige Prädikatensymbole und keine Quantoren zugelassen werden.[30]
Die Semantik der Prädikatenlogik 1. Ordnung definiert die Interpretation der Formeln. Dabei wird den auf einem festzulegenden Definitionsbereich interpretierten Formeln unter Berücksichtigung der benutzten Quantoren und Junktoren ein Wahrheitswert zugeordnet.[31]
Nach Schmauch wird die Wahrheit einer Formel wie folgt definiert: "Eine atomare Formel $P(t_1,...,t_n)$ wird als wahr bezüglich einer Interpretation bezeichnet genau dann, wenn die Anwendung der Interpretation auf $t_1,...,t_n$ ein Tupel $(i_1,...,i_n)$ und von P eine Relation R liefert, so daß $(i_1,..,i_n)$ ein Element aus R ist. Die Interpretation eines Prädikatsausdrucks liefert also entweder den Wert wahr oder falsch."[32]
Die Interpretation der Junktoren ist mit denen der Aussagenlogik vergleichbar.

---

28 LLOYD unterteilt in insgesamt sieben Symbolklassen, die Siebente bezieht sich dabei lediglich auf die Punktuation, an deren Stelle im Rahmen dieser Arbeit Formeln treten.

29 Vgl. EISINGER, N.; OHLBACH, H. J.: Grundlagen und Beispiele, a.a.O., S. 25.

30 Vgl. ebenda.

31 Vgl. SCHMAUCH, C.: Wissensrepräsentation. Grundkurs, in: CHRISTALLER, T. (Hrsg.): Künstliche Intelligenz, 5. Frühjahrsschule, KIFS-87, Grünne, März/April 1987, IFB 202, Berlin u.a. 1989, S. 113.

32 Vgl. ebenda.

Nach Kurbel ist die praktische Bedeutung der Prädikatenlogik 1. Ordnung innerhalb von Expertensystemen relativ gering. Sie wird vor allem als Einführung in die Fragestellungen der Künstlichen Intelligenz benutzt.[33] Dennoch kann gesagt werden, wie im folgenden zu sehen ist, daß z.B. regelbasierte Systeme auf den Gesetzmäßigkeiten der Logik aufbauen.[34]

2.2.2 Normalformen und Klauseln innerhalb der Prädikatenlogik 1. Ordnung

Die Prädikatenlogik 1. Ordnung eignet sich zur Darstellung von Wissen. Sie bietet allein keine Möglichkeit, um mit diesem Wissen Schlußfolgerungen zu ziehen. Sie ist um definierte Regeln zum Ableiten neuer Formeln aus einer bestehenden Formelmenge zu erweitern. Diese erweiterte Form wird als **Prädikatenkalkül** bezeichnet. Innerhalb eines Kalküls wird von klar definierten Formen, in denen das Wissen dargestellt ist, ausgegangen.[35] Werden Tatsachen der realen Welt mit Hilfe der Prädikatenlogik 1. Ordnung dargestellt, können zunächst komplexe und verschachtelte Formeln mit diversen Funktionssymbolen entstehen. Um die auf die Formeln anzuwendenden Schlußfolgerungsverfahren nicht zu kompliziert werden zu lassen, sind die gegebenen Formeln zunächst in eine sogenannte **Normalform** zu transformieren. Unterschieden werden die konjunktive und die disjunktive Normalform. Die **konjunktive Normalform** wird auch als **Klausel** bezeichnet.[36]

konjunktiv: $((L_1 \text{ v} \ldots \text{ v } L_n) \,\&\ldots\&\, (K_1 \text{ v} \ldots \text{v } K_n))$
disjunktiv: $((L_1 \,\&\, \ldots \,\&\, L_n) \text{ v} \ldots \text{v } (K_1 \,\&\, \ldots\&\, K_n))$

In der Regel wird die konjunktive Normalform verwendet. Die Komponenten $L_1,\ldots,L_n$ oder auch $K_1,\ldots,K_n$ stellen Atome dar. Atome und negierte Atome können als Literale bezeichnet werden. Die verwendeten Junktoren besitzen die gleichen Eigenschaften wie Mengenkonstruktoren, sie sind also z.B. assoziativ oder kommutativ.[37]

---

33 Vgl. PUPPE, F.: Einführung in Expertensysteme, a.a.O., S. 16

34 Vgl. Kapitel 4.

35 Vgl. APPELRATH, H.-J.: Von Datenbanken zu Expertensystemen, a.a.O., S. 15.

36 Bei der Umformung können die Folgenden tautologischen Äquivalenzen verwendet werden:

F <=> G	<=>	F => G & G => F
F => G	<=>	¬F v G
¬(F & G)	<=>	¬F v ¬G
¬(F v G)	<=>	¬F & ¬G
¬∀ x F	<=>	∃ x ¬F
¬∃ x F	<=>	∀ x ¬F
(∀ x F) & G	<=>	∀ x (F & G)
(∀ x F) v G	<=>	∀ x (F v G)
(∃ x F) & G	<=>	∃ x (F & G)
(∃ x F) v G	<=>	∃ x (F v G)
∀ x F & ∀ x G	<=>	∀ x (F & G)
∃ x F v ∃ x G	<=>	∃ x (F v G)
F v (G & H)	<=>	(F v G) & (F v H)
F & (G v H)	<=>	(F & G) v (F & H).

Entnommen aus EISINGER, N.; OHLBACH, H. J.: Grundlagen und Beispiele, a.a.O., S. 27 f.

37 Vgl. ebenda, S. 27 ff.

Folgendes Beispiel verdeutlicht noch einmal die Umwandlung in Klauselform:[38]

Es gilt: Alle Römer, die Markus kennen, hassen entweder Caesar oder halten jeden, der irgendjemand haßt, für verrückt.

Dieser Satz läßt sich in folgende Aussage umformen:

Für alle gilt: Wenn sie Römer sind und Markus kennen, dann hassen sie Cäsar oder wenn für irgendjemand gilt, daß er wenigstens einen haßt, dann halten sie ihn für verrückt.

Sie läßt sich prädikatenlogisch wie folgt formalisieren:

∀x[Römer(x) & kennen(x,Markus)] -> [hassen(x,Cäsar) v (∀y(∃z hassen(y,z)) -> verrückthalten(x,y))]

1. Schritt: Die Implikationen werden in Disjunktionen umgewandelt.

∀x ¬[Römer(x) & kennen(x,Markus)] v [hassen(x,Cäsar) v (∀y¬(∃z hassen(y,z)) v verrückthalten(x,y))]

2. Schritt: Vereinfachung der Formeln unter Verwendung der de Morganschen Regel und Auflösung doppelter Negationen.[39]

∀x [¬Römer(x) v ¬ kennen(x,Markus)] v [hassen(x, Cäsar) v (∀y∀z¬hassen(y,z) v verrückhalten(x,y))]

3. Schritt: Die Variablen werden so standardisiert, daß jeder Quantor nur für eine Variable gilt, d.h. Formeln der Art:

∀x P(x) v ∀x Q(x)

werden umgewandelt in die Form:

∀x P(x) v ∀y Q(y).

In diesem Beispiel ist dieser Fall jedoch bereits gegeben.

---

38 Vgl. RICH, E.: KI - Einführung und Anwendungen, a.a.O., S. 161 ff.

39 Es gilt:
¬(¬a) = a
¬(a & b) = ¬a v ¬b
¬(a v b) = ¬a & ¬b
¬∀xP(x) = ∃x¬P(x)
¬∃xP(x) = ∀x¬P(x).

4. Schritt: Alle Quantoren werden an den Anfang gezogen, man erhält die Pränex-Normalform.[40]

   ∀x∀y∀z [¬Römer(x) v ¬kennen(x,Markus)] v [hassen(x, Cäsar) v (¬hassen(y,z) v verrückthalten(x,y))]

5. Schritt: Wenn in der Aussage Existenzquantoren enthalten sind, werden diese beseitigt. Variablen werden mit einem Verweis auf Funktionen ersetzt, z.B. 3y Präsident(y) wird zu Präsident(S1). S1 bildet die Funktion, die den Wert für Präsident erfüllen soll.

6. Schritt: Wenn alle Variablen mit Allquantoren versehen sind, können diese weggelassen werden.

   [¬Römer(x) v ¬ kennen(x,Markus)] v [hassen(x, Cäsar) v (¬hassen(y,z) v verrückhalten(x,y))]

7. Wandle die Aussage in eine Konjunktion aus Disjunktionen um; dies geschieht z.B. mit Hilfe der assoziativen Eigenschaft des ODER.

   ¬Römer(x) v ¬ kennen(x,Markus) v hassen(x, Cäsar) v ¬hassen(y,z) v verrückhalten(x,y)

In diesem Fall ist die Klauselform bereits gegeben.

Es könnte jedoch auch der Fall eintreten:[41]

(a & b) v (c & d) =
((a v (c & d)) & (b v (c & d))
(a v c) & (a v d) & (b v c) & (b v d)

Nun ist eine Menge disjunktiver Literale gegeben, die konjunktiv verbunden sind. Damit die Gesamtaussage wahr ist, muß jede einzelne Klausel wahr sein.

---

40 Vgl. RICH, E.: KI - Einführung und Anwendungen, a.a.O., S. 163.

41 a v (b v c) = (a v b) v c Assoziativgesetz
= a v b v c
(a n b) v c = (a v c) n (b v c) Distributivgesetz.

Exkurs: PROLOG

Auch wenn die Prädikatenlogik 1. Ordnung nach Puppe keine große praktische Bedeutung erlangt hat, so liegt doch PROLOG als Sprachmodell die formale Logik zugrunde. Wissen wird in Form von Klauseln bzw. Hornklauseln dargestellt.[42]
Eine Hornklausel ist eine Klausel mit genau einem nichtnegierten bzw. einem positiven Literal:
¬Av¬Cv¬D v X, dieses entspricht:
A & C & D -> X oder aber in der Prolognotation:
X <- A & C & D. Die wichtigste Beschränkung der Hornklausel ist, daß Disjunktionen der Form:
X v Y <- A, sie entspricht:
X v Y v A nicht repräsentiert werden können. Grundsätzlich wird innerhalb PROLOG rückwärts verkettet. Die Hauptaufgabe des Regelinterpreters liegt in der Instanziierung bzw. der Unifikation, d.h. der Bindung von Variablen an Konstante. Der Interpreter versucht rekursiv ein gegebenes Ziel mit einem Fakt oder einem Regelkopf zur Deckung zu bringen.[43]

3 Problemlösung mit Hilfe von Inferenzverfahren

Um Probleme zu lösen, wird in der KI ein Inferenzverfahren benötigt, welches in mehreren Schichten dargestellt werden kann. Hier wird als Darstellung ein Modell aus vier Schichten gewählt, von denen die 1. Schicht bereits in Kapitel 2 erläutert wurde.

1.	Schicht: Logik	Prädikatenlogik 1. Ordnung
2.	Schicht: Kalkül	Resolution oder Modus ponen
3.	Schicht: Repräsentation	Matrix oder Regeln
4.	Schicht: Steuerung	Spezielle Strategien und Heuristiken[44]

[42] Vgl. SCHNUPP, P.; NGUYEN HUU, C.T.: Expertensystem-Praktikum, a.a.O., S. 4.

[43] Vgl. PUPPE, F.: Einführung in Expertensysteme, a.a.O., S. 19. SCHNUPP, P.; NGUYEN HUU, C. T.: Expertensystem-Praktikum, a.a.O., S. 19 f.

[44] Verändert übernommen aus: EISINGER, N.; OHLBACH, H. J.: Grundlagen und Beispiele, a.a.O., S. 23.

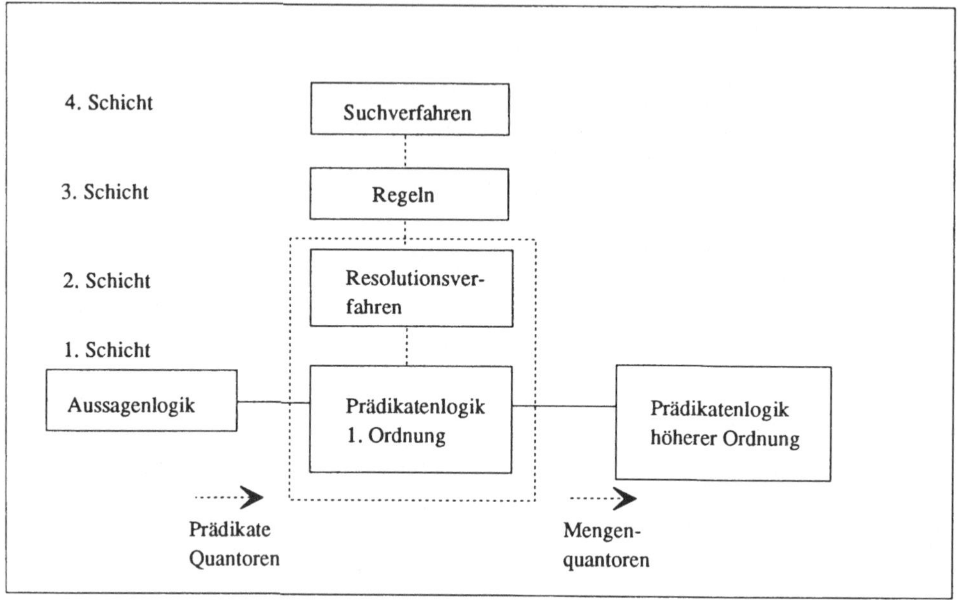

Abb. 5: Schlußfolgerungssystem in 4 Schichten

In der formalen Logik kann **Inferenz** als der Prozeß bezeichnet werden, mit dem neue Formeln auf der Basis alter Formeln nach wohldefinierten Regeln gebildet werden.
Zu den Aufgaben der Inferenz zählen sowohl das Untersuchen von existierenden Regeln und Fakten, als auch die Entscheidungen darüber, in welcher Reihenfolge die Schlußfolgerungen gezogen werden sollen.[45]
Die **1. Schicht** bildet z.B. die Logik, "die mit der Festlegung der Syntax einer formalen Sprache und deren Semantik die zulässige Struktur und die Bedeutung von Aussagen vorgibt."[46]
Die **2. Schicht** bildet einen semantischen Folgerungsbegriff semantischer Folgerungsbegriff, z.B. **A impliziert B**, welcher Gegenstand des Kalküls ist und rein syntaktische Ableitungen definiert, bei denen die reale Bedeutung der Symbole keine Rolle spielt. Trotzdem gilt für einen **vollständigen Kalkül**, daß jede syntaktische Ableitung auch semantisch möglich ist.
In der **3. Schicht** wird die Repräsentation bestimmt, d.h. es geht darum, wie die Formeln dargestellt werden.[47] Hierbei könnte es sich z.B. um Regeln handeln.

Die **4. Schicht** enthält Strategien zur Steuerung des Systems.[48]

---

45 Vgl. HARMON, P.; KING, D.: Expertensysteme in der Praxis: Perspektiven, Werkzeuge, Erfahrungen, 2. erg. Aufl., a.a.O., S. 57.

46 EISINGER, N.; OHLBACH, H. J.: Grundlagen und Beispiele, a.a.O., S. 22.

47 Vgl. ebenda, S. 23.

48 Vgl. ebenda.

3.1 Arten der Inferenz

Bezogen auf die oben gegebene Einteilung handelt es sich bei den **Arten der Inferenz** im wesentlichen um die der 1. und 2. Schicht. Es geht einmal um ein Konzept, welches zugrunde gelegt werden kann, zum anderen aber um die Art und Weise, wie mit diesem Wissen Schlüsse gezogen werden können.

3.1.1 Begriff und Eigenschaften eines Kalküls

In diesem Kapitel werden zwei wesentliche Arten des Schließens, der **Modus ponens** und das **Resolutionsverfahren**, dargestellt. Durch einen **Kalkül** wird eine Logik um den syntaktischen Begriff des Ableitens erweitert, dieser soll den semantischen Folgerungsbegriff nachbilden. Dazu werden Syntax und Semantik einer Logik vorausgesetzt, wobei diese z.B. auf eine Teilmenge von Formeln, z.B. Normalformen, eingeschränkt werden.[49]
Aus der Zielsetzung, Wissen abzuleiten, entwickelte sich die Idee des Kalküls. In der Terminologie eines Kalküls spricht man von vorgegebenen Aussagen, die als **Axiome, Fakten** und **Annahmen** bezeichnet werden. Daraus abgeleitete Aussagen werden als **Theoreme** und **Schlußfolgerungen** bezeichnet.
Kalküle sind Wissensrepräsentationsformen in Verbindung mit Ableitungsstrategien. Gemessen daran, wie gut sich ein Problembereich in einem Kalkül abbilden läßt, ergibt sich die **Nützlichkeit** dieses Kalküls. Ein Kalkül muß korrekt sein, d.h., die gegebenen Schlußfolgerungen müssen auch semantisch in der realen Welt gelten.[50]
Die **Mächtigkeit** gibt an, in welchem Umfang Tatsachen und Vorgänge der realen Welt abgebildet werden können.
Ein Kalkül ist **vollständig**, wenn alle semantisch geltenden Schlußfolgerungen auch syntaktisch aus den gegebenen logischen Axiomen herleitbar sind. Die Prädikatenlogik 1. Ordnung gilt als vollständig.[51]
Ein Kalkül ist **entscheidbar**, wenn für eine beliebige Aussage entschieden werden kann, ob sie aus den Axiomen folgt oder nicht. Dieses kann z.B. innerhalb der Aussagenlogik mit Hilfe von Wahrheitstabellen nachgewiesen werden. Wenn Quantoren und Variable auftreten, ist die Nachweisbarkeit durch Wahrheitstabellen nicht mehr gegeben. Die Aussagenlogik gilt als entscheidbar und vollständig. Die Prädikatenlogik 1. Ordnung gilt als nicht entscheidbar.[52]
Ein Kalkül ist **adäquat**, wenn es auf den gegebenen Problembereich angewendet werden kann.

---

49 Vgl. EISINGER, N.; OHLBACH, H. J.: Grundlagen und Beispiele, a.a.O., S. 32.
50 Vgl. ebenda. SCHMAUCH C.: Wissensrepräsentation. Grundkurs, a.a.O., S.114.
51 Vgl. EISINGER, N.; OHLBACH, H. J.: Grundlagen und Beispiele, a.a.O., S. 33.
52 Vgl. PUPPE, F.: Einführung in Expertensysteme, a.a.O., S. 18. EISINGER, N.; OHLBACH, H. J.: Grundlagen und Beispiele, a.a.O., S. 33. NILSSON, N.-J.: Principles of Artificial Intelligence, Berlin u.a. 1980, S. 144.

Lokale Konfluenz ist gegeben, wenn die Anwendung irgendeines Ableitungsschrittes das Herleiten eines Theorems nicht verhindern kann.[53]

Konsistenz bedeutet, daß sich eine Menge von Aussagen nicht widerspricht.[54]

3.1.2 Modus ponens und Spezialisierung

Als eines der wichtigsten Inferenzverfahren ist der **Modus ponens** zu nennen, der wie folgt symbolisiert werden kann:

p_1
p_1 -> p_2

Es gilt p_2

Diese Formel besagt: Wenn p_1 den Wahrheitswert wahr hat, weiter die Implikation p_1, p_2 gegeben ist, dann kann p_2 geschlossen werden.[55]
Der Modus ponens kann als Spezialfall einer anderen Ableitungsregel, der Resolution, auf die später noch eingegangen wird, gesehen werden. Alles, was mit Hilfe des Modus ponens geschlossen werden kann, kann auch durch Anwendung des Resolutionsverfahrens ermittelt werden.[56]
Im Rahmen der Spezialisierung können für bestimmte Individuen Sachverhalte geschlossen werden, wenn diese für bestimmte Klassen gelten:

A & ∀x F(X) -> F(A)

z.B. ein Baum benötigt Wasser, weil alle Pflanzen Wasser benötigen und ein Baum zur Klasse der Pflanzen gehört.[57]

3.1.3 Resolutionsverfahren, Unifikation und Konfliktlösung

Modus ponens und Spezialisierung dienen der Verifikation der Allgemeingültigkeit von Formeln. Daneben existiert das **Resolutionsprinzip**, eine Inferenzregel, mit der man die Unerfüllbarkeit einer Klauselmenge verifizieren kann. Das Resolutionsprinzip basiert auf der Idee, daß man in einer Klauselmenge nach Klauseln sucht, die ein komplementäres Literalpaar besitzen. Diese werden gestrichen und die restlichen beiden Disjunkten zur Resolvente vereinigt. Das Resolutionsprinzip ist korrekt und vollständig.

---

53 Vgl. Zu Kapitel 3.1.1 vergl. insbesondere: PUPPE, F.: Einführung in Expertensysteme, a.a.O., S. 18.

54 Vgl. ebenda.

55 Vgl. NILSSON, N.-J.; GENESERETH, M.-R.: Logical Foundations of Artificial Intelligence, Los Altos 1987, S. 45 f.

56 Vgl. WINSTON, P. H.: Künstliche Intelligenz, Bonn u.a. 1987, S. 233.

57 Vgl. ROLSTON, D.-W.: Principles of Artificial Intelligence and Expert Systems Development, a.a.O., S. 43.

Beispiel (Aussagenlogischer Fall):

1. Klausel	**: P v Q v R**
2. Klausel	**: S v T v ¬R**
Resolvente	**: P v Q v S v T**[58]

Beispiel (Modus ponens):

Axiome:	**P**
	P -> Q

Diese können in folgende Klauselform überführt werden:

1. Klausel:	**P**
2. Klausel:	**¬P v Q**
Resolvente:	**Q**

Beispiel: (Resolution)

Axiome	**Klauseln**[59]
1. p	**p**
2. (p & q) -> r	**¬p v ¬q v r**
3. t -> q	**¬t v q**
4. t	**t**

Gesucht bzw. zu beweisen ist die Aussage r. Dazu wird r negiert, man erhält ¬r, und fügt diese Aussage den Axiomen zu. Wenn sich im folgenden durch Resolution die Leerklausel ermitteln läßt, führt dies zu einem Widerspruch zwischen r und ¬r, da beide Aussagen nicht gelten können. Das wiederum bedeutet, daß r gilt.

Annahme:
¬r ist wahr, es folgt:
¬p v ¬q v r ist wahr, wenn ¬p v ¬q wahr ist (**2. Klausel**)
Man erhält die Resolvente:
¬p v ¬q
Aus **Klausel 1** folgt, daß p wahr ist.
Man erhält die Resolvente:
¬q

In der 3. Klausel muß ¬t wahr sein, da ¬q wahr ist und somit q nicht gelten kann.

---

58 Vgl. APPELRATH, H.-J.: Von Datenbanken zu Expertensystemen, a.a.O., S. 18. EISINGER, N.; OHLBACH, H. J.: Grundlagen und Beispiele, a.a.O., S. 36. Zur Resolution siehe auch: RICHTER, M. M.: Prinzipien der Künstlichen Intelligenz: Wissensrepräsentation, Inferenz und Expertensysteme, Stuttgart 1989, S. 39.

59 Verändert übernommen aus: RICH, E.: KI - Einführung und Anwendungen, a.a.O., S. 167.

In der 4. Klausel wird die Behauptung aufgestellt, daß t gilt. Die Resolution von t und ¬t ergibt die Leerklausel.Es ist somit ein Widerspruch aufgetreten.

Wenn folgende Klauseln im prädikatenlogischen Fall gegeben sind:

1. Mensch(Markus)
2. ¬Mensch(x1) v sterblich(x1)

lassen sich nun nicht mehr die beiden Literale Mensch und ¬Mensch ausstreichen um eine Resolvente zu bilden, da die zweite Klausel einen Zusammenhang für zwei bestimmte x1 wiedergibt, die erste jedoch für Markus gilt.
An dieser Stelle wird die Unifikation notwendig. Die Unifikation ist ein Verfahren, welches verschiedene Prädikate miteinander vergleicht und vereinheitlicht. Befindet sich an der gleichen Stelle in einem Prädikat eine Variable, in dem anderen hingegen ein Wert, so kann die Variable durch den Wert substituiert bzw. der Wert an die Variable gebunden werden.[60]
Die beiden Klauseln sind also zunächst mit Hilfe der Substitution x1 durch "Markus" zu ersetzen. Anschließend kann dann gefolgert werden, daß sterblich(Markus) gilt. Es ist nicht notwendig, daß sterblich(x1) für alle Werte gilt, da für einige auch ¬Mensch(x1) gelten könnte.

1. Mensch(Markus)
2. ¬Mensch(Markus) v sterblich(Markus)
Resolution: sterblich(Markus)[61]

Nach Rich gilt für die Prädikatenlogik folgende Vorgehensweise für die Problemlösung:[62]
Alle Aussagen sind zunächst in Klauselform zu bringen.
Die zu beweisende Aussage wird negiert und den übrigen Aussagen hinzugefügt.
Solange bis ein Widerspruch auftritt, oder ein bestimmter Aufwand geleistet wurde, werden jeweils zwei Klauseln als sogenannte Stammklauseln gewählt und mit Hilfe der Resolution aufgelöst. Die Resolvente ist die Disjunktion aller Literale der beiden Stammklauseln, wobei komplementäre Literale die Leerklausel bilden.
Ergibt sich als Resolvente lediglich die Leerklausel, so wurde ein Widerspruch gefunden.
Wenn die Auswahl der aufzulösenden Klauseln systematisch erfolgt, ermittelt das Auflösungsverfahren einen Widerspruch, wenn es einen gibt.

---

60 Vgl. KURBEL, K.: Entwicklung und Einsatz von Expertensystemen, a.a.O., S. 120. Zur Unifikation vergleiche auch: NILSSON, N.-J.; GENESERETH, M.-R.: Logical Foundations of Artificial Intelligence, a.a.O., S. 66 ff.

61 Vgl. RICH, E.: KI - Einführung und Anwendungen, a.a.O., S. 171.

62 Vgl. ebenda, S. 172.

Auswahlstrategien:[63]
Wenn mehrere Klauseln zur Auswahl stehen werden nach Rich beispielhaft folgende Auswahlstrategien angeboten:

Löse nur solche Klauselpaare auf, die komplementäre Literale enthalten. Dieses kann erleichtert werden, wenn man die Klauseln anhand der Prädikate indiziert.

Eliminiere bestimmte Arten von Klauseln, wenn sie z.B. entweder Tautologien sind, d.h. sie werden gelten immer, oder wenn sie anderen Klauseln untergeordnet sind.

Wenn es möglich ist, sollte mit den Klauseln aufgelöst werden, die Teil der Anweisung sind, die widerlegt werden soll. Ansonsten wähle eine Klausel, die durch Auflösung mit einer solchen Klausel erzeugt wurde. Dieses Verfahren heißt Unterstützungsmengenstrategie.

Wenn möglich, löse Klauseln mit einem Literal auf. Die Auflösung dieser Klauseln erzeugt Klauseln mit weniger Literalen. Dieses Verfahren wird Einheitspräferenzstrategie genannt.

3.2 Die Steuerung der Inferenz

Die Steuerung der Inferenz kann in der 4. Schicht der in Abschnitt 3 gegebenen Klassifikation angesiedelt werden. Bei der Beschreibung wird davon ausgegangen, daß zur Repräsentation in der 3. Schicht Regeln gewählt werden. Es ist mit Hilfe von Kontrollstrategien festzulegen, wo die Suche beginnt und wie sie durchgeführt wird. Werden zunächst bekannte Daten und Fakten betrachtet, spricht man von einer **datengetriebenen Vorwärtsverkettung**. Wird hingegen von den zu bestimmenden Zielen ausgegangen liegt eine **zielgetriebene Rückwärtsverkettung** vor. Neben der Unterscheidung nach der Suchrichtung kann auch in Tiefen- und Breitensuche untergliedert werden.[64]

---

63 Vgl. RICH, E.: KI - Einführung und Anwendungen, a.a.O., S. 172.

64 Vgl. FRANK, U.: Expertensysteme: Neue Automatisierungspotentiale im Büro- und Verwaltungsbereich?, a.a.O., S. 80. BONNET A.: Artificial Intelligence: Promise and Performance, a.a.O., S. 111. EISINGER, N.; OHLBACH, H. J.: Grundlagen und Beispiele, a.a.O., S. 23.

Folgende Abbildung veranschaulicht die Verfahren:[65]

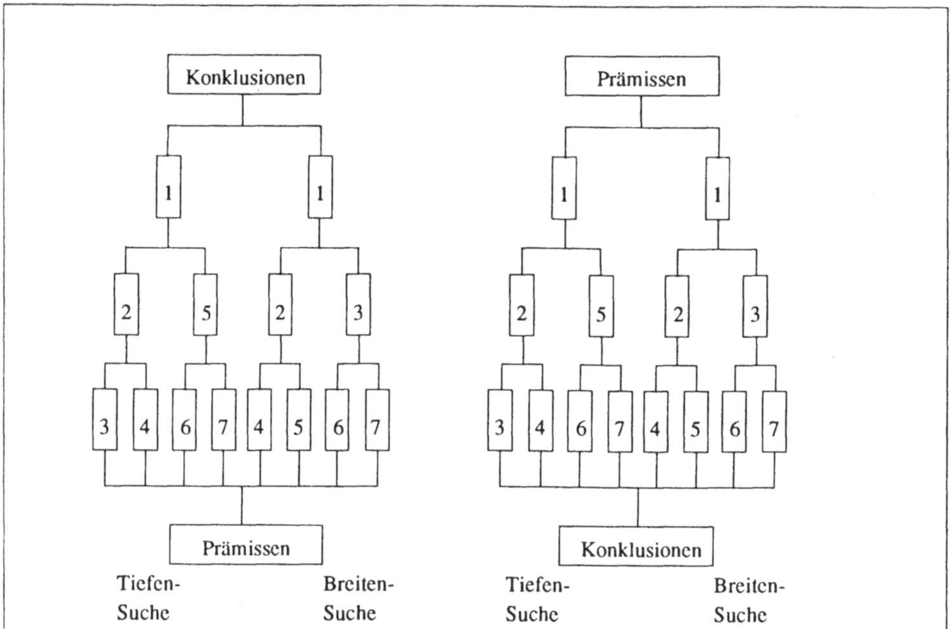

Abb. 6: Vorwärts- Rückwärtsverkettung, Tiefen- Breitensuche

3.2.1 Vorwärtsverkettung

Bei der Vorwärtsverkettung ist zunächst durch den Regelinterpreter die Menge der anwendbaren Regeln zu bestimmen. Dies geschieht durch den Vergleich des Bedingungsteils einer Regel mit den bekannten Fakten und der vorhandenen Datenbasis. Anschließend wird mit Hilfe einer Konfliktlösungsstrategie eine Regel aus dieser Menge ausgewählt. Wenn diese feuert, d.h. ausgeführt wird, wird neues Wissen gefolgert, welches die Datenbasis verändert. Puppe schlägt folgende Konfliktlösungsstrategien vor:

- Auswahl nach der Reihenfolge, indem innerhalb einer Trivialstrategie die erste anwendbare, oder aber die aktuellste Regel feuert, d.h., die Vorbedingung muß sich auf möglichst neue Einträge in der Datenbasis beziehen.
- Auswahl nach der syntaktischen Struktur der Regel, indem z.B. die feuert, die die meisten Aussagen enthält.
- Auswahl mittels Zusatzwissen, indem Prioritäten für die Regeln festgelegt werden und anschließend die Regel mit der höchsten Priorität feuert.[66]

---

65 Vgl. HARMON, P.; KING, D.: Expertensysteme in der Praxis: Perspektiven, Werkzeuge, Erfahrungen, 2. erg. Aufl., a.a.O., S. 64.

66 Vgl. PUPPE, F.: Einführung in Expertensysteme, a.a.O., S. 23.

In der einfachsten Art und Weise besteht ein vorwärtsverkettender Regelinterpreter darin, daß sämtliche Regeln untersucht werden und die ausführbaren in einer Agenda aufgelistet werden. Dabei werden sie gemäß Konfliktlösungsstrategie sortiert und ausgeführt. Anschließend wird die Agenda gelöscht und der Regelinterpreter beginnt von neuem.[67]
Die Entscheidung des Abbruchs der Suche ist bei der Vorwärtsverkettung problematischer als bei der Rückwärtsverkettung, da es durchaus mehrere mögliche Ergebnisse geben kann. Die Entscheidung, ob rückwärts- oder vorwärts verkettet wird, hängt von der jeweiligen Problemstellung ab. In bisherigen Expertensystemen wird zumeist die Rückwärtsverkettung angewandt. Es besteht jedoch auch die Möglichkeit, die beiden Strategien gemeinsam einzusetzen. So könnte man z.B. bei der Diagnose zunächst datengetrieben weitere Symptome generieren, wenn nicht ausreichend vorliegen, und diese anschließend mit Hilfe einer Rückwärtsverkettung überprüfen.[68]
Beispiel zur Vorwärtsverkettung:

Aussage: **a gilt!**
wenn a dann b
=> Antwort: Also gilt b
wenn b dann c
=> Antwort: Also gilt c[69]

3.2.2 Rückwärtsverkettung

Rückwärtsverkettung kann auch als zielgetriebene Verkettung bezeichnet werden, da dem Verfahren ein herauszufindendes Ziel vorgegeben wird, welches bewiesen werden soll. Ausgehend vom Ziel wird die Datenbasis nach Fakten und Regeln überprüft, die mit ihrem Aktionsteil die Zielformel verifizieren können.
Zur Verarbeitung der Regeln ist sowohl im Falle der Vorwärts-, als auch im Falle der Rückwärtsverkettung eine **Unifikation** notwendig, wenn diese unter Benutzung von Variablen formuliert sind.[70] In diesem Fall gilt die Regel also für alle Objekte eines Wertebereichs. Bei der Instanziierung wird eine gebundene Variable durch ein bestimmtes Objekt ersetzt, und die Regel kann somit zur Anwendung kommen.[71]
Das Verfahren bricht ab, wenn die Ziele auf Faktenebene reduziert sind oder aber sich nicht mit der Wissensbasis vereinbaren lassen.[72] Im letzten Fall wäre dann eine Frage an den Benutzer notwendig.

---

67 Vgl. PUPPE, F.: Einführung in Expertensysteme, a.a.O., S. 23.
68 Vgl. FRANK, U.: Expertensysteme: Neue Automatisierungspotentiale im Büro- und Verwaltungsbereich?, a.a.O., S. 83.
69 Vgl. Expertech: Xi Plus Handbuch: Entwicklungswerkzeug für Expertensysteme, 1988, S. 2-8.
70 Dies entspricht im Wesentlichen der Bindung mit Hilfe von Quantoren innerhalb der Prädikatenlogik 1. Ordnung.
71 Vgl. FRANK, U.: Expertensysteme: Neue Automatisierungspotentiale im Büro- und Verwaltungsbereich?, a.a.O., S. 83.
72 Vgl. SCHNUPP, P.; NGUYEN HUU, C.T.: Expertensystem-Praktikum, a.a.O., S. 61.

Beispiel zur Rückwärtsverkettung:

Ziel: c
wenn b dann c
=> Gesucht wird nun b, da notwendig um c zu schließen
wenn a dann b
=> Gesucht wird nun a, da notwendig um b zu schließen
da a nicht in der Datenbasis enthalten ist, Frage an den Benutzer.[73]

3.2.3 Tiefensuche

Bei der Tiefensuche wird ein Knoten eines Baumes gewählt und von diesem aus wird versucht, tiefer liegende Knoten zu bestimmen. Im Falle der Rückwärtsverkettung wird die Prämisse zum neuen Ziel. Dieses Verfahren wird solange fortgesetzt, bis die Prämisse einer ausgewählten Regel erfüllt ist, oder der Versuch, eine Regel zu finden, deren Konklusion der letzten Regel entspricht, scheitert. Tritt dieser Fall ein, muß das Verfahren zurücksetzen zu einer übergeordneten Regel und in einer anderen Richtung weitersuchen[74]
Eine generelle Bewertung der Tiefen- und Breitensuche ist schwierig, da sie von der gegebenen Problemstellung abhängt. Die Tiefensuche scheint zwar bei der Rückwärtsverkettung plausibler, doch kann sie leicht ineffizient werden, wenn z.B. eine Sackgasse durchsucht wird.[75]
Auch bei der Vorwärtsverkettung kommt der Sachverhalt der Ineffizienz zum Ausdruck. Hier wird nicht nur eine Verifikation gesucht, sondern mehrere mögliche Begründungen eines Sachverhaltes, so daß der Effizienzvorteil der Tiefensuche leicht verloren gehen kann.
Vorteilhaft bei der Tiefensuche ist, daß weniger Speicherplatz benötigt wird als bei der Breitensuche, da die Suchräume mehr eingeschränkt werden. Wenn die zu lösenden Probleme weitestgehend hierarchisch strukturiert sind, werden schneller Lösungen gefunden.[76]

---

73 Verändert übernommen aus: Expertech: Xi Plus Handbuch: Entwicklungswerkzeug für Expertensysteme, a.a.O., S. 2-8.

74 Vgl. ROLSTON, D.-W.: Principles of Artificial Intelligence and Expert Systems Development, a.a.O., S. 24. FRANK, U.: Expertensysteme: Neue Automatisierungspotentiale im Büro- und Verwaltungsbereich?, a.a.O., S. 81.

75 Vgl. ebenda, S. 84.

76 Vgl. ROLSTON, D.-W.: Principles of Artificial Intelligence and Expert Systems Development, a.a.O., S. 24.

3.2.4 Breitensuche

Beim Breitensuchverfahren werden alle Knoten einer Baumebene vor den Knoten der nächsten Baumebene durchsucht. Sie stellt eine direkte Alternative zur Tiefensuche dar.
Für beide Verfahren gilt:
Wenn es eine Lösung in dem Baum, der eine endliche Anzahl von Zweigen haben muß, gibt, so wird diese gefunden.
Bei der Breitensuche gibt es drei Hauptprobleme:

1. Die Anzahl der Knoten auf jeder Ebene steigt exponentiell mit der Ebenenzahl und damit auch der Speicherplatzbedarf.
2. Sie erfordert viel Arbeit, insbesondere bei einem langen "kurzen Lösungsweg".
3. Irrelevante oder redundante Operatoren steigern die Anzahl der zu untersuchenden Knoten sehr stark, da auch sie zunächst im Hauptspeicher gehalten werden müssen

Weiterhin entsteht für den Fall, daß der Benutzer im Dialog mit dem System arbeitet, für diesen unter Umständen der Eindruck, daß das System die Wissensbasis unstrukturiert abarbeitet, da die im Dialog gestellten Fragen sich auf unterschiedliche Zusammenhänge beziehen können.[77]
In Situationen in denen es mehrere Lösungen gibt, findet die Tiefensuche wahrscheinlich eher ein gültiges Ergebnis.[78]

3.2.5 Mischformen

Sowohl bei der Tiefen- als auch bei der Breitensuche kann, da sie eine vollständige Suche durchführen, das Problem der kombinatorischen Explosion entstehen. Hieraus resultiert die Gefahr, daß ein Problem in angemessener Zeit nicht mehr gelöst werden kann.
Durch die Einführung von aufgabenspezifischer Information (Heuristiken) in den eigentlichen Suchprozeß soll versucht werden, den entstehenden Suchaufwand zu verringern. Dieses kann z.B. mit Hilfe einer Bewertung des jeweiligen Zustandes und der davon ausgehenden Lösungswege geschehen. Es entsteht ein heuristischer Suchprozeß.[79]
Dieser Suchvorgang wird auch als **Bestensuche** bezeichnet, da durch die Bewertung bei jedem Suchschritt aus den bisher erzeugten Knoten einer Ebene der vielversprechenste mit Hilfe einer heuristischen Funktion ausgewählt werden soll. Wird dabei eine Lösung erzeugt, ist die Suche beendet. Andernfalls werden die neuen Knoten den bereits erzeugten zugefügt.[80] Nachteil der heuristischen Suche ist, daß eine optimale Lösung unter Umständen nicht gefunden wird.

---

77 Vgl. KURBEL, K.: Entwicklung und Einsatz von Expertensystemen, a.a.O., S. 61.
78 Vgl. RICH, E.: KI - Einführung und Anwendungen, a.a.O., S. 83.
79 Vgl. RETTI, J. et al.: Artificial Intelligence - Eine Einführung, 2. überarbeitete Aufl., Stuttgart 1986, S. 34.
80 Vgl. RICH, E.: KI - Einführung und Anwendungen, a.a.O., S. 83.

4 Wissensrepräsentation in regelbasierten Systemen

Regeln weisen eine Ähnlichkeit mit einem aus der prozeduralen Programmierung bekannten Konzept, der "wenn-dann" Konstruktion, und mit Entscheidungstabellen auf.

4.1 Syntax und Semantik regelbasierter Systeme

Die Syntax regalbasierter Systeme orientiert sich im wesentlichen an der allgemeinen Form: **Wenn P dann Q**, wobei P als Prämisse und Q alsbzw. Konklusion bezeichnet werden. Rein formal betrachtet können Regeln als logische Klauseln der Form P UND Q -> R bzw. P & Q -> R aufgefaßt werden. Es existiert also eine Analogie zu der Implikation; innerhalb der Logik, in der P und Q logische Aussagen sind. In diesem Fall stellen P und Q dann Literale mit konstanten oder variablen Parametern dar.[81]
In regelbasierten Systemen steht Q jedoch nicht für eine Aussage, sondern hat im allgemeinen eine andere Bedeutung. Zumeist wird mit Q eine Aktion dargestellt. Wenn eine bestimmte Prämisse; gegeben ist, dann wird eine bestimmte Konklusion; ausgeführt. Wenn der Bedingungsteil erfüllt ist, wird der rechte Teil der Regel ausgeführt bzw. er feuert.[82]
Praktische Systeme benutzen definite Klauseln, d.h. im Prämissen- und Konklusionenteil dürfen Konjunktionen (logisches UND) auftreten. Lediglich im Prämissenteil dürfen Disjunktionen(logisches ODER) auftreten.[83]
Regeln können in drei verschiedene Klassen unterteilt werden:

- **Situations- und Aktionsregeln zum Ausführen.**
  Wenn bei X Hinweise für eine Krankheit vorliegen, dann muß X zum Arzt gehen.

- **Schlußfolgerungsregeln zur Ableitung von Information.**
  Wenn im Blut von X Verflüssigungsmittel vorhanden sind, dann besteht bei X Verdacht auf Bluthochdruck.

- **Verbundregeln zur Übertragung von Eigenschaften von allgemeinen Objekten auf speziellere.**
  Wenn X Sohn von Y ist, dann ist Y Vater.

---

81 Vgl. JARKE, M.: Wissensbasierte Systeme - Architektur und Einbettung in betriebliche DV-Landschaften, in: KURBEL, K.; STRUNZ, H. (Hrsg.): Handbuch Wirtschaftsinformatik, Stuttgart 1990, S. 466.

82 Vgl. ROLSTON, D.-W.: Principles of Artificial Intelligence and Expert Systems Development, a.a.O., S. 57.

83 Vgl. KURBEL, K.: Entwicklung und Einsatz von Expertensystemen, a.a.O., S. 48.

4.2 Aufbau und Arbeitsweise eines regelbasierten Systems

Regelbasierte Systeme werden häufig mit Produktionssystemen gleichgesetzt. Dies läßt sich wie folgt begründen: Die Regeln produzieren, ausgehend von bekannten Fakten, neues Wissen in Form neuer Fakten. Konklusionen sind neue Fakten, die in die Wissensbasis eingefügt werden. Ein Produktionssystem ist nach Kurbel aus folgenden Bestandteilen aufgebaut:[84]

Wissensbasis:
- **Faktenbasis**, in der permanente oder temporäre Fakten gespeichert sind
- **Regelbasis**, welche die Menge der Produktionsregeln enthält

Problemlösungskomponente:
- **Kontrollsystem, welches die Abarbeitung überwacht**
- **Regelinterpreter, welcher die anzuwendenden Regeln sucht**

Die Wissensbasis enthält das zur Problemlösung notwendige Wissen in Form von **Regeln und Fakten**. Fakten sind Aussagen über konkrete Objekte des betrachteten Problembereichs auf die die Regeln angewendet werden können. Durch die Anwendung von Regeln und Fakten ist es möglich, Aussagen abzuleiten, die nicht explizit in der Wissensbasis enthalten sind.[85]
Fakten entsprechen innerhalb der Prädikatenlogik 1. Ordnung einem Prädikat.

Prädikat : **Mensch(Sokrates)**
Fakt : **Sokrates ist ein Mensch**[86]

Regeln entsprechen, wie bereits beschrieben, einer Implikation:

Implikation : **Mensch(Sokrates) -> sterblich(Sokrates)**
Regel : **Wenn Sokrates ein Mensch ist dann ist Sokrates sterblich**

Je nachdem ob das Regelwerk des Systems daten- oder zielgetrieben abgearbeitet wird, spricht man von vorwärts- oder rückwärtsverkettenden Systemen. Werden die Ergebnisse einzelner Regeln zur Schlußfolgerung im Bedingungsteil anderer Regeln weiterverwendet, bilden diese hierarchische Deduktionsketten.[87]

---

84 Vgl. KURBEL, K.: Entwicklung und Einsatz von Expertensystemen, a.a.O., S. 49 f. PUPPE, F.: Einführung in Expertensysteme, a.a.O., S. 21.

85 Vgl. FRANK, U.: Expertensysteme: Neue Automatisierungspotentiale im Büro- und Verwaltungsbereich?, a.a.O., S. 26.

86 Die hier verwendete Syntax für die Regeln orientiert sich an Xi Plus.

87 Vgl. JARKE, M.: Wissensbasierte Unterstützung verteilter Entscheidungen und Modellierungsprozesse, in: SCHEER, A.-W.(Hrsg.): Betriebliche Expertensysteme II, Wiesbaden 1989, S. 35. KURBEL unterscheidet drei Arten des Schließens:
- Deduktives Schließen: von allgemeinen Sachverhalten werden spezielle Aussagen hergeleitet,

Nach Nilsson verdeutlicht die folgende Prozedur die Vorgehensweise eines vorwärtsverkettenden Regelinterpreters:[88]

Procedure PRODUCTION
1. Die Ausgangsdatenbasis iniziiert DATEN
2. until DATEN erfüllt das Endekriterium, do:
3. begin
4. Suche anwendbare Regeln R aus der Gesamtmenge, indem die Bedingungsteile durch Daten erfüllt werden.
5. Wende eine anwendbare Regel an. Das Ergebnis des Bedingungsteils wird DATEN zugeführt.
6. end.

Hieraus folgt eine grundsätzlich zyklische Arbeitsweise des Produktionssystems, die auch als Match-Execute oder Recognize-Act-Zyklus bezeichnet wird. Zur Ermittlung der anwendbaren Regeln werden diese innerhalb des Match-Prozesses vom Regelinterpreter zunächst instanziiert, um anschließend die Bedingungsteile mit dem derzeitigen Status der Daten- bzw. Wissensbasis zu überprüfen. Bevor nun eine Regel feuert, muß u.U. mit Hilfe eines Konfliktlösungsprozesses eine Regel aus der Menge der anwendbaren Regeln ausgewählt werden. Zur Auswahl können z.B. folgende Strategien benutzt werden:

- Regeln, die bereits gefeuert haben, werden gestrichen.
- Wähle die erste anwendbare Regel.
- Wähle die spezifischste Regel, d.h. diejenige, die die meisten Details enthält.[89]

Das Ausführen von Regeln verändert die Datenbasis, so daß der Prozeß wiederholt werden muß. Der Prozeß terminiert, wenn ein Zielzustand erreicht wird.[90]
Das Kontrollsystem überwacht die Abarbeitung der Wissensbasis. Es entscheidet z.B. in welcher Richtung die Wissensbasis durchlaufen werden soll.

- Approximatives Schließen: Wird angewendet, wenn Unsicherheiten vorliegen,
- Analoges Schließen: Schlußfolgerungen aufgrund von Analogien,

wobei in Expertensystemen zumeist das deduktive Schließen verwendet wird. Vgl.: KURBEL, K.: Entwicklung und Einsatz von Expertensystemen, a.a.O., S.53.

88 Vgl. NILSSON, N.-J.: Principles of Artificial Intelligence, a.a.O., S. 21. PUPPE, F.: Einführung in Expertensysteme, a.a.O., S. 22 f.

89 Vgl. ROLSTON, D.-W.: Principles of Artificial Intelligence and Expert Systems Development, a.a.O., S.61. KURBEL, K.: Entwicklung und Einsatz von Expertensystemen, a.a.O., S. 51 und 61 f.

90 Vgl. ROLSTON, D.-W.: Principles of Artificial Intelligence and Expert Systems Development, a.a.O., S. 59. KARRAS, D.; KREDEL, L.; PAPE, U.: Entwicklungsumgebungen für Expertensysteme, Vergleichende Darstellung ausgewählter Systeme, Berlin u.a. 1987, S. 36 f.

5 Zusammenfassung

In der vorliegenden Arbeit werden Grundlagen der formalen Wissensrepräsentation dargestellt. Dabei wird nicht auf die Frage eingegangen was Wissen im eigentlichen Sinne ist.
Zunächst wird eine Einteilung der Wissensrepräsentationsformen gegeben, und anschließend die Prädikatenlogik 1. Ordnung und regelbasierte Systeme erklärt. Da die Prädikatenlogik 1. Ordnung in vielen Bereichen auf der Aussagenlogik aufbaut, wird auch eine kurze Einführung in diese gegeben. Wenn die Prädikatenlogik um eine Menge nichtlogischer Axiome, wie z.B. Modus ponens oder das Resolutionsverfahren, erweitert wird, entsteht ein Kalkül, mit dessen Hilfe Schlußfolgerungen gezogen werden können.
Regelbasierte Systeme bauen auf der Logik auf, indem z.B. der Modus ponens innerhalb der Regeln angewandt wird.
Je nach dem wie gefolgert wird, können verschiedene Inferenzrichtungen, vorwärts- oder rückwärtsverkettend, unterschieden werden. In Bezug darauf, ob zunächst in die Tiefe oder in die Breite gesucht wird, können Tiefen- und Breitensuchverfahren unterschieden werden. Eine Mischform ist die Bestensuche, die in kurzer Form vorgestellt wird.

6 Literaturverzeichnis

ALTENKRÜGER, D. E.: Wissensdarstellung für Expertensysteme, Reihe Informatik Bd. 57, Mannheim u.a. 1987.

APPELRATH, H.-J.: Von Datenbanken zu Expertensystemen, Berlin u.a. 1985.

BIBEL, W.:Automated Theorem Proving, 2. rev. ed., Braunschweig u.a. 1987.

BONNET, A.: Artificial Intelligence: Promise and Performance, New Jersey u.a. 1985.

BREWKA, G.: Wissensrepräsentationsformen und Inferenztechniken, in: KRALLMAN, H. (Hrsg.): Expertensysteme im Unternehmen: Möglichkeiten - Grenzen - Anwendungsgebiete, 2. unveränderte Aufl., Berlin 1986.

EISINGER, N.; OHLBACH, H. J.: Grundlagen und Beispiele, in: BLÄSIUS, K.-H.; BÜRCKERT, H.-J. (Hrsg.): Deduktionssysteme: Automatisierung des logischen Denkens, München u.a. 1987.

Expertech: Xi Plus Handbuch: Entwicklungswerkzeug für Expertensysteme, 1988.

FRANK, U.: Expertensysteme: Neue Automatisierungspotentiale im Büro- und Verwaltungsbereich?, Wiesbaden 1988.

HARMON, P.; KING, D.: Expertensysteme in der Praxis: Perspektiven, Werkzeuge, Erfahrungen, 2. erg. Aufl., München u.a. 1987.

JARKE, M.: Wissensbasierte Systeme - Architektur und Einbettung in betriebliche DV-Landschaften, in: Kurbel, K.; Strunz, H. (Hrsg.): Handbuch Wirtschaftsinformatik, Stuttgart 1990.

JARKE, M.: Wissensbasierte Unterstützung verteilter Entscheidungen und Modellierungsprozesse, in: SCHEER, A.-W. (Hrsg.): Betriebliche Expertensysteme II, Wiesbaden 1989.

KARRAS, D.; KREDEL, L.; PAPE, U.: Entwicklungsumgebungen für Expertensysteme, Vergleichende Darstellung ausgewählter Systeme, Berlin u.a. 1987.

KURBEL, K.: Entwicklung und Einsatz von Expertensystemen: Eine anwendungsorientierte Einführung in wissensbasierte Systeme, Berlin u.a. 1989.

LLOYD, J.-W.: Foundations of Logic Programmimg, Second Extended Edition, Berlin u.a. 1987.

MUCKSCH, H.; FENSKE, W.; KURZ, M.: Einführung in die Künstliche Intelligenz - Expertensysteme -, in: BIETHAHN, J. (Hrsg.), Arbeitsbericht der Wirtschaftsinformatik an der Universität Göttingen 1989.

NILSSON, N.-J.; GENESERETH, M.-R.: Logical Foundations of Artificial Intelligence, Los Altos 1987.

NILSSON, N.-J.: Principles of Artificial Intelligence, Berlin u.a. 1980.

PUPPE, F.: Einführung in Expertensysteme, Berlin u.a. 1988.

RETTI, J. et al.: Artificial Intelligence - Eine Einführung, 2. überarbeitete Aufl., Stuttgart 1986.

RICH, E.: KI - Einführung und Anwendungen, Hamburg u.a. 1988.

RICHTER, M. M.: Prinzipien der Künstlichen Intelligenz: Wissensrepräsentation, Inferenz und Expertensysteme, Stuttgart 1989.

ROLSTON, D.-W.: Principles of Artificial Intelligence and Expert Systems Development, New York u.a. 1988.

SCHMAUCH, C.: Wissensrepräsentation, Grundkurs, in: CHRISTALLER, T. (Hrsg.): Künstliche Intelligenz, 5. Frühjahrsschule, KIFS-87, Grünne, März/April 1987, IFB 202, Berlin u.a. 1989.

SCHNUPP, P.; NGUYEN HUU, C. T.: Expertensystem-Praktikum, Berlin u.a. 1987.

SCHÖNING, U.: Logik für Informatiker, 2. überarb. Aufl., Mannheim u.a. 1989.

WINSTON, P. H.: Künstliche Intelligenz, Bonn u.a. 1987.

Grundtechniken der Wissensrepräsentation und Inferenz Teil II - Wissensrepräsentation und Inferenz in hybriden Systemen

Dipl.-Kfm. Clemens von Trott zu Solz

Abteilung Wirtschaftsinformatik der
Universität Göttingen

Inhaltsverzeichnis

1 Einleitung und Problemabgrenzung

Die vorliegende Arbeit soll einen Beitrag zum "Kolloquium Expertensysteme" an der Universität Göttingen liefern.
Die in letzter Zeit häufig diskutierten Expertensysteme sind keine "Zaubermittel", die die Lösung aller Probleme ermöglichen, sie repräsentieren lediglich eine neue Art der Programmierung. Mit Hilfe der Expertensysteme sollen Aufgaben gelöst werden, die nicht oder nur durch ungleich mehr Aufwand mit konventioneller Programmierung gelöst werden können.
Grundlage der Expertensysteme ist die Trennung von Wissen und Problemlösungsstrategien.[1] Während in konventionellen Programmen Wissen z.B. in Form von Regeln und Problemlösungsstrategien in Algorithmen fest verbunden sind, wird bei Expertensystemen das Wissen in der Wissensbasis und die Problemlösungsstrategie in der Inferenzkomponente realisiert.[2]
Für verschiedene Fachgebiete, sog. Wissensdomänen, können die gleichen Problemlösungsstrategien benutzt werden. Die Inferenzkomponente kann, unabhängig von der Art des Wissensgebietes oder des Umfangs der Wissensbasis, Wissen verarbeiten. Mit der Verarbeitung von Wissen ist hier die Schlußfolgerung neuen Wissens aus dem in der Wissensbasis formulierten Wissen gemeint. Während in der konventionellen Programmierung die Erweiterung der Leistungsfähigkeit meist nur durch eine Änderung des Programmablaufes erfolgen kann, ist diese Erweiterung bei Expertensystemen durch die Hinzufügung neuen Wissens zur Wissensbasis zu erreichen.
Die Entwicklung von Expertensystemen kann daher in hervorragender Weise durch Prototyping vollzogen werden. Das Verhalten des Expertensystems kann während der Entwicklungsphase permanent überprüft werden.
Eine Inferenzkomponente kann dagegen bei ähnlichen Problemfeldern in völlig verschiedenen Wissensdomänen ohne Änderung verwendet werden. Beispiele für solche Problemfelder sind Diagnoseprobleme, Konfigurationsprobleme usw. Innerhalb dieser Problemfelder ist es unbedeutend, ob ein KFZ, ein Computer oder ein Ozeandampfer konfiguriert wird. Die Eignung der Expertensysteme für den jeweiligen Fall wird durch die unterschiedlichen Wissensbasen hergestellt. Mit Hilfe dieser neuen Art der Programmierung wird versucht, den Menschen von Routinetätigkeiten bei der täglichen Arbeit zu entlasten, oder aber Laien Wissen von Experten zugänglich zu machen, ohne daß sie auf dem Fachgebiet des Experten geschult wurden.
Ein Beispiel ist das Expertensystem XCON von DEC, welches bei der komplexen Konfigurierung der Großrechner von DEC eingesetzt wird.[3] XCON überprüft die von den Kunden oder den Vertretern genannten Konfigurationen der Rechner auf Korrektheit, d.h., das Wissen der Techniker über zulässige oder empfehlenswerte Konfigurationen kann auch von Verkäufern verwendet werden.

1 Vgl. PUPPE, F.: Einführung in Expertensysteme, Berlin u.a. 1988, S. 2.
2 Vgl. ebenda, S. 12.
3 Vgl. HARMON, P.; KING, D.: Expertensysteme in der Praxis: Perspektiven, Werkzeuge, Erfahrungen, München u.a. 1986, S. 175 ff.

Bei der Übertragung des Expertenwissens in eine auf dem Rechner speicherbare und verarbeitbare Form, müssen formelle Darstellungsweisen, sog. Wissensrepräsentationsformen, vereinbart werden. Die Verarbeitung des in der Wissensbasis abgespeicherten Wissens wird durch die Inferenzstrategie festgelegt. Dabei wird entschieden, auf welche Art aus dem vorhandenen Wissen neues Wissen geschlossen werden kann. Die Inferenzstrategie ist daher direkt abhängig von der Art der gewählten Repräsentationsform.
Im Bereich der künstlichen Intelligenz sind eine Reihe von Wissensrepräsentationsformen und Inferenzstrategien entwickelt worden. Thema dieser Arbeit sind fortgeschrittene Formen der Wissensrepräsentation und Inferenz, in denen verschiedene Grundformen der Wissenrepräsentation und Inferenz in einem System verbunden werden, um die Vorteile der einzelnen Formen zu vereinen und um neue, sich aus der Verbindung ergebende, Vorteile zu gewinnen.
Ziel der Arbeit ist es, die Konzepte solcher hybriden Systeme an einem konkreten Beispiel darzustellen.
Im Anschluß an die Einleitung erfolgt eine kurze Erklärung der grundlegenden Begriffe. Im dritten Kapitel werden die Grundformen der Wissensrepräsentation, gegliedert nach prozeduralen und deklarativen Formen sowie Mischformen dieser beiden Formen, dargestellt.
Die Konzepte der FRAME-Sprachen werden am Beispiel von FRL[4] gezeigt.
Das fünfte Kapitel schließlich beschäftigt sich mit der Verbindung verschiedener Wissensrepräsentationsformen und Inferenzstrategien in einem hybriden System. Dabei werden zunächst die Grundlagen dargestellt, die dann anhand des Systems TWAICE der Nixdorf AG, Paderborn, vertieft werden.
Die Arbeit schließt mit einer Zusammenfassung der Ergebnisse und einem Ausblick auf weitere Problemfelder.

2 Grundlagen der Wissensrepräsentation und Inferenz

2.1 Wissensrepräsentation

Grundsätzlich kann Wissen deklarativ oder prozedural dargestellt werden.[5] In deklarativen wird das Wissen als eine Menge von Faktoren dargestellt. Die Fakten beschreiben Elemente der realen Welt, Zustände der Elemente sowie Relationen zwischen den Elementen. So z.B.:

Herr Müller ist ein Mann
Frau Müller ist eine Frau
Herr Müller ist mit Frau Müller verheiratet
usw.

---

4 Vgl. ROBERTS, B.; GOLDSTEIN, I.: The FRL-Primer, AI-Memo 408, MIT, 1977.

5 Vgl. u.a. TROST, H.: Wissensrepräsentation in der AI am Beispiel Semantischer Netze, in: RETTI, J. et al. (Hrsg.): Artificial Intelligence - Eine Einführung, 2. überarb. Aufl., Stuttgart, 1986, S. 49-74. HARMON, P.; KING, D.: Expertensysteme in der Praxis: Perspektiven, Werkzeuge, Erfahrungen, a.a.O., S. 51 f.

Vorteil dieser Art der Wissensrepräsentation ist die Einfachheit der Darstellung. Sachverhalte können in einer unkomplizierten Form dargestellt werden. Aus den Aussagen können einfache Schlüsse gezogen werden. So kann z.B. aus der zusätzlich zu den o.g. Fakten genannten Tatsache:

Petra ist die Tochter von Frau Müller

(in den meisten Fällen) geschlossen werden[6]:

Frau Müller ist die Mutter von Petra
Müllers sind die Eltern von Petra
Herr Müller ist der Vater von Petra

Die Beschränkung auf die Darstellung der Fakten verhindert die Steuerung des Inferenzprozesses durch die Angabe zusätzlichen Wissens. Das Wissen, welches die Anwendung von Wissen beschreibt wird Meta-Wissen genannt.
Dieses Problem wird in den prozeduralen Repräsentationsformen behoben. In diesen Repräsentationsformen wird Wissen über die Anwendung von Wissen dargestellt. Mit Hilfe dieses Wissens ist es möglich, die Wissensverarbeitung zu steuern. Prozedurale Wissensrepräsentation wird verstanden als die Angabe von Aktionen, die aufgrund bestimmter Voraussetzungen ausgeführt werden (Regeln).
Ein Beispiel für Regeln ist:

Wenn Herr Müller und Frau Müller verheiratet sind,
dann ist ihre Steuerklasse = XY

2.2 Die Inferenzkomponente

Mit Hilfe der Inferenz wird aufgrund vorhandenen Wissens weiteres Wissen abgeleitet bzw. werden Schlüsse gezogen. Eine andere Art der Anwendung ist der Beweis aufgestellter Hypothesen durch die Überprüfung der für diese Hypothese benötigten Voraussetzungen.
Die Struktur der Inferenzkomponente ist abhängig von der Art der Wissensrepräsentation. Jede Art der Wissensrepräsentation bedarf einer anderen Inferenzkomponente. Die Inferenzkomponente wird bestimmt durch die Art des Schlußfolgerungsmechanismusses und die Art der Ablaufsteuerung.
Der Schlußfolgerungsmechanismus wird durch die verwendeten Operatoren gesteuert. Der Modus ponens ist der am häufigsten verwendete Operator, er basiert auf dem Grundsatz: Wenn A gilt und es gilt die Regel: Wenn A dann B, dann gilt auch B.[7]
Der Ablauf wird bestimmt durch die Kontrollstrategie, die die Reihenfolge und das Vorgehen bei der Anwendung der Operatoren bestimmt. Zwei grundlegende Vorgehensweisen sind die Vorwärts- und die Rückwärtsverkettung. Bei der Vorwärtsverkettung werden auf-

6 Unter Zuhilfenahme von allgemeinen Regeln, wie z.B.:
Wenn X ist Tochter von Y
und Y ist eine Frau
dann ist Y Mutter von X.

7 Vgl. HARMON, P.; KING, D.: Expertensysteme in der Praxis: Perspektiven, Werkzeuge, Erfahrungen, a.a.O., S. 56 f.

grund bekannter Fakten bzw. Daten neue Fakten oder Daten ermittelt. Bei der Rückwärtsverkettung wird versucht, aufgestellte Hypothesen zu beweisen.

3 Überblick über Grundformen der Wissensrepräsentation

3.1 Prozedurale Formen der Wissensrepräsentation

3.1.1 Produktionsregeln

Den bisher am weitesten verbreiteten Ansatz der Wissensrepräsentation im Bereich der Expertensysteme stellen Produktionsregelsysteme dar. Produktionsregeln bestehen aus einem Bedingungs- und einem Aktionsteil.
Im Bedingungsteil können mehrere Bedingungen mit "und" oder "oder" Verknüpfungen aufgeführt werden, der Aktionsteil darf nur mit "und" verbundene Aktionen beinhalten.
Als Inferenzverfahren für Regelsysteme unterscheidet man vorwärts- und rückwärtsverkettende Verfahren. Vorwärtsverkettende Verfahren werden auch datengetriebene Verfahren genannt, da sie aufgrund der vorhandenen Datenbasis Schlußfolgerungen ziehen. Dabei führen sie den Aktionsteil der Regeln aus, deren Bedingungsteil aufgrund der vorhandenen Datenbasis erfüllt ist.
Rückwärtsverkettende Verfahren werden auch zielgetrieben genannt, da sie versuchen, ein Ziel zu beweisen. Die Vorgehensweise umfaßt die Evaluierung der Bedingungsteile der Regeln, deren Aktionsteil über das gesuchte Ziel schlußfolgert.
Ein großer Vorteil der regelbasierten Systeme sind Modularität und Anpaßbarkeit der einzelnen Regeln. Dadurch bedingt, ergibt sich ein großer Nachteil, der in der Überschaubarkeit des Kontrollflusses besteht. Große Regelsysteme werden leicht unüberschaubar.

Wissen ist häufig unsicher oder ungenau. In vielen Situationen ist es nicht möglich, alle Daten zu ermitteln. Dies ist aber auch nicht unbedingt nötig. Das menschliche Gehirn kann auch aus ungenauen oder unvollständigen Daten Schlüsse ziehen, die mehr oder weniger sicher sind.
Eine Möglichkeit, dieses ungenaue oder unscharfe Wissen zu repräsentieren, ist die Verwendung von Konfidenzfaktoren. Konfidenzfaktoren können z.B. Werte von -1 (unsicher) bis 1 (absolut sicher) annehmen.
Je höher der Konfidenzfaktor einer Bedingung ist, desto unsicherer wird auch die aufgrund dieser Bedingung gezogene Schlußfolgerung. Je mehr Bedingungen einer Schlußfolgerung erfüllt sind, umso sicherer wird die Schlußfolgerung.

3.1.2 Constraints

Constraints beschreiben Beschränkungen auf Variablen in einem System.[8] Jedes Constraint schränkt den Lösungsraum ein.[9]
Die Lösung eines Constraint-Problems wird Propagierung genannt. Ausgangspunkt des Constraint-Propagierungsalgorithmus ist die Eingabe eines Constraint-Netzes und die Vorbelegung einiger Variablen. Ergebnis des Algorithmus sind Wertezuweisungen an weitere Variablen, die alle Constraints erfüllen.
Beispiele für Constraint-Systeme finden sich in vielen Denksportaufgaben. So z.B. folgende:

> Ein Bauer hat Hühner und Kühe, insgesamt 14 Tiere. Alle Tiere besitzen zusammen 34 Beine. Wieviele Kühe und wieviele Hühner besitzt der Bauer?

Aus dieser Aussage ergibt sich folgendes Constraint-System:

(4 * Kühe) + (2 * Hühner) = Anzahl_Beine
Kühe + Hühner = Anzahl_Tiere

Mit gegebenen Werten für Anzahl_Beine (34) und Anzahl_Tiere (14) lassen sich die Werte für "Hühner" und "Kühe" berechnen.
Vorgehensweise der Constraint-Propagierungsalgorithmen ist, daß die Einschränkung einer Variablen an eine mit dieser Variablen verbundenen Variable weitergegeben wird und von dort an die unzähligen nächste, bis keine weitere Einschränkung mehr möglich ist.[10] Für dieses Beispiel heißt das, daß zunächst die erste Beschränkung nach der Variablen "Kühe" aufgelöst wird. Die dann erhaltene Beschränkung wird in die zweite Beschränkung eingesetzt, woraus sich schon eine eindeutige Lösung für die Variable "Hühner" ergibt. Damit läßt sich dann auch der Wert der Variablen "Kühe" berechnen. Das Constraint-Problem ist damit gelöst.[11]
Einer der ersten und bekanntesten Constraint-Anwendungen ist EL, ein Constraint-System für die Untersuchung des Verhaltens von elektrischen Schaltkreisen.[12] Anhand des Wissens über die Elemente der Schaltkreise und die physikalischen Gesetze lassen sich die Reaktionen der Schaltkreise auf unterschiedliche Umwelteinwirkungen untersuchen.
Constraints eignen sich ausschließlich für leicht formalisierbare Wissensgebiete. Unvollständige Information und Unsicherheiten lassen sich mit Ihnen nicht darstellen.

---

8 Vgl. VOß, A.; VOß, H.: Formalizing Local Constraint Propagation Methods, in CHRISTALLER, Th. (Hrsg.): Künstliche Intelligenz, KIFS / 87, Berlin u.a. 1989, S. 218 ff.

9 Vgl. PUPPE, F.: Einführung in Expertensysteme, a.a.O., S. 36.

10 Vgl. ebenda.

11 Für den interessierten Leser sei das Ergebnis genannt:
Der Bauer ist stolzer Besitzer von 3 Kühen und 11 Hühnern.

12 Vgl. STALLMAN, R.; SUSSMANN, G.: Forward Reasoning and Dependency-Directed Backtracking in a System for Computer-Aided Circuit Analysis, in: Artificial Intelligence, Nr. 1, Vol. 9, 1977, S. 135-195. SUSSMAN, G.; STEELE, G.: Constraints - A Language for Expressing Almost-Hierarchical Descriptions, in: Artificial Intelligence, Nr. 1, Vol. 14, 1980, S. 1-39.

3.2 Deklarative Formen der Wissensrepräsentation

3.2.1 Logik

Die Wissensrepräsentation mittels formaler Logik war eine der ersten Repräsentationsformen in der Künstlichen Intelligenz. Ausgehend von einer Aussage, die als wahr oder falsch erkannt wurde, können mit Hilfe allgemeingültiger Ableitungsregeln weitere Aussagen getroffen werden.
Aussagen der Logik sind z.B.:

Alle Menschen sind sterblich.
Sokrates ist ein Mensch.

daraus läßt sich ableiten:

Sokrates ist sterblich.

Die Logik eignet sich jedoch nur sehr bedingt als Wissensrepräsentationsform für wissensbasierte Systeme, da sie u.a. nicht oder nur schlecht in der Lage ist, unscharfes oder zeitabhängiges Wissen darzustellen bzw. unvollständige Aussagen zu verarbeiten.[13]

3.2.2 Semantische Netze und Objekt-Attribut-Werte Tripel

In semantischen Netzen wird Wissen strukturiert dargestellt, d.h., alles Wissen, das ein Objekt betrifft, wird in eine größere Struktur eingebracht. Mit Objekten sind in diesem Zusammenhang alle realen Gegenstände oder Ereignisse gemeint.
Das Wissen wird demnach nicht wie bei den unstrukturierten Formen in viele Teilen, sondern objektorientiert abgespeichert. Objektorientiert heißt in diesem Zusammenhang, daß alle Aussagen über ein Objekt in einem einheitlichen Strukturelement gespeichert werden. Bei regelbasierten Systemen können beliebig viele Regeln über das Objekt "Frau Müller" schlußfolgern. Das Wissen über "Frau Müller" ist demnach verstreut abgespeichert. Bei der objektorientierten Darstellung des Wissens dagegen wird das Wissen über "Frau Müller" in einem Objekt an einer Stelle abgespeichert.
Aus dieser Darstellungsweise ergeben sich einige Vorteile, wie z.B. Modularität. Wenn z.B. "Frau Müller" heiratet und ihren Namen in "Frau Meier" ändert, muß nur der Wert des Attributes Name des Objektes "Frau Müller" geändert werden. Bei unstrukturierter Darstellungsweise müßte jede Regel geändert werden, die Aussagen über "Frau Müller" beinhaltet.
Semantische Netze basieren auf der graphischen Darstellung von Beziehungen zwischen Elementen einer Wissensdomäne. Dabei werden die Objekte als Knoten und die Beziehungen als Kanten dargestellt.[14] Die Beziehungen erhalten einen Namen.

---

13 Vgl. PUPPE, F.: Einführung in Expertensysteme, a.a.O., S. 19.

14 Vgl. u.a. ROLSTON, D.: Principles of Artificial Intelligence and Expert Systems, New York u.a. 1988, S. 47 ff.

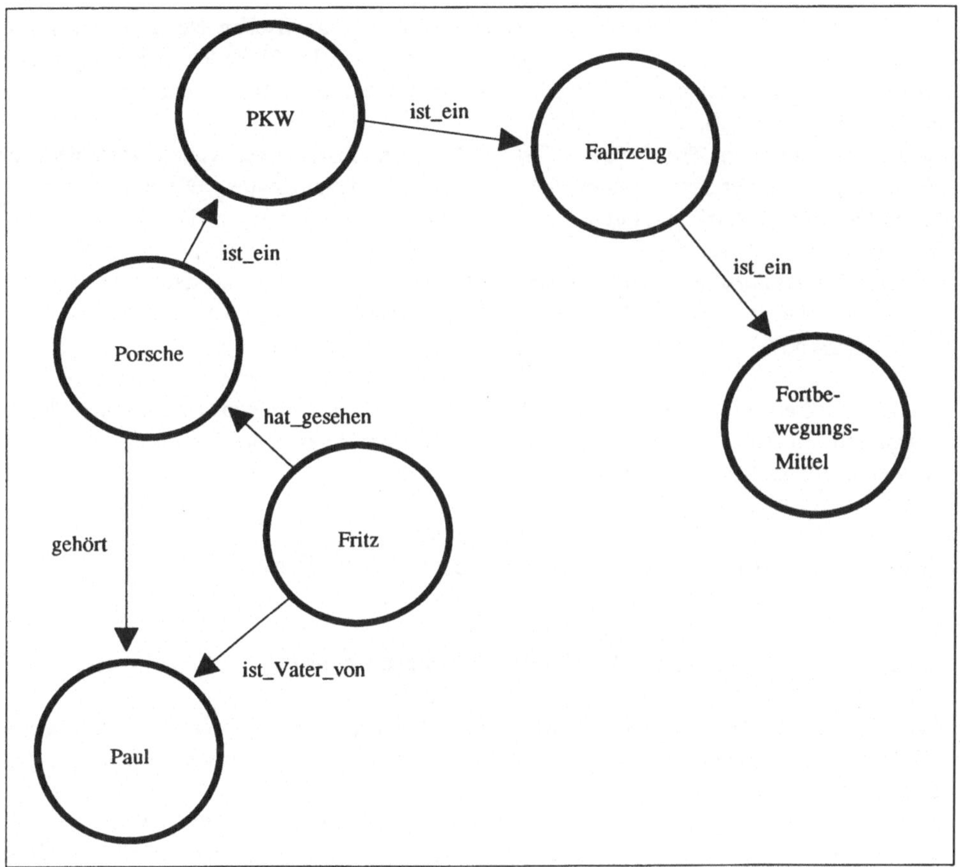

Abb. 1: Semantisches Netz

Am gebräuchlichsten sind dabei die Beziehungen "ist_ein" und "hat_ein" bzw. "ist_Teil".[15]
Ein PKW "ist_ein" Fahrzeug und ein PKW "hat_ein" Lenkrad. Aufgrund dieser Beziehungen lassen sich auch Vererbungshierarchien darstellen. So erbt ein PKW die Eigenschaften von Fahrzeug. D.h. wenn gilt: Fahrzeug "ist_ein" Fortbewegungsmittel, dann ist auch ein PKW ein Fortbewegungsmittel.
In Semantischen Netzen können die Beziehungen vielfältiger Natur sein. So können z.B. Beziehungen wie: "ist_Vater_von" oder "hat_gesehen" o.ä. dargestellt werden.
Semantische Netze sind jedoch im Bereich der Expertensysteme weniger verbreitet und werden daher hier auch nicht näher betrachtet.

15 Vgl. RICH, E.: KI-Einführung und Anwendungen, Hamburg u.a. 1988, S. 232 ff. KURBEL, K.: Entwicklung und Einsatz von Expertensystemen, Berlin u.a. 1988, S. 38 ff.

Objekt-Attribut-Werte Tripel sind ein Sonderfall der Semantischen Netze. Objekte sind dabei entweder physikalische Gegenstände oder begriffliche Einheiten (z.B. Feiertag).[16] Attribute sind Eigenschaften der Objekte, Werte drücken deren spezifische Beschaffenheit aus.
Objekt-Attribut-Wert Tripel (OAW-Tripel) besitzen anstelle der vielen verschiedenen Beziehungstypen der semantischen Netze nur zwei Beziehungstypen. Die Beziehung zwischen Objekt und Attribut ist eine "hat" Beziehung, die Beziehung zwischen Attribut und Wert eine "ist_ein" Beziehung.[17]
Bei dem Objekt Porsche könnten folgende OAW-Tripel konstruiert werden:

Porsche	hat	Besitzer	ist	Paul
Porsche	hat	Art	ist	Fahrzeug

Aus diesem Beispiel ist die Verwandtschaft der OAW-Tripel mit den semantischen Netzen ersichtlich. Sie sind jedoch von keiner Bedeutung im Bereich der Expertensysteme und werden daher an dieser Stellen nicht weiter beachtet.

3.3 Mischformen der Wissenrepräsentation (Frames)

3.3.1 Grundlagen der objektorientierten Programmierung

Mischformen der Wissensrepräsentation verwenden sowohl deklarative als auch prozedurale Darstellungstechniken. Die Verwendung solcher Mischformen entstammt dem Bereich der objektorientierten Programmierung.
In herkömmlichen Programmierungstechniken werden Daten und Programme getrennt voneinander codiert und abgespeichert. Objektorientierte Ansätze verbinden Programm und Daten in sog. Objekten, die alle Information über dieses Objekt enthalten. Beispielhaft seien hier die objektorientierten Datenbanken genannt, bei denen neben den Daten auch Wissen über die Daten gespeichert wird. Eine Möglichkeit wäre z.B. die Implementierung einer automatischen Bestellauslösung bei einem Bestand unterhalb des Mindestbestands. In herkömmlichen Programmierungsmethoden müßte dieser Automatismus in allen Programmen, die auf den betreffenden Artikel zugreifen, integriert werden. Bei objektorientierten Datenbanken, kann die Bestellauslösung direkt bei der Beschreibung des Datenelementes angegeben werden, so daß die Bestellauslösung von dem Datenbanksystem ausgeführt wird. Das Objekt Artikel besteht also neben den herkömmlichen Angaben wie Artikelnummer, Artikelname, Artikelbestand usw., aus Zuordnungen von Programmen, die bei bestimmten Ereignissen ausgeführt werden.
Objekte kommunizieren miteinander durch das Übersenden von Nachrichten. Objekte, die eine Nachricht erhalten haben, reagieren darauf auf eine wohldefinierte Art. Das beschrie-

---

16 Vgl. HARMON, P.; KING, D.: Expertensysteme in der Praxis: Perspektiven, Werkzeuge, Erfahrungen, a.a.O., S. 45.

17 Vgl. KURBEL, K.: Entwicklung und Einsatz von Expertensystemen, a.a.O., S. 40.

bene Objekt Artikel reagiert z.B. auf jede Abbuchung mit der Überprüfung des Artikelbestandes und evtl. mit der anschließenden Bestellauslösung.
Der Zustand eines Objektes wird durch die dem Objekt zugeordneten Attribute (Artikelnummer, Artikelbestand, usw. beschrieben, sein Verhalten durch die Nachrichten auf die es reagiert (Abgänge oder Zugänge buchen, usw.).[18]
Gleichartige Objekte faßt man zu Klassen zusammen, die Objekte heißen dann Instanzen (Ausprägungen) dieser Klasse. Ist z.B. ein Objekt Artikel gegeben, so ist jeder spezielle Artikel eine Instanz des Objektes Artikel. Eine Klasse ist ebenfalls ein Objekt, welches die Struktur seiner Instanzen durch Klassenvariablen, Instanzvariablen und Methoden beschreibt. Klassenvariablen sind Variablen, die für alle Instanzen dieser Klasse den gleichen Wert annehmen. Instanzvariablen dagegen können von Instanz zu Instanz verschiedene Werte annehmen. Methoden sind schließlich der Programmcode, der die Reaktion der Instanzen auf Nachrichten bestimmt.[19]
Werte von Instanzvariablen können auch durch Verweise auf andere Objekte zugewiesen werden.
Im Rahmen der Expertensysteme werden die Konzepte der objektorientierten Programmierung in einer Vielzahl unterschiedlicher Bezeichnungen verwendet ("FRAME", "UNIT", "SCHEMA", "PROTOTYPE"). Im Rahmen dieser Arbeit wird der Begriff FRAME verwendet, der auf Minsky zurückgeht.[20]
Minsky beschreibt in seinem Aufsatz "A Framework for Representing Knowledge" das menschliche Denken als objektorientiert. Neue Situationen werden vom Menschen mit bereits erlebten Situationen verglichen. Zur Frage der Abspeicherung der erlebten Situationen im menschlichen Gehirn, stellt sich Minsky eine substantielle Struktur, einen sog. FRAME vor.[21]
Der FRAME beschreibt charakteristische Eigenschaften einer bestimmten Situation. So z.B. ein FRAME "Wohnzimmer", der typische Eigenschaften von Wohnzimmern beschreibt, wie z.B. das Vorhandensein von Stühlen, Sesseln, einer Couch, usw.[22]
Aufgrund der Ähnlichkeit einer neuen Situation mit einer bereits erfahrenen Situation, wird entweder ein bestehender FRAME als treffend ausgewählt, geändert oder es wird ein neuer FRAME erzeugt. Menschen versuchen, sich in neuen Situationen durch den Vergleich mit ihrem Erfahrungsschatz zurechtzufinden.[23]
Minsky teilt das Wissen, daher in zwei Komponenten auf. Zum einen die Abspeicherung des Wissens in einer strukturierten Form, und zum anderen das Wissen über die Verwendung des abgespeicherten Wissens. Das Lernen eines Menschen gliedert sich in den gesteigerten Erfahrungsschatz und in die Verbesserung der Fähigkeit das gespeicherte Wissen zu benutzen.

---

18 Vgl. BANERJEE, J. et al.: Data Model Issues for Object-oriented Applications, in: ACM Transactions on Office Information Systems, Special Issue on Object-oriented Systems, Nr. 1, Vol. 5, 1987, S. 1-26.

19 Vgl. SUMMA, H.: Objekt-orientierte Programmierung, ein Überblick. Was kann man erwarten?, in Kommtex '86, Proceedings, Essen 1986, S. 4V-1 - 4V-13.

20 Vgl. MINSKY, M.: A Framework for Representing Knowledge, in: WINSTON, P. H. (Hrsg.): The Psychology of Computer Vision, New York u.a. 1975, S. 211-282.

21 Vgl. ebenda, S. 212.

22 Vgl. ebenda, S. 221.

23 Vgl. ebenda, S. 247 ff.

3.3.2 Aufbau der Frames

3.3.2.1 Grundlagen

FRAMES besitzen einige Eigenschaften semantischer Netze. Man kann sie als Zusammenfassung von Knoten und Kanten in semantischen Netzen betrachten.[24] Das Wissen über ein Objekt wird in strukturierter Form abgespeichert. Dabei werden die Objekte bzw. Knoten als FRAMES dargestellt. Die Beziehungen bzw. Kanten (ist_ein, hat_ein, usw.) der semantischen Netze werden als Slots dargestellt. Jeder Slot beschreibt daher eine Eigenschaft des Frames.[25]
Für jeden Slot können verschiedene Einträge aufgeführt werden. Neben dem tatsächlichen Wert des Slots, können Erwartungswerte, zugeordnete Prozeduren oder der zulässige Wertebereich angegeben werden.[26]
Die Angabe des zulässigen Wertebereichs kann erweitert werden um die Angabe der Kardinalität der Werteingabe, d.h., wieviele Werte für einen Slot angegeben werden können. Bei dem Slot Reifen des FRAMEs PKW würde zunächst "4" als benötigte Anzahl angegeben werden und zudem die zulässigen Werte, z.B. "Winterreifen", "Sommerreifen" o.ä. Als Wert kann auch der Verweis auf einen anderen FRAME angegeben werden. So könnte die Angabe "Sommerreifen" einen weiteren FRAME bezeichnen, der Angaben über die Sommerreifen enthält.
Erwartungswerte sind Werte, die immer dann für einen Slot gelten, wenn nicht explizit oder durch Vererbung ein Wert für den Slot angegeben wurde. Dabei werden Werte angegeben, die häufig, aber nicht immer, für die betreffende Eigenschaft auftreten. Diese Werte gelten solange für die Eigenschaft, bis sie geändert werden. Es muß jedoch beachtet werden, daß aufgrund dieser Fähigkeit auch solche Eigenschaften überschrieben werden können, die für das Erkennen eines FRAMEs unbedingt notwendig sind.
Brachman gibt dafür das Beispiel eines Elefanten, der als Erwartungswert der Farbe den Wert "grau" besitzt. Ist dort der Wert gelb eingetragen, so könnte diese Tatsache möglicherweise aufgrund einer "durch die Alpenüberquerung erlangten Hepathitis" entstanden sein.[27] Ein anderes Beispiel wäre die Anzahl der Beine, die bei einem Elefanten naturgemäß "4" beträgt. Es ist aber durchaus denkbar, daß der Elefant durch einen wie auch immer eingetretenen Schicksalsschlag ein Bein verloren hat, so daß die Anzahl der Beine nun "3" beträgt.
Das Problem der Behandlung von möglichen Überschreibungen der Erwartungswerte besteht in dem Punkt an dem die Grenze zu ziehen ist. Bis zu welcher Wertzuweisung kann ein reales Objekt noch einem bereits bestehenden FRAME zugeordnet werden, bzw. ab welcher Wertzuweisung ist das nicht mehr möglich. So kann man aus einer Beschreibung eines großen, grauen Lebewesens mit Rüssel, Stoßzähnen und drei Beinen noch

24 Vgl. ROLSTON, D.: Principles of Artificial Intelligence and Expert Systems, a.a.O., S. 51.

25 Vgl. HARMON, P.; KING, D.: Expertensysteme in der Praxis: Perspektiven, Werkzeuge, Erfahrungen, a.a.O., S. 50.

26 Vgl. PUPPE, F.: Einführung in Expertensysteme, a.a.O., S. 29 ff.

27 Vgl. BRACHMAN, R.: "I lied about Trees" or, Defaults and Definitions in Knowledge Representation, AI-Magazine, Nr. 3, Vol. 6, 1985, S. 80-93.

immer einen - bemitleidenswerten - Elefanten erkennen. Brachman beschreibt dagegen in seinem sehr amüsanten Artikel folgendes Lebewesen, welches nicht mehr als Elefant zu erkennen ist:

"What's big and gray, has a trunk, and lives in trees?"[28]

Ein Elefant kann aufgrund seiner Konsistenz wohl kaum in Bäumen leben. Ohne Brachmans Geständnis wäre eine Identifikation des Lebewesens kaum möglich:

"An elephant - I lied about the trees."[29]

Sinnlose Werteingaben müssen daher vom System durch Kontrollmechanismen verhindert werden. Ein weiteres Problem besteht darin, daß die Möglichkeit der Überschreibung von Erwartungswerten beim System die Möglichkeit der Rücknahme von bereits getroffenen Annahmen voraussetzt. Diese Fähigkeit der Systeme, die sog. nichtmonotone Inferenz, bereitet einige Schwierigkeiten, wird aber im Rahmen dieses Aufsatzes nicht bearbeitet.

Den Slots zugeordnete Prozeduren sind Programme, die aufgrund bestimmter Bedingungen ausgeführt werden. So gibt es in beinahe allen FRAME-Konzepten die Prozeduren "if-added" und "if-needed". "If-added" Prozeduren werden ausgeführt, nachdem ein Wert für den betreffenden Slot angegeben wurde. In diesen Prozeduren können dann z.B. Plausibilitätskontrollen oder die Durchführung von Änderungen, die sich aus der Angabe eines Wertes für andere Werte ergeben, implementiert werden.

"If-needed" Prozeduren werden ausgeführt, wenn Werte für einen bestimmten Slot benötigt werden. In diesen Prozeduren sind Methoden implementiert, die die Herleitung des Wertes des betreffenden Slots beschreiben. Zusätzlich zu diesen beiden Prozedurtypen, gibt es eine Reihe von weiteren zugeordneten Prozeduren, die in Abschnitt 3.3.2.2 erläutert werden.

Ein weiteres wichtiges Konzept der FRAMEs ist die Vererbung. Durch die Angabe einer Klassenzugehörigkeit werden von übergeordneten Klassen Werte an darunterliegende Klassen weitergegeben. Hier wurden die Charakteristika der Vererbung aus der objektorientierten Programmierung übernommen. Ein FRAME "PKW" erbt, durch die Vereinbarung als "subclass" des FRAMEs "Fahrzeuge", alle Eigenschaften des FRAMEs "Fahrzeuge".

Die Vererbung ermöglicht eine ökonomische Datenhaltung, da Daten, die für eine gesamte Klasse gelten, nur einmal abgespeichert werden müssen.

---

28 Vgl. BRACHMAN, R.: "I lied about Trees" or, Defaults and Definitions in Knowledge Representation, a.a.O., S. 81.

29 Vgl. ebenda, S. 81.

3.3.2.2 FRL

Zur Darstellung des FRAME-Konzeptes soll an dieser Stelle FRL dienen.[30]
FRL ist eine Erweiterung von LISP zur Bearbeitung strukturierter Objekte. Wie im vorangegangenen Abschnitt schon erwähnt, besitzt jeder FRAME mehrere Slots, die seine Eigenschaften beschreiben. Die Slots besitzen zu ihrer Beschreibung verschiedene Einträge, die Facetten genannt werden.
Slots können in FRL durch 6 Facetten beschrieben werden:

$value:	Gibt den tatsächlichen Wert an
$require:	zugelassene Werte für $value
$default:	Erwartungswert für $value
$if-added:	zugeordnete LISP-Prozedur, die ausgeführt wird, wenn $value einen Wert erhält.
$if-removed:	zugeordnete LISP-Prozedur, die ausgeführt wird wenn ein Wert von $value gelöscht wird.
$if-needed:	zugeordnete LISP-Prozedur, die angibt, wie der Wert von $value ermittelt werden soll.

Zusätzlich zu den "Eigenschafts-Slots" besitzt jeder FRAME ein Slot AKO (A kind of), der die Zugehörigkeit eines FRAMEs zu einer Klasse repräsentiert. Mit Hilfe dieses Slots können Vererbungshierarchien aufgebaut werden.
FRAMES werden in diesem Konzept zu aktiven Objekten (active Values).[31] Wissen bzw. Daten werden nicht mehr unbedingt direkt bei dem betreffenden Objekt abgespeichert, sondern durch Prozeduren ermittelt, die aus Eingaben des Benutzers oder aus Werten anderer FRAMES den Wert des betreffenden Slots herleiten. Die FRAMES entfernen sich damit von dem Konzept der strukturierten Datenspeicherung.
Dieses Konzept wird auch in Datenbankmanagementsystemen (DBMS) verfolgt; so verwendet das DBMS INGRES von Relational Technology Operatoren, die ähnlich wie die $if-needed und $if-added Facetten bei FRL wirken. Aufgrund dieses Systems können Daten dezentral abgespeichert werden, der Benutzer muß nicht darüber informiert sein, wo und wie die Daten abgespeichert werden (Prinzip der Datenabstraktion[32]).
Mit diesen beiden Facetten kann ein Regelsystem simuliert werden. Die $if-needed Prozeduren, die zur Datenherleitung dienen, sind vergleichbar mit Aktionen, die von einem rückwärts-verkettenden Regelinterpreter ausgeführt werden. Die $if-added Prozeduren

30 Vgl. ROBERTS, B.; GOLDSTEIN, I.: The FRL-Primer, a.a.O. Weitere FRAME-Konzepte finden sich u.a. in: BRACHMAN, R.; SCHMOLZE, J.: An Overview of the KL-ONE Knowledge Representation System in: Cognitive Science, Nr. 9, 1985, S. 171-216. REIMER, U.: FRM: Ein FRAME-Repräsentationsmodell und seine formale Semantik, Berlin u.a. 1989.

31 Vgl. PUPPE, F.: Einführung in Expertensysteme, a.a.O., S. 31 f.

32 Vgl. AHO, A.; HOPCROFT, J.; ULLMANN, J.: Data Structure and Algorithms, Reading 1983.

sind dagegen mit Aktionen vergleichbar, die aus Daten Ableitungen durchführen und bei Regelsystemen von einem vorwärts-verkettenden Regelinterpreter ausgeführt werden.[33]

4 Wissenrepräsentation und Inferenz in hybriden Systemen

4.1 Wissensrepräsentation

4.1.1 Grundlagen

Hybride Systeme sind Systeme, die mehr als ein Paradigma der Wissensrepräsentation verbinden. Bekannte hybride Systeme in kommerzieller Nutzung sind u.a. TWAICE von der Nixdorf AG und KEE von IntelliCorp.
Der Ansatz mehrere Paradigmen miteinander zu verbinden, rührt daher, daß es für unterschiedliche Wissensarten jeweils verschiedene "optimale" Repräsentationsformen gibt.
Wissen kann mit Hilfe der objektorientierten Darstellungsweise strukturiert dargestellt und ökonomisch abgespeichert werden. Wissen kann durch die Vererbung von mehreren Objekten gemeinsam genutzt werden. Durch die Benutzung von Prototypen kann ein Standardtyp beschrieben werden, an dessen Beschreibung sich alle Objektinstanzen orientieren, dabei können Erwartungswerte übergeben werden. Objektorientierte Systeme bieten aber keine Domänenspezifischen Algorithmen zur Bearbeitung des Wissens an. Die einzige Möglichkeit solches Wissen zu implementieren, ist die Zuordnung von Prozeduren zu Slots, die schon beim FRAME-Konzept beschrieben wurden.
Der am weitesten verbreitete und effektivste Ansatz zur Beschreibung des Verhaltens von Objekten und der Steuerung der Inferenz sind Produktionsregeln.[34] Produktionsregeln sind leicht verständlich, ihre Eignung zur Beschreibung von Wissen ist jedoch eingeschränkt. Daher ist die Verbindung von objektorientierten und regelbasierten Repräsentationsformen eine günstige Kombination. Objekte bzw. FRAMES bieten eine leistungsfähige Grundlage für Regelsysteme.
Der Ansatz der Verknüpfung von FRAMES und Regeln wurde daher von vielen Systemen verfolgt (TWAICE, KEE, LOOPS, usw.).
Im folgenden wird die Wissensrepräsentation hybrider Systeme anhand des Beispiels TWAICE dargestellt.[35] Im Anschluß daran erfolgt ein kurzer Überblick über das Konzept des hybriden Systems KEE von IntelliCorp.

---

33 Vgl. PUPPE, F.: Einführung in Expertensysteme, a.a.O., S. 32.

34 Vgl. FIKES, R.; KEHLER, T.: The Role of Frame-based Representation in Reasoning, in: Communications of the ACM, Nr. 9, Vol. 28, 1985, S. 904-920.

35 Soweit im folgenden keine andere Quelle angegeben wird, beziehen sich die Angaben auf: Nixdorf, TWAICE, Version 3.0, User Manual, Manual C, Inferenzkomponente.

4.1.2 Wissensrepräsentation in TWAICE

4.1.2.1 Regelbank

In TWAICE sind FRAME- und Regelkonzepte realisiert. Das Wissen wird mit Hilfe von FRAMES strukturiert und mit Hilfe von Regeln ergänzt.
TWAICE unterscheidet zwischen der Regelbank und der Taxonomie. In der Regelbank werden alle Regeln des Systems in der Form:

```
<KOMMENTAR>
TRIGGER     <attributname>
Rule        <regelnummer> <FORWARD>/<BACKWARD>/<SELFREF>
IF          <bedingung1>
AND/OR      <bedingung2>
::
THEN
            <elementarkonklusion1>
AND         <elementarkonklusion2>
::
AND         <elementarkonklusionn>
END
```

abgespeichert.

Die Regeln bestehen aus einer oder mehreren Prämissen, die mit AND oder OR verbunden sind, sowie einer oder mehrerer Elementarkonklusionen, die nur mit AND verbunden sein dürfen. Als Regeltypen sind FORWARD, BACKWARD und SELFREF vorgesehen. Sie beziehen sich auf die Abarbeitungsweise der Regeln durch die Inferenzkomponente.[36] Zusätzlich können Regeln vom Typ FORWARD noch eine sog. TRIGGER-Anweisung[37] erhalten, die den Ausführungszeitpunkt dieser Regel bestimmt. Die Trigger-Anweisung besteht aus der Angabe eines Attributes. Sobald dieses Attribut während einer Konsultation hergeleitet wird, wird die entsprechende Regel ausgeführt. Die Prämissen können unterschieden werden in konsultative, relationale oder quantifizierte Typen.

- Konsultative Elementarprämissen beziehen sich auf den aktuellen Stand der laufenden Konsultation. Es kann zum Beispiel gefragt werden, ob ein bestimmtes Attribut zum Zeitpunkt der Regelauswertung bereits bekannt ist.

  Bsp.: IF kunde.name KNOWN
  THEN bestimme kunde.gebdatum

---

36 Vgl. Kapitel 4.2.

37 Trigger engl. für Auslöser.

- Relationale Elementarprämissen vergleichen Attribute mit Attributen oder Attribute mit Werten:

  Bsp.: IF kunde.alter < 18
  THEN kunde.volljaehrig = "nein"

- Quantifizierende Elementarprämissen beziehen sich auf alle Instanzen eines Objektes. Dafür sind die Operatoren ALL und EXIST angegeben. Eine Bedingung mit ALL gilt dann als erfüllt, wenn alle Instanzen eines Objektes die Bedingung erfüllen, eine Bedingung mit EXIST, wenn mindestens eine Instanz die Bedingung erfüllt.

  Bsp.: IF ALL kunde.kinder = KNOWN
  THEN berechne kunde.kindergeld

In den Elementarkonklusionen können Wertezuweisungen und Aktionen angegeben werden. Eine Wertezuweisung kann durch eine der folgenden Vorgänge erfolgen:

- einfache Wertzuweisungen, bei denen Werten eine Konstante zugewiesen wird

  Bsp.: IF kunde.wohnort = GÖTTINGEN
  THEN kunde.plz = 3400

- Wertzuweisungen durch Werttransfer, wobei der Wert eines anderen Attributes dem Zielattribut zugewiesen wird

  Bsp.: IF anlagebetrag = "maximal"
  THEN kunde.anlagebetrag = kunde.vermögen

- Tabellenaufrufe, wobei der Wert des Attributes durch das Nachsehen in einer Tabelle ermittelt wird

  Bsp.: IF kunde.plz = KNOWN
  THEN kunde.ort = LOOKUP (ptab, plz)

- COUNT-Aufruf, dem Objekt wird hierbei die Anzahl der Instanzen eines bestimmten Objektes zugewiesen

  Bsp.: IF ALL kunde.kinder = KNOWN
  THEN kunde.anzahl_kinder = COUNT (kunde.kinder)

- Prozeduraufrufe mit denen der Wert eines Attributes bestimmt wird

  Bsp.: IF kunde.gebdatum = KNOWN
  THEN kunde.alter =
  PROC(ber_alt, kunde.gebdatum)

- Termauswertungen, in denen der zuzuweisende Wert aus arithmetischen Termen berechnet wird

Bsp.: IF kunde.krankenversicherung = "AOK"
THEN kunde.krankenvers = kunde.gehalt * 0,12

Zusätzlich besteht die Möglichkeit, vages Wissen mit Hilfe von Konfidenzfaktoren, die zwischen 0 und 1000 liegen, auszudrücken.

Bsp.: If kunde.beruf = "beamter"
THEN kunde.risikobereitschaft = 0 (900)

(Diese Regel weist dem Attribut Risikobereitschaft des Objektes Kunden für den Fall des Berufs "Beamter" dem Wert 0 mit einem Konfidenzfaktor von 900 zu)

4.1.2.2 Taxonomie

In der Taxonomie werden alle Objekte, die für ein Wissensgebiet (eine Domäne[38]) relevant sind, abgespeichert. Die Objekte werden in Form von hierarchisch angeordneten Frames dargestellt. Die Wurzel des Taxonomie-Baumes bildet das Objekt ROOT.
Zu jeder Taxonomie gibt es einen Domain-FRAME, der den Namen der Wissensbank und allgemeine Eigenschaften der Wissensbank definiert. Der Domain-Frame hat folgendes Aussehen.

```
 DOMAIN              <domname>          :Domänedeklaration
 STAROBJECT          <objname>          :Hauptobjekt
* CF                 <yes>/<no>         :Konfidenz-Kennzeichen
* THRESHOLD          <threshold_cf>     :Schwellenwert für
                                         Konfidenzen
* FORMAT             <format>           :Ausgabemaske
* IF_CONS_STARTED    <methodenname>     :Name einer Methode
* IF_CONS_DONE       <methodenname>     :Name einer Methode
* IF_CONS_ABORTED    <methodenname>     :Name einer Methode
* IF_SESS_STARTED    <methodenname>     :Name einer Methode
 END[39]
```

Die Angaben mit vorstehendem (*) sind optional.
Der Domänenname ist der das Wissensgebiet identifizierende Name. Mit STARTOBJECT wird das Objekt angegeben, das bei Beginn einer Konsultation grundsätzlich zuerst untersucht wird. CF legt fest, ob in der Domäne mit oder ohne Konfidenzfaktoren

38 Im allgemeinen wird ein Fachgebiet als Domäne bezeichnet. In der TWAICE-Notation bezeichnet Domäne nur einen Teilbereich eines Fachgebietes, das sog. Wissensgebiet.

39 Vgl. Nixdorf, TWAICE, User Manual C, S. 11.

gearbeitet werden soll. THRESHOLD legt die Schwelle des Konfidenz-Faktors fest, ab der die Bedingung einer Regel als erfüllt gilt. Unter IF_CONS_STARTED usw. werden PROLOG-Methoden angegeben, die unter den betreffenden Bedingungen ausgeführt werden.
Für jedes Objekt in der Taxonomie werden neben den eigentlichen Eigenschaften der Objekte zusätzliche Parameter festgelegt. Ein .i.Objektframe; hat in TWAICE folgendes Aussehen:

OBJECT	<obj>	:Objektname
FATHER	<father_obj>	:Name des Vaterobjektes
* NUMBER	<number_range>	:zulässige Objektanzahl
* NUMBER_FACT	<number>	:tatsächliche Objektanzahl
* NUMBER_DEFAULT	<number>	:Erwartete Objektanzahl
* INSTANTIATION	<itype>	:Instanziierungstyp
* INITIALS	<attrlist>	:Initialattribute
* GOALS	<attrlist>	:Zielattribute
* IF_INST_CREATED	<methode>	:Name einer Methode
* IF_INST_DONE	<methode>	:Name einer Methode
END[40]		

Die mit (*) gekennzeichneten Slots sind optional. Neben den obligatorischen Angaben für Name des Objekts und Name des Vaterobjektes, sind vor allem die INITIALS und GOALS Slots von Bedeutung. Sie geben an, welche Attribute bei der Instanziierung[41] eines Objektes einer Objektinstanz zugeordnet werden müssen. Die unter INITIALS angegebenen Attributwerte werden bei der Instanziierung vom Benutzer erfragt, für die unter GOALS angegebenen Attribute werden Werte hergeleitet. Die Attribute werden in Attributframes dargestellt.

ATTRIBUTE	<obj>, <attr>	:Attributname
* MULTIVALUED	<yes>/<no>	:Mehrwertigkeitskennung
VALUES	<values_spec>	:zulässige Werte
* VALUES_MOD	<modname>	:Modifikationsprozedur
* VALUES_FACT	<values>	:tatsächlicher Wert
* VALUES_DEFAULT	<values	:Default-Wert
* FORMAT	<format>	:Format für Zahlenausgabe
* ANSWER	<ask_flag>, <unk_flag>,<cf_flag>	:Antwortrestriktionen
* RESULT	<result_flag>	:Ergebnisattribut-Kennung
* IF_NEEDED	<methodenname>	:Name einer Methode
* IF_TRACED	<methodenname>	:Name einer Methode
END[42]		

40 Vgl. Nixdorf, TWAICE, User Manual C, S. 11.
41 Unter Instanziierung versteht man das Anlegen eines realen Objektes.
42 Vgl. Nixdorf, TWAICE, User Manual E, S. 16 ff.

Im VALUE Slot kann der Typ des Wertes (Integer, String, ...) und ein Wertebereich bzw. eine Werteliste angegeben werden. Wie beim Objekt-Frame sind die Angaben mit * optional. Unter ANSWER kann angegeben werden, ob und wie dem Anwender Fragen gestellt werden sollen und ob die Angabe von Konfidenzfaktoren erfolgen soll. Unter IF_NEEDED und IF_TRACED ist es möglich, Methoden anzugeben, die bei bestimmten Ereignissen zur Ausgeführt gelangen(s.u. Kap. 4.2.).

4.1.2.3 Erweiterung durch PROLOG- und Externe Prozeduren

Zusätzlich durch die Darstellung des Wissens in der Regelbank und der Taxonomie kann Wissen auch in den oben schon mehrfach erwähnten Prozeduren und Methoden festgelegt werden. In TWAICE kann eine Erweiterung der Wissensrepräsentation durch folgende Typen erfolgen:[43]

- Prozeduren bzw. Methoden, die von Regelkonklusionen aufrufen werden
- Methoden, die beim Eintreten von Ereignissen aktiviert werden (IF_CONS_STARTED, ...)
- Modifikationsprozeduren, die zu Bestimmung des zulässigen Wertebereichs von Attributen in Abhängigkeit von den Fakten der laufenden Konsulation verwendet werden (werden im VALUES_MOD Slot eingetragen)
- Textfunktionen, die Nachrichten an den Benutzer aufbereiten
- Screenfunktionen, die Ausgabe von Benutzernachrichten formatieren

Zusätzlich zu diesen PROLOG-Prozeduren kann die Wissenrepräsentation in TWAICE durch externe Prozeduren in der Programmiersprache C erweitert werden. Dadurch sind z.B. über ein C Programm Datenbankaufrufe realisierbar. Externe Prozeduren können entweder Regelgesteuert durch die Angabe des Prozedurnamens als Konklusion oder Ereignisgesteuert durch die Eintragung einer externen Prozedur in den entsprechenden Slot eines Attributes (IF_NEEDED, etc.) eingebunden werden.

4.2 Inferenz

4.2.1 Grundlagen

Die Inferenz bestimmt die Leistungsfähigkeit eines hybriden Systems. Betrachtet man die verschiedenen in einer Wissensbasis vereinten Wissensrepräsentationsformen voneinander getrennt, so zeigen sich die entscheidenden Vorteile gegenüber den sich auf eine Grundformen der Wissensrepräsentation beschränkenden Systeme noch nicht. Erst durch eine sinnvolle Verknüpfung der in einem System vereinten Repräsentationsformen kann die Leistungsfähigkeit ausgeschöpft werden.

---

[43] Vgl. Nixdorf, TWAICE, User Manual E, S. 74 ff.

Prozedurales und deklaratives Wissen kann vereint genutzt werden. Mit Hilfe deklarativer Repräsentationsformen kann Faktenwissen, und mit Hilfe prozeduraler Repräsentationsformen Wissen zu Herleitung neuer Fakten aus dem gegebenen Faktenwissen dargestellt werden. Das Zusammentreffen verschiedener Repräsentationsformen ist für die Gestaltung der Inferenzkomponente entscheidend. Bei der Konzeption einer Inferenzstrategie muß festgelegt werden, welche Repräsentationsform wie und wann benutzt werden soll.
Eine in fast allen hybriden Systemen anzutreffende Kombination von Repräsentationsformen ist die Verwendung von Regeln und Frames. Hier ist die klare Trennung der Abspeicherung von deklarativem Wissen in eine Repräsentationsform und von prozeduralem Wissen in die andere nicht möglich. In FRAMES wird sowohl deklaratives als auch prozedurales Wissen abgespeichert. Aufgabe bei der Konstruktion einer hybriden Inferenzkomponente ist daher die Integration der beiden Repräsentationsformen. Es muß festgelegt werden, an welcher Stelle die Konsultation beginnt, und wie das weitere Vorgehen der Inferenzstrategie ist.

4.2.2 Inferenz in TWAICE

Die Inferenzkomponente von TWAICE steuert den Konsultationsablauf und leitet Fakten ab. Sie benutzt dabei das in Regeln, Prozeduren und der Taxonomie abgespeicherte Wissen. Das Vorgehen der Inferenzkomponente ist dreigeteilt in die Untersuchung von Objekten, von Objektinstanzen und von Attributen. Ziel der Inferenzstrategie ist es, die Werte der Zielattribute zu bestimmen.
Die Inferenzkomponente bei TWAICE besteht aus drei Teilen. Dem Objekthandler, der die Objekte unterhalb einer vorgegebenen Vaterinstanz untersucht (z.B. alle Aufträge des Kunden "Meier"). Zweitens dem .i.Instanzhandler;, der eine Objektinstanz vom Objekthandler übernimmt und dessen Attribute untersucht (z.B. die Attribute des Auftrags "4711" des Kunden "Meier"). Und drittens dem .i.Attributhandler;, der die Werte der vom Instanzhandler übergebenen Attribute bestimmt (z.B. das Datum des Auftrags "4711" von Kunde "Meier").
Bei der Instanziierung, d.h. der Erstellung eines neuen Objektes, erhält jede Instanz einen eindeutigen Namen, der aus dem Namen des Objektes und einer fortlaufenden Nummer besteht (bsp.: Auftrag-1 des Kunden, Auftrag-2, ...).
Die Inferenz beginnt mit der Übergabe der Kontrolle an den Objekthandler.
Der Objekthandler beginnt grundsätzlich mit der Untersuchung des im Slot STARTOBJECT des Domain-Frames angegebenen Objektes.
Die Instanziierung eines Objektes wird durch die Angabe im Slot INSTANTIATION bestimmt. Die verschiedenen Instanziierungstypen legen fest, wann und wie die Anzahl der Objektinstanzen bestimmt werden soll. Folgende Typen sind möglich:

- trace_EXIST (fragende offene Instanziierung)
  Vor dem Anlegen der ersten und jeder weiteren Instanz
  wird der Benutzer um Zustimmung gefragt

- trace_EXISTMORE (automatische offene Instanziierung)
  Die erste Instanz des Objektes wird automatisch angelegt, bei allen weiteren Instanziierungsversuchen wird der Benutzer gefragt

- trace_NUMBER (geschlossene Instanziierung)
  Von vornherein wird die Anzahl der anzulegenden Instanzen bestimmt.

Der Benutzer bestimmt also, ob eine oder mehrere Instanzen des Startobjektes erzeugt werden sollen. Falls eine Instanz des Startobjektes existiert, so beauftragt der Objekthandler den Instanzhandler mit der Bestimmung aller Attribute der betreffenden Instanz.
Der Instanzhandler untersucht die vom Objekthandler übergebene Instanz. Dabei wird jedes Attribut, das im INITIALS Slot angegeben wurde und noch nicht ermittelt worden ist, vom Benutzer direkt erfragt.
Anschließend wird versucht, die unter GOALS angegebenen Zielattribute zu bestimmen. Das zu bestimmende Attribut wird jeweils an den Attributhandler übergeben.
Der Attributhandler bestimmt den oder die Werte des Attributes und trägt sie als Fakt in den betreffenden Slot ein. Dazu untersucht der Attributhandler die Vorwärtsregeln, die durch das Attribut ausgelöst (getriggert[44]) werden. Wenn der Attributhandler bei der Untersuchung der Regeln auf ein noch unbestimmtes Attribut trifft, so unterbricht er die laufende Untersuchung und startet den Attributhandler (rekursiv) erneut für das zu bestimmende Attribut. Die unterbrochene Untersuchung wird erst fortgesetzt, wenn der Wert für das zu bestimmende Attribut ermittelt wurde. Durch die Regelverkettung können mehrere Untersuchungen ineinander verschachtelt werden. Wenn der Attributhandler den Wert eines Attributes nicht durch Regeln oder andere Wissenquellen herleiten kann, so fragt er den Benutzer nach dem Wert.

4.2.2.1 Standard-Arbeitsweise der Inferenzkomponente

Bei der Ableitung der Werte wird folgende Standard-Strategie verfolgt, bei der erst dann mit der Abarbeitung der Vorwärtsregeln fortgefahren wird, wenn ein Wert für das jeweilige Attribut bestimmt werden konnte.

1. Faktenauswertung
   Der Attributhandler überprüft zunächst ob im VALUE_FACT Slot des Attributes ein Wert eingetragen ist, dessen Konfidenz-Faktor den im Domain-FRAME unter THRESHOLD eingetragenen Schwellenwert überschreitet. Ist das der Fall, so gilt der Wert als ermittelt.

44 Getriggert werden die Regeln, die die Anweisung TRIGGER attributname beinhalten.

2. Auswertung von Rückwärtsregeln
   Der Attributhandler überprüft Rückwärtsregeln, die über das Attribut schlußfolgern. Es können auch mehrere Regeln ausgeführt werden. Dabei werden die ermittelten Konfidenzfaktoren kumuliert. Ein Wert wird nur dann eingetragen, wenn der Schwellenwert überstiegen wird.
3. Auswertung von Selbstbezugsregeln
   Entsprechend dem unter 2. beschriebenen Verfahren werden hier Selbstbezugsregeln unter der Voraussetzung ausgewertet, daß im Bedingungsteil das Attribut auf NOTKNOWN überprüft wird. Selbstbezugsregeln sind Regeln, die im Bedingungs- und im Konklusionsteil das gleiche Attribut behandeln. Wird ein Wert ermittelt, der den Schwellenwert übertritt, so wird er eingetragen.
4. Überprüfung der Erfragbarkeit des Attributs
   Der Attributhandler überprüft, ob im ANSWER-Slot des Attributes der Eintrag "no_ask" vermerkt ist. In diesem Fall wird mit Schritt 7 fortgefahren.
5. Einholen der gewünschten Benutzerantwort
   Der Attributhandler fragt den Benutzer nach dem Wert des Attributes. Wenn der Wert zulässig ist, so wird er unter der Voraussetzung, daß der zugehörige Konfidenzfaktor den Schwellenwert übersteigt, eingetragen. Ist das nicht der Fall, so fährt der Attributhandler mit Schritt 7 fort.
   Hat der Benutzer jedoch "unk" für "unknown" (unbekannt) als Antwort eingetragen, so fährt der Attributhandler unter der Voraussetzung, daß "unk" im ANSWER-Slot als zulässig angegeben wurde, mit Schritt 6 fort.
6. Selbstbezugsregeln mit Prämisse UNANSWERED
   Hier werden Selbstbezugsregeln überprüft, die in ihrer Prämisse überprüfen, ob das gesuchte Attribut unbeantwortet (UNANSWERED) ist. Es gilt die Vorgehensweise von Schritt 3.
7. Auswertung der Defaults
   Der Attributhandler überprüft den Default-Wert. Wenn in diesem Slot ein Wert eingetragen ist, dessen Konfidenz-Faktor den Schwellenwert übersteigt, so wird der Default-Wert eingetragen.
8. Kennzeichnung als NOTKNOWN
   Wenn alle Maßnahmen zur Herleitung des Wertes ohne Erfolg geblieben sind, so wird der Wert als NOTKNOWN (unbekannt) markiert. Danach fährt der Attributhandler mit der Bearbeitung der Vorwärtsregeln fort.

TWAICE verwaltet die Objekte, Objektinstanzen und Attribute über einen Stack (Stapel). Alle Objekte über die TWAICE schlußfolgert bleiben solange auf dem Stack, bis alle ihre Instanzen vollständig untersucht sind. Die Instanzen bleiben solange auf dem Stack, bis alle Attribute untersucht wurden. Die Attribute bleiben solange auf dem Stack, bis ihre Werte bestimmt und die Vorwärtsregeln ausgeführt wurden, die durch das Attribut getriggert wurden.
Während der Bestimmung von Attributwerten ist es möglich, daß neue Objekte auf den Stack genommen werden müssen um weitere Attributwerte zu bestimmen. Bei der Herleitung der Attributwerte werden die Rückwärtsregeln, die über das gesuchte Attribut schlußfolgern untersucht. Findet sich in deren Prämissenteil der Wert eines anderen Attributes,

das zu einem noch nicht untersuchten Objekt gehört, so muß das zugehörige Objekt zunächst instanziiert und untersucht werden. Dadurch werden sehr komplexe und verschachtelte, rekursive Inferenzabläufe erzeugt.

4.2.2.2 Erweiterung der Inferenzkomponente durch Methoden

Die Inferenzkomponente von TWAICE kann über die Hinzufügung von Methoden modifiziert werden.
Der Knowledge Engineer kann mit in PROLOG geschriebenen Methoden den Inferenzablauf direkt beeinflussen. Diese Methoden werden bei bestimmten Ereignissen ausgeführt.
TWAICE sieht folgende Ereignisse als Methodenauslöser vor:

- Der Beginn oder das Ende einer TWAICE-Sitzung
  (IF_SESS_STARTED, IF_SESSION_ENDED)
- Der Beginn, das Ende oder der Abbruch einer TWAICE-Konsultation
  (IF_CONS_STARTED, IF_CONS_ENDED, IF_CONS_ABORTED)
- Der Beginn und das Ende der Instanziierung von Objektinstanzen
  (IF_INST_CREATED, IF_INST_DONE)
- Das Benötigen eines Attributes, das noch nicht als Endergebnis in der Datenbasis eingetragen ist
  (IF_NEEDED)
- Das Eintragen eines Attributwertes in die Datenbasis
  (IF_TRACED)

Die Methoden können abhängig vom eingetragenen Ereignis unterschiedliche Auswirkungen haben. So kann zum Beginn einer Session eine Startmeldung ausgegeben werden, beim Beginn der Konsultation kann grundsätzlich nach dem Namen des Kunden gefragt werden. Bei der Instanziierung von Objekten oder beim Benötigen eines Attributwertes können Datenbankabfragen durchgeführt werden, etc.

4.3 Das Konzept des Systems KEE von IntelliCorp

4.3.1 Wissensrepräsentation und Inferenz

Im folgenden wird das Konzept von KEE kurz dargestellt.[45]
Ähnlich wie TWAICE verwendet KEE die objektorientierte Darstellung (FRAMES). In der KEE Notation heißen die in TWAICE FRAMES geschriebenen Objekte "UNITS".
Beziehungen zwischen Units werden unterschieden in "Class-Subclass" und "Class-Member" Links. "Class-Subclass" Links sind Beziehungen zwischen zwei Klassen, wobei die "Subclass" die Eigenschaften der "Class" erbt (Bsp. für Class-Subclass Link: "LKW" ist ein Fahrzeug und erbt die Eigenschaften der Klasse "Fahrzeuge").

---

45 Soweit im folgenden keine andere Quelle angegeben wird, beziehen sich die Angaben auf: IntelliCorp: KEEtutor: A basic Course for the Intellicorp KEE Software Development System, 1988.

"Class-Member" Links sind Beziehungen zwischen einer Klasse und einem konkreten Objekt, das Mitglied dieser Klasse ist. Für dieses Mitglied gelten die für die Klasse getroffenen Vereinbarungen (Bsp. für Class-Member Link: "LKW1" ist ein "LKW" und erbt die Beschreibung von "LKW").
Die Objekte werden beschrieben durch ihre Attribute, die Slots genannt werden. KEE benutzt zwei verschiedene Arten von Slots, "Own Slots" und "Member Slots". "Own Slots" sind Attributwerte, die für jedes Mitglied einer Klasse einen eigenen Wert annehmen können, "Member Slots" haben dagegen einen festen Wert für alle Mitglieder einer Klasse. Die Information über die Klasse sollte zentral gespeichert werden, die Information über die einzelnen Objekte lokal. Die Vererbung kann an jeder beliebigen Stelle gestoppt werden, indem die "Member Slots" in "Own Slots" umgewandelt werden. Die Vererbung in KEE kann durch die Auswahl einer Vererbungsregel vielfältig gesteuert werden. Beispiele für Vererbungsregeln sind "Override.Values", wo direkt zugeordnete Werte (durch Regeln, o.ä.) die geerbten Werte überschreibt, "Union", wo alle Werte der Elternslots geerbt werden, etc.
Jeder Slot kann beliebig viele Werte annehmen, die auch wiederum Objekte der Wissensbasis sein können. Die Attribute (Slots) werden durch verschiedene Facetten beschrieben. Zum einen können Wertebereiche angegeben werden, die von vornherein die semantische Integrität des Systemwissens garantieren. In KEE kann zusätzlich die Kardinalität, d.h. die Anzahl der Einträge, angegeben werden, indem die Facetten CardinalityMin und CardinalityMax gefüllt werden. In der ValueClass Facette können Klassen angegeben werden, aus denen der Attributwert stammen muß.
In der Default Facette können Erwartungswerte angegeben werden, die solange gelten, bis der Wert überschrieben wird.
Auch KEE bietet Möglichkeiten, das Verhalten von UNITS zu beschreiben. Zum einen können in LISP geschriebene Methoden den UNITS zugeordnet werden, die auf bestimmte an das Objekt gesendete Nachrichten reagieren. Zum anderen bietet KEE die Möglichkeit der "active values" an, die Regeln oder Prozeduren darstellen, die auf Änderungen oder Zugriffe auf Attributwerte reagieren.
Regeln werden in KEE als Objekte repräsentiert. Dadurch wird die Wissensrepräsentation einheitlich im gesamten System. Regeln werden in einem speziellen Regeleditor eingegeben, der sie beim Verlassen automatisch in Objekte umwandelt. Die Regelobjekte erhalten vom System bestimmte Slots, die jeweils Teile der Regel aufnehmen (ConclusionSlot, PremiseSlot, External_FormSlot, etc.). Regeln können vorwärts- oder rückwärtsverkettet bearbeitet werden, die Syntax ist dieselbe. Zwischen den beiden Abarbeitungsstrategien kann auch während der Abarbeitung von Regelklassen gewechselt werden.
Die Regeln werden genau wie die anderen Objekte zu Klassen zugeordnet. Dadurch werden die Regeln effektiv strukturiert, was zum einen der schnelleren Bearbeitung und zum anderen der leichteren Überschaubarkeit dient. Ein Beispiel für die Zuordnung der Regel zu Klassen wäre eine Klasse Diagnose, die sämtliche Diagnose-Regeln für LKW's enthält.[46] Die Klasse "LKW" erhält einen Slot DIAGNOSE, in dem eine Methode abgespei-

46 Vgl. FIKES, R.; KEHLER, T.: The Role of Frame-based Representation in Reasoning, a.a.O., S. 904-920.

chert wird, die die Diagnose-Regeln anstößt. Eine andere Möglichkeit wäre die Realisierung dieser Anbindung über einen "active value" DIAGNOSE, der jedesmal, wenn sein Wert erfragt wird die Diagnose-Regeln anstößt.
KEE basiert auf dem "Weltenkonzept", welches auch nicht-monotones Schlußfolgern unterstützt. Nicht-monotones Schlußfolgern betrifft die Möglichkeit der Rücknahme einzelner Annahmen während einer Konsultation ohne jedoch alle Annahmen zu verwerfen. Jede "Welt" ist eine Menge von Fakten. Durch die Anwendung von "NewWorldActionRules" entstehen neue Welten, die die Fakten der Vaterwelt und die neu deduzierten Fakten enthält. Welten können jedoch auch inkonsistent werden. Die Konsistenz der Welten wird durch Constraint-Regeln überwacht, die inkonsistente "Welten" als solche markieren. Durch dieses "Welten-Konzept" wird es möglich, aufgrund veränderter Prämissen, Schlußfolgerungen Schritt für Schritt zurückzunehmen zu können.

4.3.2 Beschreibung einer Anwendung

Fikes und Kehler[47] beschreiben in ihrem Artikel ein bei FORD Aerospace eingesetztes System, welches die Operatoren von Satelliten bei der Fehlerdiagnose unterstützen soll. Dieses Problem ist typisch für das Aufeinandertreffen verschiedener Experten. Es gibt auf der einen Seite die Operatoren der Satelliten und auf der anderen Seite die Experten für verschiedene Störungen des Satelliten.
Bei der Entwicklung des Systems stellten die Systemdesigner folgende Anforderungen auf:

- Das Systemwissen soll für Operatoren und für die Diagnose-Experten verständlich dargestellt sein.
- Das System soll stufenweise aufgebaut sein, so daß Veränderungen und neue Erkenntnisse ständig aufgenommen werden können.
- Das System soll im Echtzeit-Betrieb laufen. Daraus ergeben sich Probleme bei der Laufzeit. Die Systemdesigner verlangten daher, daß jeweils nur das gerade benötigte Wissen aktiv ist.

Das System wurde so konzipiert, daß mit Hilfe einer FRAME-Sprache der Satellit und seine Teile beschrieben wurde. Die Teile des Satelliten wurden derart in Klassen aufgeteilt, daß für jede Klasse ein Experte zuständig ist.
Zusätzlich wurden zwei weitere Taxonomien erzeugt, die die Diagnose-Experten abbilden sollen. Jede Klasse in der ersten Taxonomie repräsentiert einen Experten, der die Funktionen eines spezifischen Teils des Satelliten überwacht. Die Mitglieder dieser Taxonomie werden "Guardians" (Wächter) genannt. Die Klassen der zweiten Taxonomie stellen Experten dar, die Lösungsvorschläge für aufgetretene Probleme geben sollen. Die Mitglieder dieser Taxonomie werden "Monitors" (Monitore) genannt.
Die "Guardians" werden beim Starten des Systems initialisiert. Sie setzen bei ihrer Initialisierung intelligente Alarmmeldungen (demons) in das System, die sich melden, wenn ein Problem im Satelliten aufgetreten ist. Diese Alarmmeldungen "wecken" den Guardian beim Auftreten eines Problems, so daß dieser nur aktiv ist, wenn ein konkreter Fehler auf

---

47 Für die folgende Darstellung des Systems vgl. FIKES, R.; KEHLER, T.: The Role of Frame-based Representation in reasoning, a.a.O., S. 904-920.

getreten ist. Die mit den "Guardians" verbundenen Methoden stoßen Regeln an, die mit Hilfe eines vorwärtsverkettenden Regelinterpreters versuchen, herauszufinden, welches Problem aufgetreten ist. Die Klasse der Diagnoseregeln umfaßt nur ca. 10 - 20 Regeln.
Wenn der "Guardian" ein Problem identifiziert hat, initialisiert er einen "Monitor", der die Weiterentwicklung des Problem beobachten soll. Der "Monitor" setzt wiederum eigene "Demons" ein, die das Problem überwachen. Der "Monitor" setzt sich für eine festgelegte Zeit zur Ruhe und überprüft nach dieser Zeit anhand der von den "Demons" gelieferten Ergebnisse mit Hilfe eines rückwärts-verketteten Regelinterpreters spezielle Hypothesen über das Problem.
Aufgrund bestätigter Hypothesen gibt der Monitor Empfehlungen an den Operator. Wenn ein "Monitor" ein Problem als gelöst ansieht, so entfernt er seine "Demons" und sich selbst vom System.

5 Schlußbetrachtung

Im vorliegenden Aufsatz wurden die Möglichkeiten der Verbindung verschiedener Paradigmen zu Repräsentation von Wissen dargestellt. Diese sog. hybriden Wissensrepräsentationsformen zeichnen sich gegenüber den monoparadigmatischen Wissensrepräsentationsformen durch erhöhte Flexibilität und Leistungsfähigkeit aus.
Durch die Teilung des Wissens in strukturierte Darstellungsformen des Fachwissens und die Darstellung des Meta-Wissens, des Wissens, welches die Abarbeitung des deklarativen Wissens steuert, wird die Wissensbasis auch für Fachexperten durchschaubar.
Die Verbindung von FRAMES und Regeln realisiert eine effiziente Wissensverarbeitung. Regeln beeinflussen die Inferenzstrategie, FRAMES speichern das Wissen über die in den Regeln bearbeiteten Objekte.
Da FRAMES ein Mischkonzept der deklarativen und prozeduralen Wissensrepräsentation darstellen, gilt es bei hybriden Formen zu entscheiden, inwiefern prozedurales Wissen in Regeln oder via verbundene Methoden in FRAMES abgespeichert werden soll. FRAMES können durch die Zuordnung von Methoden, die bei bestimmten Ereignissen zur Ausführung gelangen, ergänzt werden. Bei dieser Überlegung ist zu bedenken, daß die Wissensbasis durchschaubar und damit wartbar bleiben muß.
Es muß daher eine Strategie entwickelt werden, die Wissen in "Regelnahe" und "Framenahe" Portionen aufteilt. Fraglich ist jedoch ob sich Wissen in diese Teile spalten läßt. In der Praxis wird man für jedes Problem den "goldenen Mittelweg" finden müssen. Dabei sollte auf jeden Fall beachtet werden, daß in FRAMES nur solches Wissen abgespeichert wird, welches den Fachexperten bekannt ist. Jede andere Form des Wissens, so z.B. die Steuerung des Konsultationsablaufes sollte davon getrennt in Regelsystemen abgelegt werden. Das Problem der Unübersichtlichkeit großer Regelsysteme kann z.B. durch das Konzept von KEE, auch Regeln objektorientiert in Klassen abzuspeichern, erheblich eingeschränkt werden. Durch die Zuordnung der Regeln zu Klassen können Modifikationen an der Regelbasis leichter durchgeführt werden. Hier zeigt sich der gleiche Vorteil, der auch schon bei der binären Darstellung deklarativen Wissens aufgezeigt wurde (s. S. 9). Zusätzlich, sozusagen als positive Begleiterscheinung, sind durch dieses Konzept

große Anwendungen auch im Echtzeitbetrieb lauffähig. Wie beim Konzept der Satellitenüberwachung bei FORD Aerospace gezeigt wurde, werden jeweils nur die für ein Problem zuständigen Regeln aktiviert.

Ein interessantes Konzept zur Integration verschiedener Repräsentationsformen ist zudem die Einbeziehung von Constraints und entsprechender Propagierungsalgorithmen in die hybriden Systeme. Vorstellbar wäre eine solche Darstellungsform für Probleme wie z.B. die Vergabe von Hörsälen in einer Universität. Beispielhafte Constraints sind das Verbot von Mehrfachbelegungen von Hörsälen und der Vergabe mehrerer Hörsäle zu einer Zeit an einen Professor. Die Objekte Professoren, Hörsäle und Veranstaltungen könnten in einer FRAME-Struktur dargestellt werden.

Insbesondere bei der Miteinbeziehung von Constraints ergibt sich die Problematik des nicht monotonen Schließens. Schlußfolgerungen, die aufgrund einer sich ändernden Ausgangsbasis getroffen wurden, müssen zurückgenommen werden. Als Beispiel sei der an der Universität Göttingen entwickelte Experte zur PC-Konfiguration genannt. Bei der Entwicklung des Systems ergab sich das Problem, daß Schlußfolgerungen über einzelne Komponenten des PC's aufgrund der Preisbeschränkung des Kunden wieder zurückgenommen werden mußten. Daraus ergibt sich aber auch eine andere Entscheidungssituation für weiter Elemente des zu konfigurierenden Rechners.

Die Fähigkeit des Nicht-monotonen Schließens ist gerade bei hybriden Systemen komplexer Natur, da die zurückzunehmenden Annahmen aufgrund verschiedener Inferenzstrategien und Wissensrepräsentationsformen getroffen wurden.

Insgesamt ist jedoch abschließend zu bemerken, daß der Ansatz, mehrere Grundformen der Wissensrepräsentation und Inferenz in einem System zu verbinden, vielversprechende Möglichkeiten bietet.

6 Literaturverzeichnis

AHO, A.; HOPCROFT, J.; ULLMANN, J.: Data Structure and Algorithms, Reading 1983.

BANERJEE, J. et al.: Data Model Issues for Object-oriented Applications, in: ACM Transactions on Office Information Systems, Special Issue on Object-oriented Systems, Nr. 1. Vol. 5, 1987, S. 1-26.

BRACHMAN, R.: "I lied about Trees" or, Defaults, and Definitions in Knowledge Representation, AI-Magazine, Nr. 3, Vol. 6, 1985, S. 80-93.

BRACHMAN, R.; SCHMOLZE, J.: An Overview of the KL-ONE Knowledge Representation System, in: Cognitive Science, Nr. 9, 1985, S. 171-216.

FIKES, R.; KEHLER, T.: The Role of Frame-based Representation in Reasoning, in: Communications of the ACM, Nr. 9, Vol. 28, 1985, S. 904-920.

HARMON, P.; KING, D.: Expertensysteme in der Praxis: Perspektiven, Werkzeuge, Erfahrungen, München u.a. 1986.

IntelliCorp: KEEtutor: A basic Course for the Intellicorp KEE Software Development System, 1988.

KURBEL, K.: Entwicklung und Einsatz von Expertensystemen, Berlin u.a. 1988.

MINSKY, M.: A Framework for representing Knowledge, in: WINSTON, P. H. (Hrsg.): The Psychology of Computer Vision, New York u.a. 1975, S. 211-282.

Nixdorf: TWAICE, Version 3.0 , User Manual E.

Nixdorf: TWAICE, Version 3.0, User Manual C.

PUPPE, F.: Einführung in Expertensysteme, Berlin u.a., 1988.

REIMER, U.: FRM: Ein Frame-Repräsentationsmodell und seine formale Semantik, Berlin u.a. 1989.

RICH, E.: KI - Einführung und Anwendungen, Hamburg u.a. 1988.

ROBERTS, B.; GOLDSTEIN, I.: The FRL-Primer, AI-Memo 408, MIT, 1977.

ROLSTON, D.: Principles of Artificial Intelligence and Expert Systems, New York u.a. 1988.

STALLMAN, R.; SUSSMAN, G.: Forward Reasoning and Dependency - Directed Backtracking in a System for Computer-Aided Circuit Analysis, in: Artificial Intelligence, Nr. 1, Vol. 9, 1977, S. 135-195.

SUMMA, H.: Objekt-orientierte Programmierung, ein Überblick. Was kann man erwarten?, in Kommtex '86, Proceedings, Essen, 1986, S. 4V-1 - 4V-13.

SUSSMAN, G.; STEELE, G.: Constraints - A Language for Expressing Almost-Hierarchical Descriptions, in: Artificial Intelligence, Nr. 1, Vol. 14, 1980, S. 1-39.

TROST, H.: Wissensrepräsentation in der AI am Beispiel Semantischer Netze, in: RETTI, J. et al. (Hrsg.): Artificial Intelligence - Eine Einführung, 2. überarb. Aufl., Stuttgart, 1986, S. 49-74.

VOß, A.; VOß, H.: Formalizing Local Constraint Propagation Methods, in CHRISTALLER, TH. (Hrsg.): Künstliche Intelligenz, KIFS / 87, Berlin u.a. 1989.

Nichtmonotone und probabilistische Inferenz

Dipl.-Kfm. Dirk Fischer

Abteilung Wirtschaftsinformatik der
Universität Göttingen

Inhaltsverzeichnis

1 Nichtmonotone Inferenz

1.1 Monotonieeigenschaft der Logik und Nichtmonotonie der Schlußweisen des alltäglichen Denkens (Commonsense Reasoning)

Sei F eine Formel[1] und W und V Mengen von Formeln, so gilt für Systeme der klassischen Logik

(1) (W -> F) -> (W & V -> F).

Eine logische Schlußfolgerungskette bleibt auch bei Hinzunahme weiterer Annahmen gesichert,[2] oder anders ausgedrückt: "Zusätzliche Information kann niemals vorher gezogene Schlüsse ungültig machen."[3] In einem System der klassischen Logik steigt mit der Anzahl der Fakten auch die Anzahl der Ableitungen.[4]
Die an sich angenehme Eigenschaft der Monotonie der klassischen Logik hat einen - für die praktische Anwendung - gewichtigen Nachteil: Eine logische Schlußfolgerungskette muß immer gelten, eine Regel darf keine Ausnahme enthalten. Sei w_i ein Element der Formelmenge W und sei aus w_i kein Element f_j aus der Formelmenge F ableitbar, so gilt die Schlußfolgerung W -> F nicht mehr.
Der Fall des Vogels "Tweety" (laut Brewka neben dem Elefanten "Clyde" das bekannteste Tier im Bereich der KI-Forschung)[5] verdeutlicht dies. Die Regel

(2) für alle X: Vogel(X) -> kann_fliegen(X)

erscheint plausibel. Nach (2) gilt: Da Tweety ein Vogel ist und Vögel fliegen können, kann Tweety fliegen. Tweety ist aber ein Pinguin. Über Pinguine ist bekannt, daß sie nicht fliegen können. Die gezogene Schlußfolgerung ist also falsch, denn Tweety kann nicht fliegen. Die Regel *für alle X: Vogel(X) -> kann_fliegen(X)* kann im Sinne der klassischen Logik in dieser Form nicht aufrechterhalten werden, da sie zu falschen Schlüssen führt. Sie müßte dahingehend erweitert werden, daß die zusätzliche Information *Pinguin(Tweety)*

---

1 Eine atomare Formel hat die Form A_i (wobei i=1,2,3,...). Formeln werden durch folgenden induktiven Prozeß definiert:
1. Alle atomaren Formeln sind Formeln.
2. Für alle Formeln F und G sind (F ∨ G) und (F & G) Formeln.
3. Für jede Formel ist ¬F eine Formel.
SCHÖNING, U.: Logik für Informatiker, 2., überarb. Aufl., Reihe Informatik, Bd. 56, Mannheim u.a. 1989, S. 14.

2 Vgl. BIBEL, W.: Automatische Inferenz, in: RETTI, J.; BIBEL, W.; BUCHBERGER, B. et al.: Artificial Intelligence - Eine Einführung, 2., überarb. Aufl., Stuttgart 1986, S. 161.

3 BREWKA, G.: Nichtmonotone Logiken - Ein kurzer Überblick, in: KI, Nr. 2, 1989, S. 5.

4 Vgl. PUPPE, F.: Einführung in Expertensysteme, Berlin u.a. 1988, S. 57.

5 Vgl. BREWKA, G.: Nonmonotonic Logics. An Introductory Overview, in: Gesellschaft für Mathematik und Datenverarbeitung mbH (Hrsg.): Arbeitspapiere der Gesellschaft für Mathematik und Datenverarbeitung, Nr. 274, Sankt Augustin GMD 1987, S. 2.

kein Zurücknehmen von bereits gezogenen Schlüssen erfordert. Eine Möglichkeit ist die Erweiterung der Regel (2) um die Ausnahme, daß Pinguine nicht fliegen können:

(3) für alle X: Vogel(X) & kein_Pinguin(X) -> kann_fliegen(X).

Jedoch gibt es noch weitere Vögel, die nicht fliegen können und im Sinne der Regel (2) Ausnahmen bilden. Alle Ausnahmen müßten in Regel (3) erfaßt werden, was die Aufstellung von Regeln sehr erschwert. Darüber hinaus wäre bei jeder Anwendung der Regel zu überprüfen, ob ein Objekt eine solche Ausnahme bildet. Wenn die Überprüfung nicht vollständig durchgeführt werden kann, dann kann auch die Regel nicht angewandt werden.

Ganz allgemein kann gesagt werden, daß unser Wissen über die Welt unsicher und unvollständig ist. Auf der Basis des unvollkommenen Wissens müssen Planungen vorgenommen und Entscheidungen getroffen werden. Planungen und Entscheidungen sind Ergebnisse von logischen Schlußfolgerungen. Um zu Schlußfolgerungen zu gelangen, müssen fehlende Elemente in der Schlußfolgerungskette hinzugefügt, muß das Wissen also erweitert werden.
Um eine "rationale Erweiterung des Wissens um, wenn schon nicht logisch korrekte, so doch plausible Konklusionen"[6] zu erreichen, müssen die Lücken des Wissens mit Annahmen gefüllt werden, die möglichst durch Belege gestützt sind und der Wirklichkeit möglichst nahe kommen. Ein Großteil des Wissens hat die Form von plausiblen Regeln mit Ausnahmen und wird durch diese Regeln abgeleitet.[7] (2) ist eine solche Regel: Aus dem Wissen, daß die meisten Vögel fliegen, wird die Regel *Vögel können in der Regel fliegen* gebildet, Ausnahmen wie Pinguine werden zugelassen.

Doyle beschreibt die Eigenschaft des Commonsense Reasoning (dem Schließen auf der Grundlage von konsistentem Alltagswissen) wie folgt:

> *For example, we routinely make assumptions about the permanence of objects and the typical features or properties of objects, yet we smoothly accomodate corrections to the asssumptions and can quickly explain our errors away. In such case, we discard old conclusions in favour of new evidence. Thus, the set of our commonsense belief changes non-monotonically.*[8]

Plausible und nicht notwendigerweise im Sinne eines Systems der klassischen Logik korrekte Konklusionen werden als Default-Schlüsse[9], Ermangelungsschlüsse oder nichtmonotone Schlüsse[10] bezeichnet.
Um mit plausiblen, aber nicht notwendigerweise korrekten Annahmen arbeiten zu können, müssen Formalismen entwickelt werden, die trotz der fehlenden Monotonieeigenschaft eines solchen Überzeugungssystems handhabbar sind. Es müssen entweder logische Kon-

6 BREWKA, G.: Nichtmonotone Logiken - Ein kurzer Überblick, a.a.O., S. 5.
7 Ebenda.
8 DOYLE, J.: A Truth Maintenance System, in: Artificial Intelligence Journal, Nr. 12, 1979, S. 232.
9 Vgl. BREWKA, G.: Nichtmonotone Logiken - Ein kurzer Überblick, a.a.O., S. 5-12.
10 Vgl. PUPPE, F.: Einführung in Expertensysteme, a.a.O., S. 57.

strukte zur Verfügung stehen, die es ermöglichen, die Unvollkommenheit unseres Alltagswissens zu repräsentieren, oder es muß das Schlußfolgern um die Verarbeitung der Unvollkommenheit erweitert werden. Man benötigt eine Formalisierung des sogenannten "Commonsense Reasoning". Die Systeme der klassischen Logik sind für eine solche Formalisierung nicht geeignet. In Abschnitt 1.2 werden verschiedene Ansätze zur Formalisierung dargestellt und Möglichkeiten der Implementierung genannt.

Die Anwendung von Regeln mit Ausnahmen führt dazu, daß aufgrund zusätzlicher Information (in unserem Beispiel die Information, daß Tweety ein Pinguin ist) bereits gezogene Schlüsse rückgängig gemacht werden müssen (belief revision). Wurden auf der Basis der zurückzunehmenden Formel bereits weitere Schlüsse gezogen, kann die Rückname eines Schlusses eine Kettenreaktion auslösen. In Abschnitt 1.3 beschäftigen wir uns mit sogenannten "Truth Maintenance Systemen" (TMS), einem Teil der Inferenzkomponente eines wissensbasierten Systems, die die Aufgabe haben, "den Zustand in der Wissensbasis herzustellen, der entstanden wäre, wenn das geänderte oder neue Faktum gleich von Anfang an berücksichtigt worden wäre."[11]

1.2 Ansätze zur Formalisierung der nichtmonotonen Inferenz

1.2.1 Schwierigkeiten bei der Formalisierung

Wir halten uns in Abschnitt 1.2 mit Ausnahme von Punkt 2 an die Ansätze, die Brewka[12] in seinen Untersuchungen dargestellt hat. Der Schwerpunkt unserer Darstellung liegt in der Beschreibung der Idee, die sich hinter dem jeweiligen Formalismus verbirgt.

Brewka[13] verdeutlicht die Schwierigkeit, das Default-Schließen zu formalisieren, anhand eines Beispiels.

(4) Quäker sind typischerweise Pazifisten.
(5) Republikaner sind typischerweise keine Pazifisten.
(6) Nixon ist Quäker und Republikaner.

Aus den Default-Regeln (4) und (5) sowie dem Faktum (6) bieten sich folgende Möglichkeiten der Schlußfolgerung an:

1. Da sich die Default-Regeln (4) und (5) widersprechen, wird keine Aussage über Nixons Pazifismus gemacht.

---

11 PUPPE, F.: Einführung in Expertensysteme, a.a.O., S. 58.

12 Vgl. BREWKA, G.: Nichtmonotone Logiken - Ein kurzer Überblick, a.a.O., S. 5-12. BREWKA, G.: Nonmonotonic Logic, An Introductory Overview, a.a.O. BREWKA, G.: Nichtmonotones Schließen - Zum Stand der Kunst, 1. Workshop Informationssysteme und Künstliche Intelligenz: Informations- und Wissensrepräsentationssysteme - Aspekte einer Integration, Ulm, 19.-21.03.1990.

13 Vgl. BREWKA, G.: Nichtmonotone Logiken - Ein kurzer Überblick, a.a.O., S. 6.

2. Es wird eine maximale Menge sich nicht widersprechender Default-Regeln ausgewählt (in diesem Fall die Default-Regel (4) oder (5)) und mit diesen eine Aussage über Nixons Pazifismus abgeleitet. Die Konsequenz *Nixon ist Pazifist* oder *Nixon ist kein Pazifist* hängt dann von der willkürlichen Auswahl der Default-Regel ab, auf der die Schlußfolgerung basiert.

Einige der im folgenden geschilderten Logiken beschäftigen sich mit dieser Problematik. Das gemeinsame Ziel der Ansätze ist die "Definition eines formalen Systems, das in möglichst umfassender Weise die Ableitung zutreffender bzw. plausibler Aussagen gestattet."[14]

Es ist zu beachten, daß alle hier darstellten Formalisierungen des nichtmonotonen Schliessens auf der zweiwertigen Logik basieren, also nur die Wahrheitswerte "wahr" und "falsch" zulassen. Die Nichtmonotonie gründet sich auf dem dynamischen Charakter der Erweiterung (Hinzufügen neuer Aussagen, Modifizieren oder Entfernen von Aussagen).[15]

Wir wollen die nachstehenden Formalisierungen an einem Beispiel verdeutlichen:

> Wir beobachten eine Person, die von einem Flußufer zum gegenüberliegenden Ufer gelangen will. Die Breite des Flusses und die extrem niedrige Wassertemperatur lassen ein Durchschwimmen des Flusses nicht zu.
> Am diesseitigen Uferstrand liegt ein kleines Paddelboot P, das einen schwimmfähigen Eindruck erweckt. Zum Bewegen und Steuern des Bootes wird ein Paddel benötigt. Von unserem Beobachtungsstandpunkt ist aber nicht zu sehen, ob ein solches Paddel vorhanden ist.
> Kann die Person den Fluß überqueren?

Die Schlußfolgerung, daß der Fluß überquert werden kann, würde lauten:

(7) Boot(P) & wasserdicht(P) -> schwimmfähig(P)
(8) schwimmfähig(P) & besitzt_Paddel(P) -> Fluß kann überquert werden.

1.2.2 Closed World Assumption

Die Annahme der Weltabgeschlossenheit [Closed World Assumption, CWA] besagt, daß von allen möglichen positiven Aussagen atomarer Struktur nur diejenigen als gültig angesehen werden, die aus der gegebenen Formelmenge ableitbar sind. Für die anderen Aussagen wird angenommen, daß sie nicht gelten.[16]

---

14 FRANK, U.: Expertensysteme: Neue Automatisierungspotentiale im Büro- und Verwaltungsbereich?, Wiesbaden 1988, S. 47.

15 RICHTER, M. M.: Prinzipien der Künstlichen Intelligenz, Stuttgart 1988, S. 173 f.

16 Vgl. BIBEL, W.: Automatische Inferenz, a.a.O., S. 164.

Bei Annahme der Weltabgeschlossenheit kann der Fluß nicht überquert werden, denn die zur Schlußfolgerung *Fluß kann überquert werden* benötigten Formeln *wasserdicht (P)* und *besitzt_Paddel(P)* können nicht aus der gegebenen Formelmenge abgeleitet werden. Die Dichtigkeit des Bootes und das Vorhandensein eines Paddels können nur vermutet werden. Es ist nicht von Belang, daß z.B. die Wahrscheinlichkeit für die Dichtigkeit aufgrund des gepflegten Eindruckes, den der Beobachter von dem Boot hat, hoch ist.
Nur wenn die Fakten *wasserdicht(P)* und *besitzt_Paddel (P)* oder besser die Regel *Boot(X) -> besitzt_Paddel(X)* zur gegebenen Formelmenge gehören, kann die Schlußfolgerung *Fluß kann überquert werden* gezogen werden.
Die Benutzung einer Brücke zur Überquerung des Flusses scheidet ebenfalls aus, da eine solche nicht genannt wurde.

Die Closed World Assumption ist zu restriktiv, als daß sie eine geeignete Grundlage für das Commonsense Reasoning darstellt. Sie verbietet die Bildung von Annahmen, die zwar nicht sicher sind, für deren Gültigkeit es aber gute Gründe gibt.[17]

1.2.3 Modale nichtmonotone Logik von McDermott und Doyle

Die modale nichtmonotone Logik (MNL)[18] bietet die Möglichkeit, eine gegebene klassische Formelmenge um sogenannte konsistente Formeln zu erweitern. Eine Formel, deren Gültigkeit nicht mit absoluter Sicherheit bekannt ist, aber aufgrund begründeter Annahmen plausibel erscheint, wird mit einem Modaloperator *M* [proposition-forming modality M] versehen und Element der Formelmenge. Sei *p* eine Formel, so bedeutet *Mp*, daß es konsistent ist, *p* anzunehmen ("*Mp* is to mean that *p* is consistent with everything believed."[19]).
Wenden wir die MNL auf das obige Beispiel an. Zuerst erweitern wir die Formelmenge um zwei konsistente Formeln:

(9) *M besitzt_Paddel(Paddelboot)*
(10) *M wasserdicht(P).*

Formel (9) *Paddelboote besitzen in der Regel ein Paddel* wird interpretiert als

Wenn es keine Information gibt, daß ein Paddelboot kein Paddel besitzt, es also konsistent ist anzunehmen, daß ein Paddelboot ein Paddel besitzt, dann besitzt ein Paddelboot ein Paddel.[20]

Formel (10) sagt aus, daß es konsistent ist anzunehmen, daß Boot P wasserdicht ist. Aus der Konsistenz wird gefolgert *Boot P ist wasserdicht.*

---

17 Vgl. BIBEL, W.: Automatische Inferenz, a.a.O., S. 164.
18 Vgl. McDERMOTT, D.; DOYLE, J.: Non-Monotonic Logic I, in: Artificial Intelligence Journal, Nr. 13, 1980, S. 41-72.
19 Ebenda, S. 44.
20 Vgl. BREWKA, G.: Nonmonotonic Logics, An Introductory Overview, a.a.O., S. 3.

Im Gegensatz zur CWA ist es möglich, die Aussage abzuleiten, daß der Fluß überquert werden kann:

(11) Paddelboot(P)
(12) M besitzt_Paddel(P) -> besitzt_Paddel(P)
(13) M wasserdicht(P) -> wasserdicht(P)
(14) Boot(P) & wasserdicht(P) -> schwimmfähig(P)
(15) schwimmfähig(P) & besitzt_Paddel(P) -> Fluß kann überquert werden.

Schlußfolgerungen beruhen nicht nur auf der klassischen Ableitbarkeit von Formeln, sondern auch auf der Konsistenz von Formeln.

Es ist notwendig, einen Weg zu finden, der es ermöglicht, konsistente Formeln abzuleiten. Welche Bedingungen müssen erfüllt sein, damit eine Formel (wie die untenstehenden Formeln 4* und 5*) als konsistent angenommen werden kann und für den Schlußfolgerungsprozeß zur Verfügung steht?
Besonders problematisch ist das Ableiten von Formeln, wenn wie im Nixon-Beispiel aufgrund einer gegebenen Formelmenge sich widersprechende Formeln geschlußfolgert werden können. Auf der Basis der nun in der Notation der MNL geschriebenen bekannten Formel

(4) M ist_Pazifist(Quäker)*

kann *Nixon ist_Pazifist* abgeleitet werden, auf der Basis der Formel

(5) M ist_kein_Pazifist(Republikaner)*

läßt sich *Nixon ist_kein_Pazifist* schlußfolgern.

McDermott/Doyle[21] führen einen speziellen Operator ein, dessen Fixpunkte[22] die ableitbaren Formeln angeben.
Betrachten wir zwei Mengen von Formeln:[23] Eine Menge A von Formeln der klassischen Logik und eine Formelmenge S, deren Elemente der Ausgangspunkt für die Bildung einer Menge konsistenter Formeln $Ass_A(S)$ sind. Wenn eine negierte Formel q kein Element von S ist, also $\neg q \notin S$, dann wird q als konsistente Formel angenommen (Mq). Die Menge der konsistenten Formeln wird um die Theoreme[24] der Menge A (Th(A)) verringert.

---

21 Vgl. McDERMOTT, D.; DOYLE, J.: Non-Monotonic Logic I, a.a.O., S. 41-72.

22 Sei M eine Menge und f eine Abbildung der Menge M in sich. Ein Element $a \in M$ mit f(a) = a heißt Fixelement oder Fixpunkt der Abbildung. Die exakte formale Beschreibung findet der Leser bei BREWKA, G.: Nonmonotonic Logics, An Introductory Overview, a.a.O., S. 6-8.

23 Vgl. ebenda.

24 Axiome sind wahre Formeln. Ein Ausdruck ist ein Theorem, wenn gezeigt werden kann, daß das Theorem wahr sein muß, vorausgesetzt, die Axiome sind wahr.
Vgl. WINSTON, P. H.: Künstliche Intelligenz, Bonn u.a. 1987, unveränd. Nachdruck 1989, S. 230 f.

(16) $Ass_A(S) = \{M[q] | \neg q \notin S\} - Th(A)$.

Im nächsten Schritt werden die Theoreme der Vereinigungsmenge von A und der Menge der konsistenten Formeln AssA(S) gebildet.

(17) $\mathrm{NM}_A(\mathrm{S}) = \mathrm{Th}(\mathrm{A\ U\ Ass}_A(\mathrm{S}))$.

Der Operator $\mathrm{NM}_A(\mathrm{S})$ besitzt keinen, einen oder mehrere Fixpunkte. Ist die Formelmenge S ein Fixpunkt des Operators, gilt also

(18) $\mathrm{Th}(\mathrm{A\ U\ Ass}_A(\mathrm{S})) = \mathrm{S}$,

so muß S alle Prämissen von A, alle monotonen Theoreme von A, alle konsistent ableitbaren Formeln und alle Theoreme dieser drei genannten Gruppen enthalten.[25]
Das Untersuchen der Theoreme auf Fixpunkte ist notwendig, da für die Schlußfolgerung auch konsistente Formeln verwandt wurden. Widersprechen die Theoreme den konsistenten Formeln, ist die Konsistenz in Wahrheit nicht gegeben und die betreffenden konsistenten Formeln können nicht abgeleitet werden.

Unterstellen wir, daß die Formelmenge A aus der Regel *Mp -> ¬p* besteht: A = *{Mp -> ¬p}*. Enthält S die Formel *¬p*, so kann keine konsistente Formel bezüglich *p* gebildet werden, die Regel *Mp -> ¬p* kann nicht ausgelöst werden, da die Antezedens nicht erfüllt ist. Die Menge der Theoreme ist leer, somit gibt es auch keine Fixpunkte. Enthält S dagegen nicht die Formel *¬p*, dann umfaßt $\mathrm{Ass}_A(\mathrm{S})$ die Formel *Mp*. Die Antezedens ist erfüllt, $\mathrm{NM}_A(\mathrm{S})$ enthält *¬p*, was aber kein Element von A U $\mathrm{Ass}_A(\mathrm{S})$ ist, folglich gibt es keine Fixpunkte.[26]

Betrachten wir nun noch einmal das Nixon-Beispiel. Sei

(19) A = {ist_Republikaner(Nixon); ist_Quäker(Nixon)}.

Aus

(20) S = {¬(ist_Quäker(X) -> ist_Pazifist(X))}

kann die Konsistenz

(21) $Ass_A(S)$ = *{M ist_Republikaner(X) -> ist_kein_Pazifist(X)}*

abgeleitet werden, da die Negation der Formel *ist_Republikaner(X) -> ist_kein_Pazifist(X)* kein Element von S ist. Die Ableitung der Formel *M ist_Quäker(X) -> ist_Pazifist(X)* ist nicht möglich, da ihre Negation in S enthalten ist.

25 Vgl. BREWKA, G.: Nonmonotonic Logics: An Introductory Overview, a.a.O., S. 6.
26 Vgl. ebenda, S. 7.

Es ergibt sich

(22) A U Ass$_A$*(S) = {ist_Republikaner(Nixon); ist_Quäker(Nixon); M ist_Republikaner(X) -> ist_kein_Pazifist(X)}*

und somit

(23) ist_kein_Pazifist(Nixon) $\in$ *Th(A U Ass*$_A$*(S)).*

Das Faktum *Nixon ist_kein_Pazifist* ist ein Theorem aus einer Prämisse aus A und einer konsistenten Formel. Es ist ein Fixpunkt des Operators.
Einen zweiten Fixpunkt *Nixon_ist_Pazifist* erhält man, wenn die Formelmenge S die folgende Gestalt hat:

(24) S = {$\neg$*(ist_Republikaner(X) -> ist_kein_Pazifist(X))}.*

1.2.4 Autoepistemische Logik von Moore

Das Konzept der Autoepistemischen Logik (AEL)[27] ähnelt auf den ersten Blick dem der modalen nichtmonotonen Logik. Auch die AEL verwendet Modaloperatoren, die aber anders interpretiert werden. Im Gegensatz zur MNL formalisiert die AEL nicht das Konzept der Konsistenz, sondern es wird durch die Modaloperatoren *L* ("Es wird geglaubt, daß ...") und *M* ("Es wird nicht geglaubt, daß nicht ...") eine Reflexion über das eigene Wissen in den Kalkül eingeführt.[28]

Wenden wir uns wieder dem Fluß-Beispiel zu. Die konsistente Formel (9) der MNL *M besitzt_Paddel(Paddelboot)* oder: Es ist konsistent anzunehmen, daß ein Paddelboot ein Paddel besitzt, kann in der AEL auf zweierlei Arten abgeleitet werden: entweder muß geglaubt werden, daß Paddelboote Paddel besitzen, oder es wird nicht geglaubt, daß Paddelboote keine Paddel besitzen.

Führen wir nun analog zur Vorgehensweise im vorangegangenen Abschnitt zwei Annahmen ein:

(25) M besitzt_Paddel(Paddelboot)
(26) M wasserdicht(P).

Die Formeln sagen aus, daß es nicht geglaubt wird, daß ein Paddelboot kein Paddel besitzt (25) und daß es nicht geglaubt wird, daß das Boot P nicht wasserdicht ist (26). Aufgrund

27 Vgl. MOORE, R. C.: Semantical Considerations on Nonmonotonic Logic, in: Artificial Intelligence Journal, Nr. 25, 1985, S. 75-94.

28 Vgl. BREWKA, G.: Nichtmonotone Logiken - Ein kurzer Überblick, a.a.O., S. 6

Formel (11) *Paddelboot(P)* kann gefolgert werden, daß wenn nicht geglaubt wird, daß P kein Paddel besitzt, P ein Paddel besitzt:

(27) M besitzt_Paddel(P) -> besitzt_Paddel(P).

Für Formel (26) gilt

(28) M wasserdicht(P) -> wasserdicht(P).

Der Schlußfolgerungsprozeß entspricht exakt dem der MNL mit den Formeln (11) bis (15). Das Ergebnis auf der Basis der Formeln (25) und (26) ist *Fluß kann überquert werden.*

Moore verwendet zur Definition der Ableitbarkeit von Formeln sogenannte stabile Expansionen.[29] Analog zur Darstellung des Fixpunktoperators der MNL läßt sich ein solcher Operator für die AEL beschreiben:[30]
Die Menge der geglaubten Formeln $Ass_A(S)$ lautet:

(29) $Ass_A(S) = \{Mq|\neg q \notin S\}$.

Desweiteren existiert eine Menge an nicht geglaubten Formeln $NegAss_A(S)$:

(30) $NegAss_A(S) = \{\neg Mq|\neg q \in S\}$.

Die Menge aller Theoreme auf der Grundlage der Prämissenmenge A und den Glaubensmengen ist

(31) $NM_A{}^*(S) = Th(A \cup Ass_A(S) \cup NegAss_A(S))$.

S ist eine stabile Expansion der Prämissenmenge A, wenn sie ein Fixpunkt des Operators ist.[31] Jeder der existierenden Fixpunkte stellt eine "akzeptable Menge von Überzeugungen eines idealen Agenten (dar), der über sein Wissen reflektiert."[32] Im Vergleich mit der MNL erscheint die Interpretation der AEL geschlossener. Während in der MNL ein Agent nichts darüber weiß, was er glaubt (Konsistente Formeln *Mq* werden nur gebildet, wenn die negierte Formel *q* kein Element von S ist. Ist *q* Element von S, wird bezüglich *q* keine konsistente Formel gebildet.), weiß ein Agent in der AEL sowohl was er glaubt als auch was er nicht glaubt.[33]

---

29 Vgl. BREWKA, G.: Nonmonotonic Logics. An Introductory Overview, a.a.O., S. 10 f. BREWKA, G.: Nichtmonotone Logiken - Ein kurzer Überblick, a.a.O., S. 6.

30 Vgl. BREWKA, G.: Nonmonotonic Logics. An Introductory Overview, a.a.O., S. 11.

31 Vgl. ebenda.

32 BREWKA, G.: Nichtmonotone Logiken - Ein kurzer Überblick, a.a.O., S. 6.

33 Vgl. MOORE, R. C.: Semantical Considerations on Nonmonotonic Logic, a.a.O., S. 86.

Brewka urteilt über die Autoepistemische Logik (AEL): "AEL certainly can be seen as the most successful nonmonotonic logic based on a modal extension of the logical language."[34]

1.2.5 Default Logik von Reiter

Im Unterschied zu den Ansätzen der nichtmonotonen Modallogik und der autoepistemischen Logik erweitert die Default Logik[35] nicht die logische Sprache, sondern es werden zusätzliche nichtmonotone Inferenzregeln eingeführt. Die als "meta rules" bezeichneten Defaults, die Reiter analog zu McDermott/Doyle definiert, geben an, wie die Wissensbasis um eine Menge von Überzeugungen [belief set], die nicht logisch aus der Wissensbasis ableitbar sind, erweitert werden kann.[36]

Ein Default ist ein Ausdruck der Form

$$\text{(32a)} \qquad \frac{A(X) : M\,B_1(X), \ldots, M\,B_n(X)}{C(X)} \quad ,$$

in anderer Schreibweise

(32b) $A(X) : M\,B_1(X), \ldots, M\,B_n(X)/C(X)$,

wobei $A(X)$, $B_1(X), \ldots, B_n(X)$ und $C(X)$ Formeln sind. $A(X)$ heißt Vorbedingung [prerequisite] des Defaults, die $B_i(X)$ heißen Rechtfertigungen [justifications], $C(X)$ heißt Konsequenz.[37]

Der oben genannte Default kann interpretiert werden als: Wenn für ein bestimmtes X $A(X)$ abgeleitet werden kann, nicht jedoch $\neg B_1(X), \ldots, \neg B_n(x)$, dann leite $C(X)$ ab.[38]

Wenden wir die Default Logik auf das Fluß-Beispiel an. Zuerst stellen wir zwei Default-Regeln auf:

(33) :M besitzt_Paddel(Paddelboot) / besitzt_Paddel(Paddelboot)
(34) :M wasserdicht(Boot) / wasserdicht(Boot).

Es kann abgeleitet werden, daß das Boot P zum einen ein Paddel besitzt und zum anderen wasserdicht ist. Analog zu (11) bis (15) kann gefolgert werden, daß der Fluß überquert werden kann.

---

34 Vgl. BREWKA, G.: Nonmonotonic Logics. An Introductory Overview, a.a.O., S. 12.
35 REITER, R.: A Logic for Default Reasoning, in: Artificial Intelligence Journal, Nr. 13, 1980, S. 81-132.
36 BREWKA, G.: Nichtmonotone Logiken - Ein kurzer Überblick, a.a.O., S. 6.
37 Vgl. REITER, R.: A Logic for Default Reasoning, a.a.O., S. 88.
38 Vgl. BREWKA, G.: Nichtmonotone Logiken - Ein kurzer Überblick, a.a.O., S. 7.

Ebenso kann mit Hilfe der Default Logik die CWA dargestellt werden.[39] Die Auffassung, daß das Paddelboot kein Paddel besitzt, weil in der Problemstellung ein Paddel nicht erwähnt wurde, kann ausgedrückt werden als

(35) :M ¬besitzt Paddel(X) / ¬besitzt Paddel(X).

Die Schlußfolgerung lautet, daß der Fluß nicht überquert werden kann.

Eine Default Theorie ist ein geordnetes Paar (D, W), wobei D eine Menge von Defaults und W eine Menge von Formeln sind.[40]
In Anlehnung an Reiter definiert Brewka[41] den Fixpunktoperator als

(36) $NM_{(D,W)}(S) = Th(W \cup \{C|A:MB_1,...,MB_n/C \in D, A \in S, \neg B_i \notin S\})$.[42]

Die Fixpunkte dieses Operators bezeichnet Reiter als Extensionen der Default Theorie (D, W). Extensionen sind die Obermengen von Th(W), "die man durch konsistentes Anwenden einer maximalen Menge von Defaults erhält."[43]

Moores autoepistemische Logik und Reiters Default Theorie sind äquivalent.[44]

1.2.6 Circumscription von McCarthy

McCarthys Circumscription[45] beruht auf einer Form von minimaler Inferenz, die mittels eines Axiomenschemas gefaßt wird. Die Erweiterung der Formelmenge wird so vorgenommen, daß nur solche Sachverhalte angenommen werden, die durch die Formelmenge nahegelegt sind. In unserem Fluß-Beispiel wäre die Annahme naheliegend, daß das Boot mit einem Paddel ausgestattet ist, während die Annahme von der Existenz eines Motorbootes oder einer Brücke zur Überquerung des Flusses nicht durch die Formelmenge nahegelegt sind.[46]
Ebenso wie Reiter arbeit McCarthy mit nichtmonotonen Inferenzregeln. McCarthy verwendet zu diesem Zweck das Prädikat "abnormal". Formeln, die das Prädikat "abnormal" enthalten, werden als Circumscriptions bezeichnet. Betrachten wir noch einmal den Fall

39 REITER, R.: A Logic for Default Reasoning, a.a.O., S. 84.
40 Ebenda, S. 88.
41 Vgl. BREWKA, G.: Nonmonotonic Logics. An Introductory Overview, a.a.O., S. 14.
42 Ebenda, S. 88-94.
43 Vgl. BREWKA, G.: Nichtmonotone Logiken - Ein kurzer Überblick, a.a.O., S. 7.
44 BREWKA verweist auf eine Untersuchung von Konolidge: Konolidge, K.: On the Relation between Default and Autoepistemic Logic, in: Artificial Intelligence Journal, Nr. 35, 1988, S. 343-382. Zitiert nach BREWKA, G.: Nichtmonotone Logiken - Ein kurzer Überblick, a.a.O., S. 7.
45 McCARTHY, J.: Circumscription - A Form of Non-Monotonic Reasoning, in: Artificial Intelligence Journal, Nr. 13, 1980, S. 27-39.
46 Vgl. BIBEL, W.: Automatische Inferenz, a.a.O., S. 165.

"Tweety" und untersuchen, wie die Annahme, daß ein Objekt fliegen kann und die Ausnahme, daß Pinguin Tweety nicht fliegen kann, repräsentiert wird:[47]

(37) ab Aspekt1(X) -> kann fliegen(X).

Regel (37) besagt, daß zunächst für alle Objekte die Annahme gemacht wird, daß sie nicht fliegen können, vorausgesetzt sie sind hinsichtlich des Aspekt1 nicht abnormal.
Nun können Vögel aber in der Regel fliegen. Somit sind sie hinsichtlich des Aspekt1 abnormal. Regel (38) drückt diesen Sachverhalt aus:

(38) Vogel(X) -> ab Aspekt1(X).

Es gibt jedoch Vogelarten, die nicht fliegen können. Sie bilden eine Ausnahme der Ausnahme:

(39) Vogel(X) & ¬ ab Aspekt2(X) -> kann fliegen(X).

Die Ausnahmen werden durch Formeln der Art (40) dargestellt:

(40) Pinguin(X) -> ab Aspekt2(X).

Das Fluß-Beispiel könnte wie folgt behandelt werden. Es wird die Annahme getroffen, daß Objekte in der Regel keine Paddel besitzen:

(41) ab Aspekt1(X) -> besitzt_Paddel(X).

Eine Ausnahme hierzu bilden Paddelboote; sie besitzen in der Regel ein Paddel:

(42) Paddelboot(X) -> ab Aspekt1(X).

Es exisitieren jedoch Paddelboote, die kein Paddel besitzen:

(43) Paddelbootl(X) & ¬ ab Aspekt2(X) -> besitzt_Paddel(X).

Wird unterstellt, daß am Strand liegende Paddelboote kein Paddel besitzen, so läßt sich dieser Sachverhalt ausdrücken als:

(44) Paddelboot_liegt_am_Strand(X) -> ab Aspekt(2).

Die gezogene Schlußfolgerung lautet, daß der Fluß nicht überquert werden kann. Gilt Regel (44) nicht, lautet die Schlußfolgerung, daß der Fluß überquert werden kann.

---

47 FRANK, U.: Expertensysteme: Neue Automatisierungspotentiale im Büro- und Verwaltungsbereich?, a.a.O., S. 48.

Die Nichtmonotonie entsteht durch die Behandlung eines Objektes als "nicht abnormal", wenn es nicht explizit als abnormal bekannt ist. Ohne Einbeziehung der Regel (40) in die Inferenz würde Tweety fliegen können, mit Einbeziehung der Regel (40) müßte Tweety am Boden verbleiben.

1.2.7 Implementierungen der Ansätze zur Formalisierung

Die Closed World Assumption eignet sich nicht dazu, das Wissen mit Hilfe plausibler Konklusionen zu erweitern. Die übrigen Formalisierungen sind - mit Ausnahme von Spezialfällen - nicht einmal semi-entscheidbar,[48] d.h., es ist in endlicher Zeit nicht zu untersuchen, ob eine Formel zur gültigen Formelmenge gehört. Konkrete Anwendungen der Konzepte bilden bis zum heutigen Zeitpunkt daher die Ausnahme. Reiter verweist auf den Einsatz von Defaults in den Wissenrepräsentationssprachen "FRL" und "KRL".[49] Brewka verweist auf die Entwicklung von eingeschränkten Beweisverfahren für die Circumscription (Przymusinski/Ginsberg), die Default Logik und die Autoepistemische Logik (Reiter/Brewka).[50] Zusammenhänge zwischen und dem unten geschilderten praktischen Konzept des Truth Maintenance und den Formalisierungen der nichtmonotonen Inferenz wurden herausgearbeit: Truth Maintenance Systeme weisen eine enge Beziehung zur Default Logik (Reinfrank/Dressler/Brewka) auf. De Kleers Assumption-based Truth Maintenance System basiert auf Reiters Default Logik.[51] Truth Maintenance Systeme können für Beweisverfahren der Default Logik und der Autoepistemischen Logik eingesetzt werden.[52]

1.3 Realisierungen des "Belief Revision"

1.3.1 Problematik der Realisierungen

Ändert sich aufgrund der Nichtmonotonieeigenschaft des Commonsense Reasoning die Gültigkeit einer Formel, und hängen von dieser Formel die Gültigkeit anderer Formeln ab, so muß eine mit der Problemlösungskomponente kommunizierende Komponenente (das sogenannte Truth Maintenance System) diesen Tatbestand feststellen können und einen

---

48 Vgl. BREWKA, G.: Nichtmonotones Schließen - Zum Stand der Kunst, a.a.O., S. 2.
Ein Problem heißt entscheidbar, falls es ein Rechenverfahren gibt, das angesetzt auf Eingaben der zugrundeliegenden Problemstellung, immer nach endlicher Zeit stoppt und dann korrekt "ja" oder "nein" ausgibt. Ein Problem heißt semi-entscheidbar, wenn das Verfahren nach endlicher Zeit auf den "ja"-Instanzen des zugrundeliegenden Problems stoppt, nicht jedoch auf den "nein"-Instanzen. Vgl. hierzu: SCHÖNING, U.: Logik für Informatiker, a.a.O., S. 70-87.

49 Vgl. REITER, R.: A Logic for Default Reasoning, a.a.O., S. 83.

50 Vgl. BREWKA, G.: Nichtmonotone Logiken - Ein kurzer Überblick. a.a.O., S. 10

51 Vgl. de KLEER, J.: An Assumption-based TMS, in: Artificial Intelligence Journal, Nr. 12, 1986, S. 132.

52 Vgl. BREWKA, G.: Nichtmonotones Schließen - Zum Stand der Kunst, a.a.O., S. 2.

Prozeß einleiten, der den Zustand herstellt, der bestehen würde, wenn die aktuelle Gültigkeit der Formel von vornherein bekannt gewesen wäre, mit anderen Worten: Die Problemlösungskomponente muß die Inkonsistenz der Formeln beseitigen.
Die Rückname einer Schlußfolgerung führt dazu, daß in der Regel ein ganzes Netzwerk von Schlußfolgerungen zurückgenommen werden muß. Es ist ein Algorithmus notwendig, der den konsistenten Zustand möglichst effizient wiederherstellt. Es sollten nur Schlußfolgerungen korrigiert werden, die von der Änderung betroffen sind [Dependency-Directed Backtracking]. Einfache Algorithmen wie die vollständige Neuberechnung oder die Neuberechnung aller Schlußfolgerungen von der ersten Verwendung der geänderten Formel in der Inferenzkette an erfüllen diese Forderung nicht.[53]

1.3.2 Grundbegriffe und Aufgaben des Truth Maintenance Systems (TMS)

Die Problemlösungskomponente eines wissensbasierten Systems ist für die Koordination und den Einsatz aller für die Lösung eines Problems relevanten Informationen zuständig.[54] Truth Maintenance Systeme (TMS)[55] werden als eigenständige Komponenten in wissensbasierten Systemen eingesetzt. Sie unterstützen den eigentlichen Problemlösungsprozeß durch die Verwaltung des Suchraumes.[56] Das TMS überwacht Veränderungen der Wissensbasis. Widersprüche (oder besser: Inkonsistenzen) in der Wissensbasis werden durch Zurücksetzen der Annahmen beseitigt, die für den Widerspruch verantwortlich sind.[57] Dazu ist es nötig, daß die Begründung jeder Schlußfolgerung gespeichert wird.[58] Beckstein beschreibt das Zusammenwirken von Problemlösungskomponente und TMS so: Die Problemlösungskomponente übermittelt dem TMS die gezogenen Schlüsse, das TMS betreibt die Verwaltung dieser Schlüsse und der Sachverhalte, die für die Problemstellung interessant sein könnten. Die Daten der Problemlösungskomponente werden auf die Ebene des TMS abgebildet und dort über Rechtfertigungen in Beziehung gesetzt.[59]

Die von der Problemlösungskomponenete herangezogenen Formeln werden auf Knoten [nodes] des TMS abgebildet. Nach Doyle repräsentiert ein Knoten eine Überzeugung [belief]. Eine Überzeugung ist eine Formel, die einen objektiv gegebenen oder subjektiv angenommenen Tatbestand beschreibt.[60] Eine Annahme ist ein Knoten, der einer nicht

---

53 Vgl. PUPPE, F.: Einführung in Expertensysteme, a.a.O., S. 58.

54 Vgl. BECKSTEIN, C.: Zur Logik der Logik-Programmierung. Ein konstruktiver Ansatz, Informatik Fachberichte 199, Berlin u.a. 1988., S. 153.

55 Die Systeme werden auch als Reason Maintenance Systeme bezeichnet.

56 Vgl. DRESSLER, O.; FREITAG, H.: Truth Maintenance Systeme, in: Künstliche Intelligenz, Nr. 2, 1989, S. 13.

57 FRANK, U.: Expertensysteme: Neue Automatisierungspotentiale im Büro- und Verwaltungsbereich?, a.a.O., S. 51.

58 Vgl. PUPPE, F.: Einführung in Expertensysteme, a.a.O., S. 58.

59 Vgl. BECKSTEIN, C.: Zur Logik der Logik-Programmierung. Ein konstruktiver Ansatz, a.a.O., S. 153. Die Begriffe des amerikanischen Originaltextes von DOYLE sind in eckigen Klammern angefügt.

60 Vgl. DOYLE, J.: A Truth Maintenance System, a.a.O., S. 236.

weiter begründeten Hypothese des Problemlösers entspricht, auf der Schlußfolgerungen aufbauen können.[61]

Das TMS erstellt für jeden Knoten eine Rechtfertigung. Eine Rechtfertigung [reason, justification] ist die Begründung eines Knotens durch andere Knoten. Führt eine Ableitungskette zu einem Knoten mit anderen Worten: sind alle Voraussetzungen eines Knotens erfüllt, dann ist die Rechtfertigung eine Stütze [support] für den Knoten. Seien A eine Annahme, K_i (i=1,...,n) Knoten, A eine Stütze für K_1, für alle i gelte K_i sei eine Stütze für K_{i+1} und für r>s und n≥r gelte K_r sei keine Stütze für K_s, dann besitzt K_n eine begründete Stütze [well-founded support].[62]

Eine Umgebung [environment] ist eine Konjunktion von Annahmen. Sie ist inkonsistent genau dann wenn (gdw.) aus ihr mit Hilfe der gegebenen Rechtfertigungen widersprüchliche Sachverhalte hergeleitet werden können. Inkonsistente Umgebungen werden als "nogoods" bezeichnet.[63]

Ein Kontext [context] ist die Menge der Annahmen einer konsistenten Umgebung vereinigt mit allen Knoten, die aus diesen Annahmen ableitbar sind.[64]

Jeder Knoten besitzt ein Label, das Informationen über den Knoten enthält. Das hypothetische Schließen wird durch die Kennzeichnung von Knoten in dem von ihm gebildeten Abhängigkeitsnetz mit den Status "IN" und "OUT" ermöglicht. Diese Status, die zu den Labeln der Knoten gehören, müssen vom TMS neu berechnet werden, wenn sich die Gültigkeit einer Formel ändert. Der Prozeß heißt Label-Propagierung.

Seien

... -> K_4*OUT /// -> ///* K_5 -> K_6 -> ...
... -> K_{14}*OUT /// -> ///* K_{15} -> K_{16} -> ...

unterbrochene Ableitungsketten (die Unterbrechung ist durch */// -> ///* gekennzeichnet). K_4 und K_{14} habe den Status "OUT". Aus diesem Grunde gibt es keine Rechtfertigung für K_5 (K_5 ist "IN" gdw. K_4 "IN" ist), K_6 und folgende Knoten; sie besitzen ebenfalls die Status "OUT". Gleiches gilt für K_{15}, K_{16} und folgende Knoten. Erhält nun K_4 den Status "IN", so weisen K_5 und folgende ebenfalls "IN"-Status auf. Die Status der Knoten K_{15} und folgende müssen nicht neu berechnet werden, da sie von der Gültigkeit des Knotens K_4 unabhängig sind.

---

61 Vgl. BECKSTEIN, C.: Zur Logik der Logik-Programmierung. Ein konstruktiver Ansatz, a.a.O., S. 154.
62 Vgl. ebenda, S. 157.
63 Vgl. ebenda, S. 155.
64 Vgl. ebenda.

Sei
$A \rightarrow K_1 \rightarrow K_2 \rightarrow \ldots \rightarrow K_5 \rightarrow K_6 \rightarrow K_7 \rightarrow K_8$

eine Ableitungskette und habe K_8 eine begründete Stütze. Gilt K_5 nicht mehr, so entfällt die Rechtfertigung für K_6 und die durch K_6 gerechtfertigten folgenden Knoten. K_6 und Folgende können aber nicht in jedem Fall mit dem Status "OUT" versehen werden. Wird eine Voraussetzung einer Rechtfertigung ungültig, so wird auch die Rechtfertigung ungültig. Sie bildet keine Stütze mehr für die Folgerung. Die Folgerung muß deshalb jedoch nicht in jedem Fall den Status "OUT" erhalten, da sie eine andere Stütze besitzen kann. Im Rahmen der Propagierung muß versucht werden, eine neue Stütze für den Knoten (in diesem Fall für K_6) herzuleiten. Aus diesem Grund ist die "OUT"-Propagierung schwieriger als die "IN"-Propagierung.[65]

Spezielle Knoten erlauben die Definition inkonsistenter Umgebungen [nogoods]. Erhält ein solcher Knoten einen "IN"-Status, ist eine Inkonsistenz in den Folgerungen vorhanden. Es muß auf Anweisung der Problemlösungskomponenete eine Annahme zurückgezogen werden, die für die Inkonsistenz ursächlich ist, so daß der Knoten wieder den Status "OUT" erhält. Das Dependancy-Directed Backtracking des TMS stellt eine effiziente Suche nach der Ursache der Inkonsistenz sicher.[66]

Seien
$A_1 \rightarrow K_1$, $K_1 \rightarrow K_8$ *und* $K_8 IN$ *sowie*
$A_2 \rightarrow K_{12}$, $K_{12} \rightarrow K_{53}$ *und* $K_{53} IN$

Ableitungsketten, $A_3,...,A_{50}$ weitere Annahmen und die Umgebung K_8 und K_{53} inkonsistent, so erlaubt die verwendete Form des Backtracking ein schnelles Auffinden der ursächlichen Alternativen A_1 und A_2. Die Wiederherstellung der Konsistenz durch eine Zurücknahme der Annahmen $A_3,...,A_{50}$ muß nicht überprüft werden, da die Annahmen nicht Teil der logischen Kausalketten sind, die zu den inkonsistenten Formeln K_8 und K_{53} führen. Diese Information ist in den Knoten enthalten.

Grundsätzlich können zwei TMS-Konzepte unterschieden werden. Ein von Doyle entwickeltes "Truth Maintenance System" basiert auf Rechtfertigungen, ein von de Kleer entwickeltes "Assumption Based Truth Maintenance System" basiert auf Annahmen.

1.3.3 Truth Maintenance System nach Doyle

Doyles TMS[67] basiert auf Rechtfertigungen. Das Label eines Knotens enthält die Rechtfertigungen für die Gültigkeit oder Ungültigkeit des Knotens.

---

65 Vgl. BECKSTEIN, C.: Zur Logik der Logik-Programmierung. Ein konstruktiver Ansatz, a.a.O., S. 157 f.

66 Vgl. ebenda, S. 158 f.

67 Vgl. DOYLE, J.: A Truth Maintenance System, a.a.O., S. 231-272.

Eine Rechtfertigung besteht aus einem geordneten Paar von Mengen von Überzeugungen [beliefs]. Ein Knoten gehört zur gegenwärtig gültigen Menge an Überzeugungen [current set of beliefs] bzw. sein Status ist "IN", wenn jede Überzeugung der ersten Menge den Status "IN" und jede Überzeugung der zweiten Menge den Status "OUT" hat.[68]

Es gibt zwei Formen der Rechtfertigung eines Knotens: die Unterstützungsliste [support list justification] (SLJ) und den Bedingten Beweis [conditional proof justification] (CPJ). Die Rechtfertigungen weisen folgende Struktur auf:

Support List Justification:
Knoten A (SL ("IN"-Knoten) ("OUT"-Knoten))
Conditional Proof Justification:
Knoten B (CP Konsequenz ("IN"-Hypothesen) ("OUT"-Hypothesen)).[69]

Die Konsequenz einer CP-Rechtfertigung ist gültig, wenn alle "IN"-Hypothesen gültig und alle "OUT"-Hypothesen ungültig sind. Aus Gründen der Vereinfachung werden gültige CP-Rechtfertigungen vom TMS in äquivalente SL-Rechtfertigungen umgewandelt.[70]

Eine Prämisse [premise] hat eine leere Menge an "IN"-Beliefs und eine leere Menge an "OUT"-Beliefs:

Knoten Prämisse (SL ( ) ( )).[71]

Eine Annahme [assumption] ist ein Knoten, dessen Rechtfertigung von der Nichtgültigkeit anderer Knoten [non-current belief] abhängt, d.h., die erste Menge des Tupels ist leer, die zweite Menge enthält ein oder mehrere Elemente:

Knoten Annahme (SL ( ) (Knoten R,...)).[72]

Puppe beschreibt den Basis-Algorithmus eines TMS so:[73]

Eingabe: Änderung eines Faktums
Ausgabe: Propagierung der Änderung mit Herstellung eines konsistenten Zustandes

1. Wenn ein Eingabedatum oder eine Schlußfolgerung sich ändert, überprüfe alle damit verbundenen Begründungen.
2. Wenn eine Begründung ungültig wird überprüfe, ob die betroffene Schlußfolgerung noch weitere Begründungen hat.

68 Vgl. DOYLE, J.: A Truth Maintenance System, a.a.O., S. 238.
69 Vgl. RICH, E.: KI - Einführungen und Anwendungen, Hamburg u.a. 1988, S. 196.
70 Vgl. DOYLE, J.: A Truth Maintenance System, a.a.O., S. 243.
71 Vgl. ebenda, S. 240.
72 Vgl. ebenda, S. 240.
73 Vgl. PUPPE, F.: Einführung in Expertensysteme, a.a.O., S. 60.

3. Wenn eine Schlußfolgerung keine gültigen Begründungen mehr hat, ziehe sie zurück und rufe den Algorithmus rekursiv mit der zurückgezogenen Schlußfolgerung auf, andernfalls ist keine Änderung nötig.

Das Hauptproblem bei den TMS-Ansätzen ist die Behandlung von zirkulären Rechtfertigungen [circular arguments].[74] Eine Rechtfertigung einer Überzeugung *A* durch eine Überzeugung *B* ist zirkulär, wenn *B* wiederum durch *A* begründet wird. Wird *B* nicht durch *A* begründet, nennt man die Rechtfertigung nichtzirkulär [well-founded supporting justification].[75] Mögliche Formen zirkulärer Rechtfertigungen sind monotone Schleifen, nichtmonotone Schleifen ("type of circularity that includes at least one node which must be in") und nicht-erfüllbare Schleifen (unsatisfiable circularities; "no assignment of in or out to nodes is consistent with their justification").[76] Die Schwierigkeiten der zirkulären Begründungen liegen darin, daß bei monotonen Schleifen die Begründungen in der Schleife mit Hilfe des Basis-Algorithmus' nicht mehr zurückgezogen werden können und bei nichtmonotonen Begründungen der Algorithmus in eine Endlosschleife gerät. Der Truth Maintenance Mechanismus von Doyle betreibt eine sogenannte "Current Support"-Strategie: Die erste Begründung eines Knotens kann nicht zirkulär sein; sie ist deshalb seine gültige Stütze [current support]. Gilt aufgrund einer Revision diese gültige Stütze nicht mehr, erhält der Knoten zunächst den Status "OUT". Ergibt sich nach der Propagierung eine nichtzirkuläre Begründung für den Knoten, bildet sie die neue gültige Stütze des Knotens, der nun wieder den Status "IN" erhält. Die Propagierung wird mit dem neuen Statuswert fortgesetzt. Knoten, die am Schluß der Propagierung keine nichtzirkuläre Begründung haben, werden endgültig zurückgesetzt.[77]

Stellen wir uns ein Programm vor, daß die Zuordnung von Räumen und Zeiten für Vorlesungen und Übungen an der Universität Göttingen für das Sommersemester 1991 unterstützen soll. Die Vorlesung "Einführung in Expertensysteme" der Abteilung Wirtschaftsinformatik I soll vorzugsweise um 10 Uhr in Raum ZHG 010 abgehalten werden. Gegeben seien nun folgende Knoten und Rechtfertigungen:[78]

K_1	*Zeit(Vorlesung)*	*ist*	*1000*	*(SL ( ) (K2))*
K_2	*Zeit(Vorlesung)*	*ist*	*nicht 1000*	
K_3	*Raum(Vorlesung)*	*ist*	*ZHG 010*	*(SL ( ) (K4))*
K_4	*Raum(Vorlesung)*	*ist*	*ZHG 009.*	

Die Nichtgültigkeit des Knotens K_2 liefert die Begründung für die Gültigkeit des Knotens K_1. Anders ausgedrückt lautet K_1: Wenn es nicht gilt, daß die Vorlesungszeit nicht 10 Uhr ist, dann ist die Vorlesungszeit 10 Uhr. Der logische Ausdruck entspricht den Konstrukten

74 Vgl. PUPPE, F.: Einführung in Expertensysteme, a.a.O., S. 60.

75 Vgl. DOYLE, J.: A Truth Maintenance System, a.a.O., S. 236.

76 Vgl. ebenda, S. 244-246 und PUPPE, F.: Einführung in Expertensysteme, a.a.O., S. 60 f.

77 Vgl. DOYLE, J.: A Truth Maintenance System, a.a.O., S. 246-252 und PUPPE, F.: Einführung in Expertensysteme, a.a.O., S. 61.

78 Beispiel in Anlehnung an DOYLE, J.: A Truth Maintenance System, a.a.O., S. 252 f.

der Formalisierungen der nichtmonotonen Inferenz. Er läßt sich schreiben als Ausdruck der modalen nichtmonotonen Logik:
M Zeit(Vorlesung) ist 1000 -> Zeit(Vorlesung) ist 1000
autoepistemischen Logik:
M Zeit(Vorlesung) ist 1000 -> Zeit(Vorlesung) ist 1000

Default Logik:
:M Zeit(Vorlesung) ist 1000 / Zeit(Vorlesung) ist 1000.

Es gibt für die Knoten K_2 und K_4 keine Rechtfertigungen. Sie erhalten durch das TMS den Status "OUT" und gehören nicht zur gültigen Menge [current set]. Die Knoten K_1 und K_3 sind Annahmen [assumptions]: ihre begründete Stütze ist eine nichtmonotone Rechtfertigung. Sie erhalten den Status "IN", sie gehören zur gültigen Menge, weil alle Knoten in der Ungültig-Liste den Status "OUT" aufweisen.

Nun sei angenommen, daß für eine andere Veranstaltung zu dieser Zeit der Raum ZHG 010 benötigt wird. Der Anwender gibt dieses Faktum ein. Die Raum/Zeit-Kombination 10 Uhr/ZHG 010 scheidet für die Vorlesung aus. Es wird ein neuer Knoten erzeugt.

K_5 *Widerspruch* *(SL* $(K_1\ K_3)$ *( )).*

Der Knoten besagt, daß bei Gültigkeit der Knoten der "IN"-Liste (K_1 und K_3) die gültigen Knoten nicht mehr konsistent sind.

Die Knoten in der Gültig-Liste haben "IN"-Status, K_5 gehört zur gültigen Menge. Der aufgezeigte Widerspruch führt zum Aufruf eines Dependency-Directed Backtracking (DDB) genannten Verfahrens. Das DDB verfolgt die Spur der Schlußfolgerungskette. K_1 und K_3 werden als Annahmen herausgefiltert. DDB führt nun den Knoten

K_6 *Nogood* $K_1\ K_3$ *(CP* K_5 $(K_1\ K_3)$ *( ))*

ein, der auf eine inkonsistente Umgebung hinweist. Er stellt die Menge der inkonsistenten Annahmen dar.

Knoten K_6 besitzt eine Conditional-Proof Justification. Er ist gültig, wenn die "IN"-Konsequenz K_5 gültig ist, die wiederum gültig ist, wenn die "IN"-Hypothesen K_1 und K_3 "IN"-Status und die "OUT"-Hypothesen "OUT"-Status besitzen. Diese Bedingungen sind im Beispiel erfüllt. Wenn das TMS eine gültige CP-Justification auffindet, formt es sie aus Gründen der Vereinfachung in eine äquivalente Support-List Justification um.[79] In diesem Beispiel kann die CP-Justificaion durch eine SLJ

K_6 *Nogood* $K_1\ K_3$ *(CP* K_5 $(K_1\ K_3)$ *( ))* *(SL ( ) ( ))*

79 Vgl. DOYLE, J.: A Truth Maintenance System, a.a.O., S.243.

ersetzt werden, da die Gültigkeit von Knoten K_5 direkt von der Gültigkeit der Knoten K_1 und K_3 abhängt.

Der Widerspruch hat seinen Grund in der Gültigkeit von Knoten K_1 und K_3. Ist einer dieser beiden Knoten ungültig, ist auch der Widerspruchsknoten K_5 ungültig. Das System wählt willkürlich einen der beiden Knoten aus, in diesem Fall z.B. K_3. Um K_3 aus der gültigen Menge zu entfernen, wird der Begründung des Knotens K_3, Knoten K_4, der Status "IN" zugewiesen.

K_4 *Raum(Vorlesung) ist ZHG 009* *(SL (K_6) ( )).*

Die Knoten K_1, K_4, K_6 gehören zur gültigen Menge, die Knoten K_2, K_3 und K_5 nicht. Es gilt die Aussage, daß die Vorlesung um 10 Uhr in ZHG 009 stattfindet.

Die Bedeutung der Conditional Proof Justification des Knotens K_6 wird in diesem Beispiel deutlich: Eine Support List Justification *(SL (K5) ( ))* würde bedeuten, daß dieser Knoten nur von der Gültigkeit des Knotens K_5 abhinge. Die Abhängigkeit von den Knoten K_1 und K_3 würde in Knoten K_5 dargestellt. Wird Knoten K_5 ungültig, würde Knoten K_6 ebenfalls ungültig. Damit würde Knoten K_4 ungültig und Knoten K_3 wieder gültig. Die Aussage wäre dann *Veranstaltung um 10 Uhr in Hörsaal ZHG 010*, was aber der Aussage widerspricht, daß der Hörsaal nicht benutzt werden kann.

In Abbildung 1 sind die Knoten K_1 bis K_6 des Beispiels als Abhängigkeitsnetz dargestellt.

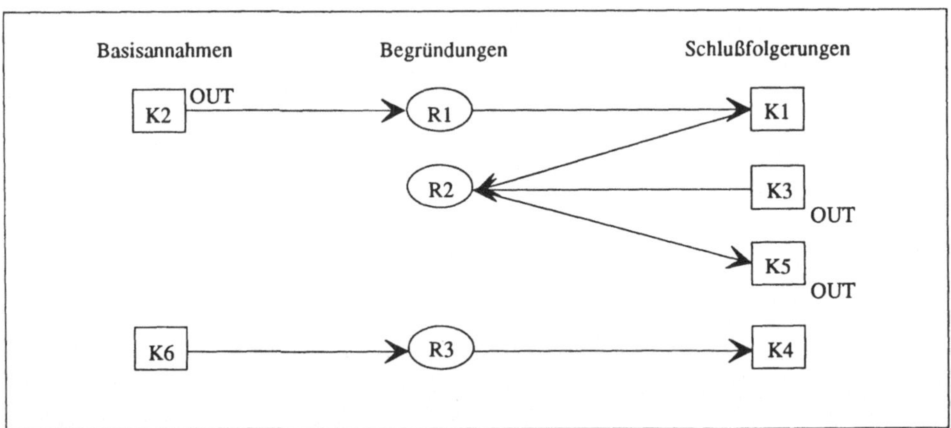

Abb. 1: Abhängigkeitsnetz eines TMS

1.3.4 De Kleers ATMS

Das TMS von Doyle ermöglicht es nicht, gleichzeitig mit mehreren widersprüchlichen Annahmen zu arbeiten. Das "Assumption-based TMS" (ATMS) deKleers strebt nicht unbedingt die Konsistenz der Formelmenge an.[80] Es ermöglicht die Inferenz auf der Basis sich widersprechender Kontexte. Im Gegensatz zu Doyles TMS dienen nicht die direkten Begründungen, sondern die Annahmen [assumptions] zur Verwaltung des Abhängigkeitsnetzes.[81]

Sei eine Theorie gegeben mit

a und *a* -> *b*, also *a* und *b*
c und *c* -> *d*, also *c* und *d* sowie
a & *c* -> *e*.[82]

Sind *b* und *d* sich widersprechende Fakten, ist die Theorie inkonsistent.
Formulieren wir die Theorie nun in Anlehnung an Reiters Default Logik:

:MA/A, :MC/C
A -> b, C -> d, A & C -> e.[83]

Die Default Theorie hat die Extension

{A, b, C, d, e}.

Wird nun das Axiom hinzugefügt, daß b und d sich wiedersprechende Fakten sind, führt dies zu einem Widerspruch, von dem aber nur die Formel e betroffen ist. Die Defaults A und C können nicht gleichzeitig aufrechterhalten werden, somit kann e nicht geschlußfolgert werden. Die Theorie hat nun die beiden Extensionen

{A, b} und *{C, d}*.

Das ATMS arbeitet auf diese Weise. Für jede Formel wird ein Label angelegt, das die aktuelle Menge von Defaults enthält, die für die Ableitung der Formel benötigt wurden. Im angegebenen Beispiel gibt es folgende Label:

<*b*,{{*A*}}>, <*d*,{{*C*}}>, <*e*,{ }>.

---

80 Vgl. FRANK, U.: Expertensysteme: Neue Automatisierungspotentiale im Büro- und Verwaltungsbereich?, a.a.O., S. 52.

81 Vgl. PUPPE, F.: Einführung in Expertensysteme, a.a.O., S. 62.

82 Vgl. de KLEER, J.: An Assumption-based TMS, a.a.O., S. 131 f.

83 Großbuchstaben geben Defaults an, Kleinbuchstaben bezeichnen Formeln im Sinne der klassischen Logik.

Vor dem Hinzufügen des letzten Axioms besaß e das Label

$<e,\{\{A, C\}\}>$.

Das TMS nach Doyle hat folgende Nachteile:[84]

1. Das TMS erlaubt nur die Betrachtung einer Lösung, selbst wenn aufgrund einer Menge von Annahmen mehrere Lösungen möglich sind [single-state problem].

2. Wenn zwei Annahmen widersprüchlich sind, führt der TMS-Mechanismus dazu, daß nur eine Annahme für die Schlußfolgerungen berücksichtigt wird [overzealous contradiction avoidance].

3. Der TMS-Mechanismus erlaubt es nicht, eine Annahme zeitlich befristet zu ändern. Es ist nicht möglich, zu einem früheren Status zurückzugehen [switching states is difficult].

4. Annahmen [assumptions] sind Knoten, deren Gültigkeit nur von der Ungültigkeit anderer Knoten abhängen. Ändern sich die "Support Justifications" einer Annahme, so ändert sich auch die Gültigkeit der Annahme [dominance of justifications].

5. Der TMS-Mechanismus ist sehr aufwendig [machinery is cumbersome].

6. Müssen Formeln, die ursprünglich abgeleitet, dann aber zurückgezogen wurden, wieder geltend gemacht werden, kann es vorkommen, daß diese Formeln ein zweites Mal vollständig abgeleitet werden [unouting].

Nach de Kleer sind die Nachteile darauf zurückzuführen, daß es nicht möglich ist, direkt auf die Kontexte zu verweisen, in denen eine Formeln gilt. Somit muß die gesamte Menge an Formeln widerspruchsfrei sein. Um die Nachteile zu umgehen, werden beim ATMS den Informationen eines Knotens eine explizite Beschreibung der Kontexte hinzugefügt, in denen der Knoten gilt.[85] Der Kontext beschreibt die Annahmen, von denen die Gültigkeit eines Knotens abhängt. Die Label werden vom ATMS ermittelt.[86]
Die Struktur eines ATMS-Knotens hat folgendes Aussehen:

β_{datum} : <Formel, Kontext, Begründungen>.[87]

Die Begründungen dienen hauptsächlich zur Dokumentation.[88]

---

84 de KLEER, J.: An Assumption-based TMS, a.a.O., S. 138-141.
85 Ebenda, S. 141.
86 Ebenda, S. 144.
87 Ebenda, S. 146.
88 Vgl. PUPPE, F.: Einführung in Expertensysteme, a.a.O., S. 63.

Ähnlich wie Doyle unterscheidet de Kleer vier Knoten-Typen:[89]

Knoten-typ	Formel	Kontext	Begründung
Prämissen:	*<p,*	*{{ }},*	*{( )}>*[90]
Annahmen:	*<A,*	*{{A}},*	*{(A)}>*
angenommene Knoten [assumed nodes]:	*<a,*	*{{A}},*	*{(A)}>*
abgeleitete Knoten [derived nodes]:	*<w=1,*	*{{A,B},{C},{E}},*	*{(b),(c,d)}.*

Puppe stellt beispielhaft das nachstehende Abhängigkeitsnetz eines ATMS dar:[91]

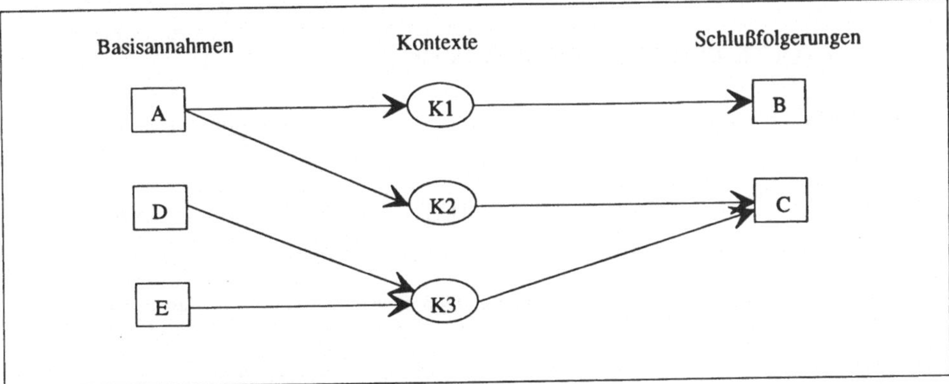

Abb. 2: Abhängigkeitsnetz eines ATMS

Das ATMS hat die folgenden Knoten generiert:

	Datum des Problemlösers	Kontext	direkte Begründungen
X_1	*[A*	*{{A}}*	*{{A}}]*
X_2	*[B*	*{{A}}*	*{(A->B)}]*
X_3	*[C*	*{{A} {D,¬E}}*	*{(B->C)(D&¬E->C)}]*
X_4	*[D*	*{{D}}*	*{{D}}]*
X_5	*[¬E*	*{{¬E}}*	*{(¬E)}]*

Die Gültigkeit eines Knotens ergibt sich im Vergleich der Basisannahmen des Kontextes mit dem gültigen globalen Kontext. Ist der globale Kontext *{A}*, sind die Knoten X_1, X_2 und X_3 gültig, *D* und „*E* ungültig. Wird *A* zurückgezogen, ist kein Knoten mehr gültig. Es

89 Vgl. de KLEER, J.: An Assumption-based TMS, a.a.O., S. 146 f.

90 Großbuchstaben bezeichnen Annahmen [assumptions], Kleinbuchstaben sonstige Knoten.

91 Vgl. PUPPE, F.: Einführung in Expertensysteme, a.a.O., S. 59, 63.

kann keine Begründungen für einen der Knoten geben, da die für die Gültigkeit der Knoten notwendigen Basisannahmen *A*, *D*, *„E* und *D & „E* ungültig sind.

Gilt ein Knoten in einem Kontext *{X}*, so gilt er auch in jedem Kontext *{X,...}*, sofern *{X,...}* nicht als inkonsistente Umgebung [nogood] gekennzeichnet ist.[92] Wird eine neue Begründung hinzugefügt, sind eventuelle Redundanzen zu eliminieren. Die neue Regel *D -> C* führt dazu, daß der Kontext *{D,„E}* der Regel X_3 in *{D}* umgewandelt wird, da *{D,„E}* eine Obermenge von *{D}* bildet. *„E* wird als Basisannahme für den Knoten nicht mehr benötigt.

1.3.5 Vergleich ATMS-De Kleer/TMS-Doyle

Puppe[93] faßt die Stärken und Schwächen der Ansätze wie in Abbildung 3 zusammen:

	TMS	ATMS
Art der Rechtfertigung	direkte Begründungen	Basisannahmen
Behandlung von Zirkularitäten	aufwendig	einfach
Behandlung von Ausnahmen von Regeln	einfach	aufwendig
Umgang mit Unsicherheiten	in Spezialitäten einfach	aufwendig
Vergleich verschiedener Lösungen	aufwendig	einfach
Effizienz	abhängig vom Vernet-zungsgrad der Wissensbasis	abhängig von der Menge der Basisannahmen

Abb. 3: Stärken und Schwächen der Ansätze

Der Autor verweist auf die Haupteinsatzgebiete des ATMS im Bereich der qualitativen Simulation aufgrund der Möglichkeit, verschiedene Lösungen in verschiedenen Kontexten unabhängig voneinander verfolgen zu können und des TMS in Bereichen, in denen nur

92 Vgl. de KLEER, J.: An Assumption-based TMS, a.a.O., S. 148.
93 Vgl. PUPPE, F.: Einführung in Expertensysteme, a.a.O., S. 64.

eine Lösung gefordert ist. Er verweist auch auf die Ineffizienz der Ansätze bei "großen, stark vernetzten Wissensbasen".[94]

2 Probabilistische Inferenz

2.1 Sicherheitseigenschaft der Logik und Unsicherheit der Schlußweisen des alltäglichen Denkens

Die klassische Logik ist zweiwertig. Eine Formel ist entweder wahr oder falsch. Ansätze zur nichtmonotonen Logik versuchen durch die Erweiterung des Logiksystems oder durch die Einführung spezieller Inferenzregeln, Formeln mit unbekannten Wahrheitswerten in den Kalkül einzubeziehen, um trotz unvollständigen Wissens Schlußfolgerungen zu ermöglichen.

Nichtmonotone Logiken weisen u.a. nachstehende Schwächen auf:[95]

1. Sie lassen keine Bewertung alternativer, einander ausschließender Annahmen zu.
2. Einer Lösung ist nicht anzusehen, ob sie auf einer Überzeugung beruht oder auf einer Formel, die grundsätzlich gültig ist.
3. Nichtmonotone Logiken versagen, wenn die zu beschreibende Realität zufällig ist. Es wäre unsinnig, Formeln über den Ausgang eines Zufallsexperimentes zu bilden. Die Formel *Wenn Würfelwurf dann Ergebnis ist eine 6* ist nicht wahr oder falsch, sondern sie ist mit einer Wahrscheinlichkeit von p=1/6 wahr (es sei die Verwendung eines fairen Würfels unterstellt). In der Regel wird die Realität jedoch nicht zufällig sein, sondern nur zufällig erscheinen. Das kann daran liegen, daß keine vollständige Information über die Realität vorhanden oder nur schwer zu beschaffen ist. Eine Aussage wird in diesem Fall richtig sein, wenn die fehlende Information mit den gemachten Annahmen übereinstimmt.

Die Aspekte 1 und 2 sprechen dafür, nicht nur "wahr" und "falsch" als Wahrheitswerte zuzulassen, sondern auch numerische Werte, Wahrscheinlichkeiten oder Evidenzwerte, die den Grad der Sicherheit einer Formel ausdrücken.[96]

---

94 Vgl. PUPPE, F.: Einführung in Expertensysteme, a.a.O., S. 64.

95 Vgl. FRANK, U.: Expertensysteme: Neue Automatisierungspotentiale im Büro- und Verwaltungsbereich?, a.a.O., S. 56.

96 Der Ausdruck "probabilistisch" ist für die im allgemeinen darunter verstandene Form der Inferenz falsch. Die verwendetetem numerischen Werte erfüllen nicht die Anforderungen, die an Wahrscheinlichkeiten zu stellen sind. Zu den Anforderungen an Wahrscheinlichkeiten siehe auch MOOD, A.; GRAYBILL, F. A.; BOES, D. C.: Introduction to the Theory of Statistics, 3rd. ed., New York u.a. 1974, 17th printing 1986, S. 21 f. Der Begriff der probabilistischen Inferenz zielt vielmehr auf die umgangssprachliche Bedeutung von Wahrscheinlichkeiten im Sinne von numerischen Werten für subjektive Erwartungen u.ä.

Der dritte Aspekt, die anscheinende Zufälligkeit, spricht eher für die Anwendung des nichtmonotonen Schließens, wenn die Aspekte 1 und 2 vernachlässigt werden können. Die Behandlung von Ausnahmen in der Art, daß einer Formel *q* eine "Wahrscheinlichkeit" von p(*q*) zugewiesen wird und die Konsequenz einer Schlußfolgerungskette (bezogen auf das Hörsaal-Beispiel aus Abschnitt 1) *Veranstaltung um 10 Uhr in ZHG 010* einen Gültigkeitswert von p(*q*->...) aufweist, erscheint sinnlos. Eine Konsequenz ist wahr oder falsch. Die nichtmonotone Inferenz würde eine bislang als gültig erachtete Annahme (*Raum ist ZHG 010*) zurückziehen, wenn sie nicht mehr zuträfe und eine neue Konsequenz *Veranstaltung um 10 Uhr in ZHG 009* ableiten. Das Ergebnis der probabilistischen Inferenz bliebe gleich: *Veranstaltung um 10 Uhr in ZHG 010* mit p(*q*->...). Für die Konsequenz der probabilistischen Inferenz gibt es keine gültige Schlußfolgerungskette.

Das wichtigste Einsatzgebiet des probabilistischen Schließens ist die Diagnostik.[97] Die Einsatzmöglichkeiten der Diagnostik beschränken sich aber nicht nur auf medizinische Probleme.
Auch die Betriebswirtschaftslehre befaßt sich mit Diagnostik-Problemen:

- Die Controlling-Abteilung eines Unternehmens stellt Abweichungen von Planwerten fest und hat die Ursache dieser Abweichung zu ermitteln.
- Ein fehlerhaftes betriebliches Informationssystem ist auf Mängel und Ursachen der Mängel zu untersuchen.

Auf der Grundlage von Symptomen müssen Diagnosen erstellt werden. Allgemeiner ausgedrückt muß von Eigenschaften eines noch unbekannten Objektes auf die Identität des Objektes selbst geschlossen werden. Puppe nennt als Quellen der Unsicherheit

- die Feststellung der Evidenz der Symptome,
- die Zuordnung der Symptome zu den Diagnosen sowie
- den Algorithmus zur Verrechnung der Evidenzen.[98]

Eine Kombination von Symptomen kann auf verschiedene Krankheiten verweisen, die völlig unterschiedlich behandelt werden müssen. Symptome können für die Diagnose einer Krankheit von unterschiedlicher Wichtigkeit sein. Um den Grad der Unsicherheit der Formeln und vor allen Dingen der Konsequenzen zu quantifizieren, werden den Formeln Werte zugeordnet, die den Grad der Verläßlichkeit oder die Wahrscheinlichkeit,[99] die Unsicherheit[100] oder den Evidenzwert [certainty factor][101] der Formel repräsentieren.

---

97 Vgl. PUPPE, F.: Einführung in Expertensysteme, a.a.O., S. 43 und FRANK, U.: Expertensysteme: Neue Automatisierungspotentiale im Büro- und Verwaltungsbereich?, a.a.O., S. 56.

98 Vgl. PUPPE, F.: Einführung in Expertensysteme, a.a.O., S. 43.

99 FRANK, U.: Expertensysteme: Neue Automatisierungspotentiale im Büro- und Verwaltungsbereich?, a.a.O., S. 56.

100 Vgl. PUPPE, F.: Einführung in Expertensysteme, a.a.O., S. 43.

101 WINSTON, P. H.: Künstliche Intelligenz, a.a.O., S. 203.

2.2 Ansätze zur Formalisierung der probabilistischen Inferenz

2.2.1 Implizite Probabilistik in regelbasierten Systemen

Regelbasierte Systeme verwenden häufig die probabilistische Inferenz, ohne daß die Regeln oder Fakten überhaupt mit Wahrscheinlichkeiten versehen sind. Sind die Bedingungsteile mehrerer Regeln erfüllt, muß entschieden werden, welche Regel angewendet werden soll. Wird die Strategie verfolgt, daß grundsätzlich die erste Regel mit erfülltem Bedingungsteil angewandt wird, bedeutet dies (eine überlegte Anordnung der Regeln sei unterstellt), daß die erste Regel für wahrscheinlicher gehalten wird als die zweite, die zweite für wahrscheinlicher als die dritte usw.[102]

2.2.2 Probabilistische Logik von Nilsson

Nilsson[103] versucht den Entwurf eines generellen Formalismus' zur Abbildung unsicheren Wissens.[104] Er verwendet die Prädikatenlogik erster Ordnung, in der die Wahrheitswerte [truth values] von Formeln zwischen Null und Eins schwanken können. Nilsson begründet die Verwendung von Wahrheitswerten mit der Existenz zweier Mengen W_1 und W_2 von Kontexten (Welten). W_1 enthält die Welten, in denen eine Formel *S* wahr ist, W_2 enthält die Welten, in denen S nicht wahr ist. Die Wahrscheinlichkeit, daß W_1 die aktuelle Welt enthält, ist p_1, daß W_2 die aktuelle Welt enthält, beträgt $p_2 = 1 - p_1$. Die Wahrscheinlichkeit für die Wahrheit der Formel *S* ist somit p_1.[105] Mit dieser Argumentation stellt Nilsson sicher, daß eine Formel entweder wahr oder falsch ist.
Problematisch ist die Bestimmung eines Wahrscheinlichkeitswertes, wenn sowohl die Prämisse als auch die Regel mit einer Wahrscheinlichkeit versehen sind.[106] Betrachten wir die Formeln $\{P, P \rightarrow Q, Q\}$. Nicht jede Kombination wahr/falsch der Formeln ist nach der klasssichen Logik zulässig. Die nachstehende Wahrheitstabelle enthält die vier möglichen Kombinationen (1 für wahr und 0 für falsch).

P	Q	P -> Q
1	1	1
1	0	0
0	1	1
0	0	1

102 Vgl. RICH, E.: KI - Einführungen und Anwendungen, a.a.O., S. 202.

103 NILSSON, N. J.: Probabilistic Logic, in: Artificial Intelligence Journal, Nr. 28, 1986, S. 71-87.

104 FRANK, U.: Expertensysteme: Neue Automatisierungspotentiale im Büro- und Verwaltungsbereich?, a.a.O., S. 58.

105 Vgl. NILSSON, N. J.: Probabilistic Logic, a.a.O., S. 72.

106 Vgl. ebenda, S. 72-82.

Jede zulässige Kombination wird als Welt bezeichnet. Also läßt sich schreiben:

	Welt1	Welt2	Welt3	Welt4
P	wahr	wahr	falsch	falsch
P->Q	wahr	falsch	wahr	wahr
Q	wahr	falsch	wahr	falsch,

oder in abgewandelter Form:

Welt 1:	{ *P*,	*P -> Q*,	*Q*}
Welt 2:	{ *P*,	¬(*P -> Q*),	¬*Q*}
Welt 3:	{¬*P*,	*P -> Q*,	*Q*}
Welt 4:	{¬*P*,	*P -> Q*,	¬*Q*}.

Matrix $\underline{V}$ gibt die möglichen Kombinationen von Wahrheitswerten an:

$$\underline{V} = \begin{bmatrix} 1 & 1 & 0 & 0 \\ 1 & 0 & 1 & 1 \\ 1 & 0 & 1 & 0 \end{bmatrix} \begin{matrix} \text{Wahrheitswerte für } P \\ \text{Wahrheitswerte für } P\text{->}Q \\ \text{Wahrheitswerte für } Q. \end{matrix}$$

Aus den Wahrheitswerten müssen Wahrscheinlichkeiten abgeleitet werden. Die Wahrscheinlichkeiten werden durch die Gleichheitsbedingung $\underline{B} = \underline{V} \cdot \underline{p}$[107] und die Wahrscheinlichkeitsaxiome $\sum p_i=1$ und $0 \leq p_i \leq 1$ (für alle i) begrenzt.

Die Multiplikation von $\underline{V}$ und $\underline{p}$ überführt die Wahrscheinlichkeiten der möglichen Welten in Wahrscheinlichkeiten von Formeln. Aufgrund der Linearität der Verknüpfung werden Extremwerte von $\underline{p}$ in $\underline{B}$ übertragen. Extremwerte von $\underline{p}$ sind diejenigen Werte, für die $p_i=1$. Es kann aber nur ein p_i den Wert 1 annehmen; die restlichen drei Komponenten haben den Wert 0, da nur eine der vier möglichen Welten momentan gültig sein kann.
Das Ergenis der Matrizenmultiplikation ist die Wahrscheinlichkeitsmatrix $\underline{B}$, bestehend aus drei Nullvektoren und einem vom Nullvektor verschiedenen Vektor. Es ergeben sich als mögliche Maximumvektoren in Abhängigkeit von $\underline{p}$:[108]

Welt1 ist gültig: $\underline{p}'$ = [1 0 0 0], $\underline{b}_1'$ = [1 1 1]
Welt2 ist gültig: $\underline{p}'$ = [0 1 0 0], $\underline{b}_2'$ = [1 0 0]
Welt3 ist gültig: $\underline{p}'$ = [0 0 1 0], $\underline{b}_3'$ = [0 1 1]
Welt4 ist gültig: $\underline{p}'$ = [0 0 0 1], $\underline{b}_4'$ = [0 1 0]

---

107 $\underline{p}$ enthält die Wahrscheinlichkeiten p_i für die möglichen Welten W_i. Sei k die Anzahl möglicher Welten und l die Anzahl der Formeln, so ist $\underline{V}$ eine lxk-Matrix und $\underline{p}$ ein k-zeiliger Vektor.

108 $\underline{b}_i'$ bezeichnet die i-te Spalte der Matrix $\underline{B}$ in transponierter Form.

Seien nun die Wahrscheinlichkeitswerte für die Formeln *P* und *P* -> *Q* gegeben mit p(*P*)=π_1 und p(*P* -> *Q*)=π_2 und sei p(*Q*)=π_3. Abbildung 4 zeigt das konvexe Polyeder, das durch die Maximumvektoren $\underline{b}_i$ aufgespannt wird.

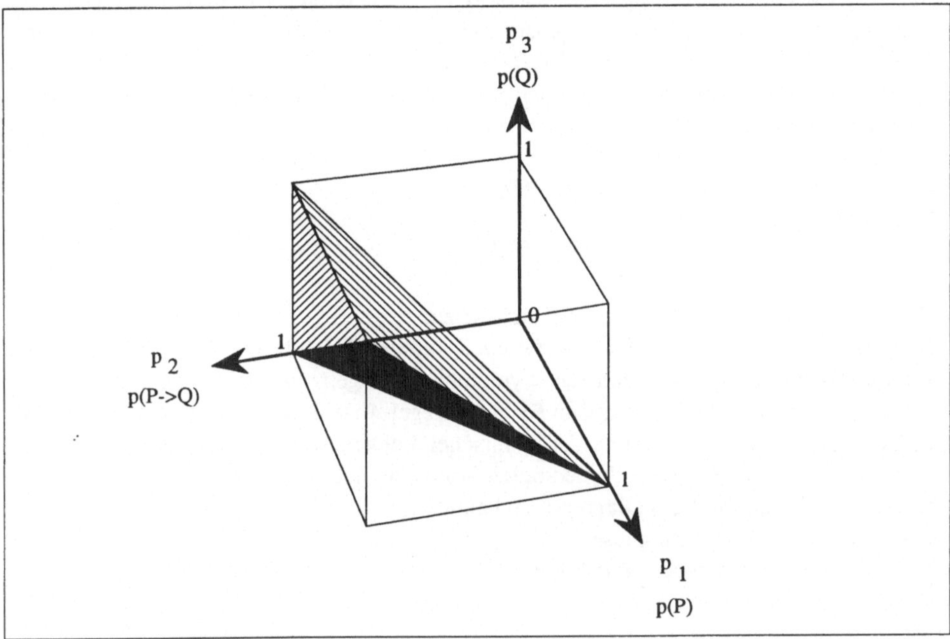

Abb. 4: Konvexer Bereich von konsistenten Wahrscheinlichkeitswerten[109]

Für den Wahrscheinlichkeitswert der Konklusion p(*Q*) ergibt sich das Intervall

[p(*P* -> *Q*) + p(*P*) - 1; p(*P* -> *Q*)].[110]

Um einen sinnvollen Wahrscheinlichkeitswert zu bestimmen, ist unter den Wahrscheinlichkeitsverteilungen diejenige mit der größten Entropie[111] zu bestimmen.
Für die Wahrscheinlichkeit der Konklusion ergibt sich

p(Q) = 1/2 p(*P*) + p(*P* -> *Q*) - 1/2.[112]

109 Zeichnung übernommen von NILSSON, N. J.: Probabilistic Logic, a.a.O., S. 76.

110 Vgl. NILSSON, N. J.: Probabilistic Logic, a.a.O., S. 76.

111 In der Informationstheorie wird der Begriff der Entropie dazu verwendet, den Informationsgehalt einer Aussage auszudrücken. Häufige Ereignisse haben einen geringen, seltene Ergeignisse einen hohen Gehalt an Information. Die Entropie H ergibt sich als $H = - \Sigma p_i * \log p_i$. Vgl. FRANK, U.: Expertensysteme: Neue Automatisierungspotentiale im Büro- und Verwaltungsbereich?, a.a.O., S. 60.

112 Vgl. NILSSON, N. J.: Probabilistic Logic, a.a.O., S. 82.

2.2.3 Bedingte Wahrscheinlichkeiten: Bayes-Formel

Es ist oft wünschenswert, die Wahrscheinlichkeit für ein Ereignis B_k bestimmen zu können, unter der Voraussetzung, daß das Ereignis A eingetreten ist. Sei ein Wahrscheinlichkeitsraum (Ω, A^*, P[ ]) mit Ereignismenge Ω, A^* eine Menge von Kombinationen der Ereignismenge und Wahrscheinlichkeitsfunktion P[ ]. Seien $B_1, B_2, \ldots, B_n$ paarweise disjunkte Kombinationen von Ereignissen in A^*, die $\Omega = \cup B_j$ und $P[B_j] > 0$ für j=1,...,n, dann gilt für jedes $A \in A^*$ mit $P[A^*] > 0$

$$P[Bk|A] = \frac{P[A|B_k] * P[B_k]}{\sum_j P[A|B_j] * P[B_j]} .$$

Wenden wir uns der medizinischen Diagnose zu:
B_k kann für eine Diagnose stehen, A für ein Symptom. $P[B_k|A]$ gibt die Wahrscheinlichkeit für die Diagnose B_k an, wenn das Symptom A aufgetreten ist. Diese bedingte Wahrscheinlichkeit kann der Konsequenz B_k einer Regel A -> B_k als Grad der Sicherheit zugeordnet werden. Zur Berechnung der Wahrscheinlichkeit werden die a-priori-Wahrscheinlichkeit der Diagnose sowie alle bedingten Wahrscheinlichkeiten $P[A|B_j]$ (die Wahrscheinlichkeit für Symptom A bei Diagnose B_j) benötigt.
Die Sicherheit für eine Diagnose steigt, wenn man nicht nur ein Symptom zur Stützung der Diagnose heranzieht, sondern mehrere.
Die Bayes-Formel lautet dann:[113]

$$P[B_k|A_1 \& \ldots \& A_n] = \frac{P[A_1 \& \ldots \& A_n|B_k] * P[B_k]}{\sum_j P[A_1 \& \ldots \& A_n|B_j] * P[B_j]} .$$

Man unterstellt, daß die Symptome voneinander unabhängig sind, wenn sie nicht durch dieselbe Diagnose verursacht werden.[114] Aufgrund

$$P[A_1 \& \ldots \& A_n|B_k] = P[A_1|B_k] * \ldots * P[A_n|B_k]$$

gilt für die Bayes-Formel

$$P[B_k|A_1 \& \ldots \& A_n] = \frac{P[A_1|B_k]*\ldots*P[A_n|B_k]*P[B_k]}{\sum_j P[A_1|B_j]*\ldots*P[A_n|B_j]*P[B_j]} .$$

113 Vgl. MOOD, A.; GRAYBILL, F. A.; BOES, D. C.: Introduction to the Theory of Statistics, a.a.O., S. 36.

114 Vgl. PUPPE, F.: Einführung in Expertensysteme, a.a.O., S. 45.

Für die Auswahl einer Alternative ist nicht nur ihre absolute Wahrscheinlichkeit ausschlaggebend, sondern auch der Abstand ihrer Wahrscheinlichkeit zu den Wahrscheinlichkeiten anderer Diagnosen. Die relative bedingte Wahrscheinlichkeit P_{rel} lautet

$$P_{rel}[Bk|A_1\&...\&A_n] = \frac{P[B_k|A_1\&...\&A_n]}{\sum_r P[B_r|A_1\&...\&A_n]}.$$

Die Qualität der Ergebnisse ist abhängig von dem Grad der Erfüllung der Annahme der Unabhängigkeit der Symptome. Eine hohe Korrelation der Symptome kann eine fatale Wirkung haben: Ist jedes Symptom für sich nur ein schwaches Indiz für eine Diagnose, d.h., die $P[B_k|A_i]$ sind gering, ist das gemeinsame Auftreten der Symptome aber ein starkes Indiz, ergibt sich durch die Multiplikation der geringen bedingten Wahrscheinlichkeiten eine sehr geringe bedingte Wahrscheinlichkeit $P[B_k|A_1\&...\&A_n]$, die der Realität nicht entspricht und zu falschen Konsequenzen führt.[115]

Die Annahme der Unabhängigkeit ist in der Praxis nicht gerechtfertigt. Aus diesem Grund ist die Anwendung der Bayes-Formel streng genommen abzulehnen. Die Annahme erfolgt lediglich aus dem Grund, die Berechnung zu vereinfachen. Prinzipiell kann man aber nicht mehr von Wahrscheinlichkeiten sprechen.

Ein weiteres Problem ist die Schätzung der a-priori-Wahrscheinlichkeiten und der bedingten Symptom-Diagnose-Wahrscheinlichkeiten. Für 100 Diagnosen und 1.000 Symptome ergeben sich immerhin 100.100 zu ermittelnde Wahrscheinlichkeitswerte.
Die Bayes-Theorie läßt ferner keine Mehrfachdiagnosen zu. Eine Diagnose schließt die andere aus.

2.2.4 Dempster-Shafer-Theorie

Die Dempster-Shafer-Theorie von Gordon/Shortliffe[116] unterscheidet sich von der Bayes-Theorie in vier wesentlichen Punkten:[117]

1. Seien DD = $\{D_1,...,D_n\}$ eine Menge von Einzeldiagnosen D_i und A eine beliebige Teilmenge von DD. Es können Evidenzwerte $e \in [0;1]$ (sogenannte certainty factors, Gordon/Shortliffe vermeiden den Ausdruck Wahrscheinlichkeiten) nicht nur für die Einzeldiagnosen D_i berechnet werden, sondern ebenso Evidenzwerte für Diagnosemengen A.

---

115 Vgl. FRANK, U.: Expertensysteme: Neue Automatisierungspotentiale im Büro- und Verwaltungsbereich?, a.a.O., S. 62.

116 GORDON, J.; SHORTLIFFE, E. G.: Method for Managing Evidential Reasoning in Hierarchical Hypothesis Space, in: Artificial Intelligence Journal, Nr. 26, 1985, S. 323-357.

117 Vgl. ebenda, S. 325 f.

2. Es wird keine bedingte Wahrscheinlichkeit für ein Symptom bei Geltung einer Diagnose berechnet, sondern die Evidenz für eine Diagnose bei Vorliegen eines Symptomes.
3. Ein Evidenzwert e für eine Diagnose bedeutet keinen Evidenzwert 1-e gegen die Diagnose, sondern einen Evidenzwert 1-e für alle Diagnosen.

Wenden wir nun die Dempster-Shafer-Theorie auf ein betriebswirtschaftliches Diagnoseproblem an: Die Controlling-Abteilung eines Unternehmens vermutet, daß der Return on Investment (Gewinn in % des investierten Kapitals, RoI) bei konstantem Umsatz im ersten Halbjahr des Jahres 1991 gegenüber dem Vorhalbjahr zurückgeht *(ROI-)*. Abbildung 5 stellt das Kennzahlensystem von DuPont dar:[118]

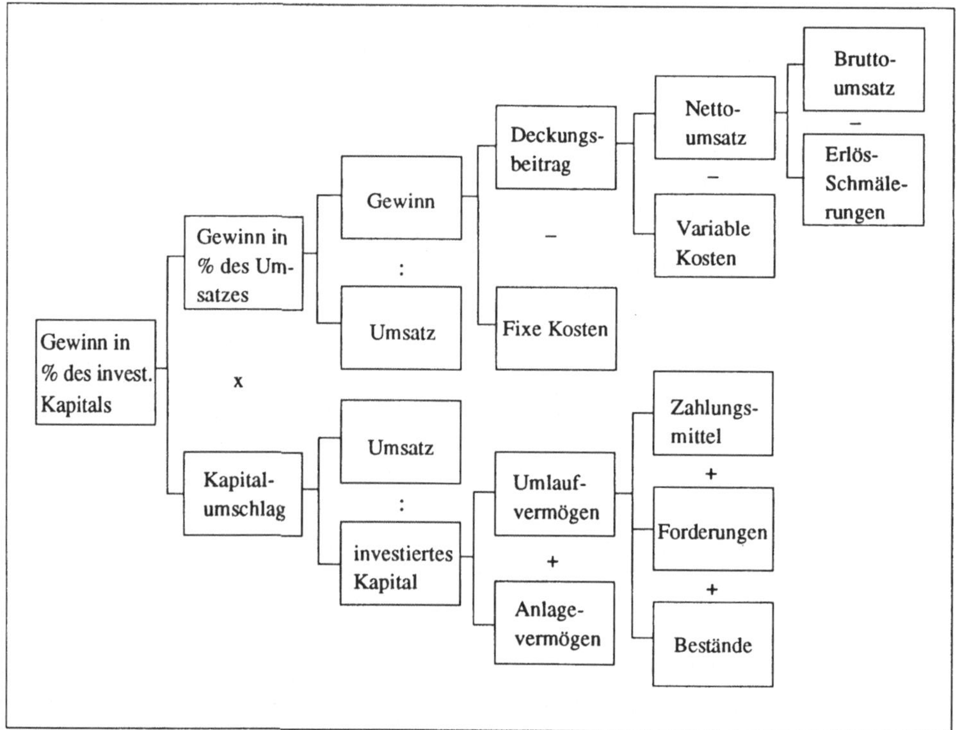

Abb. 5: DuPont-Kennzahlensystem

Der Rückgang des RoI liegt entweder in einem Rückgang der Umsatzrentabilität $(R_U\text{-})$ oder einem Rückgang des Kapitalumschlages $(U_K\text{-})$ begründet. Die Gründe für einen Rückgang der Umsatzrentabilität können ein gesunkener Deckungsbeitrag *(DB-)* oder

118 Vgl. BRAMSEMANN, R.: Handbuch Controlling. Methoden und Techniken, München u.a. 1987, S. 305.

gestiegene Fixkosten (K_f+) sein, die Gründe für einen Rückgang des Kapitalumschlages gestiegenes Umlauf- (V_U+) oder gestiegenes Anlagevermögen (V_A+).

Abbildung 6 zeigt die vereinfachte Hierarchie:

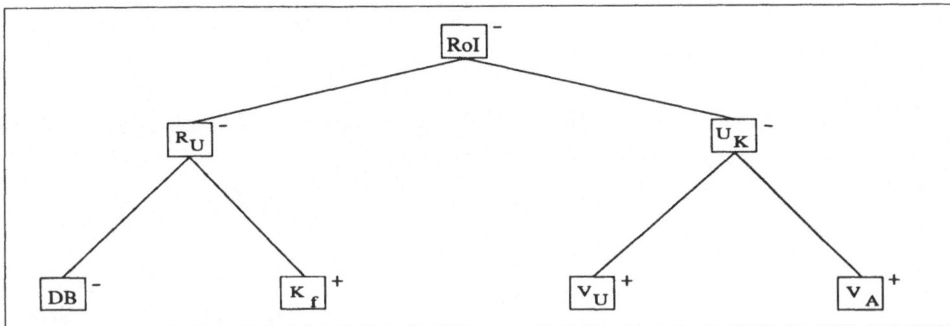

Abb. 6: Diagnose-Hierarchie

Die Menge der möglichen Einzeldiagnosen, von den Autoren als "frame of discernment" bezeichnet, ist

$$\Gamma = \{DB\text{-}, K_f\text{+}, V_U\text{+}, V_A\text{+}\}$$

Die Einzeldiagnosen schließen sich gegenseitig aus.
Gibt es keine Evidenz für eine spezielle Diagnose, wird Γ der a-priori-Evidenzwert 1 zugewiesen:

$$e(\Gamma) = 1,$$

ohne daß dieser Wert auf die Einzeldiagnosen aufgeteilt wird.
Es sei angenommen, daß es nun zwei Untersuchungen gebe, die zu folgenden Ergebnissen geführt hätten:
Untersuchung 1 unterstützt die Diagnose *gesunkener Deckungsbeitrag*: *DB*- mit 0,4. Die Restevidenz von 1 - 0,4 = 0,6 wird der Menge Γ zugewiesen:

$$e_1(DB\text{-}) = 0{,}4 \text{ und } e_1(\{DB\text{-}, K_f\text{+}, V_U\text{+}, V_A\text{+}\}) = 0{,}6.$$

Eine sogenannte "Belief"-Funktion weist jeder Untermenge A von Γ die Summe der Evidenzen aller Teilmengen von A zu. Sei

$$A = \{DB\text{-}, K_f\text{+}, V_U\text{+}\}, \text{ so gilt:}$$

$$\begin{aligned} Bel(A) = Bel(\{DB\text{-}, K_f\text{+}, V_U\text{+}\}) &= e(\{DB\text{-}, K_f\text{+}, V_U\text{+}\}) + e(\{DB\text{-}, K_f\text{+}\}) + \\ &e(\{K_f\text{+}, V_U\text{+}\}) + e(\{DB\text{-}, V_U\text{+}\}) + \\ &e(\{DB\text{-}\}) + e(\{K_f\text{+}\}) + e(\{V_U\text{+}\}). \end{aligned}$$

Für das Beispiel gilt:

$$\text{Bel}(\{DB\text{-}\}) = e_1(\{DB\text{-}\}) = 0{,}4$$

$$\text{Bel}(\Gamma) = e_1(DB\text{-}) + e_1(\{DB\text{-}, K_f+, V_U+, V_A+\}) = 0{,}4 + 0{,}6 = 1$$

$$\text{Bel(sonstige)} = 0.$$

Untersuchung 2 unterstützt die Diagnose *Rückgang des Kapitalumschlages*: *UK-*, also entweder *gestiegenes Anlagevermögen* oder *gestiegenes Umlaufvermögen* $\{V_U+, V_A+\}$ mit 0,7. Somit ergeben sich

$e_2(\{V_U+, V_A+\}) = 0{,}7$ und $e_2(\{DB\text{-}, K_f+, V_U+, V_A+\}) = 0{,}3$.

Die Verknüpfung der Ergebnisse der Untersuchungen 1 und 2 erfolgt durch Schnittmengenbildung und Multiplikation der Evidenzwerte.[119] In einem Tableau läßt sich die Kombination von "Belief"-Funktionen darstellen:

	$\{V_U+, V_A+\}(0{,}7)$	$\Gamma(0{,}3)$
$\{DB\text{-}\}(0{,}4)$	$\{\ \}(0{,}28)$[120]	$\{DB\text{-}\}(0{,}12)$
$\Gamma(0{,}6)$	$\{V_U+, V_A+\}(0{,}42)$	$\Gamma(0{,}18)$

Unterstellt man, daß die Diagnosemenge vollständig ist, also keine anderen Diagnosen in Frage kommen, beziehen sich die Evidenzen nicht auf den Maximalwert 1, sondern auf 1 - 0,28 = 0,72.
Dividiert man die ermittelten Werte durch 0,72, ergibt sich:

	$\{V_U+, V_A+\}(0{,}7)$	$\Gamma(0{,}6)$
$\{DB\text{-}\}(0{,}4)$		$\{DB\text{-}\}(0{,}17)$
$\Gamma(0{,}6)$	$\{V_U+, V_A+\}(0{,}58)$	$\Gamma(0{,}25)$

Es ergibt sich:

$\text{Bel}(\{DB\text{-}\}) = 0{,}17$

$\text{Bel}(\{V_U+, V_A+\} = 0{,}58.$

---

119 Die Anwendung der Multiplikation setzt die Unabhängigkeit der Einzeldiagnosen voraus.

120 Es trifft keine Diagnose zu mit dem Evidenzwert von 0,28. Die Schnittmenge $\{DB\text{-}\} \cap \{V_U+, V_A+\}$ ist leer.

Beide Diagnosen werden aber noch durch Bel(Γ) = 0,25 gestützt, so daß die Werte 0,17 und 0,58 nur die untere Schranken für die Evidenz bilden. Die obere Schranke der Evidenzen für eine Untermenge A von Γ ergibt sich als 1 - Bel(A_c) mit A_c als Komplement von A. Wir erhalten für unser Beispiel die nachstehenden Werte:

$$\begin{aligned}&Bel(\{V_U+, V_A+\}c) = 1 - Bel(\{DB-, K_f+\}) =\\&1 - e(\{DB-\}) - e(\{K_f+\}) - e(\{DB-, K_f+\}) =\\&1 - 0{,}17 - 0 - 0 = 0{,}83\end{aligned}$$

$$\begin{aligned}&Bel(\{DB-\}c) = 1 - Bel(\{V_U+, V_A+, K_f+\}) =\\&1 - e(\{V_U+, V_A+, K_f+\}) - e(\{V_U+, V_A+\}) - e(\{V_A+, K_f+\}) -\\&e(\{V_U+, K_f+\}) - e(\{V_U+\}) - e(\{V_A+\}) - e(\{K_f+\}) =\\&1 - 0 - 0{,}58 - 0 - 0 - 0 - 0 - 0 = 0{,}42.\end{aligned}$$

Die Evidenz für die Diagnose *Deckungsbeitrag gesunken* liegt im Intervall [0,17; 0,42], Die Evidenz für die Diagnose *Kapitalumschlag zurückgegangen* im Intervall [0,58; 0,83].

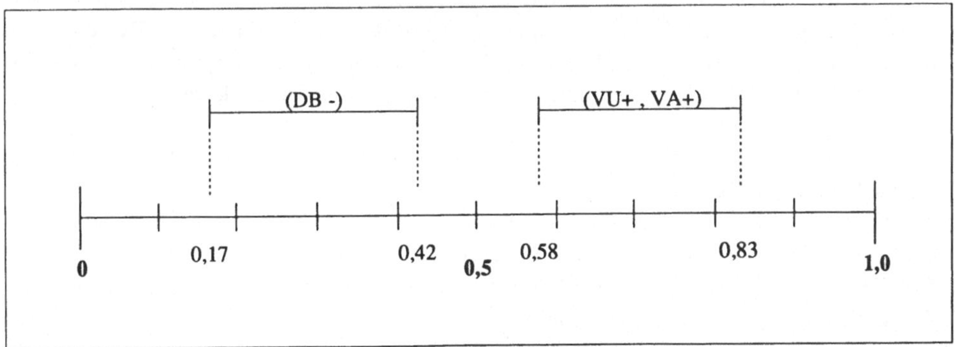

Abb. 7: Evidenzintervalle

Ein Vorteile der Dempster-Shafer-Theorie sind die Unsicherheitsintervalle, die bei wenig Information sehr groß sind (wenn keine Information vorliegt, gilt für Γ das Intervall [0; 1]) und umso kleiner werden, je mehr Information hinzukommt. Ein weiterer Vorteil ist die Möglichkeit der Grobdiagnose. Nachteilig ist der enorme Rechenaufwand. Enthält Γ n Diagnosen, müssen 2^n Evidenzwerte berechnet werden. Puppe verweist aber auf eine drastische Reduzierung des Rechenaufwandes bei Beschränkung auf strikte Hierarchien (wie im Beispiel).[121]

121 Vgl. PUPPE, F.: Einführung in Expertensysteme, a.a.O., S. 49 f.

2.2.5 Dynamische Wahrscheinlichkeiten am Beispiel der Probabilistischen Logik von Nilsson

In den vorhergehenden Abschnitten wurden verschiedene Konzepte dargestellt, wie auf der Grundlage von gegebenen Wahrscheinlichkeiten von Antezedensen und Implikationen die Wahrscheinlichkeiten der Konsequenzen ermittelt werden. Anhand des Ansatzes von Nilsson wird nun untersucht, wie die Wahrscheinlichkeiten von Antezedensen und Implikationen verändert werden können, wenn sich herausstellt, daß die bisherigen Wahrscheinlichkeiten zu falschen Konsequenzen führen. Aus Gründen der Vereinfachung der Ausführungen wird im Folgenden von Evidenzen und nicht von Wahrscheinlichkeiten ausgegangen.
Es sind vier Typen von Evidenzen zu unterscheiden:

1. a-priori-Evidenzen
2. Evidenzen der Antezedensen
3. Evidenzen der Implikationen
4. Evidenzen der Konsequenzen.

Die Evidenzen der Konsequenzen werden aus den Evidenzen der Antezedensen und der Implikationen berechnet. In einer Schlußfolgerungskette sind Antezedensen die Konsequenzen der vorangegangenen Ableitungsstufe. Der Verrechnungsmechanismus sei als konstant angenommen. Somit sind nur die a-priori-Evidenzen und die Evidenzen der Implikationen von Änderungen betroffen. Wir wollen uns auf die Implikationen beschränken. Die Ausführungen gelten mutatis mutandis für die a-priori-Evidenzen.

Betrachten wir mehrere Implikationen *A -> B, A -> C, ...* mit gleichen Antezedensen und unterschiedlichen Konsequenzen mit den Evidenzen $p_t(A \rightarrow B)$, $p_t(A \rightarrow C)$, ... mit t als Zeitindex. Es existiere eine Kontrolliste, in der die Richtigkeit einer Konsequenz und damit die Richtigkeit der Implikation nachträglich protokolliert wird. Stellt sich heraus, daß die Implikation *A -> B* häufig falsch ist, während *A -> C* zutrifft, sind die Evidenzen der Regeln mit Antezedens *A* zu ändern.

Dieser Änderungsprozeß läßt sich mit den nachstehenden Regeln ausdrücken und durchführen:

WENN	*die Zunahme der Einträge in die Kontrolliste bezüglich der Antezedens A größer ist als Y*
DANN	*vergleiche für alle Implikationen mit Antezedens A die tatsächliche relative Häufigkeit der Richtigkeit* $h_t(A \rightarrow ...)$ *mit der entsprechenden Evidenz* $p_t(A \rightarrow ...)$

WENN *die tatsächliche relative Häufigkeit der Richtigkeit der Implikation $h_t(A -> ...)$ von der entsprechenden Evidenz $p_t(A -> ...)$ um mehr als X % abweicht,*
DANN *ersetze die Evidenz durch $a * p_t(\cdot) + (1-a) * h_t(\cdot)$.*

WENN ...
DANN ...

Diese Regeln für die Evidenzkorrektur stellen Metawissen dar. Die vom Expertensystem eigenständig vorgenommenen Evidenzänderungen erfolgen durch die Anwendung vorgegebener Regeln.

Einen interessanten Aspekt bzgl. der Wichtigkeit der exakten Wahrscheinlichkeitswerte beschreibt Puppe. In einem Experiment mit der Wissensbasis MYCIN zeigte sich, daß willkürliche Änderungen der Regel-Wahrscheinlichkeiten von bis zu 30 % zu keiner Änderung der Ergebnisse führten.[122] Somit erscheint die Gefahr gering, aufgrund nicht exakter Wahrscheinlichkeiten zu falschen Schlußfolgerungen zu kommen.

3 Zusammenfassung

Nichtmonotone Inferenz

Monotonieeigenschaft der Logik
Seien *F* eine Formel, *W* und *V* Mengen von Formeln. Dann gilt für die klassische Logik *(W -> F) -> (W & V -> F)*. Die Systeme der klassischen Logik sind für das "Commonsense Reasoning" nicht geeignet. Das Wissen ist im allgemeinen unsicher und unvollständig. Um trotzdem schlußfolgern zu können, muß das Wissen rational um Annahmen, Belege und plausible Konklusionen erweitert werden.

Ansätze zur Formalisierung der nichtmonotonen Inferenz
Die modale nichtmonotone Logik und die autoepistemische Logik erweitern die logische Sprache um sogenannte Modaloperatoren. Mit Hilfe von speziellen Operatoren kann die Menge der Theoreme ermittelt werden, die plausibel aus den klassischen Formeln und Annahmen abgeleitet werden kann. Die Default Logik führt zusätzliche nichtmonotone Inferenzregeln ("meta rules") ein. Die Wissensbasis wird um eine Menge von Überzeugungen erweitert. Durch konsistentes Anwenden einer Menge von Defaults ergeben sich Obermengen der Theoremmenge, sogenannte Extensionen. Die Circumscription verwendet nichtmonotone Inferenzregeln durch Einführung des Prädikates "abnormal".

---

122 Vgl. PUPPE, F.: Einführung in Expertensysteme, a.a.O., S. 56.

Realisierungen des Belief Revision
Ändert sich die Gültigkeit einer Formel, muß eine mit dem Problemlöser kommunizierende Komponente, das Truth Maintenance System (TMS), einen Prozeß einleiten, der den Zustand herstellt, der bestehen würde, wenn die aktuelle Gültigkeit der Formel bekannt gewesen wäre. Aufgrund der starken Abhängigkeit der Gültigkeit der Formeln untereinander kann dieser Prozeß sehr aufwendig werden. Das Dependency-Directed Backtracking ermöglicht die Herstellung des Zustandes auf eine effiziente Weise. Das TMS überwacht Veränderungen in der Wissensbasis und beseitigt Widersprüche durch Zurücksetzen von Annahmen, die für die Widersprüche verantwortlich sind. Um die Aufgaben erfüllen zu können, müssen für alle Schlußfolgerungen ihre Begründungen mit gespeichert werden. Es lassen sich zwei TMS-Konzepte unterschieden: Doyles auf Rechtfertigungen basierendes "TMS" und de Kleers auf Annahmen basierendes "Assumption Based TMS".

Probabilistische Inferenz

Problematik
Nichtmonotone Logiken lassen keine Bewertung alternativer, einander ausschließender Annahmen zu. Desweiteren ist einer Lösung nicht anzusehen, ob sie auf einer Annahme beruht oder auf einer Formel, die grundsätzlich gültig ist.

Einsatzgebiete
Das Haupteinsatzgebiet des probabilistischen Schließens ist die Diagnostik (nicht nur die medizinische Diagnostik). Symptome können unterschiedliche Diagnosen stützen. Die "Wahrscheinlichkeit" drückt den Grad der Sicherheit einer Formel aus.

Ansätze zur Formalisierung der probabilistischen Inferenz
Verschiedene Ansätze beschäftigen sich mit der Frage, wie die Wahrscheinlichkeiten oder Evidenzen berechnet werden können. Nilssons Ansatz stellt eine Möglichkeit dar, die Evidenz einer Konsequenz zu ermitteln, wenn Antezedenz und Implikation bereits mit Evidenzen belegt sind. Die Bayes-Formel bietet die Möglichkeit der Ermittlung bedingter Wahrscheinlichkeiten. Die Dempster-Shafer-Therie gestattet die Bestimmung von Evidenzen für Diagnosemengen und wertet eine Evidenz von e für eine Diagnose nicht als 1-e gegen die Diagnose.
Die ermittelten Wahrscheinlichkeiten werden im Zeitverlauf nicht konstant sein. Durch zusätzliche Regeln lassen sich unkorrekte Wahrscheinlichkeiten der Realität anpassen.

4 Literaturverzeichnis

BECKSTEIN, C.: Zur Logik der Logik-Programmierung Ein konstruktiver Ansatz, Informatik Fachberichte 199, Berlin u.a. 1988.

BIBEL, W.: Automatische Inferenz, in: Retti, J.; BIBEL, W.; BUCHBERGER, B. et al.: Artificial Intelligence - Eine Einführung, 2., überarb. Aufl., Stuttgart 1986.

BRAMSEMANN, R.: Handbuch Controlling. Methoden und Techniken, München u.a. 1987.

BREWKA, G.: Nichtmonotones Schließen - Zum Stand der Kunst, 1. Workshop Informationssysteme und Künstliche Intelligenz: Informations- und Wissensrepräsentationssysteme - Aspekte einer Integration, Ulm, 19.-21.03.1990.

BREWKA, G.: Nichtmonotone Logiken - Ein kurzer Überblick, in: Künstliche Intelligenz, Nr. 2, 1989, S. 5-12.

BREWKA, G.: Nonmonotonic Logics. An Introductory Overview, in: Gesellschaft für Mathematik und Datenverarbeitung mbH (Hrsg.): Arbeitspapiere der Gesellschaft für Mathematik und Datenverarbeitung, Nr. 274, Sankt Augustin GMD 1987.

de KLEER, J.: An Assumption-based TMS, in: Artificial Intelligence Journal, Nr. 12, 1986, S. 127-162.

DOYLE, J.: A Truth Maintenance System, in: Artificial Intelligence Journal, Nr. 12, 1979, S. 231-272.

DRESSLER, O.; FREITAG, H.: Truth Maintenance Systeme, in: Künstliche Intelligenz, Nr. 2, 1989, S. 13-19.

FRANK, U.: Expertensysteme: Neue Automatisierungspotentiale im Büro- und Verwaltungsbereich?, Wiesbaden 1988.

GORDON, J.; SHORTLIFFE, E. G.: Method for Managing Evidential Reasoning in Hierarchical Hypothesis Space, in: Artificial Intelligence Journal, Nr. 26, 1985, S. 323-357.

KONOLIDGE, K.: On the Relation between Default and Autoepistemic Logic, in: Artificial Intelligence Journal, Nr. 35, 1988, S. 343-382.

McCARTHY, J.: Circumscription - A Form of Non-Monotonic Reasoning, in: Artificial Intelligence Journal, Nr. 13, 1980, S. 27-39.

McCARTHY, J.: Circumscription and other Non-Monotonic Formalisms, in: Artificial Intelligence Journal, Nr. 13, 1980, S. 171-172.

McDERMOTT, D.; DOYLE, J.: Non-Monotonic Logic I, in: Artificial Intelligence Journal, Nr. 13, 1980, S. 41-72.

MOOD, A.; GRAYBILL, F. A.; BOES, D. C.: Introduction to the Theory of Statistics, 3rd. ed., New York u.a., 1974, 17th printing 1986.

MOORE, R. C.: Semantical Considerations on Nonmonotonic Logic, in: Artificial Intelligence Journal, Nr. 25, 1985, S. 75-94.

NILSSON, N. J.: Probabilistic Logic, in: Artificial Intelligence Journal, Nr. 28, 1986, S. 71-87.

PUPPE, F.: Einführung in Expertensysteme, Berlin u.a. 1988.

REITER, R.: A Logic for Default Reasoning, in: Artificial Intelligence Journal, Nr. 13, 1980, S. 81-132.

RICH, E.: KI - Einführung und Anwendungen, New York u.a. 1988.

RICHTER, M. M.: Prinzipien der Künstlichen Intelligenz, Stuttgart 1988.

SCHÖNING, U.: Logik für Informatiker, 2., überarb. Aufl., in: BÖHLING, K.-H.; KULISCH, U.; MAURER, H. (Hrsg.): Reihe Informatik, Bd. 56, Mannheim u.a. 1989.

WINSTON, P. H.: Künstliche Intelligenz, Bonn u.a. 1987, unveränd. Nachdruck 1989.

Erklärungsfähigkeit und Wissensakquisition

Dipl. Wirtsch.-Ing. Stefan Kolb

1. Interdisziplinäres Graduiertenkolleg
Universität Göttingen

Inhaltsverzeichnis

1 Die Benutzerschnittstelle von Expertensystemen

Erklärungsfähigkeit und Wissensakquisition stellen zwei charakteristische Aspekte von Expertensystemen dar. Beiden Aspekten ist gemeinsam, daß sie in enger Beziehung zur Benutzerschnittstelle des Expertensystems stehen. Deswegen erscheint es angebracht, einführend auf Überlegungen zur Benutzerschnittstelle in Expertensystemen einzugehen.

Die Durchsetzung von Software-Lösungen, vor allem im betrieblichen Bereich, hängt entscheidend von der richtigen Gestaltung der Benutzerschnittstelle ab. Dies gilt insbesondere für Expertensysteme, oder im allgemeinen für wissensbasierte Softwaresysteme[1], da diese Systeme auch mit dem Anspruch antreten, dem Benutzer "intelligente" Arbeitsumgebungen anzubieten. Dabei kann es nicht ausreichen, die Intelligenz der Systeme auf das in ihnen abgebildete Wissen zu beschränken, sie muß sich auch im Dialog mit dem Benutzer äußern.

Entscheidend im Zusammenhang mit der Gestaltung der Benutzerschnittstelle von Expertensystemen ist der Umstand, daß (zumindest) zwei, recht heterogene Benutzertypen mit einem Expertensystem arbeiten.

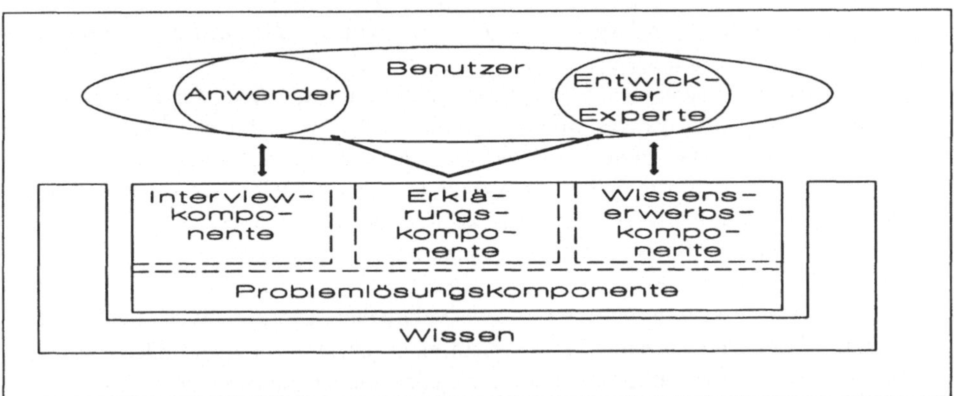

Abb. 1: Benutzertypen eines Expertensystems[2]

Auf der einen Seite steht der Entwickler des Expertensystems. Dies ist entweder der Experte selbst oder der Wissensingenieur. Auf der anderen Seite findet sich der sogenannte Benutzer oder Endanwender[3]. In diesem Beitrag wird der Begriff Benutzer für beide

---

1 Vgl. JARKE, M.: Wissensbasierte Systeme - Architektur und Einbettung in betriebliche DV-Landschaften, in: KURBEL, K.; STRUNZ, H. (Hrsg.): Handbuch Wirtschaftsinformatik Stuttgart, 1990, S. 472.

2 Vgl. die "klassische", ein Expertensystem beschreibende Grafik auf dem Einband zu Puppes Lehrbuch, wiederholt und erklärt auf S. 13. PUPPE, F.: Einführung in Expertensysteme, Berlin u.a. 1988.

3 Der Ausdruck "Benutzer" für den Endanwender des Expertensystems, der oft, z.B. bei PUPPE, F.: Einführung in Expertensysteme, a.a.O.; verwendet wird, ist in der Abgrenzung zum Experten etwas irreführend. Auch der Experte oder der Entwickler sind Benutzer des Expertensystems, wenn auch mit

Gruppen von Anwendern verwendet, da zum Gelingen des Aufbaus und Einsatzes eines Expertensystems beide Gruppen mit einer ihren Bedürfnissen gerechten Benutzerschnittstelle konfrontiert sein müssen.[4]

Die Bedeutung der Benutzerschnittstelle für den erfolgreichen Einsatz eines Expertensystems wird deutlich, wenn man die Komponenten eines Expertensystems in einer stark vereinfachten Form betrachtet. In einer derart einfachen Sicht[5] besteht ein Expertensystem aus einer Wissensbasis, einer Inferenzkomponente und einer Benutzerschnittstelle. Während nun Wissensbasis und Inferenzkomponente die meist beachteten Bestandteile eines wissensbasierten Systems sind, wird der Benutzerschnittstelle im allgemeinen eine nicht so große Bedeutung beigemessen. Selbst im Hinblick auf die Gestaltung dezidiert benutzerfreundlicher Computersysteme wird argumentiert, daß Fortschritte im Bereich der Wissensrepräsentation und des Wissenserwerbs automatisch zu besseren Benutzerschnittstellen führen sollten.[6]

Die Benutzerschnittstelle eines Expertensystems wird geprägt von zwei originären Aufgaben des Expertensystems. Erstens werden Expertensysteme mit dem Anspruch eingesetzt, ihre Lösungen oder Lösungsvorschläge dem Anwender erklären zu können. Die Lösungen sollen transparent sein.[7] Die so geforderte Erklärungsfähigkeit wird als eines der charakterisierenden Merkmale eines Expertensystems dargestellt. Gerade auch in der Erklärungsfähigkeit manifestiert sich der Fortschritt von Expertensystemen im Vergleich zur konventionellen Software.[8] Dabei ist die Erklärungsfähigkeit für alle Benutzer ein wesentlicher Bestandteil des Expertensystems. Sowohl der Entwickler als auch der Anwender profitieren von dieser Eigenschaft. Für den Entwickler ist die Erklärungsfähigkeit des Expertensystems eine unverzichtbare Hilfe zur Validierung des modellierten Wissens. Für den Anwender, der die Lösungvorschläge des Expertensystems verantwortlich umsetzen muß, stellen Erklärungen die Basis für die Akzeptanz eines Vorschlags dar.

Zweitens wird in Expertensystemen Wissen verarbeitet. Dieses Wissen muß zuvor in irgendeiner Form erhoben und in das System eingegeben worden sein. Der Prozess der Wissenserhebung und der Implementierung wird dabei nicht zuletzt von der Gestaltung der Benutzerschnittstelle des Systems beeinflußt.

---

anderen Zielen und Bedürfnissen.

4 Dieselbe Terminologie verwendet auch JARKE, M.: wissensbasierte Systeme - Architektur und Einbettung in betriebliche DV-Landschaften, a.a.O., S. 464.

5 Vgl. BOLEY, H.: Expert System Shells: Very high Level Languages for Artificial Intelligence, SEKI-Report SR-88-22, Uni Kaiserslautern, FB Informatik 1988, S. 2. MCGRAW, K. L.; HARBISON-BRIGGS, K.: Knowledge Acquisition, Principles and Guidelines, Englewood Cliffs 1989, S. 4.

6 Vgl. das abschließende Fazit von Rickert in RIEKERT, W.-F.: Systemkomponenten zum Wissenserwerb, in: FISCHER, G; GUNZENHÄUSER, R. (Hrsg.): Methoden und Werkzeuge zur Gestaltung benutzergerechter Computersysteme, Berlin u.a. 1986, S. 228.

7 Vgl. REUSCH, P. J. A.: Modellverwaltung und Expertensystemkomponenten für betriebliche Informationssysteme, Mannheim u.a. 1988, S. 1-128.

8 Vgl. JARKE, M.: Wissensbasierte Systeme - Architektur und Einbettung in betriebliche DV-Landschaften, a.a.O., S. 464.

Obwohl für die Akzeptanz von Expertensystemen bei den Benutzern die Erklärungsfähigkeit eine herausragende Rolle spielt[9], hat sich die wissenschaftliche Beschäftigung mit Expertensystemen eher auf andere Aspekte konzentriert. So gibt es eine große Anzahl von Veröffentlichungen zur Wissensakquisition, während die Veröffentlichungen zur Erklärungsfähgkeit geringerer Zahl sind. Dies mag zum Teil dadurch zu begründen sein, daß sich Expertensysteme noch weitgehend in einer experimentellen Phase des Praxis-Einsatzes befinden[10] und somit der gleichzeitig sowohl unbedarfte als auch anspruchsvolle Anwender mit einem hohen Erklärungsbedarf noch nicht im Vordergrund des Interesses steht. Andererseits ist vorstellbar, daß die Entwickler von Expertensystemen selbst stärker mit den Problemen der Wissensakquisition befaßt sind und insofern dort auch den Schwerpunkt ihrer Forschung setzen.

In diesem Beitrag wird versucht, einige wichtige und aktuell diskutierte Aspekte in bezug auf Erklärungsfähigkeit und Wissensakquisition darzustellen, ohne dabei einen Anspruch auf Vollständigkeit stellen zu können. Ganz bewußt wird dabei der Akzent mehr auf - vielleicht ideale - Forderungen gerichtet als auf die Darstellung des Status quo.

2 Erklärungsfähigkeit von Expertensystemen

Die erwähnte, relativ schwächer ausgeprägte Forschung im Bereich der Erklärungsfähigkeit von Expertensystemen steht im krassen Gegensatz zu ihrer Bedeutung im Zusammenhang mit den charakterisierenden Merkmalen eines Expertensystems. Typische Definitionen eines Expertensystems sehen beispielsweise wie folgt aus:

> "An expert system is a machine which embodies useful human knowledge in machine memory in such a way that it can give intelligent advice and also can offer explanations and justifications of its decisions on demand."[11]

Savory definiert ein Expertensystem als:

> "Ein Computer System, das in Aufgabengebieten, die für Menschen Jahre an Ausbildung und speziellem Training erfordern, hohe Leistungsgrade erreicht und das die Fähigkeit hat, seine Schlußfolgerungen jederzeit zu erklären."[12]

---

9 Vgl. KLEE, H. W.: Analyse der Angemessenheit von Expertensystemen, Information Management, Nr. 4, 1989, S. 34.

10 Vgl. ebenda, S. 41.

11 Vgl. MICHIE, D.: Current Developments in Expert Systems, in: QUINLAN, J. R. (Hrsg.): Applications of Expert Systems, Sydney u.a. 1987, S. 137.

12 Vgl. SAVORY, S. E.: Artificial Intelligence - State of the Art 1984, in: SAVORY, S. E.: Künstliche Intelligenz und Expertensysteme, 2. Aufl., München u.a. 1985, S. 30 (eigene Übersetzung).

Solche Definitionen implizieren eine Gleichrangigkeit der Bedeutung von Wissensverarbeitung und Erklärungsfähigkeit in Expertensystemen. Zur Identifikation eines Computersystems als Expertensystem ist es also auch notwendig, die Erklärungsfähigkeit des Systems feststellen zu können.

In der Realität jedoch wird die Erklärungsfähigkeit von Expertensystemen noch primär als "Nebenprodukt" der Trennung von Problemlösewissen und Inferenzmaschine aufgefaßt.[13] So werden selbst aus einer primär anwendungsorientierten, betrieblichen Sicht die Wissenskomponente und die Problemlösungskomponente (gemeint ist der Inferenzmechanismus) als die wichtigsten Komponenten eines Expertensystems betrachtet.[14]

Dabei gilt es insbesondere aus einer betrieblichen, entscheidungsorientierten Sicht zu beachten, daß Entscheidungsvorschläge eines Expertensystems letztlich nur vom menschlichen Entscheidungsträger zu verantworten sind. Der Entscheidungsträger wird jedoch nur dann bereit sein, Expertensystem-gestützte Entscheidungen zu verantworten, wenn er sie verstehen und nachvollziehen kann.

2.1 Bedürfnisse nach Erklärung

Es bestehen also konkrete Bedürfnisse nach Erklärungen, die es zu beachten gilt, wenn ein Expertensystem erfolgreich entwickelt und eingesetzt werden soll.

Zuerst ist wiederum zu beachten, daß verschiedenartige Benutzer mit dem Expertensystem arbeiten, die auch unterschiedliche Ansprüche an die Erklärungsfähigkeit des Systems haben. Als erste Unterscheidung kann auf die Unterteilung in (End-) Anwender und Entwickler zurückgegriffen werden. Da jedoch auch die Endanwender eines Expertensystems keine homogene Klasse bilden, ist es sinnvoll, die Anwender weiter in Laien, Studenten (also Lernende) und Fachleute zu unterteilen[15]. Experten können natürlich auch als Anwender eines Expertensystems auftreten[16], sie sind jedoch in erster Linie als Helfer bei der Entwicklung des Systems zu sehen. (Dies soll in der folgenden Abbildung durch die dünneren Pfeile symbolisiert werden.)

---

13 Vgl. PUPPE, F.: Einführung in Expertensysteme, a.a.O., S. 128.

14 Vgl. SCHEER, A. W.; STEINMANN, D.: Einführung in den Themenbereich Expertensysteme, in: SCHEER, A. W. (Hrsg.): Betriebliche Expertensysteme I, Schriften zur Unternehmensführung 36, Wiesbaden 1988, S. 8.

15 Vgl. PUPPE, F.: Einführung in Expertensysteme, a.a.O., S. 130 f.

16 Luconi & Scott Morton prägten 1986 den Begriff des "Expert Support Systems" als eine Weiterentwicklung eines Expertensystems, die sich dadurch auszeichnet, daß sie den Experten nicht so sehr simuliert, sondern ihn vielmehr in seinem Denken und Lernen stimuliert. Vgl. LAVRAC, N., MOZETIC, I.: Methods for Knowledge Acquisition and Refinement in Second Generation Expert Systems, SIGART-Newsletter, 108, April 1989 Special Issue on Knowledge Acquisition, S. 68.

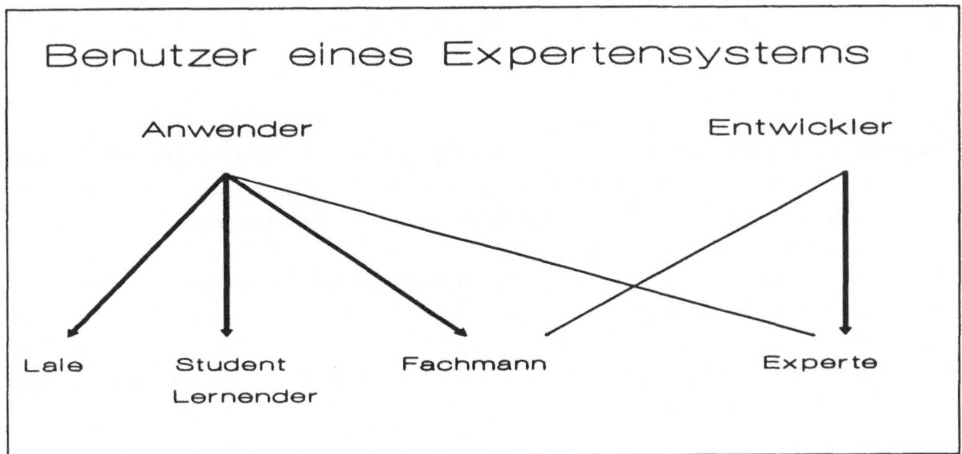

Abb. 2: Klassifikation von Benutzern

Eine derartige Klassifikation macht nur dann Sinn, wenn mit den einzelnen aufgestellten Kategorien auch unterschiedliche Ziele in bezug auf den Umgang mit dem Expertensystem verbunden werden können. Daraus können dann wiederum die sich unterscheidenden Ansprüche an eine Erklärungskomponente entwickelt werden.

Puppe sieht die folgenden Ansprüche an eine Erklärungskomponente entstehen:[17]

Laie:	Plausibilitätskontrollen, die die Transparenz des Systems steigern.
Student:	Der Lösungsweg soll nachvollzogen werden können, um Verständnis zu erlangen.
Fachleute:	Interesse an der Korrektheit der Lösung. Warum wurden andere Lösungen verworfen.?
Experten / Entwickler:	Überprüfen der Wissensbasen zur Fehlerlokalsierung.

Die Identifikation dieser verschiedenen Ansprüche ist die Voraussetzung zur effektiven Gestaltung der Erklärungskomponente eines Expertensystems. Wenn hingegen Erklärungsfähigkeit nur auf die Möglichkeit reduziert wird, WARUM-Fragen, WIE-Fragen und WARUM-NICHT-Fragen mit dem Ausdruck von mehr oder weniger betroffenen Regeln zu beantworten, wird den Bedürfnissen der Benutzer sicher nicht genügend Rechnung getragen.[18]

---

17 Vgl. PUPPE, F.: Einführung in Expertensysteme, a.a.O., S. 130 f.

18 Vgl. etwa: SCHEER, A. W.; STEINMANN, D.: Einführung in den Themenbereich Expertensysteme, a.a.O., S. 7. RETTI, J.: Knowledge Engineering und Expertensysteme, in: RETTI, J. et al. (Hrsg.): Artificial Intelligence - Eine Einführung, 2. überarb. Aufl., Stuttgart 1986, S. 88. SCHNUPP, P.; NGUYEN

2.2 Anforderungen an die Erklärungsfähigkeit

2.2.1 Grundlegende Anforderungen

Die bisher dargestellten Bedürfnisse an eine Erklärungskomponente beziehen sich zusammengefaßt auf den Erklärungsbedarf hinsichtlich des Problemlöseprozesses. Der am Problemlöseprozeß orientierte Erklärungsbedarf definiert die elemetaren Mindest-Anforderungen an die Erklärungsfähigkeit.[19]
Die entscheidenden Anforderungen an die Erklärungsfähigkeit aus dieser grundlegenden Sicht sind konsequenterweise:

1. Der Problemlöseprozess muß aus verschiedenen Sichten - je nach Anwendertyp - erklärt werden können.[20]

2. Zur Erklärung dürfen nicht wahllos die zuletzt verwendeten Regeln aufgelistet werden. Vielmehr muß eine Auswahl der im Kontext der Erklärung relevanten Regeln stattfinden. Eventuell ist die Nichtbeachtung allgemein wichtiger Regeln automatisch zu erläutern.[21]

In Expertensystemen stehen i.d.R. zwei Techniken zu Verfügung, um die skizzierten Forderungen zu realisieren:[22] Direkte Erklärungen werden unmittelbar aus den während der Inferenz aktivierten Elementen der Wissensbasis abgeleitet - also in Abhängigkeit des Problemlöseprozesses automatisch konstruiert. Sie stellen die erste, neue Möglichkeit von Expertensystemen in Bezug auf die Erklärungsfähigkeit dar.[23] Indirekte Erklärungen sind dagegen wie in konventionellen Programmen als explizit vordefinierte Erklärungstexte zu verstehen.

Mit diesen beiden Techniken ist der formale Rahmen abgesteckt, innerhalb dessen Erklärungskomponenten operieren. Darüberhinaus bleibt jedoch zu beachten, welche Inhalte in der Erklärung abzubilden sind. Aus inhaltlicher Perspektive wird unterschieden zwischen (1) strategischem Wissen, das die Reihenfolge der Wissensverarbeitung begründet, (2) strukturellem Wissen, das die Beziehungen zwischen den Objekten darstellt und schließlich (3) unterstützendem Wissen, das den indirekten Erklärungen zugeordnet wird.[24]

HUU, C. T.: Expertensystem-Praktikum, Berlin u.a. 1987, S. 69-91. NEBENDAHL, D. (Hrsg.): Expertensysteme - Einführung in Technik und Anwendungen, Berlin u.a. 1987, S. 37. KLEE, H. W.: Analyse der Angemessenheit von Expertensystemen, a.a.O., S. 37. Er führt diese Reduktion als Grund für die mangelnde Ausgestaltung existierender Erklärungskomponenten an.

19 Weitergehende Forderungen werden im nächsten Abschnitt diskutiert.

20 Vgl. auch LAVRAC, N.; MOZETIC, I.: Methods for Knowledge Acquisition and Refinement in Second Generation Expert Systems, a.a.O., S. 63, 67.

21 Vgl. auch JARKE, M.: Wissensbasierte Systeme - Architektur und Einbettung in betriebliche DV-Landschaften, a.a.O., S. 472.

22 Vgl. PUPPE, F.: Einführung in Expertensysteme, a.a.O., S. 128.

23 Diese Technik begründet auch die erwähnte Einstufung der Erklärungsfähigkeit als "Nebenprodukt" der Trennung von Problemlösewissen und Inferenzmechanismus. Vgl. S. 142.

24 Vgl. PUPPE, F.: Einführung in Expertensysteme, a.a.O., S. 129.

In der Praxis zeigt sich jedoch, daß mit den heute verfügbaren Konzepten selbst die grundlegenden Forderungen an die Erklärungsfähigkeit von Expertensystemen nicht durchgängig erfüllt sind.[25] Oftmals reduzieren sich Erklärungskomponenten auf das Anbieten von WARUM- und WIE-Fragen, die dann mit Hilfe eines "Trace" durch die Regelbasis beantwortet werden.[26] Da dieses Vorgehen vor allem bei nur regelbasierten Systemen schwer zu überwinden ist[27], besteht die begründete Hoffnung, daß mit der weiteren Verbreitung hybrider Systeme auch Fortschritte in Bezug auf die Erklärungsfähigkeit stattfinden werden.

Die weite Verbreitung von Trace-orientierten Erklärungskomponenten kann im übrigen auch als ein Indiz dafür gewertet werden, daß die Diskussion um die Erklärungsfähigkeit von Expertensystemen zu stark auf den Entwickler und zu wenig auf den Anwender orientiert war. Dem Systementwickler, dem die internen Strukturen des Systems bekannt sind, können Trace-orientierte Erklärungen nämlich sehr hilfreich sein.[28]

2.2.2 Weitergehende Anforderungen

Die Beschränkung auf die Erklärung des Problemlöseprozesses, die die Erklärungsfähigkeit heutiger Expertensysteme auszeichnet, wurzelt nicht zuletzt in der getrennten Betrachtung von Dialogkomponenten und Erklärungskomponenten, wobei beide Komponenten eher unter einem technischen Aspekt als einem inhaltlichen Aspekt betrachtet werden.[29]

Diese Haltung gründet wohl auch in der zu stark entwicklungsorientierten Diskussion um Expertensysteme. Wird jedoch nicht nur die Entwicklung eines Expertensystems, sondern auch die Akzeptanz des Systems in der praktischen Anwendung als zu lösende Aufgabe aufgefaßt, so folgt aus dem Anspruch an wissensbasierte Systeme, daß auch der Dialog zwischen Benutzer und Expertensystem sich von demjenigen mit konventioneller Software unterscheiden muß. Die Erklärungsfähigkeit des Expertensystems muß dann als ein Charakteristikum der "intelligenten" Dialogfähigkeit des Expertensystems verstanden werden.

Die intelligente Dialogfähigkeit eines Expertensystems äußert sich primär darin, daß das Expertensystem in die Lage versetzt wird, sich auf den Arbeitsstil, die Arbeitsorganisation des Benutzers einzustellen. Dies läuft auf die Forderung der Konvivialität von Expertensystem und Benutzer hinaus.[30] Heute sieht die Praxis noch genau entgegengesetzt aus. Der

25 Vgl. NEBENDAHL, D. (Hrsg.): Expertensysteme - Einführung in Technik und Anwendungen, a.a.O., S. 209. PUPPE, F.: Einführung in Expertensysteme, a.a.O., S. 131.

26 Vgl. KLEE, H. W.: Analyse der Angemessenheit von Expertensystemen, a.a.O., S. 37 f.

27 Vgl. RIEKERT, W.-F.: Systemkomponenten zum Wissenserwerb, a.a.O., S. 227 f.

28 Vgl. KLEE, H. W.: Analyse der Angemessenheit von Expertensystemen, a.a.O., S. 39.

29 Vgl. PUPPE, F.: Einführung in Expertensysteme, a.a.O., S. 134 ff. für eine rein technische Betrachtung einer Dialogschnittstelle.

30 Vgl. RIEKERT, W.-F.: Systemkomponenten zum Wissenserwerb, a.a.O., S. 203.

Benutzer eines Expertensystems muß sich i.d.R. über eine längere Einarbeitungszeit in das Expertensystem einarbeiten, bevor er produktiv mit ihm arbeiten kann.[31]

Klee faßt die Forderungen an die Erklärungsfähigkeit eines Expertensystems unter den beiden Kategorien Benutzeradäquanz und Aufgabenadäquanz zusammen. Damit fordert er, daß der Erklärungsbedarf sowohl benutzer- als auch situationsgerecht befriedigt werden muß.[32] Eine alleinige Orientierung am Problemlöseprozess kann zwar geeignet sein, eine situationsgerechte Erklärung zu liefern; für eine benutzergerechte Erklärungsfähigkeit müssen jedoch auch die folgenden Forderungen berücksichtigt werden.

Um auf den Benutzer einzugehen, muß eine **sprachliche Adäquanz** erreicht werden. Das heißt, daß der Symbolvorrat des Benutzers angesprochen werden muß. Dazu bedarf es im übrigen nicht notwendigerweise einer natürlichsprachlichen Schnittstelle. Sie könnte im Einzelfall sogar hinderlich sein. Beipielsweise sollten Expertensysteme zur Unterstützung von Informationssystemen mit potentiellen DV-Spezialisten auf Basis anderer Symbole kommunizieren als mit betrieblichen Entscheidungsträgern.

Weiterhin müssen Erklärungen **inhaltlich verständlich** sein. Das heißt, daß das Vorwissen des Benutzers in die Formulierung der Erklärung einbezogen wird.
Vorwissen von Benutzern äußert sich beispielsweise in der Bekanntheit von Konzepten einer Problemdomäne. Selbst innerhalb von Benutzergruppen, wie z.B. der der DV-Spezialisten, gibt es verschiedene Stufen des Vorwissens. So können sich zwei DV-Spezialisten können im Bezug auf die Kenntnis eines speziellen Betriebssystems unterscheiden. Obwohl mit beiden auf Basis desselben Symbolvorrats kommuniziert werden kann, müssen die verschiedenen bekannten Konzepte, z.B. bekannte Befehle, beachtet werden.[33]

Schließlich muß die **Informativität** einer Erklärung gewahrt bleiben. Das bedeutet, daß die Erklärung nicht mehr Informationen liefert, als der Benutzer in der Situation benötigt. Wird dieses Kriterium verletzt, so führt dies zu Langweile beim Benutzer und schließlich zur Ablehnung des Systems.
Während also mit der inhaltlichen Verständlichkeit auf die Vermeidung einer möglichen Überforderung des Benutzers abgezielt wird, wird mit dem Aspekt der Informativität auf eine mögliche Unterforderung hingewiesen.

Eine weitere Forderung stellt ein **Dialoggedächtnis** dar, das bewirkt, daß keine Fragen oder Erklärungen mehrfach gestellt werden.
So ergibt sich die Forderung nach einem **Benutzermodell**. Das Expertensystem muß intern ein Modell des externen Benutzers aufbauen, das dem System erlaubt, seine Dialoge benutzergerecht zu steuern. Ein Benutzermodell umfaßt dabei sowohl allgemeines Dia-

31 Vgl. NEBENDAHL, D. (Hrsg.): Expertensysteme - Einführung in Technik und Anwendungen, a.a.O., S. 209.

32 Vgl. KLEE, H. W.: Analyse der Angemessenheit von Expertensystemen, a.a.O., S. 34 ff.

33 Ein praktisches Beispiel liefert CHIN, D. N.: KNOME: Modeling What the User knows in UC, in: KOBSA, A.; WAHLSTER, W. (Hrsg.): User Models in Dialog Systems, Berlin u.a 1989, S. 74-107.

logwissen als auch fachspezifisches Dialogwissen und schließlich ein sogenanntes Partnermodell, das ihm erlaubt, den Partner und insbesondere dessen Ziele, Wissensstand und Präferenzen einzuschätzen.[34]

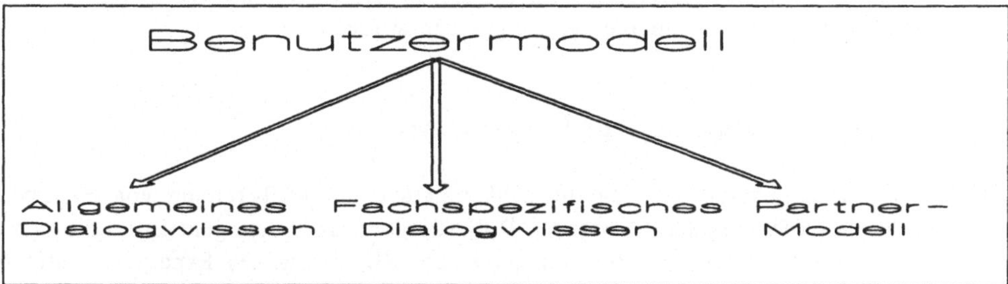

Abb. 3: Wissensbasen eines Benutzermodells

Benutzermodelle sind gegenwärtig Gegenstand intensiver Forschungsbemühungen; ihre Verwirklichungen befinden sich jedoch noch in den Anfängen.[35]

Eine weitere Forderung an die Erklärungsfähigkeit fortgeschrittener Expertensysteme bezieht sich auf das in den Erklärungen zu vermittelnde Wissen. Es wird ganz zu Recht bemerkt, daß Erklärungen nur so gut sein können, wie es der Inhalt der Wissensbasis erlaubt.[36] Insofern führt die Forderung nach Erklärungen, die auch kausale Zusammenhänge hinter den einzelnen angewendeten Regeln fordern, zur Forderung nach der Repräsentation tiefen Wissens. Somit wird deutlich, daß Erklärungsfähigkeit und Wissensrepräsentation bzw. Wissensakquisition voneinander abhängig sind. Der Zusammenhang wird sich im Abschnitt zur Wissensakquisition noch einmal verdeutlichen.[37]

2.2.3 Zusammenfassung der Anforderungen an die Erklärungsfähigkeit

Die Erklärungsfähigkeit von Expertensystemen muß als eine durchgängige Eigenschaft von Expertensystemen verstanden und realisiert werden. Sie ist wichtig sowohl für die effiziente Entwicklung von Expertensystemen als auch für die Akzeptanz von Expertensystemen vor allem in der betrieblichen Praxis.

Insbesondere scheint die bisherige, konzeptuelle Trennung in Dialogkomponente und Erklärungskomponente eher hinderlich als konstruktiv.

---

34 Vgl. MEßING, J.; MANKEL, M.: Wissensorganisation zur Dialogsteuerung, KI, Nr. 3, 1989, S. 27 ff. Zu Benutzermodellen vgl. WAHLSTER, W.; KOBSA, A.: User Models in Dialogsystems, in: KOBSA, A.; WAHLSTER, W. (Hrsg.): User Models in Dialog Systems, a.a.O., S. 10-14

35 Vgl KLEE, H. W.: Analyse der Angemessenheit von Expertensystemen, a.a.O., S. 39.

36 Vgl. PUPPE, F.: Einführung in Expertensysteme, a.a.O., S. 133.

37 Vgl. insbesondere Kapitel 3.3

Weiterhin ist die explizite Beachtung der Benutzer von Expertensystemen notwendig. Idealerweise führt dies zu einer Integration von Benutzermodellen in Expertensysteme. Dabei wird deutlich, daß die Erklärungsfähigkeit selbst als wissensbasiert zu lösende Aufgabe zu verstehen ist, daß Erklärungsfähigkeit also nicht nur als "Abfallprodukt" der Trennung von Problemlöse- und Inferenzwissen gesehen werden kann.

3 Wissensakquisition für Expertensysteme

Unter Wissensakquisition wird die Identifikation und die Aufbereitung von Expertenwissen für ein Expertensystem verstanden.[38] Plastischer ausgedrückt geht es um die Erfassung des Know-how des Experten, um zu einem Know-how des Expertensystems zu gelangen.[39] Der Begriff "Wissensakquisition" hat sich dabei als Terminus durchgesetzt. Jedoch werden gelegentlich auch anderer Begriffe verwendet, wie z.B. Wissenserhebung respektive im Englischen knowledge elicitation oder knowledge extraction.[40]

Das Problemgebiet der Wissensakquisition stellt in der Diskussion um Expertensysteme ein Kernproblem dar. Dies wird deutlich, wenn man sich klar macht, daß Expertensysteme sich nicht so sehr dadurch von konventioneller Software unterscheiden, daß sie überhaupt Wissen abbilden. Auch konventionelle Software - ob es sich beispielsweise um ein OR-Verfahren oder um ein Buchhaltungsprogrammpaket handelt - bildet offenkundig Wissen ab. Vielmehr ist es die Art der Wissensrepräsentation, durch die sich Expertensysteme auszeichnen. Grundlegend bedingt durch die Trennung von Problenlöse- und Kontrollwissen erhoffte man sich, daß sich Wissenserwerb und Wissenspflege einfacher als bei konventioneller Software gestalten ließe.[41]

Schon sehr früh jedoch mußte erkannt werden, daß die Wissensakquisition einen Engpaß in der Erstellung von Expertensystemen darstellt. So spricht Feigenbaum schon 1977 vom sogenannten "knowledge engineering bottleneck" der angewandten Künstlichen Intelligenz und meint damit die Wissensakquisition.[42] Die folgende Abbildung verdeutlicht einerseits die Aufgabenstellung der Wissensakquisition und demonstriert andererseits den "Knowledge Engineering Bottleneck".

---

38 Vgl. KARBACH, W.: KI-Lexikon - Modelbasierte Wissensakquisition, KI, Nr. 4, 1989, S. 13. PUPPE, F.: Einführung in Expertensysteme, a.a.O., S. 110.

39 Vgl. MICHIE, D.: Current Developments in Expert Systems, a.a.O., S. 139.

40 Vgl. MCGRAW, K. L.; HARBISON-BRIGGS, K.: Knowledge Acquisition, a.a.O., S. 8. DIEDERICH, J.: Wissensakquisition, in: Gesellschaft für Mathematik und Datenverarbeitung mbH (Hrsg.): Arbeitspapiere der Gesellschaft für Mathematik und Datenverarbeitung, Nr. 245, Sankt Augustin 1987, S. 9.

41 Vgl. PUPPE, F.: Einführung in Expertensysteme, a.a.O., S. 110.

42 Vgl. LAVRAC, N.; MOZETIC, I.: Methods for Knowledge Acquisition and Refinement in Second Generation Expert Systems, a.a.O., S. 63. MICHIE, D.: Current Developments in Expert Systems, a.a.O., S. 139. Vgl. auch MCGRAW, K. L.; HARBISON-BRIGGS, K.: Knowledge Acquisition, a.a.O., S. 18.

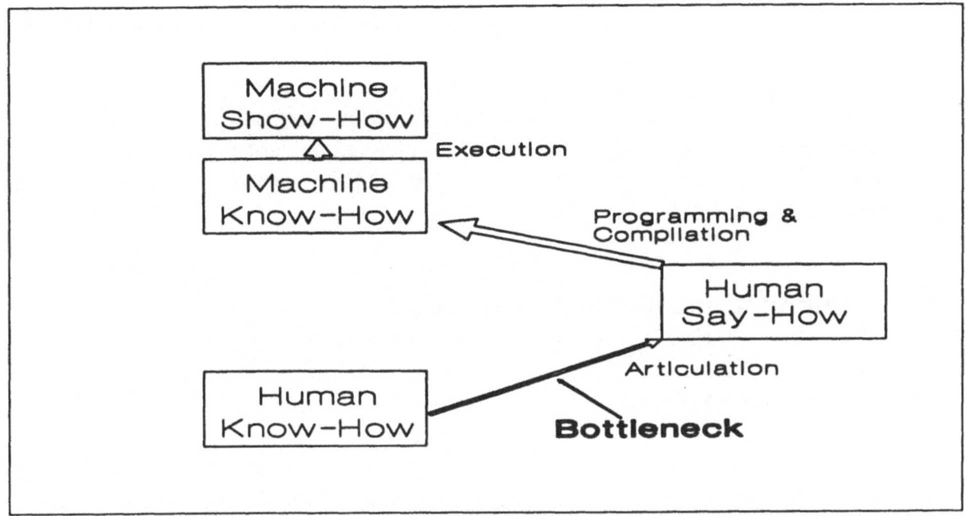

Abb. 4: Aufgabenstellung der Wissensakquisition[43]

Die Aufgabe der Wissensakquisition ist nach diesem Schaubild also, das menschliche Know-how, oder Expertenwissen, in eine erkennbare Leistung der Maschine, des Expertensystems, zu transformieren. Dazu muß erstens das menschliche Know-how artikuliert werden, um dann programmiert und in Maschinen-Code übersetzt werden zu können. Die Schwierigkeit oder den Engpaß stellt dabei die Artikulation des Wissens dar.

Bis heute scheint dieser Engpaß nicht überwunden[44], obwohl auch Argumente existieren, die diesen Engpaß so nicht akzeptieren wollen. So wird z.B. betont, daß durch eine gezielte und problembewußte Auswahl von gut entwickelten Methoden der empirischen Sozialforschung die meisten Probleme der Wissensakquisition gelöst werden können.[45]

Im weiteren werden vier prinzipiell mögliche Ansätze zur Überwindung des skizzierten Engpasses diskutiert. Indirekte und direkte Wissensakquisition stellen die "klassischen" Ansätze dar. Bei indirekter Wissensakquisition erhebt ein sogenannter Wissensingenieur das Wissen vom Experten, während bei der direkten Wissensakquisition der Experte sein Wissen direkt in das Expertensystem eingibt (s. Abschnitt 3.1.). Ein weiterer Ansatz, die

43 Abbildung nach MICHIE, D.: Current Developments in Expert Systems, a.a.O., S. 139 ff.

44 Vgl. z.B. JARKE, M.: Wissensbasierte Systeme - Architektur und Einbettung in betriebliche DV-Landschaften, a.a.O., S. 462. KURBEL, K.: Entwicklung von Expertensystemen, in: KURBEL, K.; STRUNZ, H. (Hrsg.): Handbuch Wirtschaftsinformatik, a.a.O., S. 486. KUHLEN, R. et al.: wit: Automatischer Aufbau von Wissensbasen aus Texten, KI, Nr. 4, 1989, S. 31. HOFFMAN, R. R.: A Survey of Methods for Eliciting the Knowledge of Experts, SIGART-Newsletter, 108, April 1989, Special Issue on Knowledge Acquisition, S. 19. PUPPE, F.: Einführung in Expertensysteme, a.a.O., S. 110.

45 Vgl. HOFFMAN, R. R.: A Survey of Methods for Eliciting the Knowledge of Experts, a.a.O., S. 25. SCHIRMER, K.: Techniken der Wissensakquisition, KI, Nr. 4, 1988, S. 68. Schirmer, K.: Techniken der Wissensakquisition II, KI, Nr. 1, 1989, S. 55. BECKER, B.: Interdisziplinarität und KI, Anspruch ohne Wirklichkeit?, KI, Nr. 1, 1990, S. 34 f.

automatische Wissensakquisition, zeichnet sich durch das Ziel aus, daß das Expertensystem ohne Interaktion mit einem menschlichen Bediener, sei er Experte oder Wissensingenieur, automatisch lernt und somit Wissen akquiriert (s. Abschnitt 3.2). Als letzter Ansatz wird hier die modellbasierte Wissensakquisition vorgestellt [46], bei der von der Überzeugung ausgegangen wird, daß die konzeptuelle, modellhafte Gestaltung des zu repräsentierenden Wissens Voraussetzung für eine fundierte Expertensystem-Implementation ist (s. Abschnitt 3.3).

3.1 Indirekte und direkte Wissensakquisition

3.1.1 Das Knowledge Engineering Paradoxon

Als sich die technischen Möglichkeiten zur Repräsentation von Wissen in Expertensystemen entwickelten, bestanden wenige Zweifel, daß das Problemlösewissen der Experten für die Aufnahme in solche Systeme artikuliert und formalisiert werden könnte. Dabei wurde sowohl an eine direkte Wissensakquisition gedacht, also die Formalisierung des Expertenwissens durch den Experten selbst, als auch an den indirekten Wissenserwerb, der auf der Befragung des Experten durch einen Wissensingenieur beruht. Insbesondere Experten selbst beurteilten die Möglichkeit, ihr Expertenwissen beschreiben zu können, recht positiv.[47]

Die psychologische Erforschung der Charakteristika von Expertenwissen, z.B. im Vergleich zu Wissensrepräsentation bei Novizen, führte jedoch zu Resultaten, die auf prinzipielle Schwierigkeiten hindeuten, die Experten in der Artikulation ihres Wissens haben.[48] Wissenspsychologen sprechen in diesem Zusammenhang von prozeduralem Wissen. In dieser psychologischen Sicht[49] zeichnet sich prozedurales Wissen insbesondere durch drei Charakteristika aus:

1. Prozedurales Wissen ist handlungsorientiertes Wissen.
2. Prozedurales Wissen muß in einem langen Lern- und Übungsprozess erworben werden.
3. Prozedurales Wissen ist nicht (mehr) artikulierbar.

---

46 Die modellbasierte Wissensakquisition kann zwar nicht direkt in die Reihe: "indirekte, direkte und automatische Wissensakquisition" eingefügt werden; sie stellt jedoch einen wichtigen und eigenständigen Ansatz dar, der insofern separat diskutiert wird.

47 Vgl. MICHIE, D.: Current Developments in Expert Systems, a.a.O., S. 139.

48 Vgl. MCGRAW, K. L.; HARBISON-BRIGGS, K.: Knowledge Acquisition, Principles and Guidelines, a.a.O., S. 15-17.

49 Je nachdem, ob das Begriffspaar deklaratives vs. prozedurales Wissen eher aus Sicht der Psychologie oder aus Sicht der Künstlichen Intelligenz betrachtet wird, ergeben sich andere Akzente. Einen guten Überblick über die auseinandergehenden Bedeutungen liefern OSWALD und GADENNE. Vgl. OSWALD, M.; GADENNE, V.: Wissen, Können und Künstliche Intelligenz; Sprache & Kognition 1984, 3, S. 173-184, Zur psychologischen Sicht insbesondere S. 178ff

Experten zeichnen sich nun insbesondere dadurch aus, daß ihr Wissen auf ihrem Fachgebiet i.d.R. als prozedurales Wissen vorliegt. Erschwerend kommt hinzu, daß mit wachsender Kompetenz eines Experten i.d.R. auch die Prozeduralisierung seines Wissens voranschreitet und damit die Artikulierbarkeit seines Wissens schwindet. Dieser Umstand wird als das "Knowledge Engineering Paradoxon" bezeichnet.[50]

Die Bedeutung dieses Paradoxons wurde besonders deutlich, als Expertensysteme - wie es in den letzten Jahren zunehmend geschieht - für sehr komplexe, praktische Problemstellungen entwickelt wurden. So wurde beispielsweise festgestellt, daß in Abhängigkeit der Komplexität eines Problems die Möglichkeit der Artikulierung von Expertenwissen verloren geht. In einer Studie wurde dabei ein sehr geringer Grad der Komplexität ermittelt, ab dem keine Artikulierung mehr möglich ist.[51]

3.1.2 Artikulation von Wissen: Ein soziologischer Ansatz

Es ist jedoch nicht nur das Knowledge Engineering Paradoxon, also der Konflikt zwischen dem prozeduralen Wissen des kompetenten Experten und der Notwendigkeit der Artikulierung dieses Wissens, das die Erhebung von Expertenwissen prinzipiell so schwierig gestaltet. Andere Sichtweisen von Wissen als die der Wissenspsychologie deuten ebenfalls auf Inkompatibilitäten zwischen der Form von Wissensbeständen bei Experten und der Notwendigkeit hin, dieses Wissen für ein Expertensystem zu formalisieren.

In einer soziologischen Betrachtung des Wissens wird beispielsweise zwischen öffentlichem, kollegialem und persönlichen Wissen unterschieden.[52] Dabei wird unter öffentlichen Wissen das meist in Lehrbüchern oder ähnlichen leicht zugänglichen Publikationen verbreitete Wissen verstanden. Die Erhebung dieses Wissens bereitet keine prinzipiellen Probleme, und es wird vermutet, daß sich heutige Expertensysteme zum größten Teil auf diese Wissensart stützen[53].

Kollegiales Wissen ist innerhalb von Organisationen oder Teil-Organisationen präsent und ist insofern außenstehenden Wissensakquisiteuren nicht notwendigerweise sofort zugänglich. Für privates Wissen schließlich, also das Wissen des Individuums, gelten die Beschränkungen, die schon aus der psychologischen Sicht angesprochen wurden.

Zusammengefaßt ergibt sich, daß das Wissen des Experten nicht zum "Abzapfen" bereit steht, sondern daß im Gegenteil gewichtige Barrieren während des Prozesses der Wissensakquisition zu überwinden sind. Dazu kann auf die im folgenden skizzierten Methoden zurückgeriffen werden.

---

50 Vgl. KURBEL, K.: Entwicklung von Expertensystemen, a.a.O., S. 487. LASKE, O. E.: Ungelöste Probleme bei der Wissensakquisition für wissensbasierte Systeme, KI, Nr. 4, 1989, S. 4.

51 Vgl. MICHIE, D.: Current Developments in Expert Systems, a.a.O., S. 140.

52 Vgl. LASKE, O. E.: Ungelöste Probleme bei der Wissensakquisition für wissensbasierte Systeme, a.a.O., S. 4.

53 Vgl. ebenda, S. 4.

3.1.3 Indirekte Wissensakquisition

Die historisch gesehen ältesten Methoden zur Wissensakquisition gehören zur Klasse der indirekten Wissensakquisition. Hierbei versucht ein Wissensingenieur mit Hilfe von Techniken, die aus den empirischen Wissenschaften bekannt sind, das Wissen des oder der Experten zu erheben und zu formalisieren.[54]

Neben der wohl bekanntesten Methode des Interviews zählen zu den Methoden der indirekten Wissensakquisition Ansätze wie das Konstruktgitterverfahren und die Protokollanalyse.[55]

Hier sollen die Methoden nicht im einzelnen aufgelistet werden; vielmehr soll ein weitergehender Aspekt im Bezug auf den Einsatz der Methoden in der praktischen Wissensakquisition betont werden: Bei jeder Art von direkter Wissensakquisition werden dem Experten Aufgaben gestellt, die er zu lösen hat - seien es Fragebögen, Interviews oder seine Routinetätigkeiten, die beobachtet werden. Hoffman macht nun darauf aufmerksam, daß nicht nur zu beachten ist, die richtige Methode der Wissensakquisition zu wählen, es muß auch eine adäquate Aufgabe für den Experten gestellt werden.[56]

Aus der Sicht des Experten unterscheidet Hoffman die folgenden Typen von Aufgaben: (1) "gewöhnlichen Aufgaben", auch familiäre Aufgaben genannt. (2) Interviews[57] und (3) spezielle Aufgaben.

Mit der Analyse von Aufgaben der ersten Kategorie, den "gewöhnlichen Aufgaben", wird das Ziel verfolgt, die prinzipielle Vorgehensweise des Experten bei der Lösung eines Problems zu erkennen. Bei dieser Analyse kann insbesondere der noch fachfremde Wissensingenieur erste Einsichten in die Struktur der untersuchten Problemdomäne gewinnen. Eine mögliche Methode in diesem Zusammenhang stellt die Beobachtung[58] dar. Hier beobachtet der Wissensingenieur den gewöhnlichen Problemlöse-Prozess des Experten, ohne z.B. mit Fragen in den Problemlöse-Prozess einzugreifen.

Aber auch Textanalysen, z.B. aus Standard-Literatur, werden als eine Möglichkeit betrachtet, gewöhnliche Aufgaben zu untersuchen. Nachteilig wirkt sich bei der Analyse solcher Aufgaben aus, daß nicht notwendigerweise ermittelt wird, was der Experte weiß. Es wird nur ermittelt, wie er handelt. Darüberhinaus können die Methoden sehr zeitauf-

---

54 Vgl. KURBEL, K.: Entwicklung von Expertensystemen, a.a.O., S. 486. SCHIRMER, K.: Techniken der Wissensakquisition, a.a.O., S. 68 f. PUPPE, F.: Einführung in Expertensysteme, a.a.O., S. 110.

55 Zu den vielfältigen Methoden der indirekten Wissensakquisition vgl. MCGRAW, K. L.; HARBISON-BRIGGS, K.: Knowledge Acquisition, Principles and Guidelines, a.a.O., S. 125-240. DIEDERICH, J.: Wissensakquisition, a.a.O., S. 16-36. PUPPE, F.: Einführung in Expertensysteme, a.a.O., S 115 f. SCHIRMER, K.: Techniken der Wissensakquisition, a.a.O., S. 68-71.

56 Vgl. HOFFMAN, R. R.: A Survey of Methods for Eliciting the Knowledge of Experts, a.a.O., S. 19 f.

57 Interviews stellen aus Sicht des Experten Aufgaben dar! Aus Sicht des Wissensingenieurs sind Interviews natürlich Methoden.

58 Vgl. SCHIRMER, K.: Techniken der Wissensakquisition, a.a.O., S. 69.

wendig sein. Dies gilt insbesondere, wenn aufgezeichnetes Material, z.B. Tonbandaufzeichnungen oder Videobänder, analysiert werden muß. Aufgrund dessen wird empfohlen, auf diese Methoden nur dann zurückzugreifen, wenn keine anderen Methoden eingesetzt werden können.[59]

Die zweite Gruppe von Aufgaben, die der Interviews, kann in Interviews, bei denen die Fragethemen und die Frageanordnungen fixiert sind, und unstrukturierte Interviews, bei denen nur die Inhaltsbereiche der Interviews gegeben sind, aufgeteilt werden. Insbesondere das Interview[60] wird sehr häufig zur Gewinnung des Expertensystemwissens eingesetzt.[61] Der Gewinn, der mit unstrukturierten Interviews zu erzielen ist, scheint umstritten.[62] Jedenfalls ist es unabdingbar, zur Durchführung eines unstrukturierten Interviews schon ein gewisses Maß an Vorwissen beim Interviewer voraussetzen zu können. Nur so kann vermieden werden, daß unstrukturierte Interviews in irrelevanten Nebensächlichkeiten behaftet bleiben. Vorteil eines unstrukturierten Interviews ist allerdings, daß auch Aspekte, die aufgrund des begrenzten Wissens des Wissensingenieurs von vornherein nicht beachtet werden können, eventuell ermittelt werden.

Mit Hilfe des strukturierten Interviews kann dagegen auf einem eingegrenzten Gebiet sehr effizient und zielorientiert Wissen erworben werden.[63] Dabei besteht jedoch die Gefahr, durch ein zu frühes Einengen der Fragen aufgrund des begrenzten Vorverständnisses des Wissensingenieurs wichtige Wissensbestände zu unterdrücken.

Durch das Stellen von "ungewohnten Aufgaben" wird versucht, den Experten durch eine Art "Provokation" zur Offenlegung seines Problemlöse-Vorgehens zu bringen.[64] Dabei ist jedoch zu beachten, daß die gewählten Aufgaben auch nicht zu stark von den Aufgabenstellungen abweichen sollten, die dem Experten vertraut sind. Hierbei kann z.B. auf die Methode des Lauten Denkens[65] zurückgegriffen werden. Unter Lautem Denken wird eine Methode verstanden, die den Experten auffordert, während des Lösens einer Aufgabe seine Gedanken frei zu äußern. Diese Äußerungen werden aufgenommen und später analysiert (Protokollanalyse). Auch hier gilt, daß der Wissensingenieur selbst Vorwissen haben muß, um die Protokollanalyse durchführen zu können.

---

59 Vgl. ebenda, S. 70.

60 SCHIRMER bezeichnet diese Technik als Intensivinterview. Vgl. SCHIRMER, K.: Techniken der Wissensakquisition, a.a.O., S. 69.

61 Vgl. HOFFMAN, R. R.: A Survey of Methods for Eliciting the Knowledge of Experts, a.a.O., S. 20. LAFRANCE, M.: The Quality of Expertise, Implications of Expert-Novice Differences for Knowledge Acquisition, SIGART-Newsletter, 108, April 1989, Special Issue on Knowledge Acquisition, S. 6. MCGRAW, K. L.; HARBISON-BRIGGS, K.: Knowledge Acquisition, Principles and Guidelines, a.a.O., S. 185.

62 Vgl. MCGRAW, K. L.; HARBISON-BRIGGS, K.: Knowledge Acquisition, Principles and Guidelines, a.a.O., S. 187.

63 Vgl. HOFFMAN, R. R.: A Survey of Methods for Eliciting the Knowledge of Experts, a.a.O., S. 24.

64 Vgl. ebenda, S. 21.

65 Vgl. SCHIRMER, K.: Techniken der Wissensakquisition, a.a.O., S. 70. ERICSSON, K. A.; SIMON, H. A.: Verbal Reports as Data, Psychological Review, Nr. 3, Vol. 83, 1980, S. 215-251.

Die Diskussion um die richtige Kombination von Expertenaufgabe und Erhebungsmethode verdeutlicht nicht zuletzt die Notwendigkeit, indirekte Wissensakquisition in einem Bewußtsein der Begrenztheit der Methoden durchzuführen. Dabei wird es in der Praxis nötig sein, auch in Abhängigkeit des Fortschritts des laufenden Prozesses der Wissensakquisition verschiedene Methoden und Aufgaben zu kombinieren.

3.1.4 Direkte Wissensakquisition

Die Einführung des Wissensingenieurs in den Prozess der Wissensakquisition begründet sich nicht zuletzt durch das Fehlen von geeigneten Wissenakquisitionskomponenten in den zu Verfügung stehenden Werkzeugen. Der Wissensingenieur ist in dieser Hinsicht ein (zeitweiliges ?) "Hilfskonstrukt", das nicht der Idealvorstellung der Entwicklung eines Expertensystems entspricht. Die Idealvorstellung zielt eher auf ein Expertensystem, das dem Experten eine Schnittstelle bietet, die es ihm ermöglicht, sein Wissen direkt in das Expertensystem einzugeben. Als Indiz dafür mag die Architektur eines Expertensystems gelten, wie sie z.B. bei Puppe vorgestellt. Dort ist eine direkte Kommunikation zwischen Expertensystem und Experte vorgesehen; einen Wissensingenieur sucht man jedoch vergeblich.[66] Andererseits kann allerdings auch der Versuch einer verstärkten Entwicklung von direkten Wissensakquisitionskomponenten als ein verkehrter Weg kritisiert werden, der das eine Kommunikationsproblem - zwischen Wissensingenieur und Experte - durch ein anderes - zwischen Experte und Expertensystem - ersetzt.[67]

In der Praxis hinkt die Entwicklung von Wissenserwerbskomponenten der Entwicklung von Expertensystemen hinterher. Es wird heute fast ausschließlich auf den indirekten Wissenserwerb gesetzt,[68] was wohl nicht zuletzt daran liegt, daß die derzeit gängigen Wissenserwerbskomponenten eine lange Einarbeitungszeit erfordern, die insbesondere kompetente und damit zeitlich stark beanspruchte Experten nicht aufbringen können.[69] Der Grund für den relativ schwachen Entwicklungsstand von Wissenserwerbskomponenten wird u.a. auch darin gesehen, daß bis heute eine fundierte und allgemein akzeptierte Methodik der Wissensakquisition nicht vorhanden ist.[70] Mittlerweile haben sich zumindest folgende, allgemeine Forderungen an Wissenserwerbskomponenten herauskristallisiert:

---

66 Vgl. PUPPE, F.: Einführung in Expertensysteme, a.a.O., S. 12 ff.

67 Vgl. BUCHANAN, B. G. et al.: Constructing an Expert System, in: HAYES-ROTH, F.; WATERMAN, D. A.; LENAT, D. B.: Building Expert Systems, Reading 1983, S. 130.

68 Vgl. KURBEL, K.: Entwicklung von Expertensystemen, a.a.O., S. 486.

69 Vgl. NEBENDAHL, D. (Hrsg.): Expertensysteme - Einführung in Technik und Anwendungen, a.a.O., S. 209.

70 Vgl. FOHMANN, L.: Wissenserwerb und maschinelles Lernen, in: SAVORY, S. E.: Künstliche Intelligenz und Expertensysteme, 2.Aufl., München u.a. 1985, S. 129.

1. Direkter Wissenserwerb ist ein interaktiver und inkrementeller Prozess zwischen Expertensystem und Experte, wobei das Expertensystem sich auf das Wissen und die kognitiven Gewohnheiten des Experten einstellen muß.[71] Das bedeutet, daß der Experte in mehreren Verfeinerungszyklen sein Wissen an des Expertensystem weitergibt. Dabei greift das Expertensystem bei jedem Verfeinerungszyklus auf das in den vorhergegangenen Zyklen gewonnene Wissen zurück. Hier zeigt sich auch die Verbindung zur Gestaltung von Erklärungskomponenten: Verfeinerungszyklen im Prozess des Wissenserwerbs lassen sich umso effektiver gestalten, je elaborierter Benutzermodelle vom Experten aufgebaut werden können.(s. Abschnitt 2.2)

2. Direkter Wissenserwerb kann sich nicht in der Erfassung von flachem Wissen erschöpfen, sondern muß auch tiefes Wissen zur Erklärung der Regeln erheben. Flaches Wissen umfaßt dabei die Regeln oder Heuristiken, die aufgrund von Erfahrungen gelten; es umfaßt jedoch nicht die kausalen Strukturen zur Begründung dieser Zusammenhänge. Kausale Strukturen werden dem tiefen Wissen zugeordnet.[72] Diese Forderung steht im Zusamenhang mit der Diskussion um modellbasierten Wissenserwerb (s. Abschnitt 3.3). Wenn Wissen nicht nur erhoben, sondern wenn darüberhinuas Wissensmodelle konzipiert werden, ergeben sich zwangsläufig auch die kausalen Strukturen des tiefen Wissens.

3. Direkter Wissenserwerb selbst ist als ein wissensbasierter Prozess zu verstehen. Ohne modelliertes Vorwissen kann sinnvoll kein Wissen direkt vom Experten erhoben werden.

Die meisten, momentan verfügbaren Wissensakquisitions-Werkzeuge sind in der Literatur beschrieben[73], weswegen hier auf eine detaillierte Beschreibung verzichtet wird. Eine Klassifikation der Werkzeuge, einerseits nach Zielsetzung und andererseits nach der Einbettung in Umgebungen kategorisiert, liefert folgende Aufstellung:[74]
Erstens können Systeme unterschieden werden, die den indirekten Wissenserwerb unterstützen, wie z.B. AQUINAS. Das Ergebnis der Wissensakquisition bei solchen Systemen muß erst noch in die Wissensrepräsentationssprache des Tools übersetzt werden.

Als zweite Gruppe können Wissenserwerbskomponenten spezieller Shells identifiziert werden, wie beispielsweise TEIRESIAS oder MOLE. Diese Systeme benutzen die Inferenzkomponente der zugrunde liegenden Shell.

---

71 Vgl. LAVRAC, N., MOZETIC, I.: Methods for Knowledge Acquisition and Refinement in Second Generation Expert Systems, a.a.O., S. 66 ff.

72 Vgl KLEE, H. W.: Analyse der Angemessenheit von Expertensystemen, a.a.O., S. 38.

73 Bei PUPPE, F.: Einführung in Expertensysteme, a.a.O., S. 118-123 sind folgende Systeme beschrieben: ETS/AQUINAS, CLASSIKA, TEIRESIAS, MORE/MOLE, OPAL.
Bei MCGRAW, K. L.; HARBISON-BRIGGS, K.: Knowledge Acquisition, Principles and Guidelines, a.a.O., S. 284-294 sind beschrieben: MacSMARTS, TEIRESIAS, ETS, BDM-KAT, KNACK, MORE, Auto-Intelligence, AQUINAS, KRITON, TDE.

74 Vgl. MORIK, K.: Integrating Issues in Knowledge Acquisition Systems, SIGART-Newsletter, 108, April 1989, Special Issue on Knowledge Acquisition, S. 124 f.

Die dritte Gruppe schließlich umfaßt Komponenten, die auf einen speziellen Wissensbereich zugeschnitten sind, und damit dem Paradigma des wissensbasierten Wissenserwerbs schon nahe kommen. Ein Beispiel ist das System OPAL.

Weiterhin können noch Systeme zum Erwerb rein terminologischen Wissens unterschieden werden, dann Systeme, die im Stand-alone Betrieb automatischen Wissenserwerb verwirklichen[75] und letztlich Systeme zum automatischen Wissenserwerb, die in spezifische Bereichsmodelle integriert sind.

3.2 Automatische Wissensakquisition

Bei der direkten Wissensakquisition unterstützt das Expertensystem den Experten bei der Formalisierung seines Wissens. Einen Schritt weiter wird bei der automatischen Wissensakquisition gegangen: Das Expertensystem lernt selbständig.

Aus der Sicht des Maschinellen Lernens faßt Michie ein neues Paradigma in der Wissensakquisition in einem Wandel vom "old style route map" des Knowledge Engineers zur "new style route map" des Knowledge Engineers zusammen.[76] Die alte "route map" entspricht dabei der Situation, wie sie in Abbildung 4[77] dargestellt ist. Sieht man nun insbesondere Schwierigkeiten in der Artikulation von Expertenwissen, stellt sich die Frage, ob nicht ein zweiter Weg der Wissensakquisition über bekannte Beispiel-Problemlösungen von Experten möglich ist. Es ergibt sich dann ein Bild des gesamten Problemraums, das wie folgt aussieht:

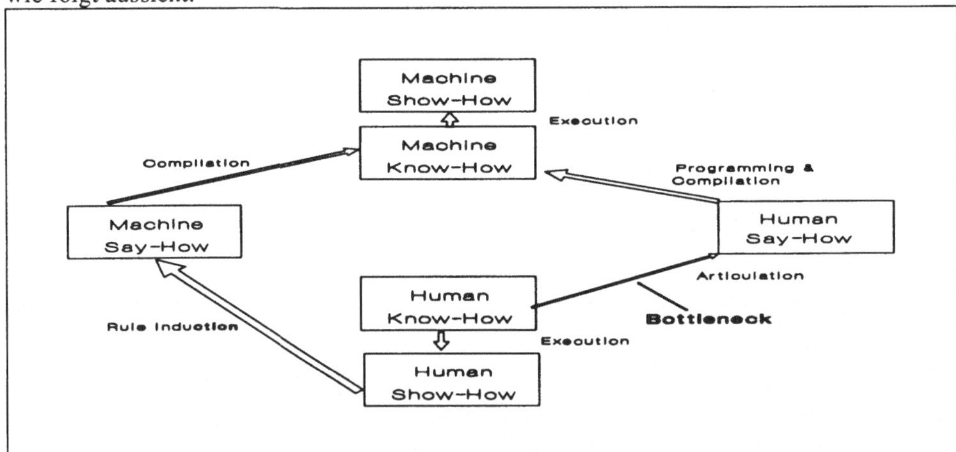

Abb. 5: Wissensakquisition: erweiterter Problemraum[78]

75 Vgl. Abschnitt 3.3

76 Vgl. MICHIE, D.: Current Developments in Expert Systems, a.a.O., S. 140 ff.

77 s. S. 149

78 Vgl. MICHIE, D.: Current Developments in Expert Systems, a.a.O., S. 140 ff.

Ein zweiter Weg der Wissensakquisition, der den "Bottleneck" umgeht, setzt bei den empirischen, menschlichen Problemlösungen (Beispiellösungen) an und induziert automatisch aus diesen Beispielen Regeln, die maschinell repräsentiert sind.

Konzentriert man sich nun auf diesen neuen Weg über das induktive Lernen von Regeln und beachtet gleichzeitig, daß Wissensakquisition als ein inkrementeller Prozess zu verstehen ist, ergibt sich folgende "new route map" des Knowledge Engineers.

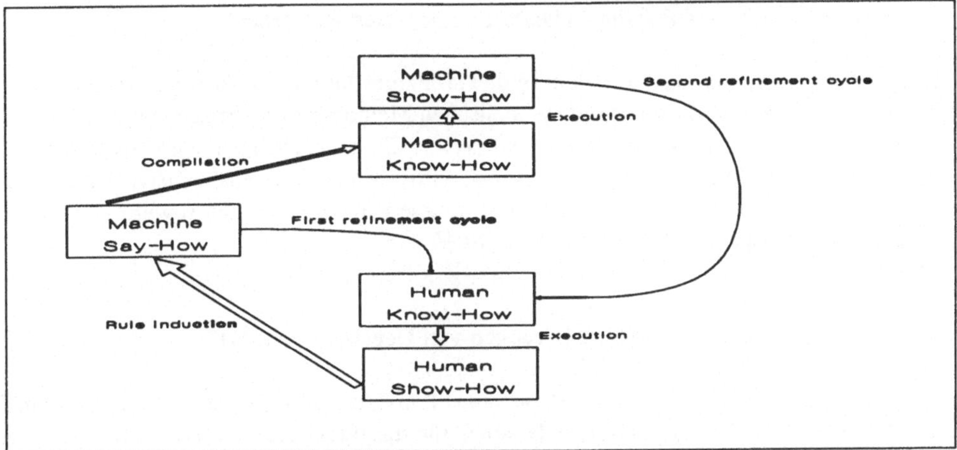

Abb. 6: Die "new route map" des Knowledge Engineers[79]

Beginnend bei den Beispiellösungen werden Regeln induziert. Diese können wiederum übersetzt werden, so daß auf der Maschinen-Ebene Wissen repräsentiert wird, dessen Leistung sich bei der Ausführung zeigt. Die durch Induktion gewonnenen Regeln können jedoch auch im ersten Verfeinerungszyklus wiederum auf das Wissen des Menschen, des Experten zurückwirken. Er kann z.B. feststellen, daß seine Beispielsammlung nicht repräsentativ zusammengestellt war; er kann jedoch auch auf Zusammenhänge aufmerksam werden, die ihm vorher so nicht bekannt waren. Der zweite Verfeinerungszyklus bildet den Lernprozeß ab, der durch die demonstrierte Maschinenleistung angestoßen wird.

79 Vgl. MICHIE, D.: Current Developments in Expert Systems, a.a.O., S. 140 ff.

3.2.1 Paradigmen des automatischen Lernens

In der Entwicklung des Machine Learning haben sich seit den ersten Forschungsbemühungen drei Paradigmen abgewechselt.[80]

In den vierziger und fünfziger Jahren wurde versucht, lernende Systeme ohne Vorwissen auf Basis von statistischen Methoden zu entwickeln. Obwohl einige interessante Ergebnisse unter diesem Paradigma erreicht wurden, z.B. das berühmte Dame-Lern-Programm von Samuel, wird dieses Paradigma heute als gescheitert angesehen.

Das zweite Paradigma, das vor allem in den sechziger Jahren vorherrschte, zeichnete sich durch den Versuch des Lernens mit symbolischen Methoden aus, verzichtete jedoch immer noch auf das Ausnutzen von Vorwissen. Auch dieses Paradigma wird als gescheitert betrachtet.[81] Das heute gängige Paradigma wird als der "wissensintensive Lernansatz" bezeichnet. Man geht davon aus, daß als Voraussetzung zum Lernen sowohl allgemeines als auch bereichsspezifisches Wissen nötig ist.[82]

3.2.2 Beispiel zum induktiven Erzeugen von Regelbäumen: ID3

Der im folgenden vorgestellte Lernalgorithmus ID3[83], der von Quinlan Anfang der achtziger Jahre entwickelt wurde, ist ein Beispiel für das Erzeugen von sogenannten Regelbäumen, die Klassifikationsregeln darstellen. Dem Algorithmus müssen eine Menge von Beispielentscheidungen als Input vorliegen. Eine Beispielentscheidung besteht dabei aus einer Menge von Attributen der Entscheidungssituation einerseits und aus den getroffenen Entscheidungen (Klassifikationen) andererseits.
Ziel des Algorithmus ist es, einen möglichst flachen Regelbaum aufzubauen, der es erlaubt, von den Attributen einer Entscheidungssituation auf die Entscheidung zu schließen. Dabei ist offensichtlich, daß die Wahl des sog. Wurzelattributs, also des Attributs, das zuerst abgefragt wird, von entscheidender Bedeutung ist.

Voraussetzung für das Verfahren ist also insbesondere, daß die Attribute der Entscheidungssituation beschrieben sind. Insofern läßt sich natürlich darüber streiten, ob Vorwissen in das Verfahren einfließt, ob ein solches Verfahren also unter das gängige Paradigma

---

80 Vgl. FOHMANN, L.: Wissenserwerb und maschinelles Lernen, a.a.O., S. 135. CARBONELL, J. G.; MICHALSKI, R. S.; MITCHELL, T. M.: An Overview of Machine Learning, in: MICHALSKI, R. S.; CARBONELL, J. G.; MITCHELL, T. M. (Hrsg.): Machine Learning - An Artificial Intelligence Approach, Berlin u.a. 1984, S. 14 ff.

81 Vgl. FOHMANN, L.: Wissenserwerb und maschinelles Lernen, a.a.O., S. 135.

82 Vgl. zu diesem Ansatz das in Berlin entwickelte System BLIP, MORIK, K.: Integrating Issues in Knowledge Acquisition Systems, a.a.O.

83 Vgl. QUINLAN, J. R.: Learning Efficient Classification Procedures and their Application to Chess End Games, in: MICHALSKI, R. S., CARBONELL, J. G., MITCHELL, T. M. (Hrsg.): Machine Learning - An Artificial Intelligence Approach, Berlin u.a. 1984, S. 463-482.

untergeordnet werden kann. Da das Verfahren jedoch keinen inhaltlichen Bezug auf die vorgegebenen Attribute nimmt, zählt es wohl eher zum zweiten Paradigma des Machine Learning.

Die heuristische Idee hinter dem Verfahren ist, jedem Entscheidungsbaum einen Informationsgehalt zuzuordnen, der sich aus der Struktur des Baumes ergibt. Der Algorithmus versucht nun, den möglichen Informations-Gewinn eines konkreten Baumes bei Wahl eines spezifischen Attributes auf der nächsten Ebene zu schätzen, und konsequenterweise dasjenige Attribut zu wählen, das den höchsten Informationsgewinn verspricht.

Der Informationsgehalt eines (Teil-)Baumes wird dabei als die relative Häufigkeit einer Entscheidung, multipliziert mit der zu erwartenden Tiefe des jeweiligen Teilbaumes, gemessen. Folgendes Beispiel verdeutlicht, was das Verfahren leistet.

Gegeben ist eine Beispielmenge, die durch drei Attribute gekennzeichnet ist. Zusätzlich sind die Klassifikationen der einzelnen Beispiele gegeben.

Nr.	Attribute	Klassifikation
1	klein, blond, blau	+
2	groß, blond, braun	-
3	groß, rot, blau	+
4	klein, dunkel, blau	-
5	groß, dunkel, blau	-
6	groß, blond, blau	+
7	groß, dunkel, braun	-
8	klein, blond, braun	-

Abb 7: Beispielmenge

Das Verfahren generiert dann folgenden, optimalen Baum:

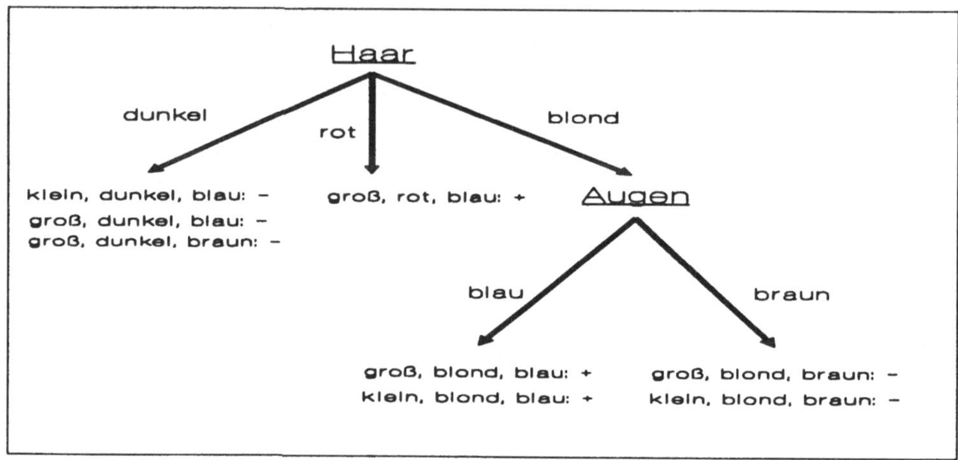

Abb. 8: Der erzeugte Regelbaum

Es zeigt sich, daß nur zwei von drei Attributen benötigt werden, um eine Klassifikationsentscheidung zu treffen.

Empirische Leistung des Verfahrens und Anwendungen

Der vorgestellte Algorithmus wird als eines der erfolgreichsten Verfahren im Feld des Lernens aus Beispielen gesehen.[84] So wird ID3 beispielsweise auch in einem aktuellen Projekt im Zusammenhang mit der Erweiterung der Expertensystem-Shell TWAICE eingesetzt.[85]

Ein ähnliches Verfahren ist der von Chilausky, Michalski und Jacobsen entwickelte AQn-Algorithmus.[86] Die Leistung dieses Verfahrens wurde mit der Leistung einer von einem anerkannten Experten aufgebauten Diagnose-Regelbasis verglichen. Als Resultat ergab sich, daß die Regeln, die auf Basis von 307 Beispiel-Diagnosen erzeugt wurden, in mehr als 99% aller Fälle die richtige Diagnose stellten, während die Regelbasis, die vom Experten aufgebaut und in einem zweiten Versuch verfeinert wurde, maximal in 93% aller Fälle eine richtige Diagnose traf.

---

84 Vgl. MICHIE, D.: Current Developments in Expert Systems, a.a.O., S. 143 f. SCHIRMER, K.: Wissensakquisition II, a.a.O., S. 54.

85 Vgl. MELLIS, W.: LERNER, Wissensakquisition und maschinelles Lernen, KI, Nr. 1, 1990, S. 9.

86 Vgl. MICHIE, D.: Current Developments in Expert Systems, a.a.O., S. 146.

Kritik und weitere Forschung

Jedoch ist der Einsatz eines solchen induktiven Algorithmus zum Lernen aus Beispielen mit Problemen versehen.

Erstens hat sich herausgestellt, daß die Regeln, die das Verfahren generiert, zwar eine sehr gute Leistung entwickelten, daß sie aber - erstaunlicherweise - von den Experten nicht verstanden wurden. Es wird von einem totalen "Blackout" berichtet, den Experten hatten, als sie von ID3 generierte Regeln sahen.[87] Versuche, dieses Problem zu überwinden, gehen in die Richtung, die Regelbäume anders aufzubereiten, respektive besser zu strukturieren. Offensichtlich kann jedoch insbesondere bei kritischen Entscheidungsaufgaben nicht auf eine Regelbasis zurückgegriffen werden, deren Wahrheitsgehalt von einem menschlichen Experten nicht kausal nachvollzogen werden kann. Eine derart entwickelte Wissensbasis kann auch schwerlich für akzeptable Erklärungen bereitstehen.

Versuche, den ID3-Algorithmus, der in seiner ursprünglichen Form nur für qualitative Attribute entworfen worden ist, auch auf quantitative Attribute auszudehnen, sind bereits unternommen worden.[88] Die wichtigste Aufgabe scheint jedoch in der Überprüfung der generierten Regelbäume zu liegen. Dabei geht es um die Entwicklung einer ausgereiften Testmethodologie und um die Frage, inwieweit Menschen in der Lage sein müssen, Regelbäume zu validieren.

3.3 Modellbasierte Wissensakquisition

3.3.1 Tiefes Wissen und Wissensakquisition

Ein Kennzeichen moderner Expertensysteme soll u.a. die Verarbeitung von tiefem Wissen sein.[89] Da schon die Erhebung von flachem Wissen, wie gezeigt, große Schwierigkeiten bereitet, gilt insbesondere für die Erhebung von tiefem Wissen, daß auf eine ausgearbeitete Methodik der Wissenserhebung nicht verzichtet werden kann.

Ein Ansatz wird in der sogenannten modellbasierten Wissensakquisition gesucht. Dabei wird das Wissen nicht mehr direkt in einer implementationsabhängigen Form erhoben, sondern in einem ersten Schritt werden sogenannte konzeptuelle Modelle akquiriert oder sogar interaktiv aufgebaut.[90] Das Ziel ist also, frühe Wissensverluste durch zu schnelles

---

87 Vgl. MICHIE, D.: Current Developments in Expert Systems, a.a.O., S. 149.

88 Vgl. MINGERS, J.: Expert Systems - Experiments with Rule Induction, Journal of the Operational Research Society, Vol. 37, Nr. 11, 1986, S. 1035.

89 Vgl. LAVRAC, N., MOZETIC, I.: Methods for Knowledge Acquisition and Refinement in Second Generation Expert Systems, a.a.O., S. 63 f. LASKE, O. E.: Ungelöste Probleme bei der Wissensakquisition für wissensbasierte Systeme, a.a.O., S. 10. Zum tiefen Wissen s. S. 155.

90 Zur Kritik am Begriff "Akquirieren" vgl. LASKE, O. E.: Ungelöste Probleme bei der Wissensakquisition für wissensbasierte Systeme, a.a.O., S. 12, Fußnote 12.

Orientieren an einem Implementierungswerkzeug zu verhindern.[91] Daß die zu frühe Orientierung an einer Implementationsumgebung zu einer sehr relevanten Schwierigkeit auswachsen kann, wird auch durch praktische Erfahrungen belegt.[92]

Idealerweise kann der Aufbau eines Wissensmodells als ein gegenseitiger Lernprozess von Maschine und Wissensmodellierer verstanden werden. [93]. Ein solcher modellbasierter Ansatz ist auch die Voraussetzung für wirklich wissensbasierte Erklärungskomponenten. Während Erklärungskomponenten der ersten Generation bei mehrfachen WARUM-Fragen bestenfalls die Inferenzkette rückwärts nachvollziehen konnten, ist es bei Vorliegen eines Wissensmodells "hinter" den Oberflächen-Regeln auch möglich, tiefe, kausale Zusammenhänge in der Erklärung darzustellen.

Hier sollen zwei Ansätze zur modellbasierten Wissensakquisition vorgestellt werden, um die Spannbreite der aktuellen Diskussion zu verdeutlichen. Als erstes wird kurz der KADS-Ansatz beschrieben werden, der auch schon auf praktische Versuche des Einsatzes verweisen kann. Schließlich wird auf ein System eingegangen werden, das modellbasierte Wissensakquisition mit maschinellem Lernen vereinen will.

3.3.2 KADS

Eine Ansatz zur modellbasierten Wissensakquisition stellt der KADS-Ansatz dar (Knowledge Acquisition, Documentation and Structuring), der von Breuker und Wielinga entwickelt wurde.[94] Bei diesem Ansatz wird versucht, die Unabhängigkeit von einer Implementierungsumgebung zu erreichen, indem zur Wissensakquisition, besser Wissensmodellierung vier Modellebenen angeboten werden.[95]

---

91 Vgl. KURBEL, K.: Entwicklung von Expertensystemen, a.a.O., S. 489.

92 Vgl. NEBENDAHL, D. (Hrsg.): Expertensysteme - Einführung in Technik und Anwendungen, a.a.O., S. 198 ff.

93 Vgl. LAVRAC, N., MOZETIC, I.: Methods for Knowledge Acquisition and Refinement in Second Generation Expert Systems, a.a.O., S. 67 f.

94 Vgl. PUPPE, F.: Einführung in Expertensysteme, a.a.O., S. 116 f. KARBACH, W.: KI-Lexikon - Modellbasierte Wissensakquisition, a.a.O., S. 13 bezeichnet den KADS-Ansatz als die "elaborierteste modellbasierte Wissensakquisitionsmethodik".

95 Vgl. de GREEF, P.; BREUKER, J.: A Case Study in Structured Knowledge Acquisition, Proceedings of the 9. International Joint Conference on Artificial Intelligence, 1985, 1, S. 390.

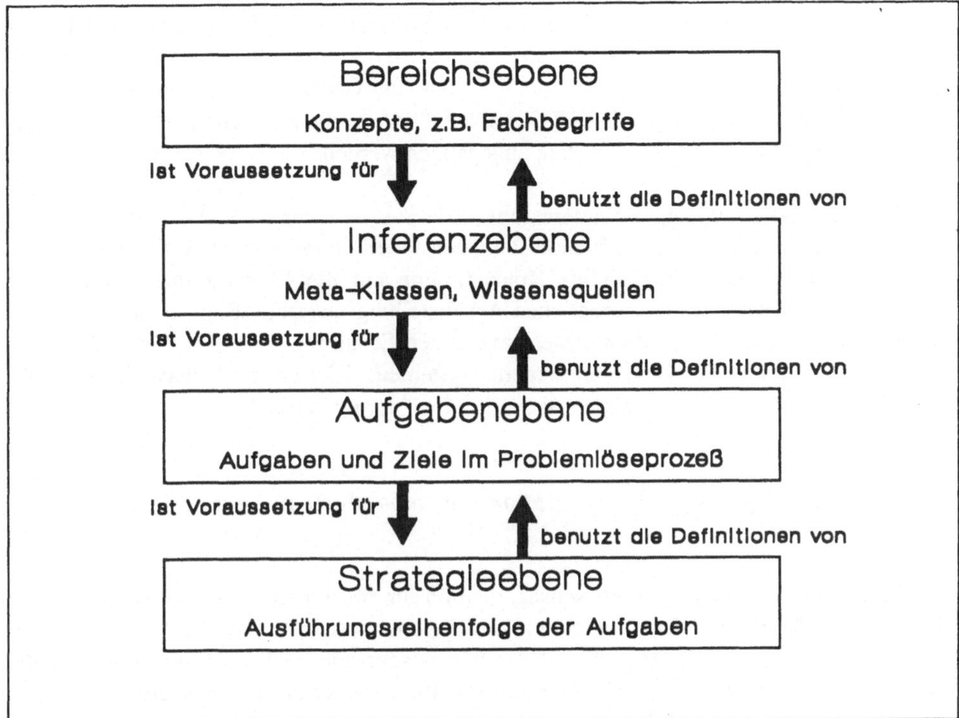

Abb. 9: Modellebenen in KADS

Auf der Bereichsebene werden Konzepte, z.B. Fachbegriffe, und ihre Beziehungen zueinander dargestellt. Auf der nächsten Ebene, der Inferenzebene, werden die Konzepte der Bereichsebene in sogenannte Metaklassen oder Wissensquellen eingeteilt. Metaklassen sind Klassen von Konzepten; z.B. könnte eine Metaklasse alle Symptome für Diagnosen zusammenfassen. Wissensquellen setzen die so definierten Metaklassen zueinander in Beziehung, indem angegeben wird, welche Metaklasse in welchem Zusammenhang von Bedeutung ist.

Auf der nächsten Ebene, der Aufgabenebene, werden einzelne Aufgaben und Ziele im Problemlöseprozess beschrieben. Dabei werden die auf der vorangehenden Ebene definierten Begriffe verwendet. Auf der letzten Ebene schließlich, der Strategieebene, werden die Ausführungsreihenfolgen der Aufgaben definiert und das Verhalten bei Fehlschlägen der Strategien spezifiziert.

Man erkennt, daß die KADS-Methodologie einen Versuch darstellt, das für die Entwicklung eines Expertensystems relevante Wissen problemadäquat zu strukturieren.

So sehr die Einführung einer fundierten Methodologie für die Wissensmodellierung begrüßt wurde, haben sich doch bei ersten Versuchen des Praxis-Einsatzes Schwierigkeiten ergeben. In einem Forschungsprojekt unter Leitung der GMD blieb die Operationalisierung des KADS-Ansatzes ein ungelöstes Teilproblem.[96] Die aufgetretenen Probleme sollen nun in einem eigenem Forschungsvorhaben angegangen werden.

In diesem Zusammenhang ist interessant, daß das Scheitern der Verwirklichung des KADS-Ansatzes auch auf die fehlende Benutzermodellierung in der KADS-Methodologie zurückgeführt wird.[97] Die alleinige Konzentration auf die Modellierung des Problemlösens, ohne Beachtung einer möglichen Arbeitsteilung zwischen Benutzer und Problemlöser, wird kritisiert. So wird an dieser praktischen Erfahrung die starke Verbindung zwischen der Erklärungsfähigkeit von Expertensystemen, die sich ja idealerweise in Benutzermodellen äußert, und der Wissensakquisition wiederum deutlich.

3.3.3 Ein Beispiel für die Integration von maschinellem Lernen in die Wissensakquisition

Ein interessantes Beispiel der Wissensakquisition für ein Expertensystem lieferten Bratko, Lavrac und Mozetic bei der Entwicklung des Expertensystems KARDIO.[98] Sie versuchen, von einem qualitativen, tiefen Modell der Wissensdomäne über die Simulation von Beispielen und die anschließende Generierung von Regeln über einen automatischen, induktiven Lernalgorithmus ein Expertensystem aufzubauen, daß den Anforderungen eines Expertensystems der zweiten Generation genügt.

Die folgende Grafik verdeutlicht einerseits das Vorgehen im Aufbau der Wissensbasis, wie es in diesem Ansatz verfolgt wird; sie zeigt aber zugleich auch das bisherige Vorgehen bei der Entwicklung eines Expertensystems.

---

96 Vgl. CHRISTALLER, Th.: WEREX: Werkzeugsystem für Konstruktion und Betrieb von Expertensystemen, KI, Nr. 1, 1990, S. 17

97 Vgl. MEßING, J.; MANKEL, M.: Wissensorganisation zur Dialogsteuerung, a.a.O., S. 25 f.

98 Vgl. LAVRAC, N., MOZETIC, I.: Methods for Knowledge Acquisition and Refinement in Second Generation Expert Systems, a.a.O..

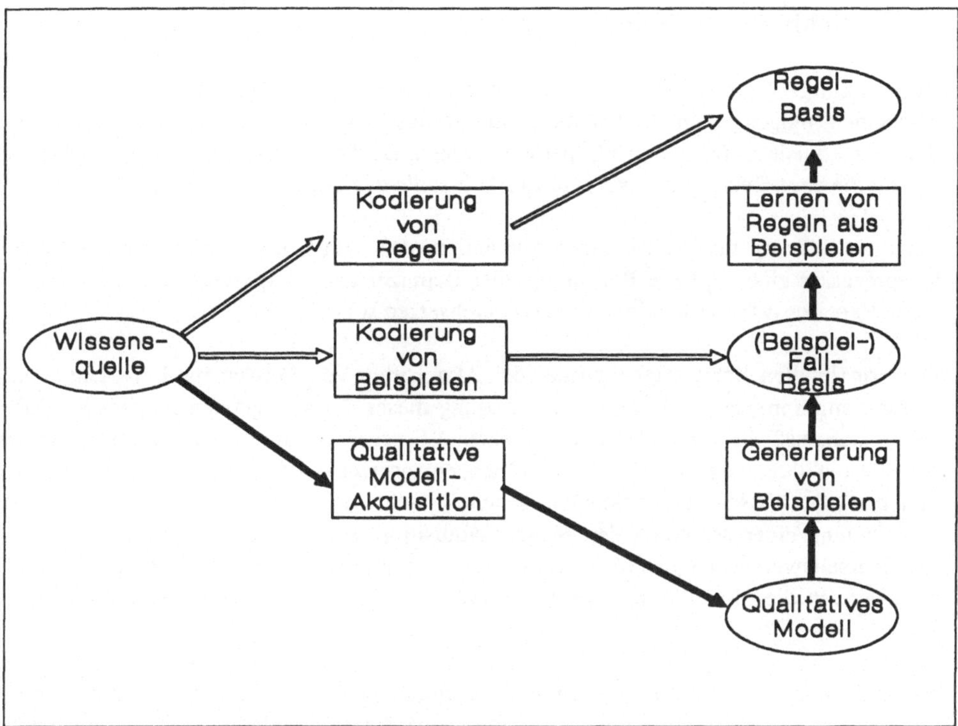

Abb. 10: Wege zur Erstellung einer Regelbasis[99]

Der untere Weg, der durch die dunklen Pfeile markiert ist, über die "qualitative Modell-Akquisition" zum qualitativen Modell, über die Generierung von Beispielen zur Fallbasis, über den Lernalgorithmus schließlich zur Regelbasis ist der Weg, der bei KARDIO gegangen wurde. Das qualitative Modell stellt dabei das tiefe Wissen dar, das dem Expertensystem weiterhin, insbesondere auch für die Erklärungskomponente, zur Verfügung steht.

Das qualitative Modell stellt jedoch keine Menge von Entscheidungsregeln oder Heuristiken dar. Deswegen werden mittels qualitativer Simulation[100] Falldaten (Beispiele) generiert, die dann mittels eines induktiven Algorithmus der AQ-Familie zur Regelbasis verdichtet werden.

Zum Vergleich geht der alte Weg der Wissensakquisition direkt von der Wissensquelle zur Regelbasis. Der mittlere Weg entspricht ungefähr den Vorstellungen, die in Michies "new route map" zum Ausdruck kamen.[101]

99 Vgl. LAVRAC, N., MOZETIC, I.: Methods for Knowledge Acquisition and Refinement in Second Generation Expert Systems, a.a.O..

100 Zur qualitativen Simulation vgl. PUPPE, F.: Einführung in Expertensysteme, a.a.O., S. 99 f.

101 s. S. 157.

4 Schlußbetrachtung

Zwei wichtige Aspekte eines Expertensystems, die auf den ersten Blick recht heterogen erscheinen mögen, wurden diskutiert: Erklärungsfähigkeit von Expertensystemen und Wissensakquisition für und mit Expertensystemen. Beiden Aspekten ist trotz ihrer Heterogenität die enge Beziehung zur Benutzerschnittstelle des Expertensystems gemeinsam.

Für die Erklärungsfähigkeit wurde argumentiert, daß neben der Beachtung des Problemlöseprozesses eine explizite Beachtung aller Benutzer eines Expertensystems wichtig ist, wenn Expertensysteme sich in der Praxis durchsetzen sollen.

Die prinzipiellen Schwierigkeiten bei der Akquisition von Wissen für Expertensysteme wurden angesprochen und Ansätze zur Lösung dieser Schwierigkeiten vorgestellt. Dabei zeigte sich, daß die Methoden der indirekten Wissensakquisition in einem ausgeprägten Bewußtsein ihrer begrenzten Möglichkeiten einzusetzen sind. Die weitere Entwicklung von direkten Wissensakquisitionskomponenten steht in engem Zusammenhang mit der Entwicklung einer Methodik der Wissensakquisition. Erste Schritte dieser Entwicklung, die einerseits versuchen, das für Expertensysteme relevante Wissen zu strukturieren, andererseits auch die Modellierung von tiefem Wissen in Angriff zu nehmen, wurden vorgestellt.

Expertensysteme müssen sich heute in der betrieblichen Praxis bewähren und sind lange den frühen "Spielzeugwelten" der KI-Labors entwachsen. Gerade in der Praxisanwendung werden in Bezug auf beide, hier behandelte Aspekte von Expertensystemen, der Erklärungsfähigkeit und der Wissensakquisition, hohe und kompromisslose Anforderungen gestellt. Insofern stellen auch die hier skizzierten Diskussionen keine abgeschlossenen Erkenntnisstände dar, sondern sind vielmehr Momentaufnahmen einer aktuellen Entwicklung.

5 Literaturverzeichnis

BECKER, B.: Interdisziplinarität und KI: Anspruch ohne Wirklichkeit?, KI, Nr. 1, 1990, S. 33-37.

BOLEY, H.: Expert System Shells: Very high Level Languages for Artificial Intelligence, SEKI-Report SR-88-22, Uni Kaiserslautern, FB Informatik 1988.

BUCHANAN, B. G. et al.: Constructing an Expert System, in: HAYES-ROTH, F.; WATERMAN, D. A.; LENAT, D. B. (Hrsg): Building Expert Systems, Reading 1983.

CARBONELL, J. G.; MICHALSKI, R. S.; MITCHELL, T. M.: An Overview of Machine Learning, in: MICHALSKI, R. S.; CARBONELL, J. G.; MITCHELL, T. M. (Hrsg.): Machine Learning - An Artificial Intelligence Approach, Berlin u.a. 1984, S. 3-23.

CHIN, D. N.: KNOME: Modeling What the User Knows in UC, in: KOBSA, A.; WAHLSTER, W. (Hrsg.): User Models in Dialog Systems, Berlin u.a 1989, S. 74-107.

CHRISTALLER, TH.: WEREX: Werkzeugsystem für Konstruktion und Betrieb von Expertensystemen, KI, Nr. 1, 1990, S. 15-17.

de GREEF, P.; BREUKER, J. A.: A Case Study in Structured Knowledge Acquisition, Proceedings of the 9. International Joint Conference on Artificial Intelligence, 1985, 1, S. 390-392.

DIEDERICH, J.: Wissensakquisition, in: Gesellschaft für Mathematik und Datenverarbeitung mbH (Hrsg.): Arbeitspapiere der Gesellschaft für Mathematik und Datenverarbeitung, Nr. 245, Sankt Augustin 1987.

ERICSSON, K. A.; SIMON, H. A.: Verbal Reports as Data, Psychological Review, Nr. 3, Vol. 87, 1980, S. 215-251.

FOHMANN, L.: Wissenserwerb und maschinelles Lernen, in: SAVORY, S. E.: Künstliche Intelligenz und Expertensysteme, 2. Aufl., München u.a. 1985, S. 125-200.

HOFFMAN, R. R.: A Survey of Methods for Eliciting the Knowledge of Experts, SIGART-Newsletter, 108, April 1989, Special Issue on Knowledge Acquisition, S. 19-27.

JARKE, M.: Wissensbasierte Systeme - Architektur und Einbettung in betriebliche DV-Landschaften, in: KURBEL, K.; STRUNZ, H. (Hrsg.): Handbuch Wirtschaftsinformatik, Stuttgart 1990, S.459-478.

KARBACH, W.: KI-Lexikon - Modellbasierte Wissensakquisition, KI, Nr. 4, 1989, S. 13.

KLEE, H. W.: Analyse der Angemessenheit von Expertensystemen, Information Management, Nr. 4, 1989, S. 34-41.

KUHLEN, R. et al.: wit: Automatischer Aufbau von Wissensbasen aus Texten, KI, Nr. 4, 1989.

KURBEL, K.: Entwicklung von Expertensystemen, in: KURBEL, K.; STRUNZ, H. (Hrsg.): Handbuch Wirtschaftsinformatik, Stuttgart 1990, S. 483-502.

LAFRANCE, M.: The Quality of Expertise: Implications of Expert-Novice Differences for Knowledge Acquisition, SIGART-Newsletter, 108, April 1989, Special Issue on Knowledge Acquisition, S. 6-14.

LASKE, O. E.: Ungelöste Probleme bei der Wissensakquisition für wissensbasierte Systeme, KI, Nr. 4. 1989, S. 4-12.

LAVRAC, N.; MOZETIC, I.: Methods for Knowledge Acquisition and Refinement in Second Generation Expert Systems, SIGART-Newsletter, 108, April 1989, Special Issue on Knowledge Acquisition, S. 63-69.

MCGRAW, K. L.; HARBISON-BRIGGS, K.: Knowledge Acquisition: Principles and Guidelines, Englewood Cliffs 1989.

MELLIS, W.: LERNER: Wissensakquisition und maschinelles Lernen, KI, Nr. 1, 1990, S. 8-10.

MEßING, J.; MANKEL, M.: Wissensorganisation zur Dialogsteuerung, KI, Nr. 3, 1989, S. 25-31.

MICHIE, D.: Current Developments in Expert Systems, in: QUINLAN, J. R. (Hrsg.): Applications of Expert Systems, Sydney u.a. 1987, S. 137-156.

MINGERS, J.: Expert Systems - Experiments with Rule Induction, Journal of the Operational Research Society, Nr. 11, Vol. 37, 1986, S. 1031-1037.

MORIK, K.: Integrating Issues in Knowledge Acquisition Systems, SIGART-Newsletter, 108, April 1989, Special Issue on Knowledge Acquisition, S. 124-131.

NEBENDAHL, D. (Hrsg.): Expertensysteme - Einführung in Technik und Anwendungen, Berlin u.a. 1987.

OSWALD, M.; GADENNE, V.: Wissen, Können und Künstliche Intelligenz, Sprache & Kognition, Nr. 3, 1984, S. 173-184.

PUPPE, F.: Einführung in Expertensysteme, Berlin u.a. 1988.

QUINLAN, J. R.: Learning Efficient Classification Procedures and their Application to Chess End Games, in: MICHALSKI, R. S.; CARBONELL, J. G.; MITCHELL, T. M. (Hrsg.): Machine Learning - An Artificial Intelligence Approach, Berlin u.a. 1984, S. 463-482.

RETTI, J.: Knowledge Engineering und Expertensysteme, in: RETTI, J. et al. (Hrsg.): Artificial Intelligence - Eine Einführung, Stuttgart 1986, S. 75-104.

REUSCH, P. J. A.: Modellverwaltung und Expertensystemkomponenten für betriebliche Informationssysteme, Mannheim u.a. 1988.

RIEKERT, W.-F.: Systemkomponenten zum Wissenserwerb, in: FISCHER, G.; GUNZENHÄUSER, R. (Hrsg.): Methoden und Werkzeuge zur Gestaltung benutzergerechter Computersysteme, Berlin, u.a. 1986, S. 203-228.

SAVORY, S. E.: Artificial Intelligence - State of the Art 1984, in: SAVORY, S. E. (Hrsg.): Künstliche Intelligenz und Expertensysteme, 2. Aufl., München, u.a. 1985, S. 13-34.

SCHEER, A.-W.; STEINMANN, D.: Einführung in den Themenbereich Expertensysteme, in: SCHEER, A.-W. (Hrsg.): Betriebliche Expertensysteme I, Schriften zur Unternehmensführung 36, Wiesbaden 1988, S. 5-27.

SCHIRMER, K.: Techniken der Wissensakquisition, KI, Nr. 4, 1988, S. 68-71.

SCHIRMER, K.: Techniken der Wissensakquisition II, KI, Nr. 1, 1989, S. 53-55.

SCHNUPP, P.; NGUYEN HUU, C. T.: Expertensystem-Praktikum, Berlin u.a. 1987.

WAHLSTER, W.; KOBSA, A.: User Models in Dialogsystems, in: KOBSA, A.; WAHLSTER, W. (Hrsg.): User Models in Dialog Systems, Berlin u.a 1989, S. 4-34.

Methodische Aspekte der Entwicklung Wissensbasierter Systeme

Dipl.-Kfm. Uwe Hoppe

Abteilung Wirtschaftsinformatik der Universität Göttingen

Inhaltsverzeichnis

1 Zielsetzung und Aufbau

Ziel des vorliegenden Beitrages ist eine Erörterung von Aspekten der Entwicklungsmethodik Wissensbasierter Systeme.

Der Begriff des Wissensbasierten Systems (WBS) wird in dem Beitrag weitestgehend synonym mit dem des Expertensystems (XPS) verwendet. Sofern es auf eine Unterscheidung der Begriffe ankommt, sollte in der Gruppe der Wissensbasierten Systeme die Obermenge gesehen werden. XPS können somit als eine spezielle Form der WBS definiert werden, die sich vor allem durch die Zielrichtung der Simulation der Problemlösungsfähigkeit eines menschlichen Experten auszeichnen.

Hintergrund der Untersuchung sind die Probleme bei der Entwicklung von WBS, die häufig in Zusammenhang mit der Verwendung einer ungeeigneten Entwicklungsmethodik zu sehen sind. Die heutige Situation in der Disziplin des Knowledge Engineering erscheint ähnlich der in den 70er Jahren, als in der benachbarten Disziplin des Software Engineering die Entwicklung komplexer Anwendungssoftware als "Kunst" galt und weit davon entfernt war, ingenieurmäßig betrieben zu werden.[1] Ungeeignete bzw. unsystematische Entwicklungsmethodiken führen sowohl im Software Engineering als auch im Knowledge Engineering zu Systemen minderer Qualität, die den gestellten Zielen nicht gerecht werden.

Gefordert wird in diesem Zusammenhang eine Methodologie des Knowledge Engineering, die den Rahmen für einen systematischen Entwicklungsprozeß absteckt.[2] Eine solche Methodologie erfordert eine theoretische Fundierung. Dieser "Unterbau"[3] besteht aus zunächst abstrakten Prinzipien, die sowohl die Gestaltung des WBS als auch die des Entwicklungsprozesses determinieren. In diesem Zusammenhang ist die Frage nach der Herkunft dieser Prinzipien von Interesse, die nach Meinung des Verfassers aus den Zielen des Knowledge Engineering sowie den Erfahrungen, die bei der Verfolgung dieser Ziele erworben wurden, herzuleiten sind.

Die konkrete Realisierung der Ziele erfolgt durch Methoden, im Sinne genereller Vorgehensweisen. Methoden wiederum werden konkretisiert durch Techniken, beispielsweise durch Techniken der Wissenserhebung (Interviewtechniken etc.), Techniken der Wissensrepräsentation (Regeln, Frames etc.) oder Techniken des Projektmanagements (z.B. Netzplantechnik). Diese gelegentlich auch als "Grundtechniken" bezeichneten Vorgehensweisen erscheinen ausreichend untersucht, so daß sie nicht Gegenstand dieses Beitrags sind. Die Techniken schließlich werden durch Werkzeuge unterstützt.

---

1 Vgl. KURBEL, K., PIETSCH, W.: Projektmanagement bei einer Expertensystementwicklung, in: Information Management, Nr. 1, 1988, S. 7.

2 Vgl. KARBACH, W.: Methoden und Techniken des Knowledge Engineering, Arbeitspapiere der GMD Nr. 338, Sankt Augustin 1988, S. 1, S. 16.

3 Vgl. ebenda, S. 7.

Zusammengefaßt beschäftigt sich die Methodologie des Knowledge Engineering mit den Prinzipien, Methoden, Techniken und Werkzeugen, die im Rahmen des Knowledge Engineering-Prozesses der Erstellung von WBS dienen. Prinzipien, Methoden und Techniken weisen einen (in dieser Reihenfolge) zunehmenden Konkretisierungsgrad auf.

Die Untersuchung der theoretischen Grundlagen einer Methodologie des Knowledge Engineering stellt die Basis dar für die Darstellung konkreter Methodologien, die sich in den letzten Jahren herausgebildet haben. Im Rahmen dieses Beitrages soll dies nicht erschöpfend sondern lediglich anhand zweier ausgesuchter Beispiele erfolgen: die KADS-Methodologie der Forschungsgruppe um Wielinga und Breuker sowie der Generic-Task-Approach von Chandrasekaran.[4] Die Auswahl orientiert sich an der Bedeutung der Ansätze sowie an der Tatsache, daß es sich um jeweils einen Vertreter zweier unterschiedlicher Ausprägungen von Methodologien handelt. Es ist nicht beabsichtigt, einen vollständigen Vergleich der beiden Methodologien durchzuführen.[5] Die wesentlichen Vor- und Nachteile werden jedoch erörtert.

In dem anschließenden Kapitel 2 werden zunächst als wesentliche Komponenten einer Methodologie die Prinzipien untersucht, die einer Methodologie des Knowledge Engineering zugrunde liegen. Hierbei wird der Versuch unternommen, den Zusammenhang zwischen Prinzipien und den Zielen der Entwicklung von WBS zu verdeutlichen. In Kapitel 3 werden die angesprochenen Methodologien des Knowledge Engineering dargestellt und beurteilt. In Kapitel 4 der Arbeit werden die Ergebnisse zusammengefaßt und ein kurzer Ausblick auf zukünftige Forschungsarbeiten gegeben.

2 Ziele und Prinzipien des Software Engineering und des Knowledge Engineering

2.1 Orientierungsgrößen bei der Ableitung von Prinzipien

Prinzipien als Ausgangspunkt für die Formulierung von Methoden und Techniken orientieren sich an der zu lösenden Aufgabe bzw. den mit der Methodologie verfolgten *Zielen.* Eine weitere Orientierungsgröße bei der Formulierung von Prinzipien sind die *Erfahrungen und Erkenntnisse*, die bei der Verfolgung der Ziele gewonnen werden konnten: "Prinzipien werden aus der Erfahrung und Erkenntnis hergeleitet und durch sie bestätigt".[6]

4 Zu den jeweiligen Ansätzen vgl. die in Kapitel 3.1 bzw. 3.2 angegebene Literatur.

5 Vgl. hierzu Karbach, Linster und Voß, die neben den genannten Methodologien zwei weitere Ansätze in einen Vergleich einbezogen haben. KARBACH, W., LINSTER, M., VOß, A.: Models of Problem Solving: One Label - One Idea?, In: THAKAR, S. (Hrsg.): Tagungsband 2. Workshop Knowledge Engineering zum Thema Modellbegriff des Knowledge Engineering am 26.-27. April 1990, Berlin 1990, S. 137-153.

6 BALZERT, H.: Die Entwicklung von Software-Systemen. Prinzipien, Methoden, Sprachen, Werkzeuge, a.a.O., S. 22.

Neben der Nutzung dieser Erfahrungen aus dem Bereich des Knowledge Engineering erscheint es plausibel, auf die - im Vergleich zum Knowledge Engineering umfangreich untersuchten - Forschungsergebnisse des Software Engineering zurückzugreifen, um den Zusammenhang zwischen Zielen und Prinzipien abzuleiten. Bei WBS handelt es sich um Software, die prinzipiell den gleichen Gesetzmäßigkeiten und Mechanismen unterliegt, wie konventionelle Anwendungssoftware.[7] Allerdings sind die Unterschiede zwischen WBS und herkömmlicher Anwendungssoftware sowie die unterschiedliche Natur der typischerweise mit diesen Systemen verfolgten Problemstellungen zu beachten.

2.2 Ziele des Software Engineering

Die Ziele des Software Engineering sind aus den *Unternehmenszielen* abzuleiten. Im wesentlichen geht es hierbei um den wirtschaftlichen Nutzen, der mit der Entwicklung eines Softwaresystems zu erzielen ist. Dieser Nutzen wird typischerweise in monetären Größen gemessen und beispielsweise über Ertragskennzahlen (Gewinn, Betriebsergebnis, Kennziffern des Umsatzes u.ä.) angegeben.

Das oberste Ziel des Software Engineering besteht in der Entwicklung eines Softwaresystems sowie seiner Wartung und Pflege im praktischen Einsatz. Der Entwicklungsprozeß orientiert sich dabei an Wirtschaftlichkeits- und Qualitätskriterien.[8]

Auf Basis dieser Zielsetzung läßt sich eine hierarchische Zielhierarchie aus Ober- und Unterzielen aufbauen. Eine erste Unterteilung läßt sich nach Boehm[9] in die *Entwicklung eines erfolgreichen Softwaresystems* sowie die *Durchführung eines erfolgreichen Softwareentwicklungs- und Wartungsprozesses* vornehmen. Diese Unterziele sollen im folgenden als produktbezogene und prozeßbezogenen Ziele bezeichnet werden. Zwischen den produktbezogenen und den prozeßbezogenen Zielen bestehen vielfältige Beziehungen, wobei das Spektrum von komplementären bis hin zu konkurrierenden Zielen reicht.

Im Mittelpunkt produktbezogener Zielvorstellungen steht das zu entwickelnde System. Maßstab für die Entwicklung eines Softwaresystems ist seine Qualität. Unter Softwarequalität wird die "Gesamtheit von Eigenschaften und Merkmalen eines Produkts oder einer Tätigkeit, die sich auf die Eignung der Erfüllung gegebener Erfordernisse beziehen"[10] verstanden. In der Regel bestimmt sich die Softwarequalität nach den Kriterien Funktions-

---

7 Unter konventioneller Anwendungssoftware werden mit Kurbel und Pietsch "die daten- und prozedurorientierten Softwaresysteme .. [verstanden], die in der Praxis, insbesondere in der betrieblichen Datenverarbeitung, häufig Systeme auf der Basis von Sprachen der 3. oder 4. Generation sind." KURBEL, K., PIETSCH, W.: Expertensystem-Projekte: Entwicklungsmethodik, Organisation und Management, in: Informatik-Spektrum, Nr. 12, 1989, S. 133.

8 Vgl. GABRIEL, R.: Software Engineering, in: KURBEL, K., STRUNZ, H. (Hrsg): Handbuch Wirtschaftsinformatik, Stuttgart 1990, S. 262.

9 Vgl. BOEHM, B. W.: Wirtschaftliche Software-Produktion, Wiesbaden 1986, S. 651.

10 GABRIEL, R.: Software Engineering, a.a.O., S. 262.

erfüllung, Zuverlässigkeit, Fehlerfreiheit, Robustheit, Benutzerfreundlichkeit, Wartungsfreundlichkeit und Übertragbarkeit.[11]
Ein erfolgreicher Entwicklungs- und Wartungsprozeß im Sinne der prozeßbezogenen Ziele ist vor allem durch Kosten- und Zeitaspekte gekennzeichnet. Im Mittelpunkt steht die Wirtschaftlichkeit des Einsatz der Ressourcen, um das Produkt termingerecht in der gewünschten Qualität zu erstellen. Hierbei sind humanorientierte Aspekte hinsichtlich der Führung der Mitarbeiter zu berücksichtigen.[12]

Aus Gründen der Komplexitätsreduktion wird im Rahmen eines Vorgehensmodells der Entwicklungsprozeß in einzelne, aufeinanderfolgende Projektphasen zerlegt.[13] Unter einer Phase ist ein zeitlich und hinsichtlich der Tätigkeiten abzugrenzender Teil eines Projektes zu verstehen. Anhand definierter "Meilensteine" kann eine Kontrolle des zeitlichen Projektablaufes erfolgen.

Ein "klassisches" Vorgehensmodell im Rahmen des Software Engineering ist der Software Life Cycle.[14] Die einzelnen Phasen werden nacheinander durchlaufen, wobei der Beginn einer Phase die Abschlußergebnisse der vorhergehenden Phase voraussetzt. So setzen die Implementierungsarbeiten eine vollständige Spezifikation des zu entwickelnden Systems voraus. Das Softwaresystem durchläuft unterschiedliche Stadien der Fertigstellung, wobei der Konkretisierungsgrad mit zunehmender Projektdauer zunimmt.

2.3 Prinzipien des Software Engineering

In der Literatur zum Software Engineering werden eine Reihe allgemeiner Prinzipien genannt, über deren Anerkennung weitestgehende Übereinkunft besteht. Die Einhaltung dieser Prinzipien soll die Realisierung der produktbezogenen und prozeßbezogenen Ziele sicherstellen. Balzert[15] nennt in diesem Zusammenhang u.a. die Prinzipien der

- Abstraktion,
- Strukturierung,
- Hierarchisierung,
- Modularisierung,
- Lokalität,
- Integrierten Dokumentation,
- Mehrfachverwendung und
- Standardisierung.

---

11 Vgl. GABRIEL, R.: Software Engineering, a.a.O., S. 262.

12 Vgl. BOEHM, B. W.: Wirtschaftliche Software-Produktion, a.a.O., S. 658.

13 Vgl. POMBERGER, G.: Methodik der Softwareentwicklung, in: KURBEL, K., STRUNZ, H. (Hrsg.): Handbuch Wirtschaftsinformatik, Stuttgart 1990, S. 218.

14 Vgl. ebenda, S. 218 ff.

15 Auf die einzelnen Prinzipien soll hier nicht detaillierter eingegangen werden. Vgl. BALZERT, H.: Die Entwicklung von Software-Systemen, a.a.O., S. 27 ff.

Obwohl unzweifelhaft von Relevanz für das Knowledge Engineering, sind diese Prinzipien doch sehr allgemein formuliert, so daß eine Formulierung speziellerer Prinzipien des Knowledge Engineering erforderlich erscheint.[16]

2.4 Ziele des Knowledge Engineering

Die Ziele der Entwicklung von WBS haben sich zunächst analog zu den Ausführungen in Kapitel 2.1 an den Unternehmenszielen und damit an dem zu erzielenden wirtschaftlichen Nutzen zu orientieren.[17]

Das Ziel des Knowledge Engineering besteht - analog zu dem Ziel des Software Engineering - in der Entwicklung sowie der Wartung eines WBS. Dieses Ziel läßt sich wiederum in produktbezogene und prozeßbezogenen Ziele unterteilen. Die Diskussion produktbezogener Ziele soll aufbauen auf den Merkmalen der Softwarequalität, wie sie in Kapitel 2.2 der Arbeit aufgeführt wurden.

2.4.1 Produktbezogene Ziele

2.4.1.1 Überblick

Folgt man der Definition des Begriffes "Expertensystem", so besteht die *Funktionserfüllung* eines XPS in der Simulation eines menschlichen Experten.[18] Davis[19] hat die Eigenschaften menschlichen Expertentums untersucht und festgestellt, daß lediglich die Problemlösungsfähigkeit und (in beschränkten Maße) die Erklärungsfähigkeit von XPS als gegeben betrachtet werden kann.

Das Ziel der *Fehlerfreiheit* wird für den Zweck der Erstellung von WBS relativiert. Es liegt in der Natur der Problemstellungen, die mit Wissensbasierten Systemen behandelt werden, daß "optimale" Lösungen nicht bzw. nicht innerhalb der gegebenen Zeit- und Rechnerressourcen erzielt werden können. Die Verwendung von Heuristiken, die gerade dadurch gekennzeichnet sind, daß sie als "Daumenregeln" lediglich befriedigende Lösungen liefern können, führt zu Schwierigkeiten bei der Beurteilung der Korrektheit eines WBS.[20]

---

16 Vgl. die Ausführungen in Kapitel 2.5.

17 Mertens et al. geben eine Typologie der Nutzeffekte von WBS. Vgl. MERTENS, P., BORKOWSKI, V., GEIS, W.: Betriebliche Expertensystemanwendungen, 2., völlig neu bearb. u. erw. Aufl., Berlin 1990, S. 10 ff.

18 Vgl. PUPPE, F.: Einführung in die Expertensysteme, Berlin u.a. 1988, S. 2 ff.

19 Vgl. DAVIS, R.: Expert Systems: Where are we? And where do we go from here?, In: The AI Magazine, Spring 1982, S. 4 ff.

20 Zur Problematik der Korrektheit der Lösungen von WBS vgl. KURBEL, K.: Entwicklung und Einsatz von Expertensystemen. Eine anwendungsorientierte Einführung in wissensbasierte Systeme, Berlin 1989, S. 191 ff.

Die Frage nach der *Robustheit* beinhaltet, wie sich ein WBS bei Problemstellungen verhält, die von der Norm abweichen. Dies steht in engem Zusammenhang mit der von Davis geforderten Eigenschaft, sich "anstandsvoll zurückzuziehen".[21] WBS neigen dazu, bei Erreichen der Grenzen ihres Wissens in ihrer Kompetenz scharf abzufallen. Dieser als "Kliff-und-Plateau-Effekt"[22] bezeichnete Vorgang beruht auf dem Mangel an tiefem Wissen in Form kausaler und mechanistischer Strukturen einerseits sowie ungenügendem Allgemeinwissen und gesundem Menschenverstand ("common sense") andererseits.

Die *Zuverlässigkeit* eines WBS wird im Rahmen der Validierung eines WBS betrachtet. Unter Validierung wird hierbei verstanden, das WBS zu testen, um sicherzustellen, daß eine akzeptable Performance erreicht wird.[23] Validierung stellt lediglich einen Teilbereich der umfassenderen Evaluation von WBS dar, welche neben der Performance auch die Beurteilung der Qualität der Schlußfolgerungsprozesse, der Benutzerschnittstelle, der Effizienz des Systems u.ä. Kriterien umfasst.[24] Die flexible Kontrollstruktur von WBS macht eine Validierung schwierig. Umfangreiches Testen anhand von sorgsam ausgewählten Testfällen erlaubt die Beurteilung der Zuverlässigkeit des Systems.

Die *Übertragbarkeit* oder *Portabilität* dient analog wie bei herkömmlicher Anwendungssoftware dazu, eine einmal getätigte Investition bei Wechsel der Hardware zu sichern. Der Trend geht hier zur Entwicklung von Tools zur Erstellung von WBS, die eine leichte Portierung des Systems auf unterschiedlichste Hardwarearchitekturen erlauben. Häufig geht dies mit einer Unterscheidung des Tools in eine Entwicklungsumgebung und eine Ablauf- oder Konsultationsumgebung einher, so daß zumindest Routinen für die Portierung des Systems auf andere Hardware sowie eine für diese Hardware adäquate Ablaufumgebung angeboten werden.[25]

Benutzerfreundlichkeit umfaßt einen ganzen Katalog von Anforderungen, der von bestimmten Funktionsmerkmalen bis hin zu ergonomischen Gesichtspunkten reicht. Im Zusammenhang mit der Entwicklung von WBS sind natürlich-sprachliche Dialogschnittstellen sowie die noch zu erläuternde Erklärungsfähigkeit von Interesse. Graphische, gegebenenfalls Maus-sensitive Oberflächen haben nicht zuletzt aufgrund der Anwendung LISP-basierter Entwicklungstools bereits frühzeitig Verbreitung gefunden.

Die Merkmale der *Flexibilität* und *Wartungsfreundlichkeit* sind zentrale Ziele der Entwicklung eines XPS und sollen daher in den folgenden Unterkapiteln kritisch diskutiert

---

21 Vgl. DAVIS, R.: Expert Systems: Where are we? And where do we go from here?, a.a.O., S. 5.

22 Vgl. PUPPE, F.: Einführung in die Expertensysteme, a.a.O., S. 155,177.

23 Vgl. O'KEEFE, M., BALCI, O., SMITH, E. P.: Validating Expert System Performance, in: IEEE Expert, Winter/1987, S. 81.

24 Vgl. GASCHNIG, J. et al.: Evaluation of Expert Systems. Issues and Case Studies, in: HAYES-ROTH, F., WATERMAN, D. A., LENAT, D. B. (Hrsg.): Building Expert Systems, London u.a. 1983, S. 254 ff.

25 Ein Beispiel hierfür ist das neue Produkt TIRS der Fa. IBM. Vgl. Ohne Verfasser. The Integrated Reasoning Shell, General Information, GH21-1005-0, First Edition, December 1989, S. 15 ff.

werden.[26] So bezeichnet Puppe[27] die Flexibilität ebenso wie die Benutzerfreundlichkeit als notwendige Eigenschaft von XPS. Das Merkmal der Wartungsfreundlichkeit steht in engem Zusammenhang mit der Flexibilität und soll daher zusammen mit diesem diskutiert werden.
Die im Rahmen der Funktionserfüllung genannte *Erklärungsfähigkeit*[28] wird von Puppe ebenfalls als notwendige Eigenschaft betrachtet und soll daher eine gesonderte Behandlung erfahren.

2.4.1.2 Wartungsfreundlichkeit und Flexibilität

Das Ziel der Flexibilität von WBS besteht in einer möglichst einfachen Modifizierbarkeit der Wissensbasis bzw. der Problemlösungsstrategie. Modifikationen werden erforderlich

- kontinuierlich während des Entwicklungsprozesses,
- im Zuge der Wartung der Wissensbasis und
- bei Anpassung des Systems an neue Aufgabenstellungen.

Der Entwicklungsprozeß Wissensbasierter Systeme hat einen iterativen Charakter und vollzieht sich zyklisch.[29] Während der Entwicklung kann es zu "Generationssprüngen"[30] kommen, die eine teilweise oder vollständige Neuimplementierung des Systems erforderlich machen. Die Struktur selbst ist somit noch nicht endgültig festgelegt, so daß Flexibilität in diesem Rahmen kein kritischer Faktor ist.

Während der Wartung des Systems hingegen ist die Struktur weitestgehend festgelegt. Die Wartung dient der Beseitigung aufgetretener Unkorrektheiten sowie der Anpassung des Systems an geänderte Wissensinhalte und Wissensverarbeitungsabläufe, wobei letztere sich allerdings als vergleichsweise stabil im Zeitablauf erweisen sollten.

Die Anpassung an veränderte Wissensinhalte kann in dem Hinzufügen neuer Wissensquellen, in der Änderung oder Korrektur vorhandener Wissensquellen und in dem Entfernen überflüssig gewordener Wissensquellen bestehen.

Das Verhältnis von Wartungsaufwand zu Entwicklungsaufwand bei herkömmlichen Softwareprojekten wird auf 7:3 geschätzt.[31] Es ist davon auszugehen, daß der Aufwand für die Pflege von WBS ähnlich hoch oder höher zu veranschlagen ist, da die Pflege des Systems aufgrund des evolutionären Charakters des Entwicklungsvorhabens zu einer kontinuierlichen Aufgabe wird. Weitgehende Einigkeit besteht dahingehend, daß ein ökonomisch

---

26 Vgl. TANK, W.: Entwurfsziele bei der Entwicklung von Expertensystemen, in: KI, Nr. 3, 1988, S. 69 ff.

27 Vgl. PUPPE, F.: Einführung in die Expertensysteme, a.a.O., S. 4.

28 Puppe spricht in diesem Zusammenhang von Transparenz. Vgl. ebenda.

29 Vgl. die Ausführungen in Kapitel 2.4.2 der Arbeit.

30 Vgl. KURBEL, K.: Entwicklung und Einsatz von Expertensystemen, a.a.O., S. 83.

31 Vgl. ebenda, S. 197.

effizienter Wartungsprozeß durch den Experten selbst vorgenommen werden muß. Dieser sieht sich jedoch bei dem Versuch der Pflege der Wissensbasis häufig einem unübersichtlichen "Regelspaghetti" gegenüber, der auf die mangelnden Strukturierungsmöglichkeiten eines uniformen Regelmechanismusses zurückzuführen ist. Das Problem droht sich bei gleichzeitiger Verwendung mehrerer Wissensrepräsentationsformen wie beispielsweise Frames und Regeln aufgrund der tendenziell zunehmenden Komplexität der Kontrollstrukturen noch zu verschärfen.
Ein weiterer Grund liegt in der ungenügenden Unterstützung der Wissensakquisition durch die kommerziell verfügbaren Werkzeuge, die im wesentlichen als reine Wissenseditierwerkzeuge konzipiert sind. So kommt Kurbel zu dem Schluß, daß der Knowledge Engineer auf absehbare Zeit an die Wartung des Systems gebunden bleiben wird.[32]

Aus ökonomischen Gründen kann es angebracht erscheinen, ein vorhandenes System auf neuartige Aufgabenstellungen anzupassen, anstatt eine vollständige Neuentwicklung vorzunehmen. So erscheint es plausibel, vorhandene Diagnose- und Planungssysteme aufgrund ihrer Erklärungsfähigkeit für tutorielle Zwecke einzusetzen. Tank[33] führt aus, daß der Aufwand einer derartigen Modifikation eines vorhandenen Systems dem einer Neuimplementierung der Wissensbasis gleichkommen kann, so daß eine diesbezügliche Flexibilität Wissensbasierter Systeme ebenfalls zu verneinen ist.

2.4.1.3 Erklärungsfähigkeit

Die Erklärungsfähigkeit von WBS kann anhand der Erklärungszwecke, der Funktionen der Erklärungskomponente sowie der Form der Erklärung verdeutlicht werden. Es lassen sich drei *Erklärungszwecke* unterscheiden:

- Erklärung des Schlußfolgerungsweges, d.h. "warum" sind bestimmte Wissensquellen angewandt worden bzw. "warum nicht" ?
- Rechtfertigung der Lösung(en) bzw. der Korrektheit der Lösung(en) gegenüber dem Benutzer, d.h. "wie" ist das System zu der Lösung gekommen?
- Unterstützung des Knowledge Engineers bei der Fehlerprüfung und Korrektur (Debugging) der Wissensbank bzw. des Problemlösungsprozesses.

Die *Funktionen der Erklärungskomponente* bestehen darin, die Erklärung inhaltlich aufzubauen, diesen Aufbau in Abhängigkeit vom Vorwissen des Benutzers zu vollziehen sowie eine geeignete Darstellungsform (beispielsweise natürlichsprachlicher Text oder Graphik) für die Präsentation der Erklärung zu finden.[34] Die Berücksichtigung des Vorwissens in Form von Benutzermodellen ist vergleichsweise wenig untersucht und stellt einen aktuellen Forschungsgegenstand dar.

---

32 Vgl. KURBEL, K.: Entwicklung und Einsatz von Expertensystemen, a.a.O., S. 194 f.

33 Vgl. TANK, W.: Entwurfsziele bei der Entwicklung von Expertensystemen, a.a.O., S. 71.

34 Vgl. CHANDRASEKARAN, B., TANNER, M. C., JOSEPHSON, J. R.: Explaining Control Strategies in Problem Solving, in: IEEE Expert, Spring/1989, S. 10.

Die Erklärung kann in *direkter* oder *indirekter Form* erfolgen. Indirekte Erklärungen beruhen auf einfachen Kommentaren und Texten, beispielsweise auf einem Literaturverweis, wo ein bestimmter Sachverhalt nachgelesen werden kann, und können natürlich auch in herkömmlichen Anwendungssystemen verwendet werden. Von größerer Relevanz sind die direkten, aus den Wissensquellen abgeleiteten Erklärungen, die dynamisch, d.h. zur Laufzeit des Systems, generiert werden. Diese Erklärungen bestehen zumeist aus dem Anzeigen eines Ablaufprotokolls (Trace) derjenigen Wissensquellen, die in dem jeweils aktuellen Schlußfolgerungsprozeß involviert sind. In Abhängigkeit von den Wissensrepräsentationsformen des Entwicklungswerkzeuges handelt es sich hierbei häufig um Regelketten, gegebenenfalls vermischt mit Hinweisen auf die Untersuchung bzw. Instanziierung von Objektstrukturen (beispielsweise Frames).

Eine Regel kann jedoch nicht zu ihrer eigenen Rechtfertigung herangezogen werden, d.h. die Frage, nach dem Hintergrund der Heuristik, die durch die Regel verkörpert wird, läßt sich so nicht beantworten. Heuristiken stellen nach Clancey[35] oftmals Assoziationen zwischen Konzepten dar, die den Problemlösungsaufwand reduzieren, indem sie Zwischenkonzepte und die dazugehörigen Beziehungen "überspringen". Diese Zwischenkonzepte sind häufig kausaler Natur und werden zur Abgrenzung von dem "flachen", heuristischen Wissen als "tiefes" Wissen bezeichnet.[36] Dieses tiefe Wissen steht in heutigen kommerziellen Systemen noch nicht zur Verfügung und kann damit nicht zur Erklärung der in den Regeln verkörperten Heuristiken herangezogen werden.

Ein weiteres Problem liegt in der mangelnden Erklärbarkeit der Kontrollstrategie von WBS. Chandrasekaran[37] weist darauf hin, daß die Problemlösungsstrategie des Wissensbasierten Systems R1, das bei Digital Equipment zur Konfigurierung von Rechnern eingesetzt wird, in einem Design-Prozeß besteht, der in einer linearen Folge von Teilaufgaben vollzogen wird. Diese Kontrollstrategie ist implizit in der Anordnung von Regeln und Regelprämissen sowie in den Anwendungskontexten der Regeln versteckt. Die Tatsache, daß in einer bestimmten Phase des Problemlösungsprozesses das Design eines bestimmten Moduls oder einer bestimmten Baugruppe in Abhängigkeit der bereits gelösten Teilaufgaben zu erfolgen hat, steht nicht für Erklärungszwecke zur Verfügung.

---

35 Vgl. CLANCEY, W. J.: Heuristic Classification, in: Artificial Intelligence, Nr. 27, 1985, S. 295, S. 306 f.

36 Vgl. PUPPE, F.: Einführung in die Expertensysteme, a.a.O., S. 181 f.

37 Vgl. CHANDRASEKARAN, B., TANNER, M. C., JOSEPHSON, J. R.: Explaining Control Strategies in Problem Solving, a.a.O., S. 14.

2.4.2 Prozeßbezogene Ziele

Die prozeßbezogenen Ziele im Rahmen des Software Engineering lassen sich mit der termingerechten Fertigstellung des Softwareproduktes unter Berücksichtigung eines wirtschaftlichen Ressourceneinsatzes beschreiben.[38] Die Verfolgung dieser Ziele erfordert ein systematisches Vorgehensmodell sowie ein auf die spezifischen Belange von WBS zugeschnittenes Projektmanagement. Ein wesentlicher Unterschied zwischen einem traditionellen Projekt und einem Projekt zur Entwicklung eines WBS besteht in der Natur der zu modellierenden Problemstellung.

WBS werden für Aufgabenstellungen entwickelt, die sich nicht prozedural, beispielsweise auf der Basis von Algorithmen beschreiben lassen. Die zu verarbeitenden Daten sind häufig unvollständig und unsicher.[39] Die Folge ist, daß das Vorgehensmodell des Software Life Cycle nicht anwendbar ist, da eine wesentliche Voraussetzung, nämlich die möglichst vollständige und fehlerfreie Spezifikation der Systemanforderungen vor der Implementierung, kaum zu gewährleisten ist.

Als Lösung wurden Prototyping-orientierte Vorgehensmodelle vorgeschlagen. Es lassen sich unterschiedliche Formen des Protoyping unterscheiden.[40] In der Form des "Rapid Prototyping" wird eine schnelle Entwicklung eines ablauffähigen WBS angestrebt. Dies führte im Rahmen von XPS-Projekten dazu, daß bereits nach wenigen Interviews mit dem Experten eine kleine Regelbasis aufgebaut wurde. Als Vorteil des Rapid Prototyping wird die Möglichkeit gesehen, den Benutzer frühzeitig zu involvieren und das System dynamisch auf unvollständiges, inkonsistentes oder fehlendes Wissen hin prüfen zu können.

Diesen Vorteilen stehen jedoch gewichtige Nachteile gegenüber.[41] Die im Rapid Prototyping-Verfahren entstandenen Systeme weisen häufig eine intransparente Struktur auf, die aufgrund von sukzessiven Erweiterungen des anfänglichen Prototypen und der Berücksichtigung von Ausnahmen entsteht. Da Rapid Prototyping ohne den Einsatz von DV-gestützten Werkzeugen nicht möglich ist, besteht der Hang, die Konzeption des XPS an den Möglichkeiten des Tools, insbesondere den zur Verfügung stehenden Wissensrepräsentationstechniken, zu orientieren. In der Folge wird Wissen, das sich mit dem gewählten Tool nicht repräsentieren oder verarbeiten läßt, erst gar nicht erhoben. Der Entwickler muß sich frühzeitig um Implementierungsaspekte kümmern, anstatt sich im Rahmen der Wissensakquisition auf die vollständige Erhebung des Wissens zu konzentrieren. Ein Wechsel des Tools wird erheblich erschwert, da ein neues Tool in der Regel mit anders

---

38 Vgl. Kapitel 2.2.

39 In diesem Zusammenhang wird auch von semi-strukturierten bzw. schlecht-strukturierten Bereichen oder Domänen gesprochen. Vgl. HOPPE, U.: ABASS - Ein wissensbasierter Anlageberatungsassistent. Modellbasierte Entwicklung eines Expertensystems unter Verwendung eines systematischen Vorgehensmodells, erscheint in: BIETHAHN, J. et al. (Hrsg.): Wissensbasierte Systeme in der Betriebswirtschaft. Anwendungsgebiete, Applikationen, Tools, Wiesbaden 1991.

40 Vgl. BIETHAHN, J., MUCKSCH, H., RUF, W.: Ganzheitliches Informationsmanagement, Bd. I, Grundlagen, München u.a. 1990, S. 130 ff.

41 Vgl. KARBACH, W.: Methoden und Techniken des Knowledge Engineering, a.a.O., S. 11.

gearteten Wissensrepräsentationsmechanismen einhergeht, und somit zu einem völligen Neubeginn des Entwicklungsprozesses zwingt.

Hinsichtlich des Projektmanagements wird deutlich, daß die Erstellung eines Systems, dessen Spezifikationen zu Beginn des Projektes noch nicht bekannt sind bzw. erst sukzessive im Projektverlauf erarbeitet werden können, besondere Probleme hinsichtlich der Planung des Personaleinsatzes, des Entwicklungsaufwandes sowie der Termine mit sich bringt. Bisher liegen nur wenig Erfahrungen mit großen XPS-Projekten vor. Kurbel[42] weist darauf hin, daß die häufig in der Literatur genannte Teamzusammensetzung aus einem Experten und einem Knowledge Engineer nur für kleine Projekte in Frage kommt.

Allgemein anerkannt ist heute, daß der Entwicklungsprozeß für XPS evolutionärer Natur ist. Die Entwicklung vollzieht sich in aufeinanderfolgenden Versionen, was dem Grundgedanken des evolutionären Prototyping entspricht. Der Entwicklungsprozeß wird in Zyklen unterteilt, wobei am Ende eines jeden Zyklus eine neue Version des Systems steht. Dabei sind Rückkopplungen ausdrücklich erwünscht, um dem Auftreten neuer Benutzeranforderungen und damit dem iterativen Charakter des Prozesses gerecht zu werden.[43]

2.5 Prinzipien des Knowledge Engineering

Die beschriebenen Schwierigkeiten bei der Verfolgung produkt- und prozeßbezogener Ziele des Knowledge Engineering lassen sich in drei Problemfelder gruppieren:[44]

1. Wissensrepräsentationsformen:
Die Wissensrepräsentation in kommerziellen Entwicklungsumgebungen für WBS basiert im wesentlichen auf Regeln und/oder objektorientierten Strukturen (z.B. Frames). Diese Wissensrepräsentationsformen verfügen nicht über die nötige Ausdrucksstärke, um das Wissen des Experten möglichst vollständig und explizit abzubilden. Insbesondere die Problemlösungsstrategie, die in einem diagnostischen Problemlösungsprozeß beispielsweise aus einer Hypothesize-and-Test-Strategie auf der Basis einer Hierarchie von Lösungskonzepten bestehen kann,[45] läßt sich nicht adäquat repräsentieren. Dies zwingt die Entwickler dazu, die Problemlösungsstrategie implizit, d.h. durch Ausnutzung der Reihenfolge von Regeln und Prämissen, des Setzens geschickter Kontexte, der Reihenfolge von Goals und Subgoals u.ä. zu realisieren. Es ist jedoch genau diese Vorgehensweise, die die Flexibilität von WBS verringert und die beschriebenen Probleme bei der Wartung verursacht. Darüberhinaus steht implizit repräsentiertes Wissen nicht für Erklärungszwecke zur Verfügung. Insbesondere bei der Verwendung rein regelbasierter Systeme ist der Knowledge Engineer gezwungen, unterschiedlichste Wissensarten, d.h. Kontrollwissen ebenso wie Wissen über die eigentlichen heuristischen und kausalen Zusammmenhänge der Domäne,

42 Vgl. KURBEL, K.: Entwicklung und Einsatz von Expertensystemen, a.a.O., S. 85 f, S. 98 ff.

43 Kurbel gibt ein Beispiel für einen zyklisches Vorgehensmodell. Vgl. KURBEL, K.: Entwicklung und Einsatz von Expertensystemen, a.a.O., S. 92 ff.

44 Vgl. KARBACH, W.: Methoden und Techniken des Knowledge Engineering, a.a.O., S. 16 ff.

45 Vgl. Hoppe, U., ABASS - Ein wissensbasierter Anlageberatungsassistent, a.a.O.

unter Verwendung des uniformen Regelmechanismusses abzubilden. Eigene Untersuchungen haben gezeigt, daß der Erklärungswert eines Regeltraces bei zunehmender Durchsetzung mit Kontrollregeln stark abnimmt bzw. sich sogar ins Gegenteil verkehren kann.[46]

2. Wissensakquisition:
Die Wissensakquisition ist unbestritten der wichtigste Bestandteil des Knowledge Engineering-Prozesses, was im offensichtlichen Gegensatz zur vergleichsweise ungenügenden Unterstützung steht. Ziel der Wissensakquisition ist es, die konzeptuelle Lücke, die zwischen dem Wissen des Experten und der operationalen Implementierungsform besteht, zu überbrücken. Es ist ein Trugschluß zu glauben, das Wissen des Experten wäre direkt aus diesem in Regelform extrahierbar, so daß eine direkte Umsetzung in die entsprechende Implementierungsform erfolgen könne. Wissensakquisition ist vielmehr ein Modellierungsprozeß, der vor allem in der Analyse und Interpretation des Wissens besteht, der durch die heutigen Werkzeuge nicht unterstützt wird.[47]

3. Vorgehensmodell:
Die bisherigen Vorgehensweisen bei der Entwicklung von WBS, insbesondere in der Form des Rapid Prototyping, verkennen den zyklischen und iterativen Charakter des Entwicklungsprozesses. Rapid Prototyping beruht in seiner Philosophie auf der Unterlassung gründlicher Wissensanalysen, um möglichst schnell zu einem ablauffähigen System zu kommen. Die Wissensakquisition wird zu einem Zyklus aus Wissenserhebung und -implementierung degeneriert. Die Problematik der konzeptuellen Lücke wird nicht erkannt.
Der ungenügend strukturierte Ablauf erschwert zudem eine effiziente Planung und Kontrolle des Entwicklungsvorhabens.

Die Prinzipien, an denen sich eine Methodologie des Knowledge Engineering orientieren sollte, lassen sich direkt aus den genannten Problemfeldern ableiten.[48]

1. Einführung von Wissensrepräsentationsformen, die eine möglichst vollständige Beschreibung des Expertenwissen erlauben.

Diese Wissensrepräsentation hat auf einem im Vergleich zur Implementierungsebene höheren Abstraktionsniveau zu erfolgen, um auf diese Weise die konzeptuelle Lücke zu verkleinern. Um dem Experten selbst die Wartung seines Wissens zu ermöglichen, sollte es sich aus Gründen der besseren Transparenz im wesentlichen um deklarative Wissensrepräsentationsformen handeln. Aus dem gleichen Grund ist die Fachsprache des Experten

---

46 Vgl. BIETHAHN, J., HOPPE, U.: Vergleich von Tools zur Erstellung wissensbasierter Systeme auf Basis der Entwicklung einer konkreten Applikation, in: EHRENBERG, D., KRALLMANN, H., RIEGER, B. (Hrsg.): Wissensbasierte Systeme in der Betriebswirtschaft, Berlin 1990, S. 127.

47 Vgl. WIELINGA, B. J., SCHREIBER, G.: KADS: Model Based KBS Development, in: MARBURGER, H. (Hrsg.): GWAI-90, 14th German Workshop on Artificial Intelligence, Eringerfeld, 10.-14. September 1990, Proceedings, Berlin u.a. 1990, S. 322 f.

48 Vgl. KARBACH, W.: Methoden und Techniken des Knowledge Engineering, a.a.O., S. 19.

zu unterstützen, d.h. die Wissensrepräsentationsformen sollten auf der Terminologie der Domäne basieren.

2. Die Wissensakquisition ist explizit zu unterstützen durch
- Erstellung eines Konzeptuellen Modells, im Sinne einer implementationsunabhängigen Darstellung der Expertise, auf Basis der geforderten abstrakten Wissensrepräsentationsformen,
- Erweiterung der Entwicklungstools um Wissensakquisitionskomponenten, die mit Wissensrepräsentationsformen auf dem geforderten Abstraktionsniveau operieren, sowie durch die
- Berücksichtigung der Modellierungsvorgänge in dem Vorgehensmodell.

3. Entwurf eines systematischen und ganzheitlichen, d.h. sich über alle Aufgabenbereiche des Knowledge Engineering erstreckenden Vorgehensmodells, das dem zyklischen und iterativen Charakter des Entwicklungsprozesses gerecht wird.

Letzeres erfordert eine explizite Einteilung in Entwicklungszyklen, wobei entsprechende Aussagen über die Struktur und Anzahl der Zyklen zu machen sind.[49] Eine Einteilung der Zyklen in Abschnitte oder Stufen erlaubt das Setzen von "Milestones", um eine bessere Planung und Kontrolle im Hinblick auf das Projektmanagement zu gewährleisten. Dem Aufgabenbereich der konzeptuellen Modellierung im Rahmen der Wissensakquisition ist ein besonderer Stellenwert einzuräumen.

3 Methodologien des Knowledge Engineering

3.1 Die KADS-Methodologie

3.1.1 Theoretischer Unterbau der KADS-Methodologie

KADS ist die Abkürzung für "Knowledge Acquisition and Documentation Structuring" und beschreibt sowohl eine Methodologie zur Erstellung von WBS als auch ein Softwaresystem, das auf Basis der Methodologie den Entwicklungsprozeß unterstützen soll. KADS ist aus den Forschungsarbeiten von Wielinga und Breuker[50] hervorgegangen.

Der theoretische Unterbau der KADS-Methodologie läßt sich anhand des Grundverständnisses des Entwicklungsprozesses von WBS und der Prinzipien, die der Methodologie zugrunde gelegt werden, beschreiben.
Das Grundverständnis der KADS-Methodologie liegt in der Sicht der Entwicklung von WBS als ein aus Abstraktions- und Transformationsvorgängen bestehender Modellie-

49 Kurbel schlägt eine Folge von zumindest drei Zyklen vor. Vgl. KURBEL, K.: Entwicklung und Einsatz von Expertensystemen, a.a.O., S. 96 f.

50 Neben einer Reihe weiterer Autoren, vgl. die jeweiligen Literaturhinweise.

rungsprozeß. Dies erscheint zunächst nicht neu zu sein, da auch die operationale Wissensbasis eines regelbasierten Systems ein Problemlösungsmodell der Expertise eines Experten darstellt. Neu ist jedoch die systematische Überbrückung der konzeptuellen Lücke durch eine Reihe von Modellen mit variierendem Abstraktionsgrad. Der Entwicklungsprozeß stellt sich damit als ein Transformationsprozeß dar, der von dem (in der Regel in verbaler Form vorliegenden) Wissen des Experten bis hin zum ablauffähigen WBS führt. Einen Überblick über den Transformations- und Abstraktionsprozeß gibt die folgende Abbildung, eine Erklärung der einzelnen Modelle erfolgt in den kommenden Kapiteln.

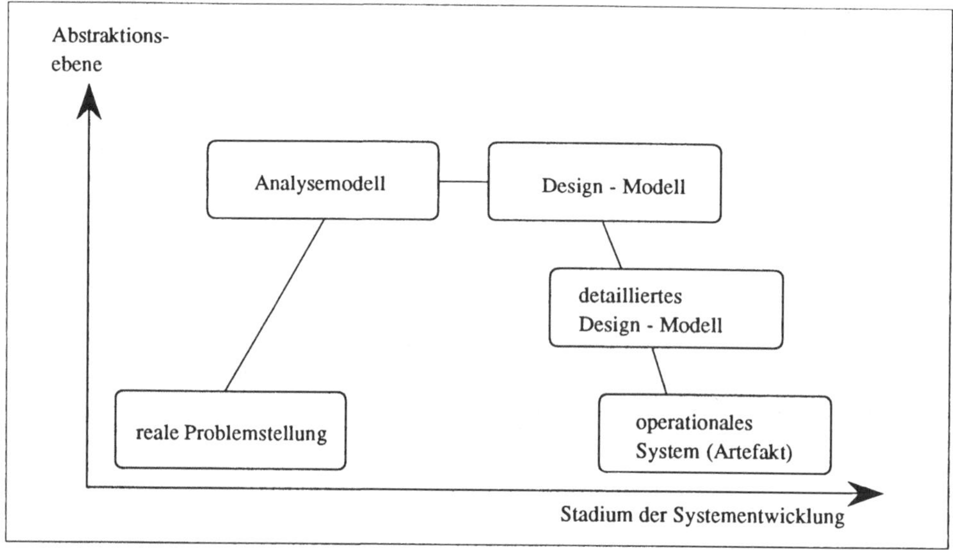

Abb.1: Entwicklungskurve Wissensbasierter Systeme[51]

Hinsichtlich der Prinzipien der KADS-Methodologie nennen die jeweiligen Autoren eine Reihe von Grundsätzen, die jedoch teilweise nur den Charakter von "Daumenregeln" haben, die bei der Entwicklung von WBS zu beachten sind. Von wirklich zentraler Bedeutung lassen sich drei Prinzipien ausmachen:

1. In einer Abkehr von der Vorgehensweise des Rapid Prototyping beziehen sich die Autoren wieder auf die Grundlagen des traditionellen Software Life Cycles, indem sie eine vollständige Analyse der Daten vor den nachfolgenden Design- und Implementierungsabläufen verlangen.[52]

---

51 Vgl. WIELINGA, B. J., BREDEWEG, B., BREUKER, J. A.: Knowledge Acquisition for Expert Systems, in: NOSSUM, R. T. (Hrsg.): Advanced Topics in Artificial Intelligence, 2nd Advanced Course, ACAI '87, Oslo, Norway, July 28 - August 7, 1987, Berlin 1988, S. 104.

52 Vgl. BREUKER, J. A., WIELINGA, B. J.: Models of Expertise in Knowledge Acquisition, in: GUIDA, G., TASSO, C. (Hrsg.): Topics in Expert System Design. Methodologies and Tools, Amsterdam u.a. 1989, S. 273.

2. Wissen ist auf unterschiedlichen Ebenen zu analysieren, wobei der epistemologischen Ebene eine zentrale Rolle zukommt.[53]

3. Diese Wissensanalyse sollte so früh wie möglich modellgetrieben vorgenommen werden, um die ineffiziente "bottom-up"-Vorgehensweise bei der Erhebung des Wissens durch eine zielgerichtete, auf gegebene Modellstrukturen ausgerichtete "top-down"-Analyse zu ersetzen.[54]

Es lassen sich drei wesentliche Komponenten der KADS-Methodologie unterscheiden:

1. Eine Modellierungssprache, die Knowledge Conceptual Modelling Language (KCML),
2. ein Vorgehensmodell, von den Autoren als Life Cycle Modell bezeichnet, und
3. eine Reihe von Software Support Tools, die in einer Knowledge Engineering Workbench zusammengefaßt sind.

Der Software Life Cycle umfaßt naturgemäß alle Phasen des Entwicklungsprozesses und soll daher aus Gründen der Übersichtlichkeit bereits im folgenden Kapitel 3.1.2 behandelt werden.
Relativ am besten untersucht ist das als M1 bezeichnete Konzeptuelle Modell,[55] dem in Kapitel 3.1.3 entsprechend viel Platz eingeräumt wird. Aus Gründen des besseren Verständnisses werden die Darstellungen anhand eines Beispiels, welches in eigenen Forschungsarbeiten anläßlich der Entwicklung eines WBS zur Beratung von Studenten bei dem Kauf eines IBM-kompatiblen Rechners ("PC-Berater")[56] entworfen wurde, verdeutlicht.

Die KADS-Methodologie stellt dem Knowledge Engineer eine Bibliothek von Interpretationsmodellen zur Verfügung, die den Wissensakquisitionsprozeß unterstützen. Diese Interpretationsmodelle oder auch "Generic Tasks" sind Gegenstand des Kapitels 3.1.4. Im Gegensatz dazu bedarf der Bereich des Designs, d.h. die Design-Modelle M2 und M3, noch weiterer Forschungsarbeiten. Die Ausführungen in Kapitel 3.1.5 verzichten auf eine Darstellung des Modells M3, da es sich hierbei lediglich um eine detailliertere Form des Modells M2 handelt, und auch die Literatur zur KADS-Methodologie wenig Aussagen zu M3 enthält. In Kapitel 3.1.6 wird kurz auf die KADS POWER TOOLS und das KADS-System sowie auf den designierten Nachfolger SHELLEY eingegangen. Kapitel 3.1.7 der Arbeit enthält eine zusammenfassende Beurteilung der KADS-Methodologie.

53 Vgl. die Ausführungen in Kapitel 3.1.3 der Arbeit.

54 Vgl. die Ausführungen in Kapitel 3.1.4 der Arbeit.

55 Zu den Bezeichnungen der Modelle vgl. auch Abb. 5 in Kapitel 3.1.3.1.

56 Vgl. BIETHAHN, J., HOPPE, U.: Vergleich von Tools zur Erstellung wissensbasierter Systeme auf Basis der Entwicklung einer konkreten Applikation, a.a.O., S. 113 ff.

3.1.2 Life Cycle Modell der KADS-Methodologie

Der Life Cycle[57] in der KADS-Methodologie ist in die Phasen Analyse, Design, Implementierung, Installation, Einsatz des Systems sowie Wartung eingeteilt. Abbildung 2 gibt einen Überblick über das Life Cycle Modell. Wichtig für das Verständnis des Life Cycle ist die Unterscheidung der Aktivitäten in der Analysephase in einen "externen" und einen "internen" Strom.[58] Die externen Aktivitäten werden im Rahmen eines Requirements Engineering-Prozesses[59] durchgeführt ("Requirement Specification" in der Übersicht), der die Untersuchung der Benutzeranforderungen sowie der für das Projekt relevanten Unternehmensziele und Nebenbedingungen zum Zweck hat. Die internen Aktivitäten bestehen aus dem eigentlichen Wissensakquisitionsprozeß und führen im wesentlichen zu dem auf vier Ebenen basierenden Konzeptuellen Modell ("Conceptual Model and partial Knowledge Base" in Abbildung 2).

Gemeinsamer Ausgangspunkt für die externe und interne Analyse ist die Bestimmung des Projektumfanges, der nach Hayward et al.[60] in einer Orientierungsphase ermittelt wird. Das Projektteam wird gebildet, und die Projektziele (soweit sie in diesem Stadium bereits beschreibbar sind) werden formuliert. Der Life Cycle wird auf die konkreten Projektbedürfnisse angepaßt und dient als Ausgangsbasis für die Formulierung eines ersten Projektplans. Der Knowledge Engineer macht sich mit der Domäne vertraut, identifiziert die wesentlichen Konzepte und untersucht Umfang und Komplexität der Problemstellung.

Ziel der externen und internen Analysevorgänge ist zunächst eine möglichst frühzeitige Beurteilung der Durchführbarkeit des Projektes. In der internen Sicht ist die Durchführbarkeit gegeben, wenn es möglich ist, die Problemlösungsstrategie, d.h die Wissensstrukturen und die Verarbeitungsstrategien unter Verwendung der vorhandenen Techniken zu realisieren.[61] Die externe Sicht der Durchführbarkeit soll sicherstellen, daß das beabsichtigte WBS den Benutzerwünschen sowie den Unternehmenszielen und -nebenbedingungen (beispielsweise Entwicklungsbudget) entspricht.

---

57 Der Begriff Life Cycle ist an dieser Stelle von dem "Life Cycle" im Sinne eines linearen, traditionellen Phasenschemas, wie es beispielsweise bei Pomberger dargestellt wird, zu unterscheiden. Vgl. POMBERGER, G.: Methodik der Softwareentwicklung, a.a.O., S. 218 ff.

58 Vgl. BARTHÉLEMY, S. et al.: D3, Requirements Analysis in KBS Development. ESPRIT P1098. A Methodology for Knowledge Based Systems Development, 1987, S. 16 ff.; BREUKER, J. A., WIELINGA, B. J.: Models of Expertise in Knowledge Acquisition, a.a.O., S. 273 f.

59 Zum Begriff des Requirements Engineering vgl. MITTERMEIR, R.: Requirements Engineering, in: KURBEL, K., STRUNZ, H. (Hrsg.): Handbuch Wirtschaftsinformatik, Stuttgart 1990, S. 237 ff.

60 Vgl. HAYWARD, S. A., WIELINGA, B. J., BREUKER, J. A.: Structured Analysis of Knowledge, in: BOOSE, J. H., GAINES, B. R. (Hrsg.): Knowledge Acquisition Tools for Expert Systems. Knowledge-Based Systems, Vol. 2, London 1988, S. 157.

61 Breuker et al. weisen darauf hin, daß dieser Zusammenhang noch nicht ausreichend geklärt ist. So lassen sich beliebige Interpretationsmodelle (vgl. hierzu Kapitel 3.1.4) konstruieren, die jedoch mit den heutigen Techniken der Künstlichen Intelligenz nicht implementiert werden können. Vgl. BREUKER, J. A., WIELINGA, B. J.: Techniques for Knowledge Elicitation and Analysis. Report 1.5 Esprit Project 12. Memorandum 28 of the Research Project 'The Acquisition of Expertise', 1984, S. 63.

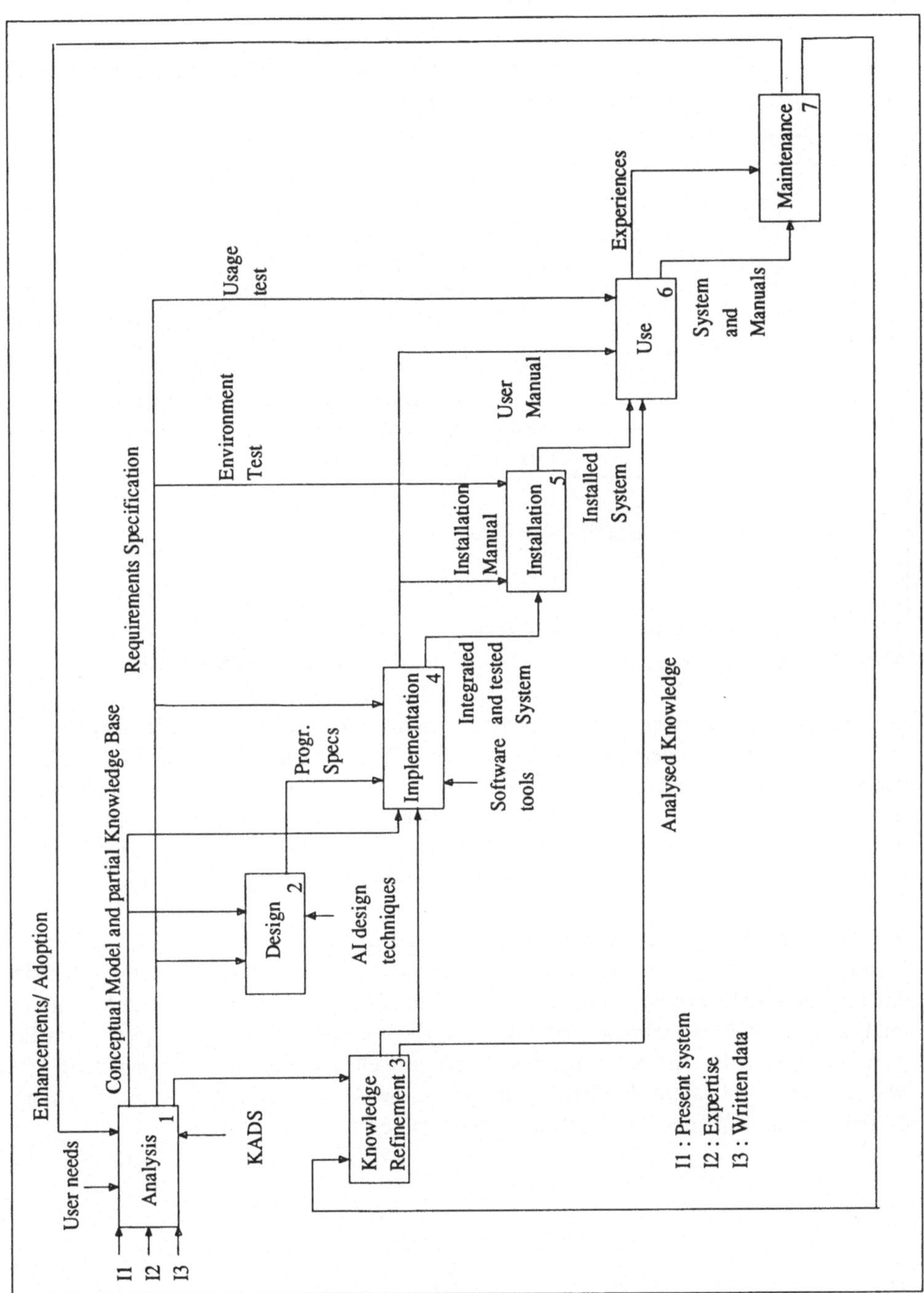

Abb. 2: Life Cycle Modell der KADS-Methodologie[62]

62 BARTHÉLEMY, S. et al.: D3, Requirements Analysis in KBS Development, a.a.O., S. 48.

Abbildung 3 verdeutlicht den Zusammenhang zwischen Projektumfang, externer und interner Sicht sowie der Abschätzung der Durchführbarkeit.

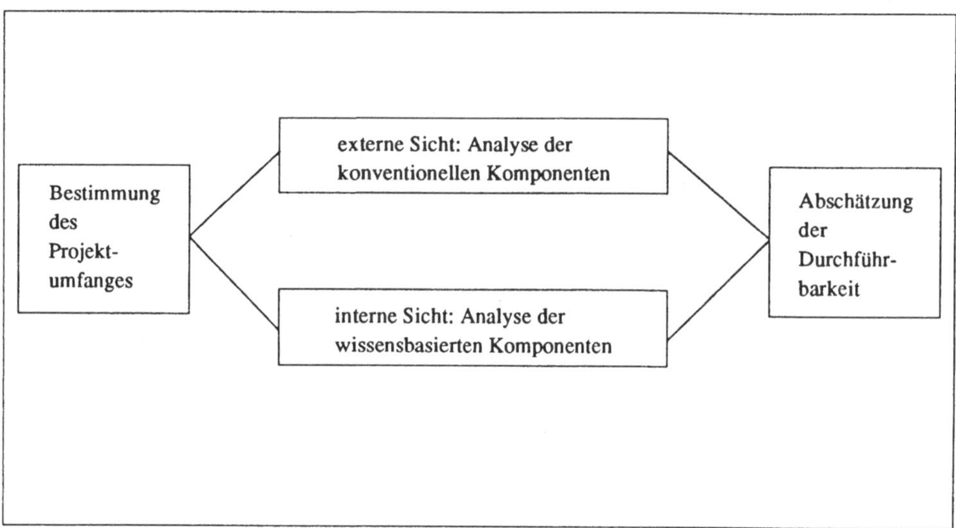

Abb. 3: Basiskomponenten in der Analysephase des Life Cycle Modells[63]

Die internen und externen Aktivitäten lassen sich weiter verfeinern.[64] Die internen Aktivitäten setzen sich aus der Analyse des statischen Wissens (im wesentlichen Identifikation der Konzepte der Domäne), der Zerlegung der Expertenaufgabe in Teilaufgaben und der Erstellung des Konzeptuellen Modells zusammen. Die externen Aktivitäten des Requirement Engineering bestehen aus einer Analyse des Ist-Zustandes des Systems, der Ziele und Nebenbedingungen des Unternehmens sowie der funktionalen Anforderungen.

Abbildung 4 verdeutlicht die Teilaktivitäten der beiden Analyseströme. Die Ziffern am Rande der Übersicht stellen einen Reihenfolgevorschlag dar, wobei die Autoren betonen, daß die vorgeschlagene Reihenfolge nicht unbedingt den effizientesten Ablauf beschreiben muß, sondern daß es vielmehr notwendig ist, die Aktivitäten in Abhängigkeit vom Projektumfang und der Art des Projektes (konventionelles Projekt oder Entwicklung eines WBS) "maßzuschneidern".[65] Gleichzeitig geben die Autoren einige Richtlinien, wie eine derartige Anpassung des Life Cycle aussehen könnte.[66]

63 BARTHÉLEMY, S. et al.: D3, Requirements Analysis in KBS Development, a.a.O., S. 17.

64 Vgl. ebenda, S. 21 ff.

65 Vgl. ebenda, S. 16.

66 Vgl. ebenda, S. 25.

	Interne Analyse (Wissensakquisition)	Externe Analyse (Requirements Analyse)
1.	Bestimmung des Projektumfangs	
2.		Analyse des Istzustandes
3.	Analyse des statischen Wissens	
4.		Analyse der Ziele und Nebenbedingungen
5.	Analyse der Aufgaben von Experten und Anwendern	
6.		Bestimmung der funktionalen Anforderungen
7.	Entwurf des Konzeptuellen Modells	
8.	Abschätzung der Durchführbarkeit	

Abb. 4: Interne und externe Analyseaktivitäten[67]

Mit jeder der genannten Analyseaktivitäten geht die Erstellung einer Reihe von Dokumenten einher, die den Output einer jeden (Teil-)Phase darstellen. Bartholémy et al. führen eine sehr detaillierte Liste von Dokumenten an.[68] Auf die einzelnen Dokumente kann im Rahmen dieses Beitrages nicht eingegangen werden. Die Bedeutung der Dokumente ist jedoch ausdrücklich zu betonen, da sie als Output der einzelnen Phasen geeignete Kandidaten für das Setzen von "Milestones" innerhalb der Durchführung des Projektmanagements darstellen.

3.1.3 Analysemodell

3.1.3.1 Konzeptuelles Modell

Das Konzeptuelle Modell ist das zentrale, bislang am besten untersuchte Modell in der KADS-Methodologie. Basierend auf dem Grundgedanken, das der Erstellungsprozeß von WBS ein Modellierungsvorgang ist, führen Hayward et al.[69] fünf Ebenen der Abbildung und Analyse von Wissen auf:

- *Knowledge Identification*: Entspricht im wesentlichen der Erhebung des Expertenwissens in zunächst verbaler Form (z.B. Interviewprotokolle), daher auch als "linguistische Ebene" bezeichnet.[70]

---

67 BARTHÉLEMY, S. et al.: D3, Requirements Analysis in KBS Development, a.a.O., S. 21.

68 Vgl. ebenda, S. 45.

69 Vgl. HAYWARD, S. A., WIELINGA, B. J., BREUKER, J. A.: Structured Analysis of Knowledge, a.a.O., S. 151 f.

70 Vgl. ANJEWIERDEN, A.: The KADS System, Unveröffentlicher Forschungsbericht, 1987, S. 2.

- *Knowledge Conceptualization*: Abbildung des Wissens auf Konzepte, Beziehungen zwischen Konzepten und Konzeptstrukturen.
- *Epistemological Analysis*: Erstellung des Konzeptuellen Modells durch Organisation des Wissens in einem epistemologischen Rahmenwerk, das anhand von Konzepttypen, Beziehungstypen, Strategietypen u.ä. die strukturellen Eigenschaften des Wissens verdeutlicht.
- *Logical Analysis*: Abbildung des epistemologischen Rahmenwerkes auf AI-Methoden[71] und -formalismen.
- *Implementational Analysis*: Abbildung des Wissens auf die Grundelemente der Wissensrepräsentation und -verarbeitung in Abhängigkeit von dem verwendeten Tool.

Abbildung 5 verdeutlicht in Anlehnung an Abbildung 1 (Kapitel 3.1.1) den Zusammenhang zwischen den Analyseebenen und den verschiedenen Modellen der KADS-Methodologie.

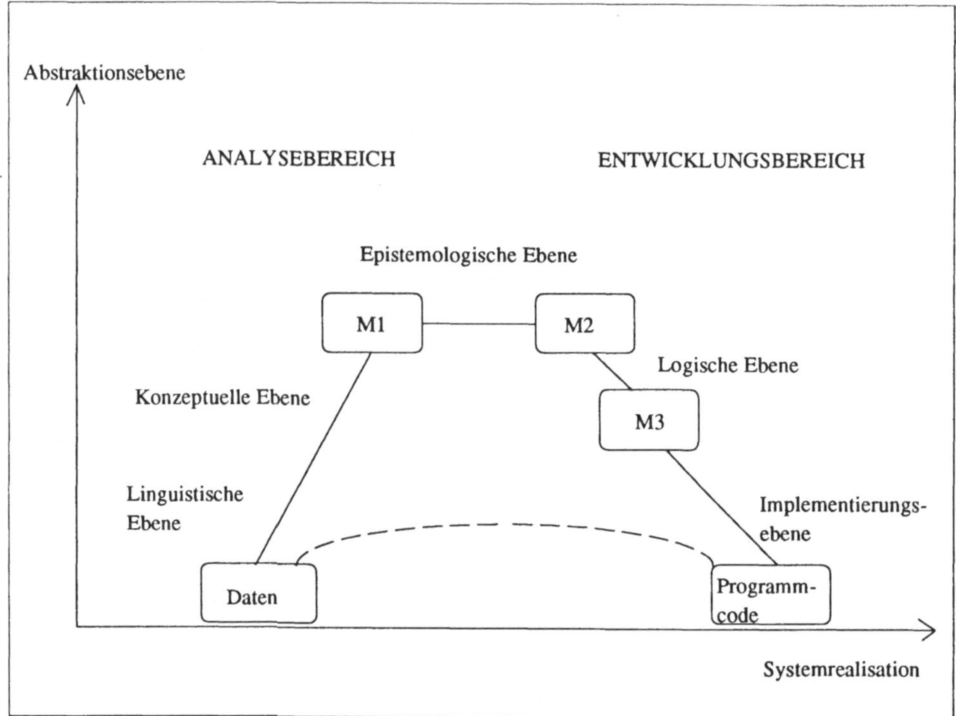

Abb.5: Modelle und der Entwicklungsraum von WBS[72]

71 Auf die Bedeutung der AI-Methoden wird in Kapitel 3.1.5 näher eingegangen.

72 Vgl. BREUKER, J. A., WIELINGA, B. J.: Models of Expertise in Knowledge Acquisition, a.a.O., S. 268.

Wesentliches Zwischenergebnis dieser mehrschichtigen Analyse ist ein Konzeptuelles Modell auf epistemologischer Ebene. Zur Erstellung dieses Modells wurde eine Sprache, die KADS Conceptual Modelling Language (KCML), entworfen. Eine Modellierungssprache kann in diesem Zusammenhang wie folgt definiert werden:

"A modelling language provides a vocabulary in which the expertise can be expressed in a coherent way".[73]

Die Semantik der Modellierungssprache beruht auf der Theorie der vier Ebenen:[74]

"The four layer theory which constitutes rather a view on expert problem solving than a fully elaborated and evaluated theory is based upon two premises. The first one holds that it is possible and useful to distinguish between several generic types of knowledge; the second, that these types of knowledge can be organised in layers, which have limited interactions".[75]

Die KCML bietet sprachliche Beschreibungselemente für zwei der vier Ebenen, nämlich für den Inference Level und die Task Structure, nicht jedoch für den Domain Level und den Strategic Level, und stellt insofern eine Vereinfachung des Konzeptuellen Modells dar. Der Grund liegt darin, daß dem Knowledge Engineer bei der Beschreibung des Domain Levels Freiheitsgrade bei der Wahl seiner Repräsentationsformalismen gelassen werden sollen.[76] Der Strategic Level hingegen ist häufig nicht oder nur rudimentär gegeben.[77] Im folgenden sollen die vier Schichten jeweils kurz erläutert werden.

1. Domain Level:

Abbildung der Konzepte der Domäne und ihrer statischen Beziehungen in einer axiomatischen Struktur auf der Basis von "consists-of"-, "depends-upon"-, "part-of"-, "causes"-Beziehungen u.ä.[78] Abbildung 6 beschreibt den Domain Level des prototypischen WBS "PC-Berater".

73 BREUKER, J. A., WIELINGA, B. J.: Models of Expertise in Knowledge Acquisition, a.a.O., S. 272.

74 Vgl. ebenda, S. 274; HAYWARD, S. A., WIELINGA, B. J., BREUKER, J. A.: Structured Analysis of Knowledge, a.a.O., S. 152 ff.; SCHREIBER, G. et al.: Modelling in KBS Development, in: BOOSE, J. H., GAINES, B. R., LINSTER, M. (Hrsg.): Proceedings of the European Knowledge Acquisition Workshop (EKAW'88), Studien der GMD Nr. 143, Sankt Augustin 1988, S. 7-4 ff.

75 BREUKER, J. A., WIELINGA, B. J.: Models of Expertise in Knowledge Acquisition, a.a.O., S. 274 f.

76 Vgl. ebenda, S. 278.

77 Vgl. auch die Anmerkungen zum Strategic Level im gleichen Kapitel.

78 Die Beziehungstypen wurden in der Abbildung 6 aus Vereinfachungsgründen nicht benannt.

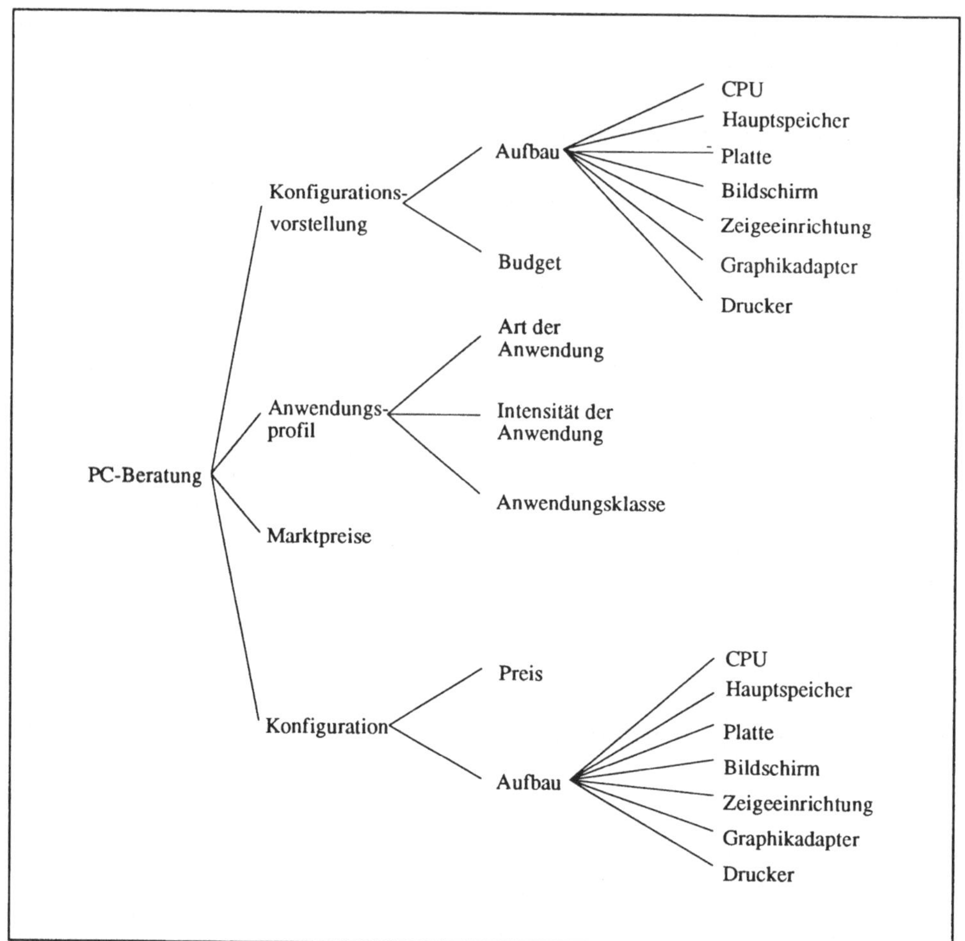

Abb. 6: Domain Level des PC-Beraters[79]

2. Inference Level:

Die Inferenzschicht beschreibt die Schlußfolgerungskompetenz des Domain Level. Diese Kompetenz ist abstrakt, da sie losgelöst von konkreten Konzepten der Domäne lediglich die möglichen Inferenzen beschreibt. Die Kompetenz dokumentiert sich in einer Menge von Knowledge Sources,[80] die als Schlußfolgerungsfunktionen, wie beispielsweise "abstract", "assemble" u.ä. interpretiert werden können.

---

79 BIETHAHN, J., HOPPE, U.: Vergleich von Tools zur Erstellung wissensbasierter Systeme auf Basis der Entwicklung einer konkreten Applikation, a.a.O., S. 119.

80 Breuker et al. weisen auf die unterschiedliche Bestimmung des Begriffes "Knowledge Source" im Gegensatz zur Verwendung in den Forschungsarbeiten des HEARSAY-Projekts hin. Vgl. BREUKER, J. A., WIELINGA, B. J.: Models of Expertise in Knowledge Acquisition, a.a.O., S. 275.

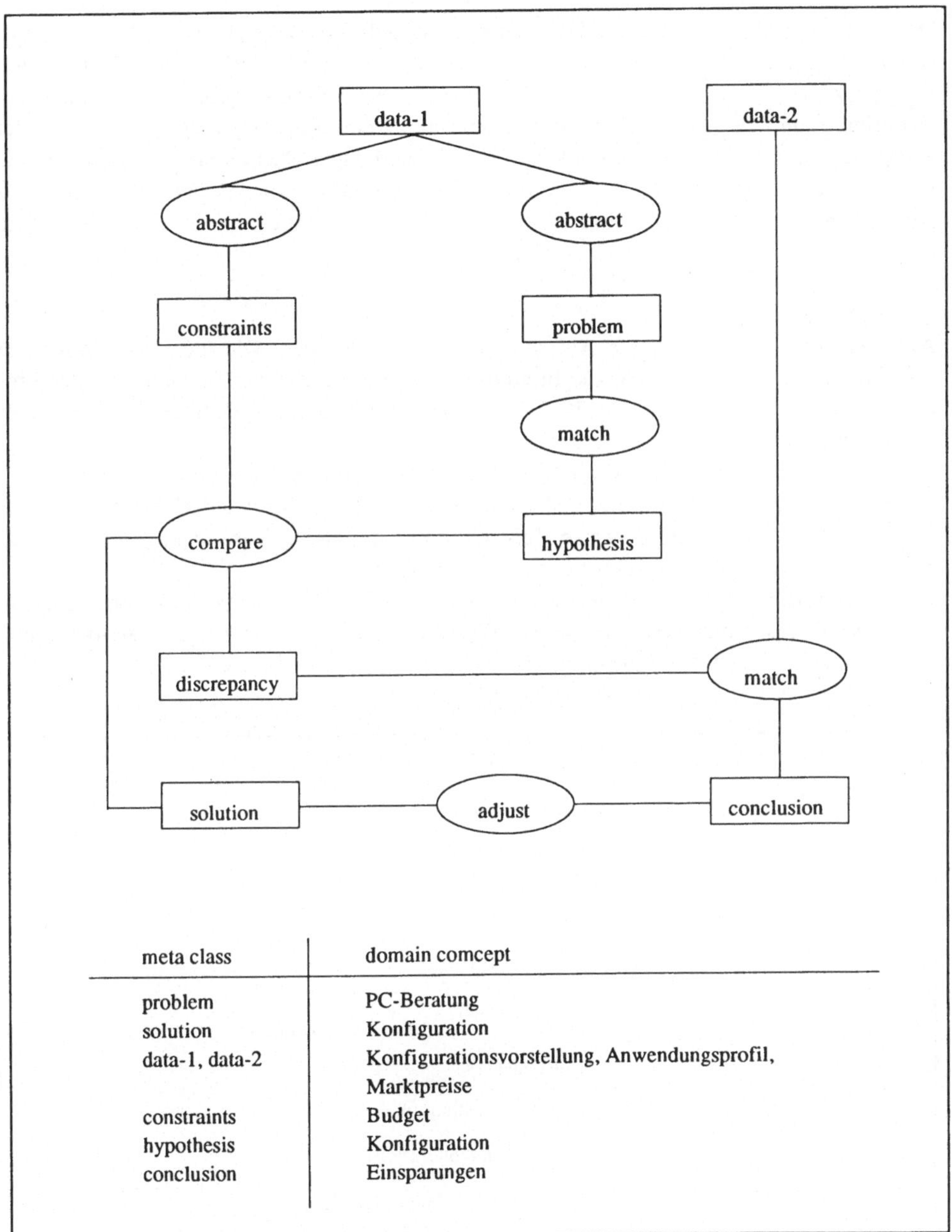

meta class	domain comcept
problem	PC-Beratung
solution	Konfiguration
data-1, data-2	Konfigurationsvorstellung, Anwendungsprofil, Marktpreise
constraints	Budget
hypothesis	Konfiguration
conclusion	Einsparungen

Abb. 7: Inferenzstruktur des PC-Beraters[81]

---

81 Vgl. BIETHAHN, J., HOPPE, U.: Vergleich von Tools zur Erstellung wissensbasierter Systeme auf Basis der Entwicklung einer konkreten Applikation, a.a.O., S. 121.

Der Input und Output der Knowledge Sources besteht aus sogenannten "Meta Classes", welche die Rollen beschreiben, die die Domänenkonzepte im Verlaufe des Schlußfolgerungsprozesses annehmen können. So kann beispielsweise ein Domänenkonzept "Konfiguration" im Inferenzverlauf sowohl die Rolle einer Hypothese als auch der endgültigen Lösung spielen. Knowledge Sources und Meta Classes bilden zusammen die Inferenzstruktur. Abbildung 7 verdeutlicht einen Teilausschnitt aus der Inferenzstruktur des PC-Beraters. Die Ovale repräsentieren die Knowledge Sources, die Kästen die Meta Classes.

3. Task Level:
Auf dem Task Level wird die Aufgabenstruktur beschrieben. Die hieraus resultierende Task Structure spezifiziert, wie die Inferenzstruktur verwendet werden kann, um das Problem zu lösen. Die Elemente der KCML zur Beschreibung der Task Structure sind Goals und Control Statements:

- Goals: Es lassen sich primitive und zusammengesetzte Goals unterscheiden. Primitive Goals bestehen in der einfachsten Form aus einer Knowledge Source und einer Meta Class, beispielsweise "abstract (constraints)". Zusammengesetzte Goals bestehen aus einer Struktur von primitiven Goals.
- Control statements: um nicht nur einfache Sequenzen von Goals zu ermöglichen, wird das Vokabular um die Möglichkeiten der Iteration (while-statement) und Auswahl (if-statement) erweitert.

```
assess (solution)
   compare (constraints, hypothesis)
      match (hypothesis)
         abstract (problem)
            obtain (data-1)
         abstract (constraints)
   if discrepancy is unacceptable
      adjust (solution)
      match (conclusion)
         obtain (data-2)
```

Abb. 8: Task Structure des PC-Beraters[82]

82 BIETHAHN, J., HOPPE, U.: Vergleich von Tools zur Erstellung wissensbasierter Systeme auf Basis der Entwicklung einer konkreten Applikation, a.a.O., S. 122.

4. Strategic Level:
Ein flexibler Problemlösungsprozeß bedingt, daß die Problemlösungsstrategie an die jeweiligen Umstände hinsichtlich der Verfügbarkeit benötigter Daten, der Absichten der Benutzer sowie des jeweiligen Problemtyps angepaßt werden kann. Hierzu wird Schlußfolgerungskompetenz zur Aufstellung von Plänen, Überwachung der Plandurchführung und Abänderung der Pläne benötigt.[83] Der Strategic Level ist vergleichsweise wenig untersucht, da eine strategische Schlußfolgerungskompetenz für ein WBS in einer eng abgegrenzten Domäne aufgrund der in der Regel fixen, "fest verdrahteten" Problemlösungsstrategie kaum erforderlich ist.[84]

3.1.3.2 Spezifikation der Requirements

Ausgangspunkt für die Integration eines Requirements Engineering-Prozesses in die KADS-Methodologie war die Erkenntnis, daß im Rahmen der Wissensakquisition eine Reihe von Aspekten wie beispielsweise Fragen der Einsatzumgebung oder der Berücksichtigung der Benutzer nicht behandelt werden. Parallel zu den Aktivitäten der Wissensakquisition, die zur Erstellung des Konzeptuellen Modells führen, erfolgt daher ein Requirements Engineering. Ziel ist es, das gegenseitige Verständnis zwischen Benutzern und Entwicklern zu fördern, um sicherzustellen, daß das Zielsystem[85] den Benutzerbedürfnissen entspricht.[86] Hayward et al. stellen fest, daß die Analyse der Benutzer und der Einsatzumgebung im wesentlichen im Rahmen eines herkömmlichen Software Engineering erfolgt und somit (im Gegensatz zur Wissensanalyse) wenig neues beizutragen hat.[87] Aus diesem Grund sollen die folgenden Ausführungen kurz gehalten werden, um den Modellierungsaktivitäten der KADS-Methodologie mehr Platz einzuräumen.

Der Begriff "Requirement" umschreibt eine intendierte Eigenschaft des Zielsystems, die den qualitativen oder quantitativen Bedürfnissen der Benutzer sowie den Nebenbedingungen der Einsatzumgebung entspricht.[88] Requirements lassen sich in zwei Gruppen unterteilen: rechnerorientierte Anforderungen beschreiben die Funktions- und Performancecharakteristika, die das Zielsystem aufweisen soll, "weltorientierte"[89] Anforderungen spezifizieren die Integration des Zielsystems in seine Einsatzumgebung.

---

83 Hayward et al. sprechen von einem 'plan, monitor, repair cycle'. Vgl. HAYWARD, S. A., WIELINGA, B. J., BREUKER, J. A.: Structured Analysis of Knowledge, a.a.O., S. 152.

84 Vgl. ebenda.

85 Das intendierte WBS in seiner operationalen Form wird im folgenden als Zielsystem bezeichnet, nicht zu verwechseln mit einem System unternehmerischer Zielsetzungen.

86 Vgl. BARTHÉLEMY, S. et al.: D3, Requirements Analysis in KBS Development, a.a.O., S. 9.

87 Vgl. HAYWARD, S. A., WIELINGA, B. J., BREUKER, J. A.: Structured Analysis of Knowledge, a.a.O., S. 158.

88 Vgl. BARTHÉLEMY, S. at al.: D3, Requirements Analysis in KBS Development, a.a.O., S. 10.

89 Barthélemy et al. sprechen von 'computer-oriented' und 'world-oriented'. Vgl. ebenda, S. 9.

Ergebnis des Requirements Engineering ist ein Anforderungsdokument. Das Dokument ist weniger als eine Systemspezifikation zu verstehen, die das Systemverhalten beschreibt, sondern eher als ein Katalog der Nebenbedingungen, die die Gestaltung des Zielsystems beschränken. Das Dokument ist während des gesamten Entwicklungsprozesses zu pflegen, da die Requirements der Benutzer im Zeitablauf in der Regel nicht stabil sind. Gründe hierfür liegen in dem mangelnden Problemverständnis, das häufig gerade in schlecht-strukturierten Domänen zu Beginn eines Projektes herrscht, sowie in den zusätzlichen Anforderungen, die die Benutzer basierend auf der zunehmenden Erkenntnis der Möglichkeiten des Systems im Projektablauf stellen.

3.1.4 Interpretationsmodelle und Generic Tasks

Ein wesentliches Prinzip der KADS-Methodologie verlangt, die Wissenakquisition modellgestützt zu betreiben. Hinter dieser Forderung verbirgt sich der Gedanke, daß Expertise mit Hinblick auf gleiche oder ähnliche Schlußfolgerungsmuster in Klassen eingeteilt werden kann.[90] So weist der Problemlösungsprozeß in so unterschiedlichen Aufgabenstellungen wie der Diagnose biologischer Systeme oder der Fehlersuche in technischen Systemen durchaus vergleichbare Schlußfolgerungsprozesse auf, beispielsweise in Form der Erstellung von Hypothesen über "Fehlfunktionen", dem Testen dieser Hypothesen auf Evidenz u.ä.[91]

Die Einteilung dieser Muster in Klassen führt zur Formulierung sogenannter Generic Tasks[92], protoypischen Aufgabenstellungen, die mit einer bestimmten Schlußfolgerungsmethode verbunden sind.[93] Wenn es nun gelingt, in einer frühen Phase der Wissensakquisition Schlußfolgerungsmuster in der Expertise zu identifizieren, die auf eine gegebene Generic Task hinweisen, so läßt sich der weitere Wissensakquisitionsprozeß modellgetrieben, d.h. mit Hinblick auf die bekannten Muster der Generic Task betreiben. Der Knowledge Engineer kann so beispielsweise entdecken, daß Wissen für bestimmte Inferenzprozesse, die aufgrund des Modells zu erwarten sind, noch nicht erhoben ist und somit "top-down", d.h. ausgehend von der Generic Task dieses Wissen erheben. Ein weiterer Vorteil liegt darin, daß neu erhobenes Wissen i.d.R. schnell anhand des Modells identifiziert und eingeordnet werden kann.

---

90 Vgl. BREUKER, J. A., WIELINGA, B. J.: Knowledge Acquisition as Modelling Expertise: The KADS Methodology, Unveröffentlichter Forschungsbericht, 1987, S. 5.

91 Vgl. ebenda.

92 Der Ausdruck 'Generic Task' geht auf Chandrasekaran zurück, vgl. CHANDRASEKARAN, B.: Towards a Functional Architecture for Intelligence Based on Generic Information Processing Tasks, in: MCDERMOTT, J. M.(Hrsg.): IJCAI 87, Proceedings of the Tenth International Joint Conference on Artificial Intelligence. Milan, August 23 - 28, 1987, Vol. 2., Los Altos, S. 1183-1192.; CHANDRASEKARAN, B.: Generic Tasks in Knowledge-Based Reasoning. High-Level Building Blocks for Expert System Design, in: IEEE Expert, Fall/1986, S. 23-30.
In neueren Publikationen verwenden auch die Autoren der KADS-Methodologie diesen Ausdruck, wobei jedoch der Begriff des Interpretationsmodells synonym verwendet wird. Vgl. BREUKER, J. A., WIELINGA, B. J.: Models of Expertise in Knowledge Acquisition, a.a.O., S. 285 ff.

93 Vgl. ebenda, S. 273.

Aufgrund dieser Eigenschaft, die Interpretation des erhobenen Wissens zu unterstützen, werden Generic Tasks im Rahmen der KADS-Methodologie als Interpretationsmodelle bezeichnet:
"An *interpretation model* is a high level model in KCML that is used as an initial model to guide the analysis of the data".[94]

Ein Interpretationsmodell ist aufgabenspezifisch, indem es typische Inferenzmuster beinhaltet, nicht jedoch domänenspezifisch, da es von den jeweiligen Konzepten, die von Domäne zu Domäne variieren, abstrahiert.

Natürlich ist die Verwendung von Interpretationsmodellen für eine zielgerichtete Wissensakquisition nur dann zweckmäßig, wenn für einen signifikant großen Anteil von Praxisproblemen geeignete, d.h. in Hinblick auf das reale Problem hinreichend ähnliche Modelle zur Verfügung stehen. Benötigt wird somit eine Bibliothek von Interpretationsmodellen, nach Möglichkeit unter Zugrundelegung einer Klasseneinteilung, damit eine schnelle Zuordnung der Interpretationmodelle zu der jeweiligen realen Problemstellung erfolgen kann.

Im Rahmen der KADS-Methodologie wurde eine derartige Bibliothek entwickelt. Ziel war es hierbei, möglichst elementare Modelle zu definieren, die als Bausteine für die abzubildende Expertise dienen können. Die reale Problemstellung läßt sich somit aus generischen Interpretationmodellen zusammensetzen. Bei der Erstellung der Bibliothek stellt sich die Frage nach einer Taxonomie der Modelle. Unterschiedliche Forschungsarbeiten zu Generic Tasks haben unterschiedliche Kataloge von Modellen hervorgebracht.[95] Den neueren Untersuchungen gemeinsam ist eine auf Clancey[96] zurückgehende Unterscheidung in Aufgaben, die eine Konstruktion der gesuchten Lösung(en) verlangen (Synthese) und solche, die die Lösung(en) aus einer vordefinierten Menge von Lösungen auswählen (Analyse). Auch die Bibliothek der Interpretationsmodelle spiegelt diese Sichtweise der Unterscheidung synthetischer von analytischen Aufgaben wider. Die Modelle, die dem Bereich der Systemmodifikation zuzuordnen sind (vgl. Abbildung 8), enthalten gleichzeitig Komponenten synthetischer und analytischer Aufgaben.[97]

---

94 BREUKER, J. A., WIELINGA, B. J.: Models of Expertise in Knowledge Acquisition, a.a.O., S. 285.

95 Vgl. hierzu: STEFIK, M. et al.: Basic Concepts for Building Expert Systems, in: HAYES-ROTH, F., WATERMAN, D. A., LENAT, D. B. (Hrsg.): Building Expert Systems, London u.a. 1983, S. 83 ff.; CLANCEY, W. J.: Heuristic Classification, a.a.O., S. 312 ff.; PUPPE, F.: Einführung in die Expertensysteme, a.a.O., S. 9 ff.
Der Begriff der Generic Task wird nicht einheitlich gebraucht. Teilweise werden die Begriffe Problemkategorie, Problemtyp u.ä. verwendet.

96 Vgl. CLANCEY, W. J.: Heuristic Classification, a.a.O., S. 312 ff.

97 Vgl. BREUKER, J. A., WIELINGA, B. J.: Models of Expertise in Knowledge Acquisition, a.a.O., S. 287.

- system_analysis
  - identify
    - classify
      - simple_classify
      - diagnosis
        - single_fault_diagnosis
          - heuristic_classification
          - systematic_diagnosis
            - casual_tracing
            - localisation
        - multiple_fault_diagnosis
      - assessment
    - monitor
  - predict
    - prediction_of_behaviour
    - prediction_of_values
- system_modification
  - repair
  - remedy
  - control
    - maintain
- system_synthesis
  - transformation
  - design
    - transformational_design
    - refinement_design
      - single_stream_refinement_design
      - multiple_stream_refinement_design
    - configuration
  - planning
  - modelling

Abb. 9: Taxonomie der Interpretationsmodelle[98]

Der Prozeß der erstmaligen Analyse und Definition von Interpretationsmodellen ist aufwendig. Ein ausführliches Beispiel gibt Clanceys Analyse der Heuristischen Klassifikation, die als analytisches Interpretationsmodell in die Bibliothek aufgenommen wurde. Die Grundmuster der Heuristischen Klassifikation wurden induktiv, d.h. durch Abstraktion der Schlußfolgerungsprozesse einer Gruppe von XPS gewonnen. Die Arbeiten der Forschungsgruppe um Chandrasekaran, in denen bisher sechs verschiedene Grundtypen von Generic Tasks unterschieden werden, geben weitere Beispiele für die Analyse von Generic Tasks.[99]

---

98 BREUKER, J. A., WIELINGA, B. J.: Models of Expertise in Knowledge Acquisition, a.a.O., S. 286.

99 Vgl. z.B. CHANDRASEKARAN, B.: Generic Tasks in Knowledge-Based Reasoning, a.a.O., S. 24 ff.

3.1.5 Design-Modell

Basierend auf dem Grundverständnis der KADS-Methodologie definieren Schreiber et al. das Design-Modell (Modell M2 in Abbildung 5):

"The design model is essentially a transformation of the model of the problem solving process, on the basis of the external and user requirements".[100]

Das Design-Modell ensteht somit in einem Transformationsprozeß unter Zugrundelegung des Konzeptuellen Modells (M1) sowie der im Rahmen des Requirements Engineering analysierten Benutzeranforderungen und Nebenbedingungen der Einsatzumgebung. Abbildung 10 verdeutlicht die Entstehung des Design-Modells im Rahmen des Design-Prozesses.

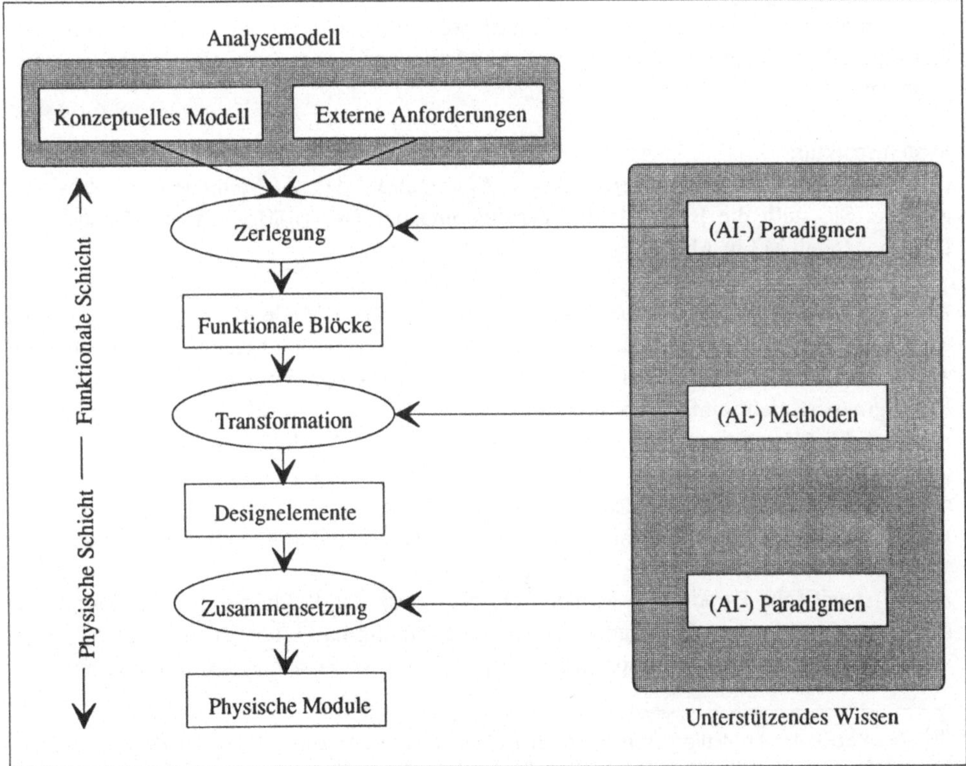

Abb. 10: Design-Prozeß[101]

100 Vgl. SCHREIBER, G. et al.: Modelling in KBS Development, a.a.O., S. 7-9.

101 Vgl. WIELINGA, B. J., BREDEWEG, B., BREUKER, J. A.: Knowledge Acquisition for Expert Systems, a.a.O., S. 109.

Das Design-Modell läßt sich anhand seiner Funktion, seines Verhaltens sowie seiner Struktur beschreiben.

Funktionalbeschreibung:

Die Funktionalbeschreibung spezifiziert, welche Anforderungen mit dem Zielsystem verbunden sind. Sie besteht aus Funktionsblöcken, die nach dem jeweiligen Funktionstyp und den Beziehungen zu anderen Blöcken eingeteilt werden können.

Der Funktionstyp beschreibt die Rolle, die der entsprechende Funktionsblock spielt, beispielsweise "Problemlösung" oder "Datenspeicher".

Hinsichtlich der Beziehungen lassen sich Kontrollbeziehungen, Input- und Outputbeziehungen sowie "consists-of"-Beziehungen unterscheiden, wobei letztere ausdrücken, daß sich ein Funktionsblock (gegebenenfalls hierarchisch) aus anderen Funktionsblöcken zusammensetzt.

Verhaltensbeschreibung:

Das Verhalten des Systems bestimmt sich im wesentlichen durch die zur Realisierung des Konzeptuellen Modells herangezogenen AI-Methoden[102] respektive deren Design-Komponenten.

Systemstruktur:

Die Systemstruktur wird erzeugt durch Aggregation der AI-Methoden in physische Module. Sie stellt die Basis für die Verfeinerung des Design-Modells dar (Detailliertes Design, Modell M3 in Abb. 5).

Als Orientierungsgrößen für die Erstellung der einzelnen Modellbeschreibungen dienen nach Ansicht von Schreiber et al. vor allem AI-Paradigmen. Paradigmen basieren auf Prinzipien, welche wiederum auf einer Theorie oder Methodologie beruhen.[103] Der Begriff des Paradigmas ist nicht einfach zu interpretieren. Als Beispiel für ein Paradigma nennen die Autoren die Minimierung der Abhängigkeiten zwischen Moduln bzw. die Maximierung des inneren Zusammenhaltes von Moduln ("minimising coupling and maximising cohesion").[104] Hierbei handelt es sich im Sinne dieses Beitrages um ein Prinzip, das im Bereich des Software Engineering im Rahmen der Modularisierung herangezogen wird.[105]

Als AI-spezifische Paradigmen nennen Schreiber et al. das Produktionssystem-Paradigma sowie das "state-space"-Paradigma.[106] Letzteres Paradigma beruht auf der Betrachtungsweise, daß ein Problemlösungsprozeß als Suche in einem Zustandsraum interpretiert wer-

---

102 Der Begriff der AI-Methode ist in der Artificial Intelligence (AI) nicht eindeutig festgelegt. Häufig werden diese Verfahren unter dem Begriff 'Suchverfahren' behandelt. Rich nennt in diesem Zusammenhang u.a. Vorwärts- und Rückwärtssuche, Erzeugen und Prüfen (Generate-and-Test), Bergsteigen (Hill-Climbing) und Bestensuche (Best-First-Search). Vgl. RICH, E.: KI - Einführung und Anwendungen, Hamburg u.a. 1988, S. 59 ff.; PEARL, J.: Heuristics. Intelligent Search Strategies for Computer Problem Solving, Reading 1984, S. 33 ff.

103 Vgl. SCHREIBER, G. et al.: Modelling in KBS Development, a.a.O., S. 7-11.

104 Vgl. ebenda.

105 Vgl. GABRIEL, R.: Software Engineering, a.a.O., S. 268.

106 Vgl. SCHREIBER, G. et al.: Modelling in KBS Development, a.a.O., S. 7-13.

den kann. Der Zustandsraum besteht aus einem definierten Anfangszustand, einem Zielzustand sowie den Zwischenzuständen, die durch sukzessive Anwendung von Operatoren erzeugt werden können. Als Methoden zur Abarbeitung des Zustandsraumes finden sogenannte Suchverfahren Verwendung, beispielsweise "hill-climbing", der A*-Algorithmus, "backward-search" u.ä. Wenn man dieses Beispiel interpretiert, so definiert ein Paradigma eine bestimmte Sichtweise eines Problemlösungsansatzes bestehend aus einer Struktur und bestimmten Methoden zur Abarbeitung dieser Struktur.

Die Autoren der KADS-Methodologie sehen die Unterstützung des Design-Prozesses durch AI-Paradigmen in den oben erläuterten drei Bereichen:

1. Favorisierung einer bestimmten Struktur funktionaler Blöcke.
2. Aufzeigen geeigneter AI-Methoden, die eine Realisierung des gewünschten Verhaltens sicherstellen.
3. Vorschlag einer bestimmten physikalischen Blockstruktur, die aus den Design-Komponenten der AI-Methoden gebildet wird.

Hierbei wird eingeräumt, daß die Orientierung des Design-Modells an AI-Paradigmen bisher lediglich Versuchscharakter hat und weiterer Untersuchungen bedarf.[107]

3.1.6 Tools im Rahmen der KADS-Methodologie

An Tools zur Unterstützung der Erstellung von WBS auf Basis der KADS-Methodologie lassen sich zumindest drei Versionen unterscheiden:

Die erste Version, das KADS-System, wurde als Top-Down-Implementierung der KADS-Methodologie konzipiert.[108] Aufgrund mangelnder Flexibilität in der sogenannten normativen Komponente, die als eigenständiges WBS dem Knowledge Engineer Anleitung bei der Anwendung der Methodologie geben soll, war das KADS-System von nur wenig Nutzen.[109]

Aufgrund dieser Erfahrungen wurde in der zweiten Version eine Unterteilung vorgenommen: eine Reihe von Bottom-Up-Tools, die im wesentlichen einer Unterstützung des Wissenserhebungs- und -analyseprozesses dienen, wurden in den KADS POWER TOOLS zusammengefaßt. Die normative Komponente, die trotz der Schwierigkeiten bei der Realisierung der ersten Version nach wie vor für notwendig erachtet wird, wird als KADSVENTURE bezeichnet. Anjewierden[110] führt aus, daß sich KADSVENTURE 1987 noch im Stadium der Konzeption befand. Die Schwierigkeiten bei der Entwicklung der

---

107 Vgl. SCHREIBER, G. et al.: Modelling in KBS Development, a.a.O., S. 7-13.
108 Vgl. ANJEWIERDEN, A.: The KADS System, a.a.O., S. 4.
109 Vgl. ebenda.
110 Vgl. ebenda.

normativen Komponente mögen damit zusammenhängen, daß der Prozeß des Knowledge Engineering selbst ein hochgradig wissensbasierter Vorgang ist:

"The bad news is that the amount of knowledge used by human knowledge engineers is enormous; building programs to simulate human knowledge engineers will be a formidable task".[111]

Es bedarf somit weiterer Untersuchungen im Sinne eines "Meta Knowledge Engineering", d.h. einer Untersuchung der Tätigkeiten von Knowledge Engineers bei der Erstellung von WBS.

In einer Veröffentlichung von Breuker und Wielinga aus dem Jahre 1988 wird SHELLEY als dritte Version des KADS-Systems angekündigt.[112] Die Art und Aufteilung der Komponenten des Systems erscheint jedoch gegenüber der 2. Version nicht wesentlich verändert zu sein.

Die folgenden Ausführungen beziehen sich auf die KADS POWER TOOLS. Die Entwickler haben die fünf definierten Ebenen der Analyse und Repräsentation von Wissen[113] bei der Konstruktion der Komponenten berücksichtigt.

Der *Protokoll Editor* unterstützt die Analyse von Interviewprotokollen auf der linguistischen Ebene. Hierbei sind zwei Grundsätze zu beachten:

1. Das Originalprotokoll wird nicht verändert, um keinerlei Informationsverluste in Hinblick auf spätere Analysen zu erleiden. Statt dessen werden Fragmentstrukturen[114] über die Originalquellen gelegt, um den unterschiedlichen Analysezwecken zu genügen.
2. Teamarbeit soll explizit unterstützt werden. Zu diesem Zweck werden parallel mehrere Sichten unterschiedlicher Entwickler gepflegt.

Der Protokoll Editor wurde als Hypertext System[115] realisiert, was über beliebige Verbindungstypen den Aufbau flexibler Fragmentstrukturen erlaubt.

Der *Konzept Editor* unterstützt die Wissensanalyse auf der konzeptuellen Ebene. Strukturen aus Konzepten und Relationen können graphisch entworfen werden. Die Definition beliebiger Relationen ist möglich. Aufgrund unterschiedlicher Relationen können Kon-

---

111 Vgl. LITTMAN, D.C.: Modelling Human Expertise in Knowledge Engineering: some preliminery Observations, in: International Journal of Man-Machine Studies Nr. 26, 1987, S. 83. Zitiert nach KARBACH, W.: Methoden und Techniken des Knowledge Engineering, a.a.O., S. 16.

112 Vgl. BREUKER, J. A., WIELINGA, B. J.: Models of Expertise in Knowledge Acquisition, S. 274.

113 Vgl. die Abbildung 5 in Kapitel 3.1.3.1.

114 Unter einem Fragment sind beliebige Textteile, beispielsweise Absätze, Wörter oder Sätze zu verstehen. Vgl. ANJEWIERDEN, A.: The KADS System, a.a.O., S. 5.

115 Zur Erläuterung des Hypertext Konzeptes vgl. BOGASCHEWSKY, R.: Hypertext/Hypermedia - Ein Überblick, erscheint in: Informatik Spektrum 1991.

zepte Mitglied in mehreren Konzeptstrukturen sein. Weiterhin werden der Aufbau und die Pflege eines Glossars, d.h. einer Lexikons der wesentlichen Domänenkonzepte unterstützt.

Die *Bibliothek von Interpretationsmodellen* unterstützt die Wissenanalyse auf der epistemologischen Ebene. Der Knowledge Engineer kann interaktiv am Bildschirm aus einer graphisch repräsentierten Hierarchie von Interpretationsmodellen diejenigen Modelle auswählen, die dem realen Praxisproblem am nächsten kommen. Die Hierarchie der Interpretationsmodelle entspricht der Taxonomie, die in Kapitel 3.1.4 erläutert wurde.

3.1.7 Beurteilung der KADS-Methodologie

Der Life Cycle der KADS-Methodologie ist teilweise sehr detailliert. Man gewinnt jedoch den Eindruck, daß die Analysephase vergleichsweise gut untersucht ist, während Design- und Implementierungsphase noch intensiver zu erforschen sind. Einen Grund hierfür geben Schreiber et al. an:

"Because the modelling tools for the analysis of the expertise have been developed some 3 years ago, the amount of experience in this area is far more extensive than with the design models".[116]

Der zyklische, iterative Charakter des Entwicklungsprozesses wird von den Autoren nicht verkannt:

"These stages are described as problem identification and problem analysis".[117]
These two "...`phases' are in no way sequential. In practise one observes a highly iterative cycle...".[118]

Denoch gibt der Life Cycle wenig Hinweise auf die Anzahl der Zyklen, auf die Bedingungen, die einen neuen Zyklus auslösen sowie die inhaltlichen Unterschiede der Zyklen.

Es liegt nahe, nach der Möglichkeit der Integration der KADS-Modelle, insbesondere des Konzeptuellen Modells, in Vorgehensmodelle zur Entwicklung von WBS zu fragen. So bietet beispielsweise das Vorgehensmodell von Kurbel nach Ansicht des Verfassers einen guten Ausgangspunkt für eine derartige Verbindung.[119] Der Anspruch der KADS-Methodologie, eine vollständige Wissensanalyse vor dem Design-Prozeß zu unternehmen, würde sich insofern relativieren, als daß eine derartige Analyse innerhalb eines Zyklus vor dem Design zu vollziehen ist, während Folgezyklen natürlich zu einer Wiederaufnahme der Wissensakquisition und damit der Erstellung des Konzeptuellen Modells führen können und i.d.R. auch werden.

116 SCHREIBER, G. et al.: Modelling in KBS Development, a.a.O., S. 7-13.

117 HAYWARD, S. A., WIELINGA, B. J., BREUKER, J. A.: Structured Analysis of Knowledge, a.a.O., S. 158.

118 Ebenda.

119 Vgl. HOPPE, U.: ABASS - Ein wissensbasierter Anlageberatungsassistent, a.a.O.

Durchaus erhalten werden sollte in diesem Zusammenhang jedoch die Unterteilung der Analysetätigkeiten in einen externen und einen internen Strom, da dies eine größere Flexibilität in Hinblick auf die Art des durchzuführenden Projektes erlaubt. So ist zu Beginn eines Projektes nicht unbedingt klar, ob die Entwicklung eines WBS gefordert ist, oder ob gegebenenfalls eine konventionelle Lösung im Bereich des Realisierbaren liegt. Häufig wird es sich um integrierte Systeme handeln, die sowohl über wissensbasierte Komponenten als auch über traditionelle Komponenten wie bespielsweise einen Datenbankanschluß verfügen. Für die Analyse der konventionellen Systemteile können die im Rahmen des Software Engineering erarbeiteten Methoden und Techniken Verwendung finden, während die wissensbasierten Teile aus der Sicht der KADS-Methodologie analysiert werden. Die folgende Abbildung verdeutlicht diesen Gedankengang:

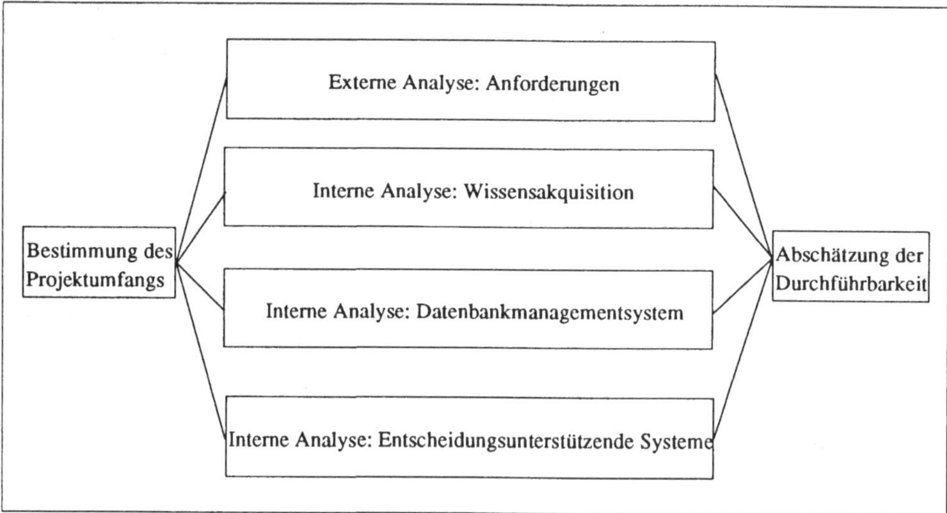

Abb. 11: Mögliche Entwicklung der Analysephase für integrierte Systeme[120]

Die Modellierungssprache KCML findet in der Literatur immer weitere Verbreitung. Eigene Erfahrungen bei der Erstellung von WBS bestätigen den Eindruck, daß die Strukturierung und Analyse der Expertise durch ein Konzeptuelles Modell auf Basis der KCML die Wissensakquisition wesentlich erleichtert.[121] Die Umsetzung des Konzeptuellen Modells in das Zielsystem erscheint jedoch nur vage determiniert. So führen Karbach et al. aus:

---

120 Vgl. BARTHÉLEMY, S. et al.: D3, Requirements Analysis in KBS Development, a.a.O., S. 19.

121 So konnten Diplomanden, die mit Wissensakquisitionstätigkeiten im Rahmen von Praxisprojekten betraut waren, innerhalb kurzer Zeit ein Konzeptuelles Modell der jeweiligen Domäne erstellen und als Basis für die darauffolgenden Implementierungsarbeiten verwenden. Vgl. ZIMMERT, P.: Entwicklung eines wissensbasierten Systems zur Beurteilung der Kreditwürdigkeit bei der Vergabe von Krediten im Massengeschäft von Banken, Unveröffentliche Diplomarbeit, Göttingen 1991.

"As far as we can judge from its current description, the design phase is far too liberal for our purposes, allowing unrestricted transformations of the conceptual model in the running system".[122]
Die genannten Autoren haben daher im Rahmen einer Forschungsarbeit lediglich die Analysephase der KADS-Methodologie übernommen, um daran anschließend das Konzeptuelle Modell mit Hilfe des Tools ZDEST2 zu operationalisieren. Diese Vorgehensweise kann an dieser Stelle nicht bewertet werden. Karbach et al. kommen jedoch zu dem Ergebnis, die Abbildung des Modells in die Wissensrepräsentationsformen von ZDEST2 sei vergleichsweise einfach und "straightforward" gewesen. Dies ist allerdings in hohem Maße auf die besonderen, auf einem hohen Abstraktionsniveau angesiedelten Wissensrepräsentationsformen des Tools zurückzuführen. Es kann aber festgestellt werden, daß der Tool-gestützte Übergang vom Konzeptuellen Modell zum operationalen Zielsystem ein aktueller Forschungsgegenstand bleiben wird, da die Vorteile offensichtlich sind:

- Das Konzeptuelle Modell kann nach seiner Transformation in das Tool getestet werden, eine Eigenschaft, die das ursprüngliche M1-Modell der KADS-Methodologie nicht aufweist.[123]
- Der Tool-gestützte Design-Prozeß sollte zu einer größeren Effizienz bei der Erstellung des Systems führen.

ZDEST2 hat nicht den Charakter einer kommerziellen Entwicklungsumgebung. Es wäre daher von Interesse, Richtlinien für die Umsetzung Konzeptueller Modelle unter Verwendung marktgängiger Tools zu untersuchen. Hierbei sollte es sich allerdings um leistungsfähige, hybride Tools handeln, wie sie beispielsweise in Form von KEE oder NEXPERT OBJECT zur Verfügung stehen.[124] Vom prinzipiellen Standpunkt her ist natürlich zu fordern, daß kommerzielle Tools um die zur Repräsentation konzeptuellen Wissens notwendigen Repräsentationsformen erweitert werden, damit diese ihren Charakter als reine Werkzeuge zum Editieren von Wissen verlieren und den Wissensakquisitionsprozeß explizit unterstützen. Allerdings setzt dies wohl noch weitere Erkennisse über die Beziehungen zwischen konzeptuellem Wissen und seiner Repräsentation in einer operationalen, ausführbaren Form voraus.

Geht man noch einen Schritt weiter, so stellt sich die Frage, ob die Operationalisierung der Modelle nicht bereits bei dem Konzeptuellen Modell erfolgen kann. Gefordert wäre in diesem Zusammenhang eine formalere, weniger auf Intuition beruhende Modellierungssprache, die zumindest einer teilweise automatisierten Generierung von Zielsystemen dienen

---

122 KARBACH, W., VOß, A., TONG, X.: Filling in the Knowledge Acquisition Gap: via KADS'Models of Expertise to ZDEST-2's Expert Systems, in: BOOSE, J. H., GAINES, B. R., LINSTER, M. (Hrsg.): Proceedings of the European Knowledge Acquisition Workshop (EKAW'88), Studien der GMD Nr. 143, St. Augustin 1988, S. 31-4.

123 Vgl. ebenda, S. 31-16.

124 Der Versuch einer systematischen Umsetzung unter Verwendung eines rein regelbasierten Tools macht wenig Sinn. Vgl. Hoppe, U.: ABASS - Ein wissensbasierter Anlageberatungsassistent, a.a.O.

würde. Sowohl die Forschungsarbeiten von Chandrasekaran[125] als auch die der Autoren der KADS-Methodologie[126] weisen in diese Richtung.

3.2 Generic Tasks

3.2.1 Theoretischer Unterbau

Die Methodologie der Generic Tasks ist von der Forschungsgruppe um Chandrasekaran entwickelt worden. Chandrasekaran kritisiert, daß die bisher entwickelten XPS das Wissen auf einem zu niedrigen Abstraktionsniveau repräsentieren. Der Grund hierfür liegt vor allem in den Wissensrepräsentationsformen der zur Verfügung stehenden Tools. Die Repräsentation mit Hilfe von Frames, Regeln oder Logik entspricht der *Ebene der Implementierungssprache* (implementation language level), die von der *Ebene der Informationsverarbeitung* (information processing level) zu unterscheiden ist. Letzere verfügt über ein höheres Abstraktionsniveau im Sinne des von Newell[127] geforderten Knowledge Level und ist geeignet, die Natur von Problemstellungen abzubilden.[128]

Die Verwechslung dieser beiden Ebenen führt häufig zu einer Anpassung des Problems an das Tool sowie zu "künstlichen" Kontrollproblemen, beispielsweise in Form von komplizierten Konfliktlösungsstrategien in regelbasierten Systemen, die mit der Natur der Problemstellung nur wenig gemein haben.[129]

Die Forderung, die Inferenz von der Wissensrepräsentation explizit zu trennen, in der Literatur häufig als charakteristisches Merkmal von XPS bezeichnet, führt dazu, daß die Inferenzstrategien nicht unter Verwendung der uniformen Inferenzkomponente der Tools zu realisieren sind. Statt dessen werden Teile der Kontrolle implizit in der Wissensbasis repräsentiert, was zu Schwierigkeiten bei der Wartung der Systeme führt. Darüberhinaus steht das derart repräsentierte Kontrollwissen nicht für Erklärungszwecke zur Verfügung.[130]

Der Trennung von Inferenz und Wissensrepräsentation setzt Chandrasekaran die *Interaktionshypothese* entgegen:[131]

Die Repräsentation von Wissen, das zur Lösung einer gegebenen realen Problemstellung erforderlich ist, kann nicht unabhängig von der Natur der Problemstellung und von der Inferenzstrategie zur Verarbeitung des Wissens erfolgen. Inferenzstrategie und Wissens-

---

125 Vgl. die Ausführungen in Kapitel 3.2.4 des Beitrags.

126 Vgl. WIELINGA, B. J., SCHREIBER, G.: KADS: Model Based KBS Development, a.a.O., S. 331.

127 Vgl. NEWELL, A.: The Knowledge Level, in: Artificial Intelligence, Jg. 18, 1982, S. 87-127.

128 Vgl. z.B. CHANDRASEKARAN, B.: Generic Tasks in Knowledge-Based Reasoning, a.a.O., S. 23 ff.

129 Vgl. ebenda. S. 24.

130 Vgl. ebenda, S. 23 ff.

131 Vgl. BYLANDER, T., CHANDRASEKARAN, B.: Generic Tasks for Knowledge-Based Reasoning. The "right" Level of Abstraction for Knowledge Acquisition, in: International Journal of Man-Machine Studies, Nr. 2, Jg. 26, 1987, S. 232 ff.

struktur sind in einem hohen Maße miteinander "verzahnt". Unterschiedliche Problemtypen (beispielsweise Diagnose und Design) weisen unterschiedliche Inferenzstrategien und Wissensstrukturen auf. Nach Chandrasekaran lassen sich Generic Tasks (GTs) identifizieren, die aus einer elementaren Kombination dieser beiden Komponenten bestehen, und durch folgende Merkmale gekennzeichnet sind:

- Die Art der Problemstellung, gekennzeichnet durch die Natur von Input und Output sowie die Funktion der GT,
- die Struktur der Wissensrepräsentation, gebildet durch die Art und Organisation der in den Problemlösungsprozeß involvierten Konzepte sowie
- die Inferenzstrategie, die auf der Wissenstruktur operiert.

In den bisherigen Forschungsarbeiten Chandrasekarans wurden insgesamt sechs verschiedene GTs identifiziert:

- Hierarchical Classification,
- Hypothesis Matching (Assessment),
- Knowledge-directed Information Passing,
- Abductive Assembly,
- Hierarchical Design by Plan Selection and Refinement,
- State Abstraction.

Im folgenden sollen als Beispiele die GTs `Hierarchical Classification', `Hypothesis Matching', `Knowledge Directed Information Passing' und `Abductive Assembly', die im Rahmen von diagnostischen Problemstellungen zu identifizieren sind, kurz erörtert werden.[132]

3.2.2 Generic Tasks in der Diagnose

Diagnostische Problemstellungen sind durch das Ziel gekennzeichnet, eine Menge von (mehr oder weniger vollständig) gegebenen Beobachtungswerten (oder Symptomen) zu erklären. Die Erklärung besteht aus einer oder mehreren Fehlfunktionen zumeist hypothetischer Natur, die die Ursache der Beobachtungswerte darstellen können. Bei mehreren Fehlfunktionen, die ggf. auch interagieren können, ist es erforderlich, eine Gesamthypothese zu formulieren, die eine Erklärung für die Symptome liefert.

Die Fehlfunktionen lassen sich typischerweise in Form von hierarchisch organisierten Konzepten auf der Basis von Klassenbeziehungen beschreiben. Die Funktion der GT

132 Vgl. CHANDRASEKARAN, B.: Towards a Functional Architecture for Intelligence Based on Generic Information Processing Tasks, a.a.O., S. 1185 ff.; derselbe: Generic Tasks in Knowledge-Based Reasoning, a.a.O., S. 24 ff.

`*Hierarchical Classification*' ist es, top-down, d.h. ausgehend von dem am höchsten in der Hierarchie stehenden Konzept, dieses entweder von der weiteren Untersuchung auszuschließen oder als relevant bzw. hinreichend signifikant zu bestimmen. Der Ausschluß einer Hypothese gilt gleichzeitig auch immer für alle Nachfolger dieser Hypothese in der Konzepthierarchie. Bei Etablierung einer Hypothese hingegen werden die Nachfolger in gleicher Weise wie die ursprüngliche Hypothese untersucht. Die beschriebene Vorgehensweise wird auch als Establish-Refine-Strategie bezeichnet.

Um eine Hypothese zu verwerfen bzw. zu etablieren, ist es erforderlich, das Maß der Übereinstimmung der Hypothese mit den gegebenen Beobachtungswerten zu bestimmen. Diese Evidenz wird von der GT `*Hypothesis Matching*' ermittelt.

Die hierzu erforderlichen Attributwerte, die nicht immer unmittelbar zur Verfügung stehen, werden im Rahmen der GT `*Knowledge Directed Information Passing*' über Abstraktionsprozesse anhand einer Hierarchie von Zwischenkonzepten, in denen die Beobachtungswerte die unterste Ebene bilden, abgeleitet.

Ergebnis des soweit gediehenen Problemlösungsprozesses ist eine Menge von Hypothesen, die als Ursache für die Symptome in Frage kommen. Die GT `*Abductive Assembly*' übernimmt nun die Funktion, diese Hypothesenmenge unter Berücksichtigung eventueller Widersprüche und vorhandener Redundanzen zu einer Gesamthypothese zusammenzusetzen, die möglichst vollständig die Symptome erklärt.

3.2.3 Generic Tasks und Heuristic Classification nach Clancey

Zwischen den im vorliegenden Kapitel dargestellten diagnostischen Generic Tasks und der Heuristischen Klassifikation von Clancey gibt es eine Reihe von Ähnlichkeiten. Die Abstraktion der Inputdaten zu Zwischenkonzepten in der Heuristischen Klassifikation wird von der GT `Knowledge Directed Information Passing' abgedeckt. Die nicht-hierarchische, heuristische Schlußfolgerung auf ein Lösungskonzept findet seine Analogie in der GT `Hypothesis Matching'. Der Verfeinerungsprozeß innerhalb der Hierarchie der Lösungskonzepte bei Clancey wird von der Funktion der GT `Hierarchical Classification' abgedeckt, während die GT `Abductive Assembly' in dem Grundmodell der Heuristischen Klassifikation keine unmittelbare Entsprechung findet.[133]

Chandrasekaran bezeichnet die Heuristische Klassifikation als zusammengesetze Aufgabe (Compound Task). Eine Compound Task läßt sich weiter in elementarere Komponenten zerlegen, die jeweils eine homogene Kontrollstruktur und eine dazugehörige Wissensstruktur aufweisen. In diesem Sinne ist auch Diagnose als Ganzes eine Compound Task, wobei die Heuristische Klassifikation lediglich eine, wenn auch weit verbreitete Spielform darstellt, die insbesondere durch heuristische Schlußfolgerungen im Gegensatz zu

133 Vgl. BROWN, D. C., CHANDRASEKARAN, B.: Design Problem Solving. Knowledge Structures and Control Strategies, London 1989, S. 14 ff.

beispielsweise kausalen Beziehungen gekennzeichnet ist. Während Clancey seine Ergebnisse auf Basis einer empirischen Untersuchung vorhandener XPS erarbeitet hat, ist es das Ziel Chandrasekarans, eine "atomare" Theorie der Anwendung von Wissen zu formulieren, die reale Problemstellungen aus dem Zusammenspiel elementarer Blöcke einer umfassenden Architektur von GTs erklärt.[134]

Kriterium für die Formulierung eines elementaren Blockes ist - neben der Erfordernis einer homogenen Kontroll- und Wissensstruktur - seine Eignung, in verschiedenartigen Kombinationen, beispielsweise sowohl in der Diagnose als auch im Design, verwendet zu werden. So ist der Einsatz der GT `Hypothesis Matching' auch zur Lösung von Design-Problemen sinnvoll.[135]

Letztendliches Ziel der Formulierung von GTs ist für Chandrasekaran die Entwicklung einer funktionalen Architektur der Intelligenz. Intelligenz in diesem Sinne entsteht aus dem Zusammenspiel einer interagierenden Menge von funktionalen Primitiven, von denen jedes in der Lage ist, eine informationsverarbeitende Problemstellung unter Verwendung aufeinander abgestimmter Kontroll- und Wissenstrukturen zu behandeln.[136]

3.2.4 Der Generic Task Toolset

Für jede der bisher identifizierten GTs wurde ein spezifisches Softwaretool entwickelt. Den Toolimplementierungen liegt das Spezialistenkonzept zugrunde.[137] Die Tools werden als Spezialisten betrachtet, die zur Lösung einer realen Problemstellung, die sich durch das Zusammenspiel mehrerer GTs beschreiben läßt, interagieren. Die einzelnen Tools selbst werden ebenfalls als eine Menge von Spezialisten verstanden. So werden beispielsweise in dem Tool DSPL (Design Specialists and Plans Language), das der GT `Object Synthesis Using Plan Selection and Refinement' zuzuordnen ist, verschiedene Agenten zur Konfiguration einzelner Teile oder in Form von Baugruppen, Fehlerbehandlern, Plänen, Konfigurationsaufgaben u.ä. beschrieben. Gleichzeitig werden die Nachrichtenprimitive, mit denen die einzelnen Agenten Informationen und Kontrollanweisungen austauschen, beschrieben.[138] Die Beschreibung sowohl des Domänenwissens als auch des Kontrollwissens erfolgt in deklarativer Form. Die Verarbeitung des deklarativen Wissens obliegt einem Interpreter.[139]

---

134 Vgl. CHANDRASEKARAN, B.: Towards a Functional Architecture for Intelligence Based on Generic Information Processing Tasks, a.a.O., S. 1189 f.

135 Vgl. ebenda, S. 1190.; CHANDRASEKARAN, B.: Generic Tasks in Knowledge-Based Reasoning, a.a.O., S. 28 ff.

136 Vgl. CHANDRASEKARAN, B.: Towards a Functional Architecture for Intelligence Based on Generic Information Processing Tasks, a.a.O., S. 1190 ff.

137 Vgl. ebenda, S. 1188.

138 Vgl. BROWN, D. C., CHANDRASEKARAN, B.: Design Problem Solving, a.a.O., S. 93-105.

139 Vgl. ebenda, S. 12 ff.

Der GT-Toolset kann somit als eine Sammlung von Shells aufgefaßt werden, da die einzelnen Tools über vorgefertigte Wissensrepräsentationsformen und einen Standardinterpreter verfügen. Im Gegensatz zu den bisher bekannten Shells findet die Wissensrepräsentation jedoch auf hohem Abstraktionsniveau statt.[140]
Der GT-Toolset soll die folgenden Vorteile von GTs sicherstellen:[141]

Multiforme Wissensrepräsentation:
Jedes Tool verfügt über eine spezifische, an die jeweiligen Belange der GT angepaßte Wissensrepräsentation. Das beschriebene Problem der Repräsentation von Wissen auf der Ebene der Implementierungssprache wird somit vermieden. Der Preis für diese Vorgehensweise besteht in dem eingeschränkten Anwendungsbereich der einzelnen Tools.

Modularität:
Die GTs stellen einen natürlichen Ansatzpunkt dar, um ein WBS in modulare Bestandteile zu zerlegen. Zum einen läßt sich das WBS in die in den Problemlösungsprozeß involvierten GTs einteilen. Zum anderen bestehen die einzelnen GTs wiederum aus den für ihre Struktur erforderlichen konzeptuellen Bestandteilen.

Wissensakquisition:
Jede GT ist mit einer dazugehörigen Wissensakquisitionsstrategie verbunden. So besteht beispielsweise die Wissenakquisition im Rahmen der GT `Hierarchical Classification' in der Erhebung der für den Aufbau der Lösungshierarchie notwendigen Konzepte sowie deren Verbindung zur Realisierung der Establish-Refine-Strategie.

Erklärung:
Die deklarative Beschreibung des Kontrollwissens auf hohem Abstraktionsniveau ermöglicht es, dieses Wissen für Erklärungszwecke zur Verfügung zu stellen.[142]

Ausnutzung der Interaktion zwischen Inferenz und Wissen:
Der Knowledge Engineer ist in der Lage, sich auf die Erhebung und Beschreibung des Wissens zu konzentrieren, da das Zusammenspiel zwischen Wissensrepräsentation und Inferenz bereits in spezifischer Weise für die jeweilige GT in dem Tool realisiert ist.

Realisierbarkeit (Tractability):
Insbesondere mit Hinblick auf das Problem der kombinatorischen Explosion stellen GTs solche Problemlösungsansätze dar, die realisierbar sind. Dies ist vor allem auf die Möglichkeiten zur Modularisierung der Aufgabenstellung zurückzuführen.

---

140 Vgl. CHANDRASEKARAN, B.: Generic Tasks in Knowledge-Based Reasoning, a.a.O., S. 29.

141 Vgl. derselbe: Towards a Functional Architecture for Intelligence Based on Generic Information Processing Tasks, a.a.O., S. 1187 f.; BYLANDER, T., CHANDRASEKARAN, B., JOSEPHSON, J. R.: The Generic Task Toolset, in: SALVENDY, G.: Cognitive Engineering in the Design of Human-Computer Interaction and Expert Systems, Amsterdam 1987, S. 512 ff.

142 Vgl. CHANDRASEKARAN, B., TANNER, M. C., JOSEPHSON, J. R.: Explaining Control Strategies in Problem Solving, a.a.O., S. 9-24.

3.2.5 Beurteilung der Methodologie der Generic Tasks

Die Anwendung spezieller Architekturen zur Repräsentation und Verarbeitung von Wissen auf Basis der definierten GTs ist, im Gegensatz zu allgemein anwendbaren, uniformen Repräsentationsmechanismen wie Frames oder Regeln, mit Vorteilen verbunden. Die Werkzeuge des GT-Toolset erlauben eine Beschreibung des Domänenwissens auf einem hohen Abstraktionsniveau in deklarativer Form. In diesem Zusammenhang kann jedoch streng genommen nicht mehr von konzeptueller Modellierung im Sinne einer implementationsunabhängigen Darstellung des Wissens gesprochen werden, da die Wissensrepräsentation der Werkzeuge in operationaler, d.h. ablauffähiger Form erfolgt und eine weitere Implementierung somit nicht erforderlich ist.

Ob auf ein Konzeptuelles Modell, wie es beispielsweise in der KADS-Methodologie zur Anwendung kommt, verzichtet werden kann, ist abhängig von dem Maß der Übereinstimmung zwischen der realen Problemstellungen und den zur Verfügung stehenden Tools. Die Tools können nur eine vergleichsweise geringe Flexibilität aufweisen, da sie auf definierte GTs zugeschnitten sind. So kann der Entwickler bereits frühzeitig gezwungen sein, Anpassungen des Tools an die reale Problemstellung vornehmen zu müssen, anstatt das Wissen zunächst vollständig und korrekt zu erheben und zu beschreiben. Der Verlust einer allgemeinen Anwendbarkeit der Tools ist der Preis, der für die Vorteile der speziellen Architektur zu entrichten ist.

Darüberhinaus erinnern die Darstellungsmöglichkeiten beispielsweise des Tools DSPL noch sehr stark an die Syntax der unterliegenden Sprache LISP, so daß ein graphisches Konzeptuelles Modell hinsichtlich der Transparenz und Verständlichkeit Vorteile aufweist.

Der Anspruch, elementare Bausteine zur Verfügung zu stellen, aus denen die reale Problemstellung modelliert werden kann, erfordert klar definierte Schnittstellen und flexible Kommunikationsmöglichkeiten zwischen den einzelnen Komponenten. Während der GT-Toolset zunächst als eine Menge von einzelnen Werkzeugen konzipiert war, bemüht man sich jetzt um eine homogene Umgebung auf Basis von Common Lisp, die diese Flexibilität ermöglichen soll. Der Entwickler, der ein WBS unter Verwendung der GT-Methodologie bzw. des GT-Toolset realisieren möchte, ist damit natürlich entsprechenden Restriktionen bei der zu verwendenden Soft- und Hardware unterworfen.

Um die Leistungsfähigkeit der GT-Methodologie abschließend beurteilen zu können, wären Erfahrungen bei der Durchführung von Praxisprojekten erforderlich. Diese sind jedoch nur schwer zu gewinnen, da die Tools keinen kommerziellen Charakter haben, nicht allgemein zugänglich sind und eine Eigenentwicklung derartiger Werkzeuge mit hohem Aufwand verbunden ist.

4 Zusammenfassung und Ausblick

Eine Methodologie des Knowledge Engineering kombiniert auf der Basis eines theoretischen Unterbaus Methoden, Techniken und Werkzeuge miteinander, um eine zielgerichtete Erstellung von WBS zu ermöglichen. Neben den Zielen des Knowledge Engineering sind die Prinzipien, die in Form allgemeiner, abstrakter Handlungsanweisungen den Entwicklungsprozeß determinieren, wesentlicher Bestandteil des theoretischen Unterbaus.

Wesentliche Prinzipien des Knowledge Engineering sind in der expliziten Unterstützung der Wissensakquisition, der Forderung nach einem geschlossenen Vorgehensmodell, das dem Charakter des Entwicklungsprozesses gerecht wird, sowie in der deklarativen Darstellung des Wissens auf hohem Abstraktionsniveau zu sehen.

Auf Basis der theoretischen Ausführungen wurden die KADS-Methodologie und die Methodologie der Generic Tasks dargestellt und erörtert. Während die KADS-Methodologie sich insbesondere auf die Analysetätigkeiten und damit auf die Erstellung des Konzeptuellen Modells konzentriert, hat die GT-Methodologie ihre Stärken im Bereich der Operationalisierung bzw. Implementierung. Die Wissensdarstellung des Modells M2 bietet aufgrund des allenfalls semi-formalen Charakters der KCML die größere Flexibilität, da prinzipiell alle realen Problemstellungen mit Hile der KCML beschreibbar sind. Dies schließt allerdings auch solche Problemstellungen mit ein, die sich im weiteren Verlauf der Entwicklung als nicht realisierbar erweisen.

Die KADS-Methodologie bietet die breitere Basis, indem sie neben dem Konzeptuellen Modell ein Vorgehensmodell zur Verfügung stellt und sich um eine systematische Analyse und Unterstützung der Wissenerhebungstechniken (beispielsweise in Form des Protokoll Editors) bemüht. Die GT-Methodologie weist hinsichtlich der Klarheit der Abgrenzung der einzelnen GTs sowie der Kriterien zur Definition einer GT (Funktion, Wissensstruktur und Inferenzstruktur) im Vergleich zu den Interpretationsmodellen der KADS-Methodologie Vorteile auf.

Natürlich liegt es nahe, nach einer Kombination der Vorteile der beiden Methodologien zu suchen.[143] Zwischen der Flexibilität bzw. dem Anwendungsbereich einer Repräsentationsform einerseits und der Formalheit und damit der Operationalisierbarkeit andererseits besteht offensichtlich ein Trade-off. Eine einheitliche Taxonomie generischer Problemlösungstypen wäre wünschenswert. Die Ausführungen zu den Compound Tasks in Kapitel 3.2.3 haben aufgezeigt, daß es ein Problem der Gradation bzw. des Detaillierungsgrades von Wissensdarstellungen ist, was als Generic Task zu definieren ist bzw. was noch weiter zerlegbar erscheint.

143 Vgl. KARBACH, W., LINSTER, M., VOß, A.: Models of Problem Solving: One Label - One Idea?, a.a.O., S. 152.

5 Literaturverzeichnis

ANJEWIERDEN, A.: The KADS System, Unveröffentlicher Forschungsbericht, 1987.

BALZERT, H.: Die Entwicklung von Software-Systemen. Prinzipien, Methoden, Sprachen, Werkzeuge, Wien 1982.

BARTHÉLEMY, S., et al.: D3, Requirements Analysis in KBS Development. ESPRIT P1098. A Methodology for Knowledge Based Systems Development, 1987.

BIETHAHN, J., HOPPE, U.: Vergleich von Tools zur Erstellung wissensbasierter Systeme auf Basis der Entwicklung einer konkreten Applikation, in: EHRENBERG, D., KRALLMANN, H., RIEGER, B. (Hrsg.): Wissensbasierte Systeme in der Betriebswirtschaft, Berlin 1990, S. 113-132.

BIETHAHN, J., MUCKSCH, H., RUF, W.: Ganzheitliches Informationsmanagement, Bd. I, Grundlagen, München u.a. 1990.

BOEHM, B. W.: Wirtschaftliche Software-Produktion, Wiesbaden 1986.

BOGASCHEWSKY, R.: Hypertext/Hypermedia - Ein Überblick, erscheint in: Informatik Spektrum 1991.

BREUKER, J. A., WIELINGA, B. J.: Models of Expertise in Knowledge Acquisition, in: GUIDA, G., TASSO, C.: Topics in Expert System Design. Methodologies and Tools, Amsterdam u.a. 1989, S. 265-295.

BREUKER, J. A., WIELINGA, B. J.: Techniques for Knowledge Elicitation and Analysis. Report 1.5 Esprit Project 12. Memorandum 28 of the Research Project 'The Acquisition of Expertise', 1984.

BREUKER, J. A., WIELINGA, B. J.: Knowledge Acquisition as Modelling Expertise: The KADS Methodology, Unveröffentlichter Forschungsbericht, 1987.

BROWN, D. C., CHANDRASEKARAN, B.: Design Problem Solving. Knowledge Structures and Control Strategies, London 1989.

BYLANDER, T., CHANDRASEKARAN, B.: Generic Tasks for Knowledge-Based Reasoning. The "right" Level of Abstraction for Knowledge Acquisition, in: International Journal of Man-Machine Studies, Nr. 2, Jg. 26, 1987, S. 231-243.

BYLANDER, T., CHANDRASEKARAN, B., JOSEPHSON, J. R.: The Generic Task Toolset, in: SALVENDY, G.: Cognitive Engineering in the Design of Human-Computer Interaction and Expert Systems, Amsterdam 1987, S. 507-522.

CHANDRASEKARAN, B.: Towards a Functional Architecture for Intelligence Based on Generic Information Processing Tasks, in: DERMOTT, J. M.: IJCAI 87, Proceedings of the Tenth International Joint Conference on Artificial Intelligence, Milan, August 23 - 28, 1987, Vol. 2., Los Altos, S. 1183-1192.

CHANDRASEKARAN, B.: Generic Tasks in Knowledge-Based Reasoning. High-Level Building Blocks for Expert System Design, in: IEEE Expert, Fall/1986, S. 23-30.

CHANDRASEKARAN, B., TANNER, M. C., JOSEPHSON, J. R.: Explaining Control Strategies in Problem Solving, in: IEEE Expert, Spring/1989, S. 9-24.

CLANCEY, W. J.: Heuristic Classification, in: Artificial Intelligence, Nr. 27, 1985, S. 289-350.

DAVIS, R.: Expert Systems: Where are we? And where do we go from here?, In: The AI Magazine, Spring/1982, S. 3-22.

GABRIEL, R.: Software Engineering, in: KURBEL, K., STRUNZ, H. (Hrsg.): Handbuch Wirtschaftsinformatik, Stuttgart 1990, S. 257-273.

GASCHNIG, J. et al.: Evaluation of Expert Systems. Issues and Case Studies, in: HAYES-ROTH, F., WATERMAN, D. A., LENAT, D. B. (Hrsg.): Building Expert Systems, London u.a. 1983, S. 241-280.

HAYWARD, S. A., WIELINGA, B. J., BREUKER, J. A.: Structured Analysis of Knowledge, in: BOOSE, J. H., GAINES, B. R. (Hrsg.): Knowledge Acquisition Tools for Expert Systems. Knowledge-Based Systems, Vol. 2, London 1988, S. 149-160.

HOPPE, U.: ABASS - Ein wissensbasierter Anlageberatungsassistent. Modellbasierte Entwicklung eines Expertensystems unter Verwendung eines systematischen Vorgehensmodells, erscheint in: BIETHAHN, J. et al. (Hrsg.): Wissensbasierte Systeme in der Betriebswirtschaft. Anwendungsgebiete, Applikationen, Tools, Wiesbaden 1991.

KARBACH, W.: Methoden und Techniken des Knowledge Engineering, in: Arbeitspapiere der GMD Nr. 338, Sankt Augustin 1988.

KARBACH, W., LINSTER, M., VOß, A.: Models of Problem Solving: One Label - One Idea?, in: THAKAR, S. (Hrsg.): Tagungsband 2. Workshop Knowledge Engineering zum Thema Modellbegriff des Knowledge Engineering am 26. - 27. April 1990, Berlin 1990.

KARBACH, W., VOß, A., TONG, X.: Filling in the Knowledge Acquisition Gap: via KADS'Models of Expertise to ZDEST-2's Expert Systems, in: BOOSE, J. H., GAINES, B. R., LINSTER, M. (Hrsg.): Proceedings of the European Knowledge Acquisition Workshop (EKAW'88), Studien der GMD Nr. 143, St. Augustin 1988, S. 31-1 - 31-17.

KURBEL, K.: Entwicklung und Einsatz von Expertensystemen. Eine anwendungsorientierte Einführung in wissensbasierte Systeme, Berlin 1989.

KURBEL, K., PIETSCH, W.: Projektmanagement bei einer Expertensystementwicklung, in: Information Management, Nr. 1, 1988, S. 6-13.

KURBEL, K., PIETSCH, W.: Expertensystem-Projekte: Entwicklungsmethodik, Organisation und Management, in: Informatik-Spektrum, Nr. 12, 1989, S. 133-146.

LITTMAN, D.C.: Modelling Human Expertise in Knowledge Engineering: some preliminery Observations, in: International Journal of Man-Machine Studies, Nr .26, 1987, S. 81-92.

MERTENS, P., BORKOWSKI, V., GEIS, W.: Betriebliche Expertensystemanwendungen, 2., völlig neu bearb. u. erw. Aufl., Berlin 1990.

MITTERMEIR, R.: Requirements Engineering, in: KURBEL, K., STRUNZ, H. (Hrsg.): Handbuch Wirtschaftsinformatik, Stuttgart 1990, S. 237-256.

NEWELL, A.: The Knowledge Level, in: Artificial Intelligence, Jg. 18, 1982, S. 87-127.

OHNE VERFASSER: The Integrated Reasoning Shell, General Information, GH21-1005-0, First Edition, December 1989.

O'KEEFE, M., BALCI, O., SMITH, E. P.: Validating Expert System Performance, in: IEEE Expert, Winter/1987, S. 81-79.

PEARL, J.: Heuristics. Intelligent Search Strategies for Computer Problem Solving, Reading 1984.

POMBERGER, G.: Methodik der Softwareentwicklung, in: KURBEL, K., STRUNZ, H. (Hrsg.): Handbuch Wirtschaftsinformatik, Stuttgart 1990, S. 215-236.

PUPPE, F.: Einführung in die Expertensysteme, Berlin u.a. 1988.

RICH, E.: KI - Einführung und Anwendungen. Hamburg u.a. 1988.

SCHREIBER, G. et al.: Modelling in KBS Development, in: BOOSE, J. H., GAINES, B. R., LINSTER, M.: Proceedings of the European Knowledge Acquisition Workshop (EKAW'88), Studien der GMD Nr. 143, Sankt Augustin 1988, S. 7-1 - 7-15.

STEFIK, M. et al.: Basic Concepts for Building Expert Systems, in: HAYES-ROTH, F., WATERMAN, D. A., LENAT, D. B. (Hrsg.): Building Expert Systems, London u.a. 1983, S. 89-126.

TANK, W.: Entwurfsziele bei der Entwicklung von Expertensystemen, in: KI, Nr. 3, 1988, S. 69-76.

WIELINGA, B. J., BREDEWEG, B., BREUKER, J. A.: Knowledge Acquisition for Expert Systems, in: NOSSUM, R. T. (Hrsg.): Advanced Topics in Artificial Intelligence, 2nd Advanced Course, ACAI '87, Oslo, Norway, July 28 - August 7, 1987, Berlin 1988, S. 96-124.

WIELINGA, B. J., SCHREIBER, G.: KADS: Model Based KBS Development, in: MARBURGER, H. (Hrsg.): GWAI-90, 14th German Workshop on Artificial Intelligence, Eringerfeld, 10.-14. September 1990, Proceedings, Berlin u.a. 1990, S. 322-333.

ZIMMERT, P.: Entwicklung eines wissensbasierten Systems zur Beurteilung der Kreditwürdigkeit bei der Vergabe von Krediten im Massengeschäft von Banken, Unveröffentliche Diplomarbeit, Göttingen 1991.

Entwicklungsschemata und Prototyping

Dr.rer.pol. Harry Mucksch
Dipl.-Kfm. Wolfgang Fenske

Abteilung Wirtschaftsinformatik der Universität Göttingen

Inhaltsverzeichnis

1 Einleitung

Dieser Beitrag beschäftigt sich mit der Frage, inwieweit Entwicklungsschemata, Prototypingansätze und modellgestützte Ansätze für die Erstellung von wissensbasierten Systemen (WBS) geeignet sind. König und Behrendt[1] stellen in diesem Zusammenhang fest, daß man prinzipiell zwei Vorgehensweisen unterscheiden kann:

a) Die induktive Ableitung von Verfahren[2] und
b) die deduktive Ableitung von Verfahren[3].

Da die Erstellung von wissensbasierten Systemen in der Regel deduktiv erfolgt, ist es naheliegend phasenorientiert vorzugehen.[4] Damit ähnelt die Entwicklung von WBS dem Vorgehen bei der Entwicklung konventioneller Software.[5] Aus diesem Grund existieren zur Entwicklung von WBS mittlerweile - ebenso wie zur Entwicklung herkömmlicher Software-Systeme - eine sehr große Anzahl an Stufenkonzepten, die mehr oder weniger zur Unterstützung des Knowledge Engineering Prozesses geeignet sind.
Um Aussagen über die Eignung diverser Phasenkonzepte machen zu können, sind in Abschnitt 2 zunächst die relevanten Begriffe zu klären und gegeneinander abzugrenzen, bevor der Entwicklungsprozeß eines WBS anhand seiner logischen Phasen erläutert wird.
Anschließend werden im dritten Abschnitt verschiedene Prototypingansätze vorgestellt, da die meisten der im vierten Abschnitt dieses Beitrages dargestellten Entwicklungsschemata mit Prototypen arbeiten.
Im letzten Abschnitt wird die Frage andiskutiert, inwieweit eine prototyp- und/oder modellgestützte Wissensakquisition den Entwicklungsprozeß wissensbasierter Systeme unterstützen kann.

2 Der Knowledge Engineering Prozeß

Im März 1990 stellte A. Voß auf dem 1. Workshop IS/KI am FAW in Ulm in ihrem Vortrag die Frage, wie der Begriff Knowledge Engineering überhaupt zu definieren sei.[6] Umfaßt er das Software Engineering und die Wissensakquisition oder das Software Engineering und wissensspezifische Aspekte?

---

1 Vgl. KÖNIG, W.; BEHRENDT, R.: Die Produktion von Expertensystemen, in: Angewandte Informatik, Nr. 3, 1989, S. 98.

2 Vgl. REITMAN, W. (Hrsg.): Artificial Intelligence Applications for Business, Norwood, 1984. QUINLAN, J. R. (Hrsg.): Application of Expert Systems, Reading 1987. COOMBS, M. J. (Hrsg.): Development in Expert Systems, London u.a. 1984.

3 Vgl. BREUKER, J. A.; WIELINGA, B. J.: KADS: Structured Knowledge Acquisition for Expert Systems, Proc. Expert Systems and their Application, Bd. 2, 1985, S. 887-900.

4 Vgl. KÖNIG, W.; BEHRENDT, R.: Die Produktion von Expertensystemen, a.a.O., S. 98.

5 Vgl. BIETHAHN, J.; MUCKSCH, H.; RUF, W.: Ganzheitliches Informationsmanagement, Bd. I, Grundlagen, München u.a. 1990, S. 118-127.

6 VOß, A.: Modellgestützte Wissensakquisition, Vortrag, gehalten am 21.3.1990, 1. Workshop IS/KI am FAW in Ulm, 19.-21.3.1990.

Aus dieser Frage lassen sich zwei Teilfragen ableiten:

1. Was ist (sind) die Aufgabe(n) des Knowledge Engineering?
2. Wie (in welchen Phasen) verläuft die Entwicklung von WBS?

Mit diesem Beitrag wird der Versuch unternommen, diese Fragen zu beantworten.

2.1 Die Begriffe Knowledge Engineering, Wissensakquisition und Wissenserhebung

In der Literatur werden die Begriffe Knowledge Engineering, Wissensakquisition und Wissenserhebung nicht einheitlich verwendet. Einigkeit herrscht jedoch in Bezug auf die Hauptaufgabe des Knowledge Engineering, der Modellierung von (Experten-) Wissen.[7] Das Knowledge Engineering befaßt sich folglich mit der Transformation des Wissens aus einer Wissensquelle (in der Regel ist dies ein Experte) in die Wissensbasis eines WBS.[8] Zunächst muß innerhalb dieser Aufgabe das Wissen des auf das WBS zu übertragenden Problembereichs extrahiert, formalisiert und strukturiert werden. Diese erste Teilaufgabe bezeichnet F.H. Schmitt als Wissensakquisition.[9]
Die zweite, nicht von der Wissensakquisition unabhängig zu betrachtende Teilaufgabe bei der Entwicklung von WBS, ist die Wissensrepräsentation. Unter diesem Begriff versteht man die Übertragung des in der Wissensakquisition erworbenen Wissens in geeignete Wissensrepräsentationsformalismen und entsprechende Ableitungs- und Kontrollmechanismen.[10]
K. Kurbel faßt die Begriffe Wissensakquisition und Knowledge Engineering dagegen in der Weise auf, daß sie lediglich "...unterschiedliche Sichtweisen auf das gleiche Problem..."[11] darstellen. Den Vorgang des Wissenserwerbs durch ein wissensbasiertes System bezeichnet Kurbel als Wissensakquisition, wohingegen der Begriff Knowledge Engineering die Tätigkeit des Wissensingenieurs (Knowledge Engineer)[12] bezüglich des Wissenserwerbs in den Vordergrund stellt.[13]

---

7 Vgl. SCHMITT, F. H.: Knowledge Engineering mit einer Expertensystem-Shell, in: CHRISTALLER, TH. (Hrsg.): Künstliche Intelligenz, 5. Frühjahrsschule, KIFS-87, Grünne, März/April 1987, IFB 202, Berlin u.a. 1989, S. 262.

8 HORN, W.: Knowledge Engineering: Werkzeuge zum Erstellen von Expertensystemen, in: HANSEN, H. R. (HRSG): GI/OCG/ÖGI-Jahrestagung 1985, IFB 108, Berlin u.a. 1985, S. 66.

9 Vgl. SCHMITT, F. H.: Knowledge Engineering, a.a.O., S. 262.

10 Vgl. ebenda, S. 262 f.

11 KURBEL, K.: Entwicklung und Einsatz von Expertensystemen, Berlin u.a. 1989, S. 68.

12 Zu den Aufgaben des Knowledge Engineers vgl. MUCKSCH, H.; FENSKE, W.; KURZ, M.: Einführung in die Künstliche Intelligenz, Skriptum, 2., überarbeitete Auflage, in: BIETHAHN, J. (Hrsg.): Arbeitsberichte der Wirtschaftsinformatik, Georg-August-Universität, Göttingen 1990, S. 95.

13 KURBEL, K.: Entwicklung und Einsatz von Expertensystemen, a.a.O., S. 68.

In diesem Beitrag wird der Begriff Knowledge Engineering sehr weit gefaßt, so daß er ausgehend von der Aufgabenstellung und ersten Vorstudien über die Realisierbarkeit des Systems den Erstellungsprozeß und die Wartung incl. der möglichen Erweiterung eines WBS umfaßt. Das Knowledge Engineering findet also über den gesamten Lebenszyklus des Systems statt.[14] Die Wissensakquisition und die Wissenserhebung sind entsprechend dieser Begriffsauffassung Bestandteile des Knowledge Engineering Prozesses.
Als Wissensakquisition kann man allgemein die "...Übertragung menschlicher Expertise in eine formale Notation..."[15] bezeichnen. Ein erster, vorangestellter Schritt ist dabei die Wissenserhebung. Es handelt sich bei diesem Teil der Wissensakquisition um eine reine Sammlung und Protokollierung des Wissens aus diversen Wissensquellen (zum Beispiel Fachbücher, Lexika, Experten, usw.).[16]

In Anlehnung an Arbeitsberichte und Veröffentlichungen der Forschungsgruppe Expertensysteme der GMD in St.Augustin wird im folgenden Abschnitt ein allgemeines, logisches Schema für die Entwicklung von WBS vorgestellt.

2.2 Der Entwicklungsprozeß von wissensbasierten Systemen

W. Karbach teilt den Knowledge Engineering Prozeß in logische Phasen ein, die in Bild 1 wiedergegeben sind.[17]

Die Wissensakquisition umfaßt drei Phasen:

- Die Wissenserhebungsphase,
- die Interpretationsphase und
- die Operationalisierungsphase.

1. Die Wissenserhebungsphase
Ziel der Wissenserhebungsphase ist die Extraktion des Wissens im Hinblick auf die konkrete, möglichst exakt festgelegte Problemstellung aus diversen Wissensquellen wie zum Beispiel Büchern, Lexika, etc. mittels der Textanalyse. Als wichtigste Wissensquelle für die Erstellung von Expertensystemen ist jedoch der Experte selbst zu nennen.[18] Das

---

14 Vgl. KARBACH, W.: Entwurfsmethodiken für wissensbasierte Systeme, - Ein Überblick, Verbundvorhaben WEREX, Bericht Nr. 22, September 1988, S. 9. GREENWELL, M.: Knowledge Engineering for Expert Systems, New York u.a. 1988, S. 11. VOß, A.: Modellgestützte Wissensakquisition, a.a.O.

15 LINSTER, M.: Wissensakquisition: Stand der Dinge und Perspektiven, GMD, Forschungsgruppe Expertensysteme, St.Augustin 1989, S. 1.

16 Vgl. KARBACH, W.: Entwurfsmethodiken für wissensbasierte Systeme - Ein Überblick, a.a.O., S. 9. KARBACH, W.: Methoden und Techniken des Knowledge Engineering, in: Gesellschaft für Mathematik und Datenverarbeitung mbH (Hrsg.): Arbeitspapiere der Gesellschaft für Mathematik und Datenverarbeitung Nr. 338, Sankt Augustin 1988, S. 7.

17 Vgl. ebenda, S. 7-10.

18 Vgl. KURBEL, K.: Entwicklung und Einsatz von Expertensystemen, a.a.O., S. 76.

"...Wissen, das die kognitiven Fähigkeiten eines Experten ausmacht..."[19] muß der Knowledge Engineer mit Hilfe manueller oder computerbasierter Erhebungstechniken eruieren (ausgraben) und protokollieren. Die Erhebung des Wissens (knowledge elicitation) sollte nichts anderes als eine (möglichst) vollständige Datensammlung durch den Knowledge Engineer sein. Die vom Knowledge Engineer objektiv, das heißt ohne Beeinflußung des Experten, gesammelten Begriffe und Konzepte sind daher zu diesem Zeitpunkt vielfach noch mißverständlich und mehrdeutig.[20]

2. Die Interpretationsphase des erhobenen Wissens
Diese Phase befaßt sich mit der Strukturierung des aus den Protokollen gewonnenen Wissens, also mit der Identifikation, der Analyse und der Interpretation des erhobenen Wissens.[21]

3. Die Operationalisierungsphase
In der Operationalisierungsphase erfolgt die Abbildung und Umsetzung des analysierten und interpretierten Wissens in operationale Wissensrepräsentationsformalismen. Die Abbildung kann entweder direkt oder über eine nicht-operationale Zwischendarstellung, das heißt in Form eines konzeptionellen Wissensmodells[22], erfolgen.

4. Integration
Das erstellte System muß schließlich noch in die bestehende Hard- und Softwareumgebung integriert werden.

5. Wartung
Aufgrund der Tatsache, daß sich das Wissen eines Fachgebiets im Laufe der Zeit verändert, führt dazu, daß auch die Wissensbasis eines WBS Änderungen unterliegt.

---

19 KARBACH, W.: Entwurfsmethodiken für wissensbasierte Systeme - Ein Überblick, a.a.O., S. 9.
20 Vgl. KARBACH, W.: Wissensakquisition - Ein Überblick, a.a.O., S. 7.
21 Vgl. KARBACH, W.: Methoden und Techniken des Knowledge Engineering, a.a.O., S. 9.
22 Vgl. KURBEL, K.: Entwicklung und Einsatz von Expertensystemen, a.a.O., S. 92.

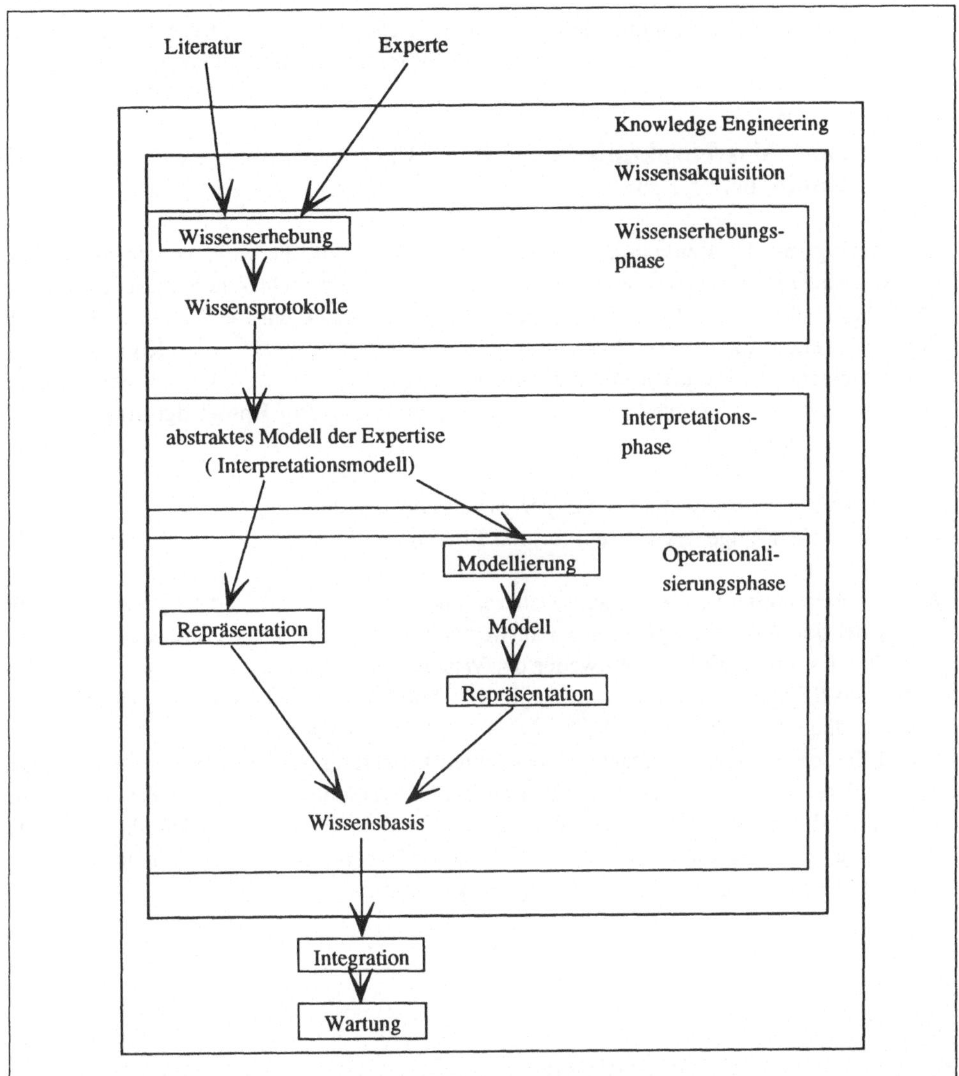

Abb. 1: Logische Phasen beim Knowledge Engineering[23]

Trotz der Unterscheidung diverser Teilaufgaben beziehungsweise Phasen der Wissensakquisition werden diese nur in den seltensten Fällen sequentiell durchlaufen. Als mögliche sequentielle Vorgehensweisen kommen sowohl der Top-Down- als auch der Bottom-Up-Ansatz in Frage.

Ein Bottom-Up-Vorgehen liegt beispielsweise vor, wenn bereits direkt nach der Festlegung der Problemdomäne und der Überprüfung der Realisierbarkeit des WBS die Entscheidung für eine bestimmte Expertensystem-Shell getroffen wird.

23 KARBACH, W.: Entwurfsmethodiken für wissensbasierte Systeme - Ein Überblick, a.a.O., S. 10.

Vorteilhafter als ein rein sequentielles Vorgehen ist jedoch ein iterativer Prozeß, der sich sowohl der Top-Down- als auch der Bottom-Up-Vorgehensweise bedient.

2.3 Die Wissensakquisition als "Flaschenhals" des Knowledge Engineering Prozesses

Gleichzeitig mit der Betonung, daß die Wissensakquisition die wohl wichtigste Aufgabe des Knowledge Engineering Prozesses ist, findet man sehr viele Zitate, in denen sie auch als "Flaschenhals" der Entwicklung von WBS bezeichnet wird.[24] Die Gründe für die Schwierigkeiten, die bei der Wissensakquisition auftreten, sind in der Komplexität der Arbeitsgebiete von Experten und der großen Menge von Wissen, das diese sich im Laufe der Jahre auf ihren Gebieten angeeignet haben, zu finden. Ein Knowledge Engineer steht folglich vor dem Problem,

- das komplexe Fachgebiet des Experten zu verstehen und
- eine große Menge des Wissens aus der Literatur und dem Experten zu extrahieren.[25]

Neben den quantitativen Aspekten existieren auch noch qualitative, die für die Schwierigkeiten bei der Wissensakquisition verantwortlich sind. Da es keine exakte Definition des Begriffes Expertise gibt, wissen weder der Wissensingenieur noch der Experte selbst, was alles im WBS abgebildet werden muß, ob der Abbildungsprozeß vollständig ist und ob das Wissen adäquat abgebildet wurde.[26]
Mit Hilfe der aus der Systemanalyse bekannten Erhebungstechniken kann lediglich explizites und bewußtes Wissen eines Experten eruiert werden, nicht jedoch sein unbewußtes Wissen und seine Fähigkeiten.[27] Weiterhin läßt sich konstatieren, daß die bekannten Wissensrepräsentationsformalismen (zum Beispiel Regeln, Frames usw.) nicht immer eine adäquate Darstellung des erhobenen Wissens garantieren.

---

24 Vgl. FEIGENBAUM, E.: Knowledge Engineering - The Applied Side of Artificial Intelligence, Stanford Heuristics Programming Project, Report No. HPP-80-21, Stanford University, Sept. 1980. BUCHANAN, B. G. et al.: Constructing an Expert System, in: HAYES-ROTH, F.; WATERMAN, D. A.; LENAT, D. B. (Hrsg.): Building Expert Systems, London 1983 u.a., S. 129.

25 Vgl. KARBACH, W.: Wissensakquisition - Ein Überblick, a.a.O., S. 2.

26 Vgl. dazu KARBACH, W.: Methoden und Techniken des Knowledge Engineering, a.a.O., S. 55.

27 Vgl. BIETHAHN, J.; MUCKSCH, H.; RUF, W.: Ganzheitliches Informationsmanagement, Bd. II, Daten- und Entwicklungsmanagement, München u.a. 1991.

3 Das Prototyping

R. Vonk definiert Prototyping "...as an approach for establishing a systems requirements definition which is characterized by a high degree of iteration, by a very high degree of user participation in the development process and by an extensive use of prototypes."[28] Ein Prototyp ist also nach R. Vonk "...a working model of (parts of) an information system, which emphasizes specific aspects of that system."[29] Zusammenfassend läßt sich sagen, daß man mit Hilfe von Prototypen Erkenntnisse gewinnen will, die dann in die endgültige Anforderungsdefinition eingehen.[30]

3.1 Die Arten des Prototyping

Nach C. Floyd unterscheidet man drei verschiedene Arten des Prototyping:[31]

- Exploratives Prototyping,
- experimentelles Prototyping und
- evolutionäres Prototyping.[32]

3.1.1 Das explorative Prototyping

Ausgehend von vagen Vorstellungen über das zu erstellende System wird ein Prototyp entwickelt, durch den

- die zentralen Aspekte des geplanten Systems den Benutzern verdeutlicht werden und
- die Anforderungen der Benutzer anhand von Anwendungsbeispielen überprüft werden können.

Das primäre Ziel des explorativen Prototyping ist somit die Klärung der Benutzeranforderungen in besonders unklaren oder vagen Problembereichen.[33] Dabei steht weniger die Qualität der Konstruktion an sich, als vielmehr die Funktionalität des Prototypen im Vordergrund.[34]

---

28 VONK, R.: Prototyping - The effective use of CASE Technology, New York u.a. 1990, S. 22.

29 VONK, R.: Prototyping - The effective use of CASE Technology, a.a.O., S. 20.

30 Vgl. PESCHKE, H.: Betroffenenorientierte Systementwicklung: Prozeß und Methoden der Entwicklung menschengerechter Informationssysteme, Frankfurt a. Main u.a. 1986, S. 70.

31 FLOYD, C.: A Systematic Look at Prototyping, in: BUDDE, R. et al. (Hrsg.): Approaches to Prototyping, Berlin u.a. 1984, S. 10 ff.

32 Eine weitergehende Klassifikation findet der interessierte Leser in: MAYHEW, P. J.; DEARNLEY, P. A.: An Alternative Prototyping Classification, in: Computer Journal, Vol. 30, Nr. 6, 1987, S. 481-484.

33 Vgl. STUDER, R.: Konzepte für eine verteilte wissensbasierte Softwareproduktionsumgebung, IFB 132, Berlin u.a. 1987, S. 9.

34 Vgl. POMBERGER, G.; REMMLE, W.: Prototyping-orientierte Software-Entwicklung, in: Information Management, Nr. 2, 1987, S. 31.

3.1.2 Das experimentelle Prototyping

Bei dieser Art des Prototyping steht die Untersuchung der software-technischen Realisierung einer bereits bekannten Zielsetzung, das heißt nach der Erstellung einer ersten Anforderungsdefinition, im Mittelpunkt.[35] Ohne daß die eigentlichen Funktionen der Anwendung realisiert sind, werden zur Simulation der Endbenutzerschnittstelle verschiedene Prototypen erstellt und durch die Entwickler und Anwender ausgewertet und beurteilt.[36]

3.1.3 Das evolutionäre Prototyping

Ziel des evolutionären Prototyping ist eine inkrementelle Systementwicklung, bei der der Prototyp sukzessive im Rahmen eines kontinuierlichen Entwicklungsprozesses verbessert wird. Die letzte Prototyp-Version stellt schließlich das endgültige System dar. Diese inkrementelle Vorgehensweise ist auch unter dem Begriff Rapid Prototyping aus der Literatur bekannt.[37]
Generelles Anliegen dieses Ansatzes ist es, möglichst früh im Entwicklungsprozeß ein ablauffähiges Beispiel-System (Prototyp) zur Präsentation beim künftigen Benutzer zu erstellen[38], um die Anforderung überprüfen und Modifikationen am Softwaresystem vornehmen zu können.[39]

3.2 Vor- und Nachteile des Prototypingansatzes bei der Erstellung wissensbasierter Systeme

Einer Vielzahl von Entwicklungsschemata für wissensbasierte Systeme liegt der Prototypingansatz zugrunde. Die Begründung für diesen Sachverhalt liegt in den folgenden Vorteilen, die das Prototyping im Hinblick auf die Entwicklung von WBS bietet:[40]

- Sofortige Überprüfung der Richtigkeit des Wissenstransfers durch Knowledge Engineer und Experte.

---

35 Vgl. HESSE, W.: Eine Prototypentwicklung auf der Basis eines relationalen Datenbanksystems, in: WAGNER, R. R.; TRAUNMÜLLER, R.; MAYR, H. C. (Hrsg.): Informationsbedarfsermittlung und -analyse für den Entwurf von Informationssystemen, Fachtagung EMISA, Linz, Juli 1987, IFB 143, Berlin u.a. 1987, S. 185.

36 Vgl. RUF, W.: Ein Software-Entwicklungs-System auf der Basis des Schnittstellen-Management-Ansatzes, Berlin u.a. 1988, S. 138 f.

37 Vgl. HENG, M.: Why Evolutionary Development of Expert Systems Appears to Work, Future Generations Computer Systems 3, 1987, S. 103-109.

38 Vgl. PESCHKE, H.: Betroffenenorientierte Systementwicklung: Prozeß und Methoden der Entwicklung menschengerechter Informationssysteme, a.a.O., S. 70. KURBEL, K.; PIETSCH, W.: Expertensystem-Projekte: Entwicklungsmethodik, Organisation und Management, in: Informatik Spektrum, Jg. 12, 1989, S. 136 f.

39 Vgl. FRANK, U.: Expertensysteme: Ein erfolgversprechender Ansatz zur Automatisierung dispositiver Tätigkeiten, in: DBW, 49. Jg., Nr. 1, 1989, S. 23.

40 Vgl. KARBACH, W.: Entwurfsmethodiken für wissensbasierte Systeme - Ein Überblick, a.a.O., S. 13.

- Annahmen über die Struktur von Fakten und Inferenzstrategien lassen sich sofort überprüfen.
- Der Experte kann das Systemverhalten direkt überprüfen. Er kann den Knowledge Engineer folglich auf fehlendes beziehungsweise nicht ausreichendes Wissen in der Wissensbasis hinweisen.
- Es kann sich auch herausstellen, daß die Problemdomäne gut strukturiert ist und ein konventionelles Software-System besser geeignet ist.[41]

Neben diesen sicherlich nicht zu unterschätzenden Vorteilen führt W. Karbach eine noch größere Liste von Nachteilen auf:[42]

- Es gibt keine Phaseneinteilung des Entwurfsprozesses und damit keine definierten Meilensteine.
- Die Repräsentation der Expertise in der Wissensbasis ist zu nahe an der Implementierung. Die Expertise entspricht also nicht der Begriffswelt des Experten.
- Der Knowledge Engineer ist häufig mit der gleichzeitigen Interpretation und Repräsentation des Wissens überfordert.
- Seine Denkweise wird zu früh auf Implementierungsdetails festgelegt.
- Die Interpretation der Daten wird durch die vorgegebenen Repräsentationsformalismen beeinflußt und eingeengt.
- Die Architektur des Systems wird festgelegt, bevor alle Wissensprotokolle analysiert sind. Daher ist keine abschließende Beurteilung der Expertise möglich.
- Die unvollständige Datenanalyse vor einer Implementierung führt dazu, daß der Knowledge Engineer unter Umständen den Überblick verliert, welche Teile der Expertise bereits implementiert sind und welche nicht.
- Es gibt kein explizites abstraktes Modell des Schlußfolgerungsmechanismus des Experten.
- Viele Wissenstypen werden nicht explizit repräsentiert. Sie stecken zum Beispiel implizit in Regeln.
- Änderungen und Erweiterungen der Systemarchitektur sind schwierig und aufwendig.

4 Expertensystem-Entwicklungsschemata

Aufgrund der in Abschnitt 2 beschriebenen logischen Phasen des Knowledge Engineering Prozesses ist es naheliegend, auch die konkrete Entwicklung eines WBS stufen- beziehungsweise phasenweise vorzunehmen. Aus diesem Grund stellt W. Karbach drei allgemeine Anforderungen an eine Knowledge-Engineering-Methodologie:[43]

41 Vgl. KURBEL, K.; PIETSCH, W.: Expertensystem-Projekte: Entwicklungsmethodik, Organisation und Management, a.a.O., S. 137.

42 Vgl. KARBACH, W.: Methoden und Techniken des Knowledge Engineering, a.a.O., S. 11.

43 Vgl. KARBACH, W.: Entwurfsmethodiken für wissensbasierte Systeme - Ein Überblick, a.a.O., S. 21.

1. Explizite Unterstützung der Wissensakquisitionsphase.
2. Implementierungsunabhängige Repräsentation des Wissens.
3. Einteilung in meßbare und nachvollziehbare Schritte, die durch Projektdokumente abgeschlossen werden.

Ungeachtet der Schwächen der klassischen Phasenmodelle zur Software-Entwicklung[44] findet man in der Literatur eine Vielzahl an Phasenkonzepten für die Entwicklung wissensbasierter Systeme. Zu den Schwächen klassischer Phasenmodelle zählen unter anderem:

- Die Linearität, das heißt die einzelnen Phasen werden nur einmal durchlaufen.
- Die Anforderungen müssen relativ früh verbindlich festgelegt werden, was zu Fehlern im Software-System führt, wenn die Anforderungen falsch sind.
- Zwischen der Festlegung der Benutzeranforderungen und der Fertigstellung des Software-Systems verstreicht eine relativ lange Zeit. Haben sich die Benutzeranforderungen in der Zwischenzeit geändert, so führt dies zu schlechter Akzeptanz beim Benutzer. Änderungen des Systems sind zu diesem Zeitpunkt kaum noch beziehungsweise nur mit sehr hohem Aufwand möglich.

In den folgenden Abschnitten werden - ohne Anspruch auf Vollständigkeit - einige Phasenkonzepte für die Expertensystem-Entwicklung anhand von Schaubildern vorgestellt, erläutert und schließlich hinsichtlich ihrer Eignung für die Unterstützung des Knowledge Engineering Prozesses untersucht.[45]

44 Vgl. KURBEL, K.: Entwicklung und Einsatz von Expertensystemen, a.a.O., S. 83 ff.

45 Die folgenden Ausführungen lehnen sich teilweise an die Untersuchungen von Karbach an. Vgl. KARBACH, W.: Entwurfsmethodiken für wissensbasierte Systeme - Ein Überblick, a.a.O., S. 21-39. KARBACH, W.: Methoden und Techniken des Knowledge Engineering, a.a.O., S. 19-43.

4.1 Das Phasenmodell nach Hayes-Roth et al. (1983)

Das Phasenschema von F. Hayes-Roth et al. basiert auf dem Rapid Prototyping Ansatz und gliedert sich in fünf Phasen, die das folgende Bild zeigt.

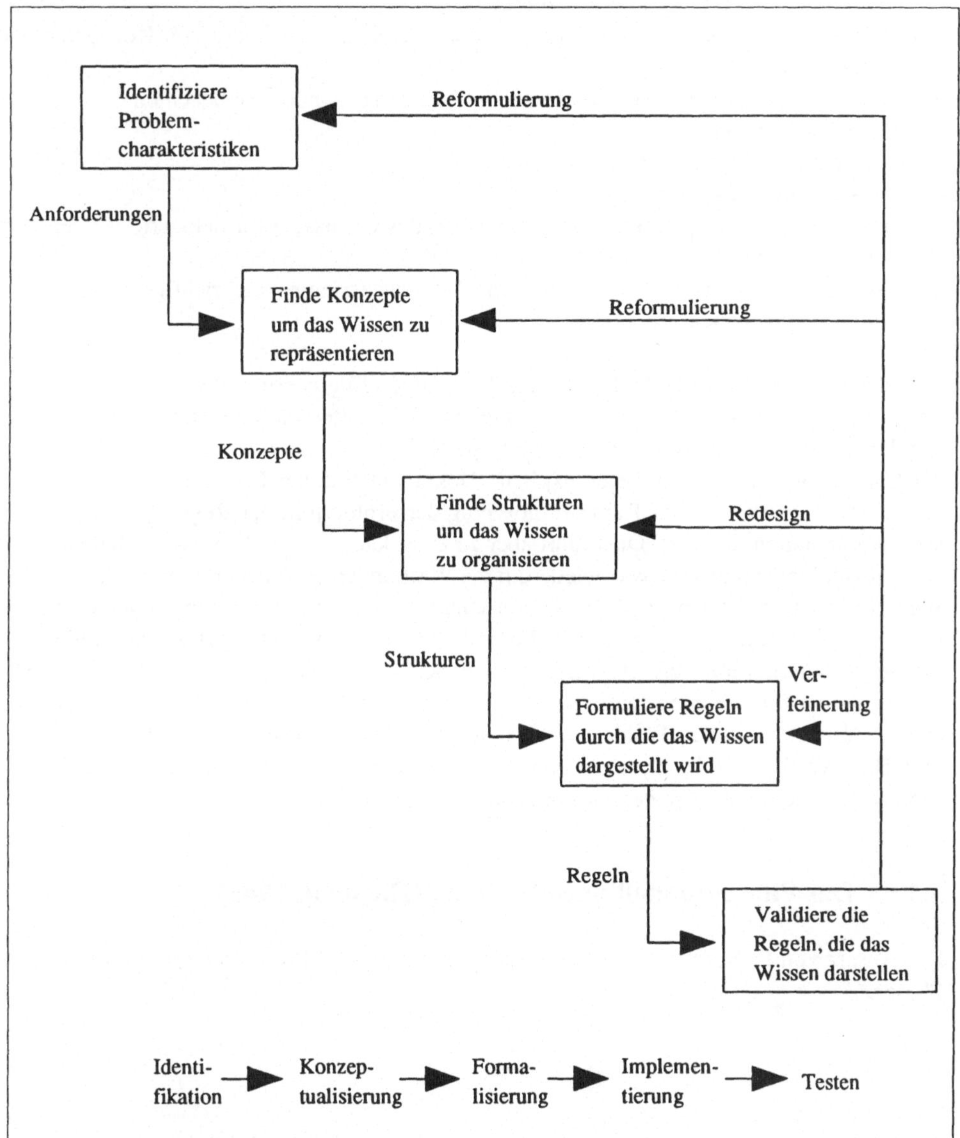

Abb. 2: Hayes-Roth et al.: Constructing an Expert System[46]

46 Zitiert nach KARBACH, W.: Entwurfsmethodiken für wissensbasierte Systeme - Ein Überblick, a.a.O., S. 25.

Nach der Phase der Identifikation der Problemcharakteristiken mit den Teilphasen

- Identifikation der Beteiligten am Projekt und deren Rollen,
- Identifikation des Problems und
- Identifikation der benötigten Ressourcen

folgt als Phase 2 die Konzeptualisierung. Diese umfaßt die Erhebung von Konzepten und Relationen aus dem Wissensgebiet.

In Phase 3, der Formalisierung, sind folgende Faktoren besonders zu beachten:

- Der Hypothesenraum.
- Das zugrundeliegende Prozeßmodell.
- Die Charakteristika der Daten.

Die vierte Phase, die Implementierung verwendet das in Phase 3 formalisierte Wissen zum Bau eines Prototyps.

In Phase 5 (Test) werden Wissensbasis und Inferenzstrategien auf richtige Arbeitsweise überprüft und gegebenenfalls verändert.

Eine der wesentlichsten Teilaufgaben des Knowledge Engineering, die Wissenserhebung, findet in diesem Ansatz kaum Unterstützung; es fehlen unter anderem Hinweise zu Methoden der "Extraktion des Wissens aus dem Experten".

Auch wird von den Autoren keine explizite Dokumentation des Projektfortschrittes gefordert, da bei Anwendung des Rapid Prototyping der Prototyp in der Regel die einzige Projektdokumentation darstellt. Dies führt aber zu einer kaum möglichen Nachvollziehbarkeit des Entwicklungsprozesses, was wiederum die Wartung eines WBS erheblich erschwert.

Weiterhin ist festzustellen, daß die Wissensanalyse und die Wissensrepräsentation in den Phasen 2 (Konzeptualisierung) und 3 (Formalisierung) vermischt werden. Durch die frühzeitige Repräsentation des Wissen eines Experten in einer der bekannten Wissensrepräsentationsformalismen (zum Beispiel Regeln, Frames usw.) erkennt der Experte sein eigenes Wissen in vielen Fällen nicht wieder. Die Folgen dieser Vermischung sind eine schlechte Wartbarkeit des Systems und die Festlegung des Knowledge Engineers auf eine ganz bestimmte Sichtweise des abzubildenden Expertenwissens.

4.2 Das Phasenmodell nach Harmon (Harmon, 1985)

Der Ansatz von P. Harmon basiert ebenfalls auf dem Rapid Prototyping und umfaßt sechs Phasen.[47]

47 Vgl. HARMON, P.: Expert Systems, New York 1985.

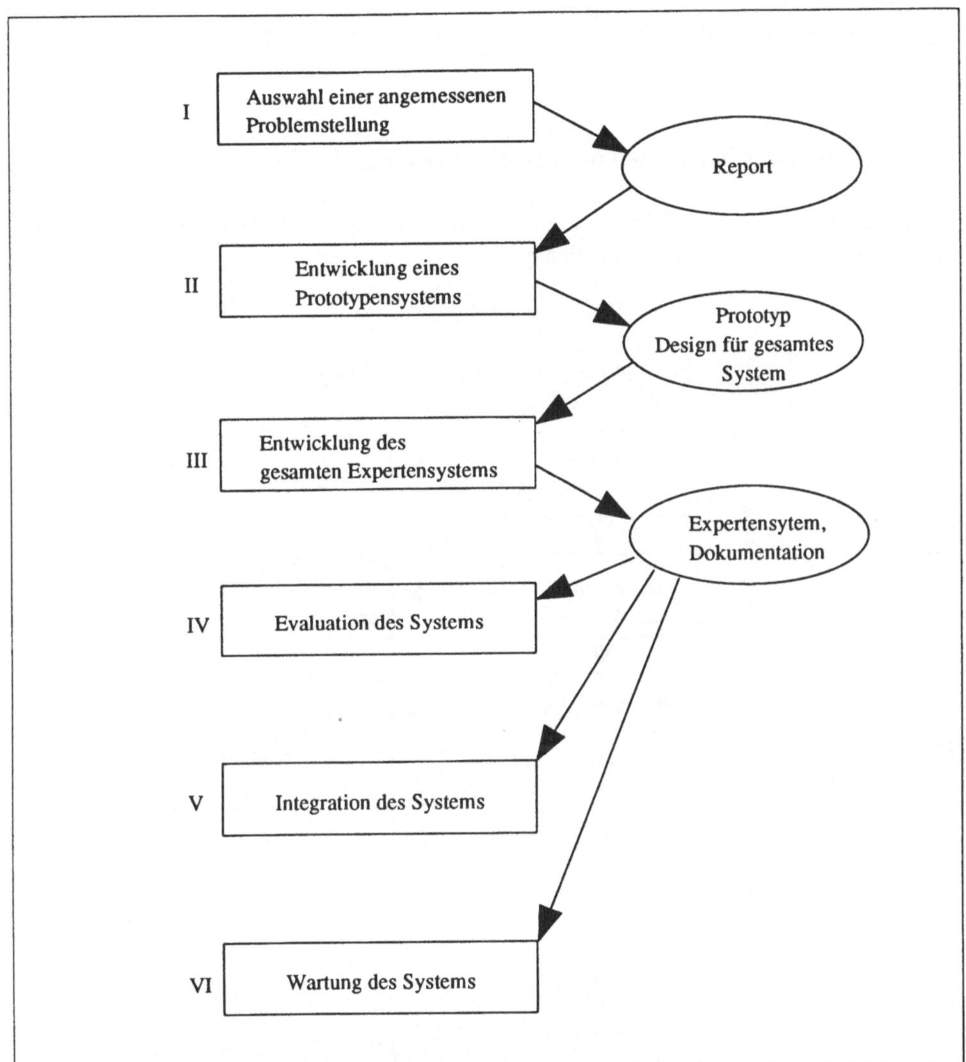

Abb. 3: Harmon: How Large Knowledge Systems Are Developed[48]

Die Phasen sind zwar anders definiert als bei Hayes-Roth et al., sie beschreiben aber im Grunde dieselben Tätigkeiten.

Der Prototyp wird in diesem Stufenkonzept aber nicht sukzessiv zum endgültigen WBS weiterentwickelt, sondern dient überwiegend zu Testzwecken sowie zur Festlegung der Systemspezifikation. Ein weiterer Unterschied zum Entwicklungsschema von Hayes-Roth et al. besteht darin, daß die einzelnen Phasen durch die explizite Forderung nach einem Abschlußdokument deutlich voneinander getrennt sind. P. Harmon bezieht außerdem die

48 Zitiert nach KARBACH, W.: Entwurfsmethodiken für wissensbasierte Systeme - Ein Überblick, a.a.O., S. 31.

Knowledge Engineering Phasen Integration des Systems und Wartung des Systems mit ein, welche bei Hayes-Roth et al. fehlen.

4.3 "A-Step-by-Step-Approach" (Freiling, 1985)

Das Phasenschema von M. Freiling et al. wurde bei der Firma TEKTRONIX entwickelt, 1985 vorgestellt und umfaßt sechs Phasen.[49]

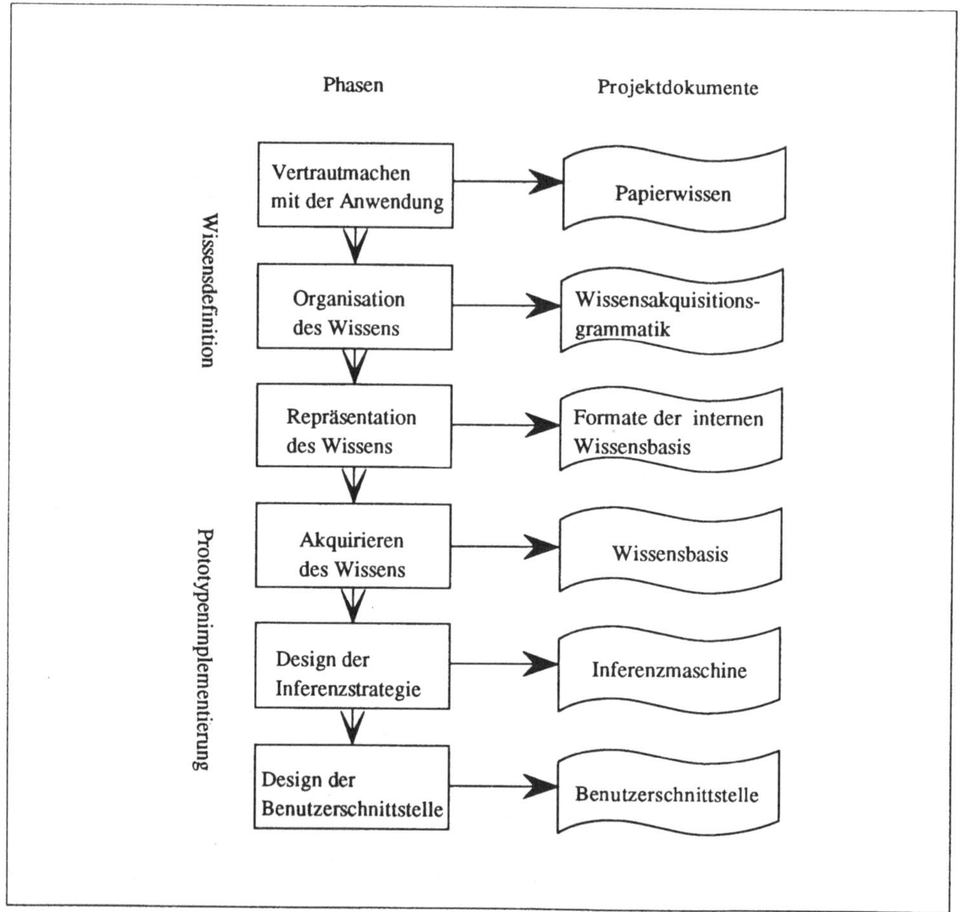

Abb. 4: Freiling: A Step-by-Step Approach[50]

---

49 FREILING, M. et al.: Starting a Knowledge Engineering Project: A Step-by-Step Approach, in: AI Magazine, Vol. 6, Nr. 3, 1985, S. 150-164.

50 Zitiert nach KARBACH, W.: Entwurfsmethodiken für wissensbasierte Systeme - Ein Überblick, a.a.O., S. 34.

Der Step-by-Step-Approach M. Freilings unterstellt folgende Grundannahmen:

1. Es sollte zunächst das Faktenwissen erhoben werden, da dies bedeutender ist als die Inferenzstrategien.
2. Nach jeder Phase sollte der Projektfortschritt durch ein adäquates Dokument festgehalten werden.

Das Schema gliedert sich in zwei Hauptphasen, die sich in weitere Phasen untergliedern lassen:
- Die Wissensdefinitionsphase mit den Teilphasen Vertrautmachen mit der Anwendung, Organisation des Wissens, Repräsentation des Wissens und
- die Prototypimplementierungsphase mit den Teilphasen Akquirieren des Wissens, Design der Inferenzstrategie und Design der Benutzerschnittstelle.

Die Tätigkeiten innerhalb der einzelnen Phasen brauchen an dieser Stelle nicht mehr weiter erläutert zu werden, da die Bezeichnungen der Phasen selbsterklärend sind und sich mit den Inhalten der Phasen der bereits vorgestellten Stufenkonzepte decken.

Hervorzuheben ist an diesem Schema die Papierwissensbasis als Dokument der ersten Teilphase der Wissensdefinition, in der die Fakten und Regeln in natürlicher Sprache fixiert werden. Sie könnte als konzeptionelles Modell der Expertise aufgefaßt werden und stellt somit einen ersten Schritt in Bezug auf einen modellgestützten Knowledge Engineering Prozeß dar. Aus dieser Wissensbasis wird aber lediglich eine Wissensakquisitionsgrammatik abgeleitet, die sich nur auf syntaktische Strukturen stützt. Fraglich bleibt folglich, ob diese Form der Zwischenrepräsentation wirklich adäquat ist.
Schließlich ist anzuzweifeln, ob auf ein zyklisches Vorgehen, welches hier nicht vorgesehen ist, in den einzelnen Teilphasen sowie den beiden Hauptphasen verzichtet werden kann.

4.4 Das 3-Phasen-Modell (Grover, 1983)

M. Grovers Methodik unterstützt vor allem die Wissensakquisition durch ein zyklisches Durchlaufen von drei Phasen:

1. Die Wissensbereichsdefinition.
2. Die fundamentale Formulierung des Wissens.
3. Die grundsätzliche Wissenskonsolidierung.[51]

---

51 Vgl. GROVER, M.: A Pragmatic Knowledge Acquisition Methodology, in: Proc. of the 8. International Joint Conference on AI, 1983.

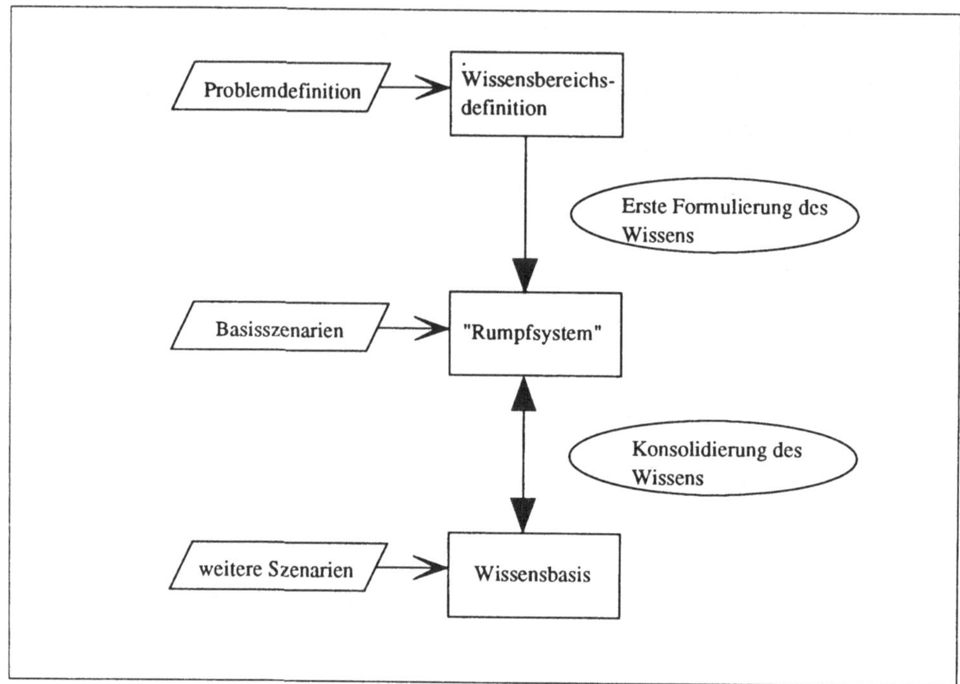

Abb. 5: Grover: A Pragmatic Knowledge Acquisition Methodologie[52]

Als Ergebnis der ersten Phase (Definition des Wissensbereichs) soll ein Wissensbereichsdefinitionshandbuch erstellt werden, in dem die allgemeine Problembeschreibung, eine Bibliographie der verwendeten Dokumente, ein Glossar von Ausdrücken und Symbolen enthalten ist. Weiterhin enthält dieses Handbuch eine Identifikation des maßgeblichen Experten und eine Beschreibung von exemplarischen Problemlösungen.
Die zweite Phase (Grundlegende Formulierung des Wissens) ist durch die Analyse von einfachen, häufig vorkommenden, archetypischen Szenarien gekennzeichnet. Auch als Ergebnis dieser Phase, in der Anwendungsfälle des Experten klassifiziert werden, ist eine Dokumentation zu erstellen.
In der dritten Phase, der grundsätzlichen Wissenskonsolidierung, wird auf der Basis der erstellten Dokumente das WBS in einem iterativen Prozeß entwickelt.

In M. Grovers Vorgehensweise ist genau festlegt, was erhoben und dokumentiert werden soll. Allerdings werden keine Aussagen darüber getroffen, wie das Wissen darzustellen ist, d.h. es existiert keine Anleitung bezüglich der Modellierung der Expertise.

52 Zitiert nach KARBACH, W.: Entwurfsmethodiken für wissensbasierte Systeme - Ein Überblick, a.a.O., S. 36.

4.5 Das Phasenmodell von Greenwell (Greenwell, 1988)

Im Gegensatz zu den bisher vorgestellten Entwicklungsschemata unterstreicht M. Greenwell ausdrücklich ein zyklisches Vorgehen bei der Entwicklung von wissensbasierten Systemen.
Er gliedert die Wissenserhebung, die in seinem Schema ein erhebliches Gewicht besitzt, in acht Phasen oder Hauptbereiche:

1. Basic plan and primary preparation.
2. Orientation phase.
3. Feasibility study (Durchführbarkeits-Studie).
4. Major plan and second orientation.
5. Prototype elicitation.
6. Main phase elicitation.
7. Refinement and tuning.
8. Maintenance.[53]

Jeder Zyklus sollte nach Greenwell mit einer Experimentier- und Diskutierphase enden. Weiterhin empfiehlt er eine Pause zwischen den Zyklen, um die Ergebnisse eines Zyklus' vollkommen erfassen zu können.[54]

Das folgende Bild stellt das gesamte Phasenschema von Greenwell dar.

53 Vgl. GREENWELL, M.: Knowledge Engineering, a.a.O., S. 93.
54 Vgl. ebenda, S. 138 ff.

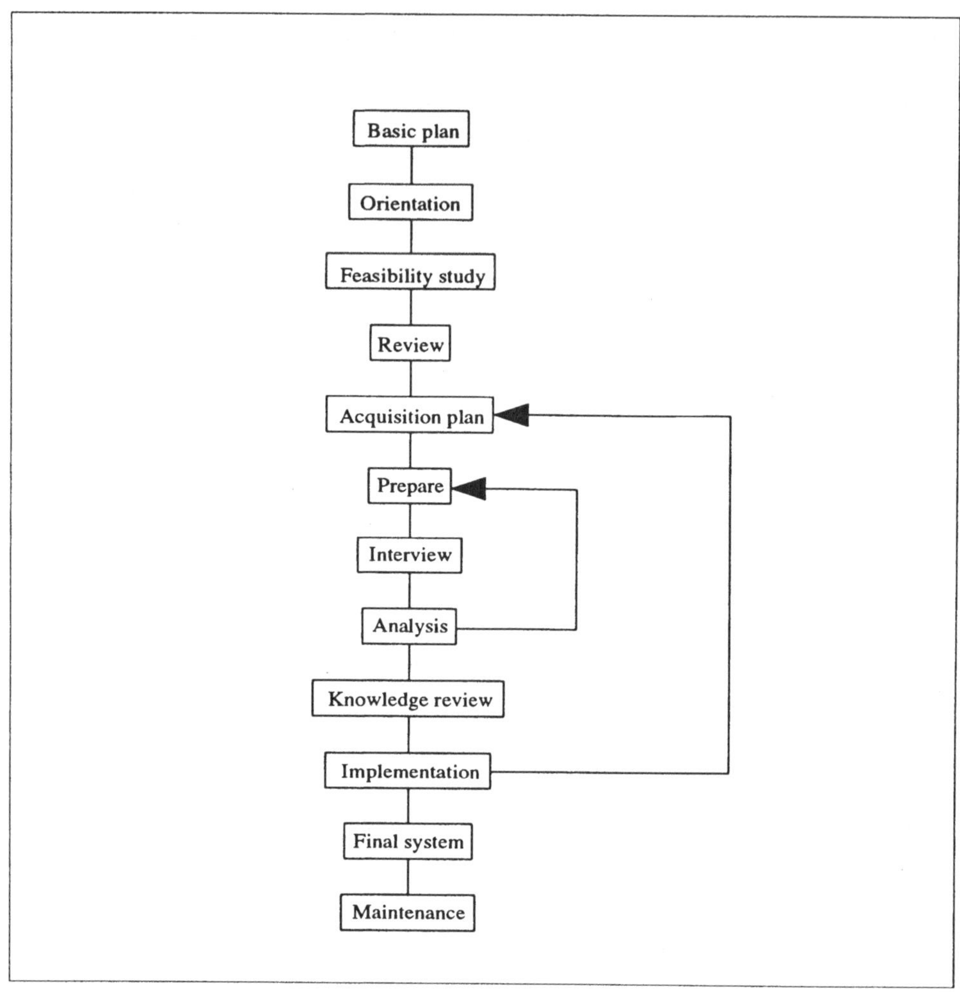

Abb. 6: Phasenschema von Greenwell[55]

Wie aus dem Bild hervorgeht, ist nicht nur die Wissenserhebung zyklisch durchzuführen, sondern auch die Wissensakquisition (siehe Pfeile).

Als Abschluß jeder Phase fordert M. Greenwell ein Dokument[56] (zum Beispiel Durchführbarkeits-Report, Entwurf eines Planes für die Wissensakquisitionsphase, etc.), aus dem hervorgeht, was in der vorhergehenden Phase erreicht wurde und was nicht. Die Probleme in den einzelnen Phasen sollten dabei genau dokumentiert und begründet werden, um diese in den folgenden Phasen lösen zu können.[57]

55 GREENWELL, M.: Knowledge Engineering, a.a.O., S. 93.

56 Vgl. ebenda, S. 94 ff.

57 Vgl. GREENWELL, M.: Knowledge Engineering, a.a.O., S. 138.

Als Nachteil kann auch hier der frühe Einsatz von Prototypen mit seinen Folgen gesehen werden.[58]

4.6 Ablaufmodell einer Expertensystementwicklung (Kurbel, 1989)

K. Kurbels sechsphasigem Ablaufmodell liegt eine evolutionäre Vorgehensweise zugrunde. Auch bei diesem neueren Schema vollzieht sich die Entwicklung zyklisch, allerdings nur sobald Mängel erkannt wurden.[59]

Die Darstellung des erhobenen Wissens sollte nach Kurbel zunächst in einem Wissensmodell und erst anschließend in einem Wissensrepräsentationsformalismus auf dem Rechner erfolgen. Deutlich wird bei diesem Entwicklungsschema auch der Unterschied zur traditionellen Softwareentwicklung: Statt zunächst die Spezifikation komplett vor der Implementation vorzunehmen, umfaßt der Entwicklungszyklus die Wissenserhebung, die Implementierung, eine Abnahme des Systems durch den Fachexperten und ggf. den Endbenutzer, sowie eine Diskussion der in den Abnahmeberichten festgehaltenen Mängel des WBS, die einen Wiedereinstieg in die Implementierungsphase notwendig macht. In der Diskussionsphase können aber auch Schwächen des konzeptionellen Wissensmodells aufgedeckt werden. In diesem Fall beginnt der Entwicklungszyklus wieder mit einer Wissenserhebung.

K. Kurbel betont, daß die Vorgehensweise grundsätzlich evolutionär sei (Rapid Prototyping) und sich in mehreren Zyklen vollziehe.[60] Auch fordert er die Darstellung des Wissens in einem konzeptionellen Wissensmodell, bevor das Wissen in die Wissensrepräsentationsform(en) einer XPS-Shell übertragen wird. Dadurch wird eine klare Trennung von Wissenserhebung und Wissensrepräsentation erreicht.[61] Bemerkenswert ist weiterhin die Forderung nach Mängelberichten in der Implementierungsphase, in denen "...Fehler oder Inkonsistenzen des konzeptionellen Modells..."[62] festgehalten werden sollen, um sie an die vorhergehende Phase zurückzumelden und die Forderung nach Abnahmeberichten in der Abnahmephase, in denen aktuelle WBS-Versionen beurteilt werden.[63]
Eine Phase in der das WBS gewartet wird, fehlt bei Kurbel gänzlich, obwohl sich das Wissen eines Fachgebiets im Zeitablauf ändern kann.

58 Vgl. Abschnitt 4.1, Phasenschema von HAYES-ROTH et al.
59 Vgl. KURBEL, K.: Entwicklung und Einsatz von Expertensystemen, a.a.O., S. 92-95.
60 Vgl. ebenda, S. 93.
61 Vgl. ebenda, S. 92 f.
62 Ebenda, S. 93.
63 Vgl. ebenda, S. 93 f.

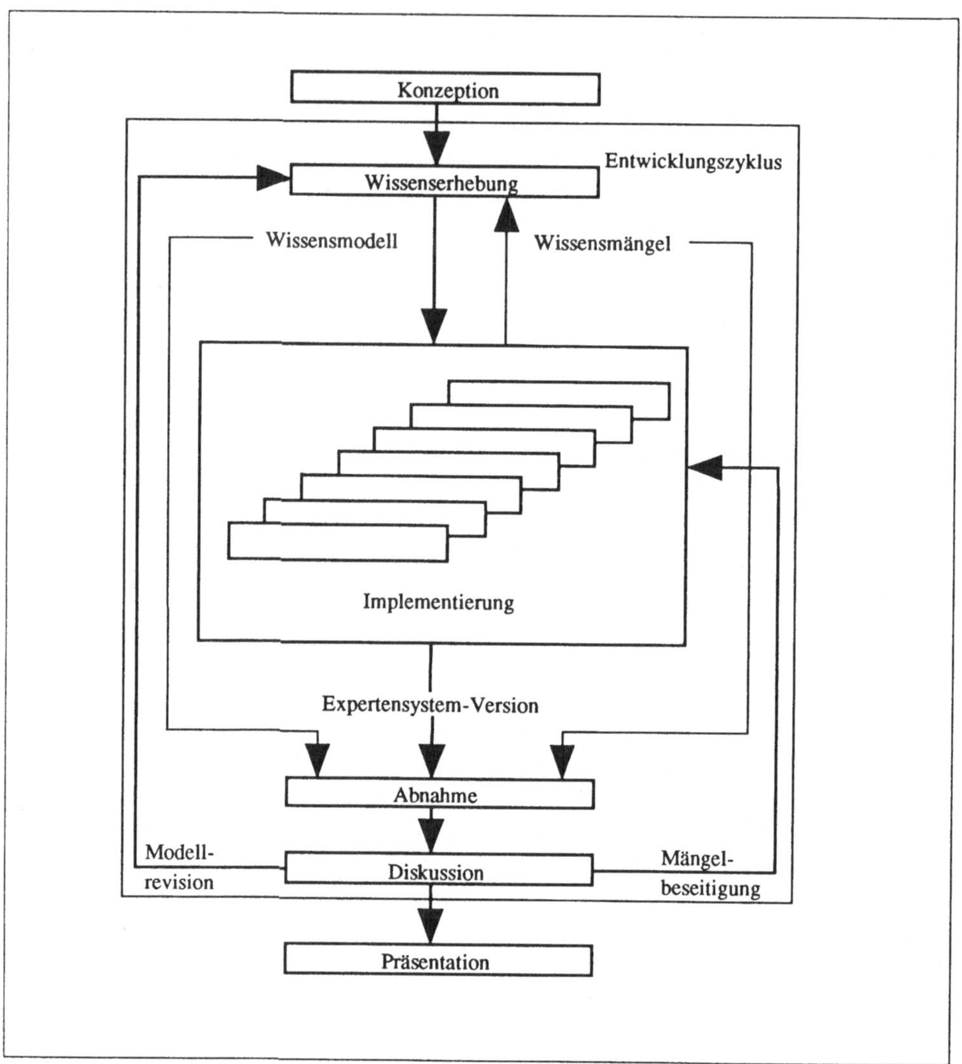

Abb. 7: Ablaufmodell für eine Expertensystem-Entwicklung[64]

64 KURBEL, K.: Entwicklung und Einsatz von Expertensystemen, a.a.O., S. 95.

4.7 Der KADS-Ansatz (Wielinga/Breuker, 1987)

Die KADS-Methodologie (Knowledge Acquisition and Documentation System[65], Knowledge Acquisition and Design Structuring, Knowledge Acquisition and Documentation Structuring[66]) wurde im Rahmen des ESPRIT-Projektes an der Universität Amsterdam entwickelt.[67] Ihr Anliegen besteht im Aufdecken und Aufzeichnen der Struktur des Wissens eines Fachgebiets, ohne sich spezieller Wissensrepräsentationsformalismen (zum Beispiel Regeln, Frames usw.) zu bedienen.

Die Methodologie ist durch die folgenden Prinzipien gekennzeichnet:[68]

1. Wissensanalyse vor Wissensimplementierung.
   In der KADS-Methodologie findet eine klare Trennung der Analyse- und Entwurfsphase von der Implementierungsphase statt, so daß sie zeitlich getrennt und eventuell von verschiedenen Personen durchgeführt werden können.
2. Modellgestützte Wissensakquisition.
   Die Methodologie basiert auf Modellen, die den Knowledge Engineer bei der Interpretation des erhobenen Wissens unterstützen.
3. Darstellung der Expertise auf epistemologischer Ebene.
   "Die analysierte Expertise soll auf epistemologischer Ebene dargestellt werden, das heißt verschiedene Typen von Wissen sind explizit repräsentiert."[69]

Im Rahmen der KADS-Methodologie wird die Expertise in vier Modellen dargestellt:[70]

1. M1: Mentales Modell der Expertise (verbale Daten).
2. M2: Darstellung der Expertise auf epistemologischer Ebene (konzeptuelles Modell) am Ende der Wissensanalyse.
3. M3: Das Designmodell beinhaltet die globale Architektur des Systems und die KI-Methoden für die Problemlösung (Design Modell).
4. M4: Dieses Modell entspricht dem implementierten System (Code).

---

65 KARBACH, W.: Entwurfsmethodiken für wissensbasierte Systeme - Ein Überblick, a.a.O., S. 39.

66 KARBACH, W.; LINSTER, M.; VOß, A.: A Confrontation of Models of Problem Solving, Submitted to the Special Issue on Knowledge Acquisition of the International Journal of Intelligent Systems, S. 6.

67 Vgl. WIELINGA, B. J.; BREUKER, J. A.: Models of Expertise, European Conference on AI, Brighton 1986. WIELINGA, B. J.; BREUKER, J. A.: Model-Driven Knowledge Acquisition: Interpretation Models, Memo 87, Deliverable task A1, Esprit Project 1098, 1987. Zusammenfassung in: KARBACH, W.: Entwurfsmethodiken für wissensbasierte Systeme - Ein Überblick, a.a.O., S. 39-45.

68 Vgl. KARBACH, W.: Entwurfsmethodiken für wissensbasierte Systeme - Ein Überblick, a.a.O., S. 39.

69 Ebenda, S. 39.

70 Vgl. ebenda, S. 39 f.

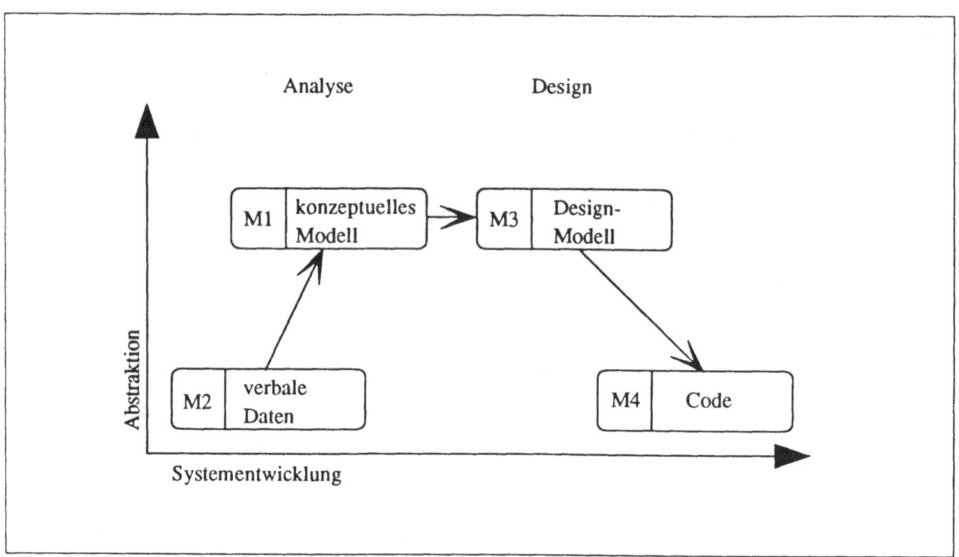

Abb. 8: Modelle in der KADS-Methodologie[71]

Das konzeptuelle Modell (Modell M2) stellt die Expertise in vier Ebenen dar:[72]

1. Domain Layer: Informationen über Konzepte und Relationen des Fachgebiets.
2. Inference Layer: Beschreibung, welche Domain Layer Information welche Rolle im Problemlösungsprozeß spielt (Abstraktion des Domain Layers). Die Rollen der Wissenselemente im Problemlösungsprozeß werden Meta-classes genannt, die Funktionen heißen Knowledge Sources. Aus Knowledge Sources und Metaklassen wird ein gerichteter Graph abgeleitet, den man als Inferenzstruktur bezeichnet.
3. Task Layer: Spezifikation von Aufgaben und Zielen (Goals, Tasks) zur Lösung von Problemen.
4. Strategic Layer: Kontrolle der Reihenfolge der Ausführung von Aufgaben im Rahmen eines Problemlösungsprozesses.

Die sog. Interpretationsmodelle entsprechen den konzeptuellen Modellen, es fehlt ihnen nur der domain layer. Sie stellen also allgemeine Modelle dar, die lediglich den Problemlösungsprozeß beschreiben und sich somit evtl. auch auf Probleme in anderen Problembereichen anwenden lassen. Die Kombination von verschiedenen Interpretationsmodellen nennt man Wirklichkeitsmodelle.
Wie man von einem Interpretationsmodell zu einem konzeptuellen Modell gelangt, zeigt das folgende Bild.

71 KARBACH, W.: Entwurfsmethodiken für wissensbasierte Systeme - Ein Überblick, a.a.O., S. 40.

72 Vgl. KARBACH, W.; LINSTER, M.; VOß, A.: A Confrontation of Models of Problem Solving, a.a.O., S. 6 f.

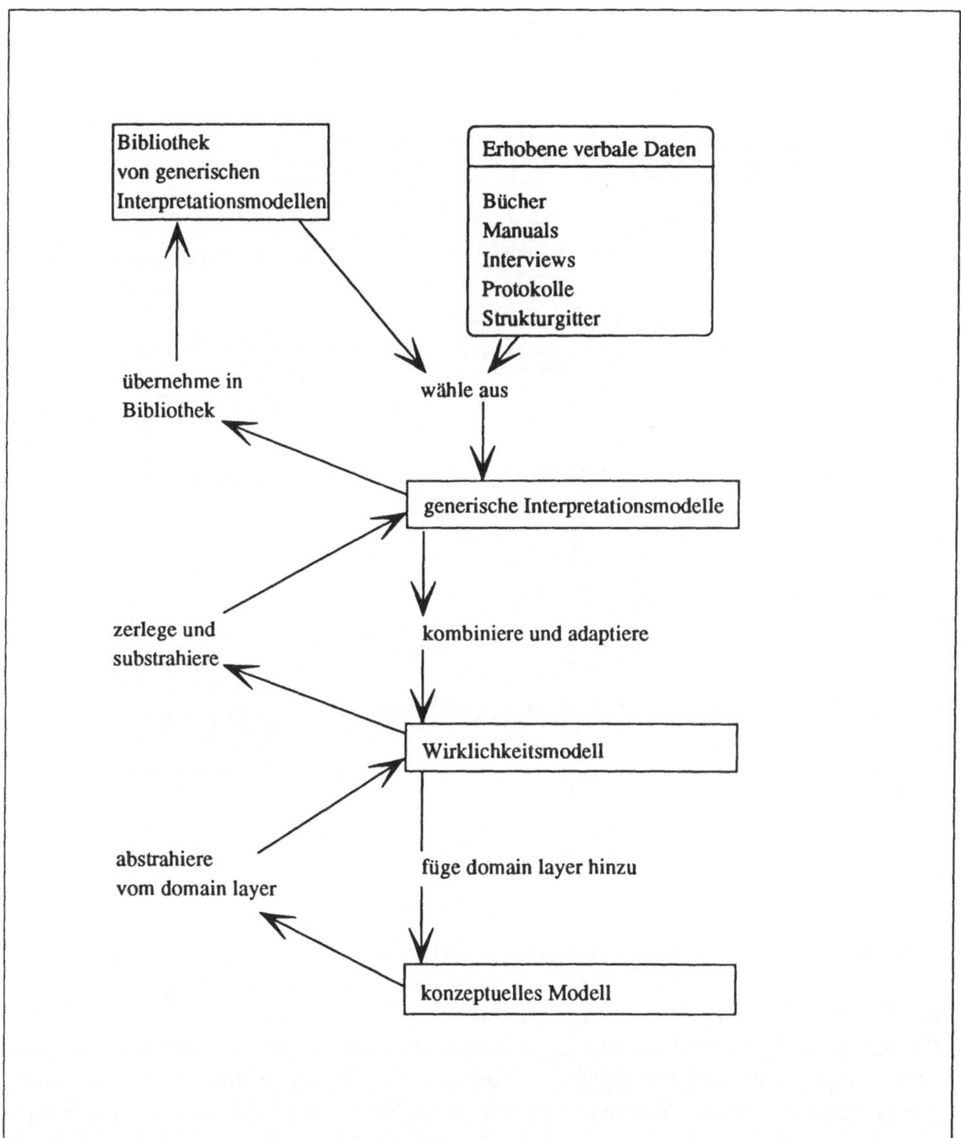

Abb. 9: Vom Interpretationsmodell zum konzeptuellen Modell[73]

Die Interpretationsmodelle und konzeptuellen Modelle sind aber nicht operational, das heißt sie müssen erst über Design-Modelle in ein operationales System transformiert werden.

73 BREUKER, J. A.; WIELINGA, B. J.: Models of Expertise in Knowledge Acquisition, in: GUIDA, G.; TASSO, C. (Hrsg.): Topics in Expert System Design. Methodologies and Tools, Amsterdam 1989, S. 277, zitiert nach KARBACH, W.: Entwurfsmethodiken für wissensbasierte Systeme - Ein Überblick, a.a.O., S. 43.

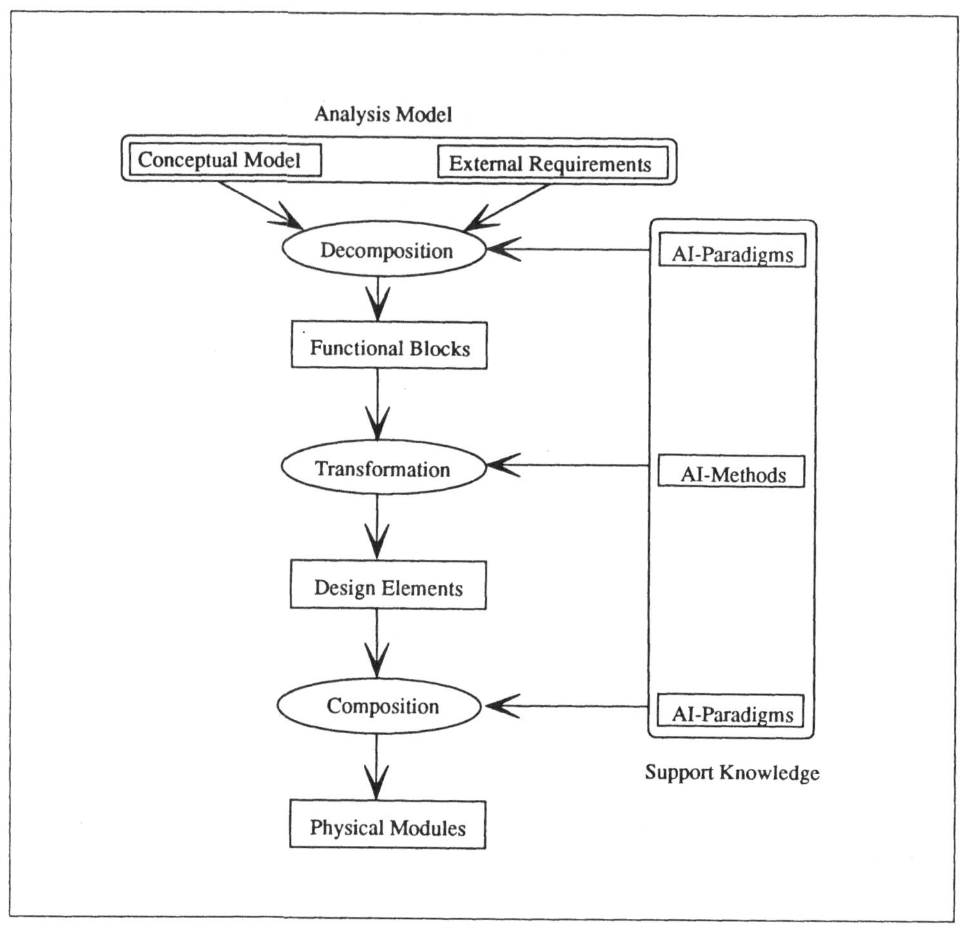

Abb. 10: Die Transformation eines konzeptuellen Modells in ein operationales System[74]

Der KADS-Ansatz beschreibt den gesamten Entwicklungsprozeß eines WBS in einzelnen Phasen und bedient sich des modellorientierten Ansatzes. Das Wissen wird in einem ersten Schritt implementierungsunabhängig in konzeptuellen Modellen dargestellt. Die konzeptuellen Modelle müssen allerdings von den Entwicklern eines WBS rein intuitiv interpretiert werden. Es ist also nicht immer gewährleistet, daß die Interpretationen genau der Wirklichkeit entsprechen. Dieser Sachverhalt kann dazu führen, daß Fehler erst relativ spät im Entwicklungsprozeß erkannt werden, da die konzeptuellen Modelle nicht operational sind.

74 SCHREIBER, G. et al.: Towards a Design Methodology for KBS, Tech. Rept. 97, ESPRIT Project 1098, Deliverable D8, VF Memo, University of Amsterdam, Amsterdam 1987, S. 5, zitiert nach KARBACH, W.; LINSTER, M.; VOß, A.: A Confrontation of Models of Problem Solving, a.a.O., S. 7.

5 Prototyp- und/oder modellgestützte Wissensakquisition?

In diesem Abschnitt geht es um die Frage, inwieweit der Knowledge Engineering Prozeß durch Prototypen und/oder konzeptuelle Modelle unterstützt werden kann.

Betrachtet man die am Anfang von Abschnitt 4 aufgestellten Anforderungen, die vorgestellten Schemata sowie die Auflistung der Vor- und Nachteile des Prototyping bei der Entwicklung von WBS[75], so läßt sich in Bezug auf Prototypen folgendes festhalten: Prototypen werden trotz der Nachteile des Prototyping in fast allen Stufenkonzepten eingesetzt. Unterschiedlich ist allerdings der Umfang der Anwendung des Prototyping in den einzelnen Phasenschemata. Aus empirischen Untersuchungen geht hervor, daß Prototypen für begrenzte Problemstellungen der betrieblichen Praxis durchaus adäquat sein können.[76] Festzuhalten bleibt aber, daß die Werkzeuge (Shells), mit denen Prototypen erstellt werden, zwar Wissensrepräsentations- und Inferenzmechanismen anbieten, daß aber "...eine konzeptionelle Lücke zwischen der Terminologie des Experten und den zur Verfügung stehenden Mechanismen..."[77] klafft. Der Experte ist aus diesem Grund in vielen Fällen nicht mehr in der Lage, sein Wissen, das in das System übertragen wurde, wiederzuerkennen. Außerdem läßt sich feststellen, daß die Phasen der Wissensanalyse, der Wissensrepräsentation und der Implementierung nicht strikt voneinander getrennt sind. Sie sind mehr oder weniger miteinander vermischt.[78]

Um die Lücke zwischen der Terminologie des Experten und der Wissensrepräsentation zu schließen, wird in der Literatur eine differenzierte, mehrstufige Beschreibung des erhobenen Wissens gefordert. Vor einer konkreten Implementierung sollte das Expertenwissen in einem konzeptionellen Modell beschrieben werden. Als Entwicklungsmethoden, die ein analytisches Wissensmodell vor die Entwicklung eines Prototypen stellen, sind das expert model von Y. Iwashita et al. (1986)[79], die knowledge definition von M. Freiling et al. (1985)[80] und der KADS-Ansatz von J. A. Breuker und B. J. Wielinga (1987)[81] anzusehen. Auch gibt es bereits Ansätze, die aus der Richtung der Implementation kommen. I. Syska et al. bezeichnen diese Ansätze als High-Level-Systeme.[82] Als Beispiel nennen sie unter

---

75 Vgl. Abschnitt 3.2.

76 Vgl. CULLEN, J.; BRYMAN, A.: The Knowledge Acquisition Bottleneck: Time for Reassessment?, in: Expert Systems, Vol. 5, Nr. 3, 1988, S. 216-224.

77 SYSKA, I. et al.: Modulare Expertensystemarchitekturen, in: METZING, D. (Hrsg.): GWAI-89, 13th German Workshop on Artificial Intelligence, Eringerfeld, September 1989, IFB 216, Berlin u.a. 1990, S. 360.

78 Vgl. Phasenschema von HAYES-ROTH et al. in Abschnitt 4.1.

79 IWASHITA, Y. et al.: Knowledge Acquisition and Learning in Case Studies of Expert System Development, ICOT TR-0204, ICOT Institut, Japan 1986.

80 FREILING, M. et al.: Starting a Knowledge Engineering Project, a.a.O., S. 150-164.

81 BREUKER, J. A. et al.: Model-Driven Knowledge Acquisition, Interpretation Models. Deliverable task A1, Esprit Project 1098, Vf Project Knowledge Acquisition in Formal Domains, Dep. of Soc. Science Informatics, Amsterdam 1987. WIELINGA, B. J.; BREUKER, J. A.: Models of Expertise, in: DU BOULAY, B.; HOGG, D.; STEELS, L. (Hrsg.): Advances of Artificial Intelligence - II, Amsterdam 1987, S. 497-509. Vgl. auch Abschnitt 4.7.

82 Vgl. SYSKA, I. et al.: Modulare Expertensystemarchitekturen, a.a.O., S. 361.

anderem das Generic-Task-Konzept von B. Chandrasekaran.[83] High-Level-Systeme sind hochentwickelte Formalismen zur Spezifikation von Tasks und Wissensquellen; sie entsprechen in etwa den im KADS-Ansatz enthaltenen konzeptionellen Interpretationsmodellen.

Abschließend kann festgehalten werden, daß die Entwickler wissensbasierter Systeme in Abhängigkeit von der Komplexität der Problemstellung prüfen sollten, ob es nicht sinnvoller ist, anstelle der rein prototypbasierten Entwicklungsschemata einen modellgestützten Ansatz zur Erstellung wissensbasierter Systeme einzusetzen, da diese die Phasen der Analyse, der Repräsentation und der Implementierung explizit voneinander trennen. Dadurch wird einerseits die Erstellung von Dokumenten erleichtert und andererseits können Meilensteine im Entwicklungsprozeß festgelegt werden.

83 CHANDRASEKARAN, B.: Generic Tasks in Knowledge-Based Reasoning: High-Level Building Blocks for Expert System Design, in: IEEE Expert, Fall/1986, S. 30-32.

6 Literaturverzeichnis

BIETHAHN, J.; MUCKSCH, H.; RUF, W.: Ganzheitliches Informationsmanagement, Bd. I, Grundlagen, München u.a. 1990.

BIETHAHN, J.; MUCKSCH, H.; RUF, W.: Ganzheitliches Informationsmanagement, Bd. II, Daten- und Entwicklungsmanagement, München u.a. 1991.

BREUKER, J. A.; WIELINGA, B. J.: KADS: Structured Knowledge Acquisition for Expert Systems, in: Proc. Expert Systems and their Application, Bd. 2, 1985, S. 887-900.

BREUKER, J. A. et al.: Model-Driven Knowledge Acquisition, Interpretation Models. Deliverable task A1, Esprit Project 1098, Vf Project Knowledge Acquisition in Formal Domains Dep. of Soc. Science Informatics, Amsterdam 1987.

BREUKER, J. A.; WIELINGA, B. J.: Models of Expertise in Knowledge Acquisition, in: GUIDA, G.; TASSO, C. (Hrsg.): Topics in Expert System Design. Methodologies and Tools, Amsterdam 1989.

BUCHANAN, B. G. et al.: Constructing an Expert System, in: HAYES-ROTH, F.; WATERMAN, D. A.; LENAT, D. B. (Hrsg.): Building Expert Systems, London 1983 u.a., S. 127-168.

BUDDE, R. et al: Prototypenbau bei der Systemkonstruktion - Konzepte der Systementwicklung, in: Angewandte Informatik, Nr. 5, 1986, S. 198-204.

CHANDRASEKARAN, B.: Generic Tasks in Knowledge-Based Reasoning: High-Level Building Blocks for Expert System Design, in: IEEE Expert, Fall/1986, S. 23-30.

COOMBS, M. J. (Hrsg.): Development in Expert Systems, London u.a. 1984.

CULLEN, J.; BRYMAN, A.: The Knowledge Acquisition Bottleneck: Time for Reassessment?, in: Expert Systems, Vol. 5, Nr. 3, 1988, S. 216-224.

FEIGENBAUM, E.: Knowledge Engineering - The Applied Side of Artificial Intelligence, Stanford Heuristics Programming Project, Report No. HPP-80-21, Stanford University, Sept. 1980.

FLOYD, C.: A Systematic Look at Prototyping, in: BUDDE, R. et al. (Hrsg.): Approaches to Prototyping, Berlin u.a. 1984, S. 1-18.

FRANK, U.: Expertensysteme: Ein erfolgversprechender Ansatz zur Automatisierung dispositiver Tätigkeiten, in: DBW, 49. Jg., Nr. 1, 1989, S. 19-36.

FREILING, M. et al.: Starting a Knowledge Engineering Project: A Step-by-Step Approach, in: AI Magazine, Vol. 6, Nr. 3, 1985, S. 150-164.

GREENWELL, M.: Knowledge Engineering for Expert Systems, New York u.a. 1988.

GROVER, M.: A Pragmatic Knowledge Acquisition Methodology, in: Proceedings of the 8. International Joint Conference on AI, 1983.

HARMON, P.: Expert Systems, New York 1985.

HENG, M.: Why Evolutionary Development of Expert Systems Appears to Work, Future Generations Computer Systems 3, 1987, S. 103-109.

HESSE, W.: Eine Prototypentwicklung auf der Basis eines relationalen Datenbanksystems, in: WAGNER, R. R.; TRAUNMÜLLER, R.; MAYR, H. C. (Hrsg.): Informationsbedarfsermittlung und -analyse für den Entwurf von Informationssystemen, Fachtagung EMISA, Linz, Juli 1987, IFB 143, Berlin u.a. 1987, S. 181-200.

HORN, W.: Knowledge Engineering: Werkzeuge zum Erstellen von Expertensystemen, in: HANSEN, H. R. (Hrsg.): GI/OCG/ÖGI-Jahrestagung 1985, IFB 108, Berlin u.a. 1985, S. 64-75.

IWASHITA, Y. et al.: Knowledge Acquisition and Learning in Case Studies of Expert System Development, ICOT TR-0204, ICOT Institut, Japan 1986.

KARBACH, W.: Entwurfsmethodiken für wissensbasierte Systeme - Ein Überblick, Verbundvorhaben WEREX, Bericht Nr. 22, September 1988.

KARBACH, W.: Wissensakquisition - Ein Überblick, Verbundvorhaben WEREX, Bericht Nr. 23, September 1988.

KARBACH, W.: Methoden und Techniken des Knowledge Engineering, in: Gesellschaft für Mathematik und Datenverarbeitung mbH (Hrsg.): Arbeitspapiere der Gesellschaft für Mathematik und Datenverarbeitung Nr. 338, Sankt Augustin 1988.

KARBACH, W.; LINSTER, M.; VOß, A.: A Confrontation of Models of Problem Solving, Submitted to the Special Issue on Knowledge Acquisition of the International Journal of Intelligent Systems, S. 1-33.

KÖNIG, W.; BEHRENDT, R.: Die Produktion von Expertensystemen, in: Angewandte Informatik, Nr. 3, 1989, S. 95-102.

KURBEL, K.: Entwicklung und Einsatz von Expertensystemen, Berlin u.a. 1989.

KURBEL, K.; PIETSCH, W.: Expertensystem-Projekte: Entwicklungsmethodik, Organisation und Management, in: Informatik Spektrum, Jg. 12, 1989, S. 133-146.

LINSTER, M.: Wissensakquisition: Stand der Dinge und Perspektiven, GMD, Forschungsgruppe Expertensysteme, St.Augustin 1989.

MAYHEW, P. J.; DEARNLEY, P. A.: An Alternative Prototyping Classification, in: Computer Journal, Vol. 30, Nr. 6, 1987, S. 481-484.

MUCKSCH, H.; FENSKE, W.; KURZ, M.: Einführung in die Künstliche Intelligenz, Skriptum, 2., überarbeitete Auflage, in: BIETHAHN, J. (Hrsg.): Arbeitsberichte der Wirtschaftsinformatik, Georg-August-Universität, Göttingen 1990.

PESCHKE, H.: Betroffenenorientierte Systementwicklung: Prozeß und Methoden der Entwicklung menschengerechter Informationssysteme, Frankfurt a. Main u.a. 1986.

POMBERGER, G.; REMMLE, W.: Prototyping-orientierte Software-Entwicklung, in: Information Management, Nr. 2, 1987, S. 28-35.

QUINLAN, J. R. (Hrsg.): Application of Expert Systems, Reading 1987.

REITMAN, W. (Hrsg.): Artificial Intelligence Applications for Business, Norwood 1984.

RUF, W.: Ein Software-Entwicklungs-System auf der Basis des Schnittstellen-Management-Ansatzes, Berlin u.a. 1988.

SCHMITT, F. H.: Knowledge Engineering mit einer Expertensystem-Shell, in: CHRISTALLER, T. (Hrsg.): Künstliche Intelligenz, 5. Frühjahrsschule, KIFS-87, Grünne, März/April 1987, IFB 202, Berlin u.a. 1989, S. 261-294.

SCHREIBER, G. et al.: Towards a Design Methodology for KBS, Tech. Rept. 97, ESPRIT Project 1098, Deliverable D8, VF Memo, University of Amsterdam, Amsterdam 1987.

STUDER, R.: Konzepte für eine verteilte wissensbasierte Softwareproduktionsumgebung, IFB 132, Berlin u.a. 1987.

SYSKA, I. et al.: Modulare Expertensystemarchitekturen, in: METZING, D. (Hrsg.): GWAI-89, 13th German Workshop on Artificial Intelligence, Eringerfeld, September 1989, IFB 216, Berlin u.a. 1990, S. 359-368.

VONK, R.: Prototyping - The effective use of CASE Technology, New York u.a., 1990.

VOß, A.: Modellgestützte Wissensakquisition, Vortrag, gehalten am 21.3.1990, 1. Workshop IS/KI am FAW in Ulm, 19.-21.3.1990.

WIELINGA, B. J.; BREUKER, J. A.: Models of Expertise, in: DU BOULAY, B.; HOGG, D.; STEELS, L. (Hrsg.): Advances of Artificial Intelligence - II, Amsterdam 1987, S. 497-509.

WIELINGA, B.; BREUKER, J. A.: Models of Expertise, European Conference on AI, Brighton 1986.

WIELINGA, B.; BREUKER, J. A.: Model-Driven Knowledge Acquisition: Interpretation Models, Memo 87, Deliverable task A1, Esprit Project 1098, 1987.

Management von Expertensystemprojekten

Dipl.-Kfm. Rainer Brockhaus

Abteilung Wirtschaftsinformatik der Universität Göttingen

Inhaltsverzeichnis

1 Einleitung

Um die Anwendungspotentiale von Expertensystemen auszunutzen, ist es notwendig, sich über Vorgehensmodelle, Projektorganisationsformen und Projektmanagement-Methoden Gedanken zu machen.[1] Nur wenn ein geeigneter organisatorischer Rahmen vorhanden ist, kann die Entwicklung von Expertensystemen störungsfrei ablaufen. Erst nachdem positive Erfahrungen mit überschaubaren Expertensystemprojekten vorliegen, kann auch die Verbreitung von Expertensystemen weiter voranschreiten. Kurbel meint dazu: "Eine der Hürden für den breiten betrieblichen Einsatz [von Expertensystemen] ist der Mangel an Erfahrung über die Planung, Durchführung, Kontrolle und damit auch über die Kosten von Expertensystem-Projekten."[2]
Zielsetzung dieses Beitrags ist es, zu einer Klärung der angesprochenen Problematik des Managements von Expertensystemprojekten beizutragen.
Dazu ist die Arbeit folgendermaßen aufgebaut:
In Kapitel 2 wird das Projektmanagement ohne speziellen Bezug zur Expertensystementwicklung betrachtet. Dabei wird unterschieden in die funktionelle Sicht, die sich auf die zu erfüllenden Aufgaben konzentriert, und in die institutionelle Sicht, die organisatorische Fragen in den Mittelpunkt rückt.
Im dritten Kapitel wird die Entwicklung von Expertensystemen im Vergleich zur Entwicklung von konventioneller Software untersucht. Es wird ein Vorgehensmodell für die Expertensystementwicklung vorgestellt, das im Rahmen des Projektmanagements eingesetzt werden kann.
Im vierten Kapitel wird dargestellt, wie die Besonderheiten der Expertensystementwicklung im Projektmanagement in funktioneller und in institutioneller Hinsicht berücksichtigt werden können.

2 Projektmanagement

2.1 Begriffsklärung

Unter einem Projekt wird "... ein zeitlich begrenztes Entwicklungsvorhaben zum Lösen von Problemen innerhalb eines vorgegebenen Zielsystems ..."[3] verstanden. Ein Projekt ist ein "Vorhaben, das im wesentlichen durch Einmaligkeit der Bedingungen in ihrer Gesamtheit gekennzeichnet ist, wie z.B.

- Zielvorgabe
- zeitliche, finanzielle, personelle oder andere Begrenzungen
- Abgrenzung gegenüber anderen Vorhaben
- projektspezifische Organisation."[4]

---

1 Vgl. KURBEL, K.; PIETSCH, W.: Expertensystem-Projekte: Entwicklungsmethodik, Organisation und Management, in: Informatik Spektrum, Nr. 12, 1989, S. 135.

2 Ebenda, S. 134.

3 ZEHNDER, C. A.: Informatik-Projektentwicklung, Stuttgart 1986, S. 17.

4 Deutsches Institut für Normung e.V. (Hrsg.): Informationsverarbeitung 1, DIN 69 901, 6. Aufl., Berlin u.a. 1985, S. 348.

Nachdem geklärt ist, was ein Projekt ist, stellt sich die Frage, warum man überhaupt ein Projekt anfängt und wieso angetroffene Probleme in der besonderen Form des Projekts gelöst werden sollten.
Unternehmen sind i.d.R. so organisiert, daß Routineprozesse möglichst effizient abgewickelt werden können. Bei der Entwicklung von Software-Systemen im allgemeinen und von Expertensystemen im speziellen handelt es sich aber für viele Unternehmen nicht um Routineaufgaben. Vielmehr geht es bei der Software-Entwicklung um einen Metaprozeß, der den Ablauf der Routineprozesse beeinflußt. Die Um- oder Neugestaltung vorhandener Prozesse steht im Vordergrund.
Um den Erfolg derartiger Innovationsprozesse sicherzustellen, sollten diese organisatorisch von den Routineprozessen getrennt werden[5] und in Projektform ablaufen.[6]
Generell sollte ein Projekt eröffnet werden, wenn ein Vorhaben folgende Eigenschaften aufweist:[7]

- es handelt sich nicht um eine Routineangelegenheit;
- der Umfang erfordert eine Unterteilung in Teilaufgaben, die voneinander abhängig sind;
- verschiedene Stellen der vorhandenen Organisation sind beteiligt.

Konzentriert man sich auf den Problemkreis 'Projektmanagement', dann geht es in erster Linie um das Vorgehen, mit dem die Problemlösung erreicht werden soll, nicht um die Lösung selber. Das heißt, daß man sich v.a. mit dem Lösungsfindungsprozeß und mit dem Einsatz und der Koordination der benötigten Personen und Mittel beschäftigt.[8] Beim Projektmanagement geht es gerade nicht um fachliche oder technische Gesichtspunkte der Problemlösung, sondern es stehen organisatorische Fragen im Vordergrund.[9]
Projektmanagement ist die "Gesamtheit von Führungsaufgaben, -organisation, -techniken und -mittel für die Abwicklung eines Projektes"[10]. Es kann im wesentlichen unter zwei verschiedenen Aspekten betrachtet werden:[11]

- funktionell: Planungs-, Steuerungs- und Kontrollaktivitäten stehen im Mittelpunkt,
- institutionell: organisatorische Fragen werden angesprochen.

Diese Einteilung lehnt sich an die DIN-Norm 69 901 an, in der unter dem Stichwort 'Projektstruktur' auf die zwei Teilbereiche der Ablauf- und der Aufbaustruktur hingewiesen wird.[12] Dies entspricht den hier verwendeten Begriffen 'funktionell' und 'institutionell'.

5 Vgl. HABERFELLNER, R.: Projekt-Management, in: DAENZER, W. F. (Hrsg.): Systems Engineering. Leitfaden zur methodischen Durchführung umfangreicher Planungsvorhaben, 6. Aufl., Zürich 1988, S. 121.

6 Vgl. BIETHAHN, J.; MUCKSCH, H.; RUF, W.: Ganzheitliches Informationsmanagement, Bd. I, Grundlagen, München u.a. 1990, S. 109.

7 Vgl. HABERFELLNER, R.: Projekt-Management, a.a.O., S. 122.

8 Vgl. ebenda, S. 121.

9 Vgl. ebenda, S. 121.

10 Deutsches Institut für Normung e.V. (Hrsg.): Informationsverarbeitung 1, a.a.O., S. 348.

11 Vgl. HABERFELLNER, R.: Projekt-Management, a.a.O., S. 122 f.

12 Vgl. Deutsches Institut für Normung e.V. (Hrsg.): Informationsverarbeitung 1, a.a.O., S. 349.

2.2 Projektmanagement in funktioneller Hinsicht

Betrachtet man das Projektmanagement in funktioneller Hinsicht, so steht der Projektablauf im Mittelpunkt. Der gesamte Aufgabenkomplex des funktionell orientierten Projektmanagements läßt sich in die drei Aufgabenbereiche der Planung, Kontrolle und Steuerung unterteilen. Daneben lassen sich Informationsaufgaben feststellen,[13] die die drei genannten Phasen inhaltlich überlagern und zeitlich parallel zu diesen liegen.

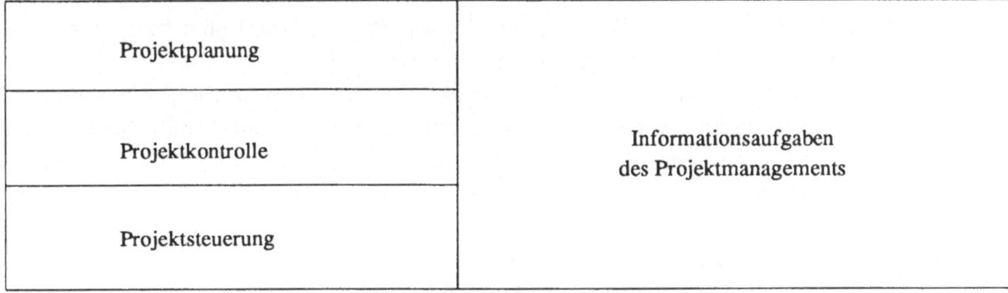

Abb. 1: Informationsaufgaben des Projektmanagements

Im folgenden werden die angesprochenen Aufgabenbereiche näher betrachtet.

2.2.1 Projektplanung

Die Inhalte der Projektplanung sind im einzelnen:[14]

- Etappenziele: Das Projekt muß in Teilschritte zerlegt werden. Für diese Teilschritte werden Ziele festgelegt.
- Ablauforganisation: Ausgehend von den logischen Abhängigkeiten der Teilaufgaben müssen diese in einem Ablaufplan angeordnet werden.
- Aufbauorganisation:
  - Bildung von Arbeitsgruppen, die die Teilaufgaben übernehmen,
  - Zuordnung von Hilfsmitteln zu den Aufgabenträgern,
  - Besetzung der Stellen in der Aufbauorganisation mit Personen,
  - verbindliche Festlegung von Kompetenzen und Pflichten.
- Aufwandsschätzung:
  - Schätzung des Personal-, Hilfsmittel- und Zeitbedarfs,
  - Schätzung des finanziellen Aufwands.

  Die Schätzung sollte für möglichst kleine Einheiten des Projekts (Teilaufgaben) erfolgen, um eine hohe Genauigkeit zu erreichen.

---

13 Vgl. SCHEFFLER, H. E.: Grundlagen des Controlling, in: WISU, Nr. 8, 10. Jg. (1981), S. 383.

14 Vgl. HABERFELLNER, R.: Projekt-Management, a.a.O., S. 124 ff.

- Terminierung: Ausgehend von den Etappenzielen, der Logik des Ablaufs (aus der Ablauforganisation zu erkennen) und dem geplanten Ressourceneinsatz (v.a. Personal, Hilfsmittel- und Zeitbedarf) werden Meilensteine ('milestones') festgelegt. Diese sind für die Fortschrittskontrolle noch wichtiger als die Etappenziele, die sich allein aus der Logik der Problemlösung, aber ohne Berücksichtigung der dafür nötigen Ressourcen ergeben.
- Projektinformations- und -dokumentationssystems: Das Projektinformationssystem[15] muß schon in der Planungsphase des Projektes berücksichtigt werden. Aufgabe eines solchen Systems ist die "... Versorgung der am Projekt beteiligten bzw. der davon betroffenen Personen mit wichtigen Informationen ...".[16]
  Das Projektinformationssystem liefert auch die Informationen für die Projektkontrolle. Damit das Informationssystem kontrollgerecht informieren kann, muß die Kontrolle (ihr Ablauf und ihre Organisation) entsprechend geplant werden.[17] Für die Kontrolle müssen die Art der Kontrollgrößen, die Kontrollintervalle und die Kontrollprozeduren geplant werden.[18]
- Budgetierung: Das Budget ist der von einer autorisierten Instanz genehmigte Aufwand.
  Entweder liegt das Budget schon fest, dann ist der geschätzte Aufwand mit dieser Budgetlinie zu vergleichen und bei Differenzen müssen entsprechende Anpassungen vorgenommen werden, oder die Aufwandsschätzung bildet erst die Grundlage für die Budgetfestlegung.
  Das gesamte Budget sollte nicht pauschal dem Projekt zugeordnet werden, sondern in Teilbudgets aufgespalten werden. Diese Teilbudgets werden den einzelnen Aufgabenteilen innerhalb der gesamten Projektaufgabenstellung zugeordnet.

Neben der eigentlichen Projektplanung ist die Abstimmung dieser Planung mit der (finanziellen) Gesamtplanung des Unternehmens eine wichtige Aufgabe des Projektmanagements. Diese Abstimmung ist nötig, um das optimale Budgetvolumen und die Verteilung dieses Volumens auf die einzelnen Projekte und die Unternehmensteilbereiche festlegen zu können.[19]

Das Ziel der Planaufstellung ist die möglichst verlustfreie Weitergabe der Planungsinformation an andere Instanzen. Die Pläne dienen als Schnittstelle zwischen der Planung und der Kontrolle, die für eine effiziente Gestaltung der Kontrollen auf die Planungsinformation zugreifen muß. "Die Existenz von Plänen ermöglicht eine effiziente Kommunikation zwischen den am Projektablauf Beteiligten und eine sinnvolle Ausrichtung ihrer Anstrengungen auf die Projektziele."[20]

15 Vgl. Kapitel 2.2.4.

16 Vgl. HABERFELLNER, R.: Projekt-Management, a.a.O., S. 126.

17 Vgl. KUPPER, H.: Zur Kunst der Projektsteuerung: Qualifikation und Aufgaben eines Projektleiters bei DV-Anwendungsentwicklungen, 3. Aufl., München u.a. 1985, S. 141.

18 Vgl. HABERFELLNER, R.: Projekt-Management, a.a.O., S. 128.

19 Vgl. REICHMANN, TH.: Controlling mit Kennzahlen, München 1985, S. 196. REICHMANN, TH.; LANGE, C.: Aufgaben und Instrumente des Investitionscontrolling, in: Die Betriebswirtschaft, Nr. 4, 45. Jg. (1985), S. 456 ff.

20 HABERFELLNER, R.: Projekt-Management, a.a.O., S. 124.

2.2.2 Projektkontrolle

Unter Kontrolle wird grundsätzlich der Vergleich von geplanten Soll-Größen mit eingetretenen Ist-Größen verstanden.[21] Daraus ergibt sich, daß die Kontrolle nur die Größen berücksichtigen kann, die auch in die Projektplanung eingegangen sind.[22]
Zielsetzungen der Kontrolle sind:[23]
- Verbesserung zukünftiger Schätzungen,
- Verminderung von Manipulationen,
- Korrekturmaßnahmen.

Bei der Zielsetzung 'Verbesserung zukünftiger Schätzungen' ist die Kontrolle die Grundlage eines Lernprozesses, der zu einer Verminderung von objektiven oder subjektiv-unbewußten Störungen der Entscheidungsvorbereitung von künftigen Projekten führen soll.[24] Die Kontrolle kann aber auch die Gefahr subjektiv-bewußter Manipulationen des aktuellen Projektes senken, wenn diejenigen, die das Projekt planen und durchführen, wissen, daß sie einer Kontrolle unterliegen werden.[25] Auch die Korrekturmaßnahmen beziehen sich auf das aktuelle Projekt. Sie sollen sicherstellen, daß die ursprünglichen Projektziele erreicht werden.
Die Termin-, Kapazitäts- und Kostenüberwachung[26] bilden nur Teilaufgaben der Kontrolle. Die Hauptaufgabe der Kontrolle liegt vielmehr in der Vorbereitung der Steuerung durch die Ermittlung von eingetretenen Ist-Werten und dem Vergleich dieser mit Soll-Werten.

2.2.3 Projektsteuerung

Werden bei der Kontrolle des laufenden Projektes Abweichungen vom Plan festgestellt, müssen Korrekturmaßnahmen[27] ergriffen werden, die unter dem Begriff der Steuerung zusammengefaßt werden können. Während sich die Kontrolle auf das Feststellen von Abweichungen beschränkt, sind im Rahmen der Steuerung Aufgaben wahrzunehmen, die die Analyse von Abweichungsursachen sowie die Einleitung von gegensteuernden Maßnahmen umfassen.[28] Diese Maßnahmen können sich sowohl auf die Art und Weise der Durch-

---

21 Vgl. HAHN, D.: Planungs- und Kontrollrechnung - PuK. Integrierte ergebnis- und liquiditätsorientierte Planungs- und Kontrollrechnung als Führungsinstrument in Industrieunternehmen mit Massen- und Serienproduktion, 3., völlig überarb. Aufl., Wiesbaden 1985, S. 31.

22 Vgl. HABERFELLNER, R.: Projekt-Management, a.a.O., S. 129.

23 Vgl. LÜDER, K.: Investitionskontrolle, Wiesbaden 1969, S. 54.

24 Vgl. ebenda, S. 54 f.

25 Vgl. ebenda, S. 55.

26 Vgl. SCHMITZ, H.; WINDHAUSEN, M. P.: Projektplanung und Projektcontrolling: Planung und Überwachung von besonderen Vorhaben, Betriebswirtschaft und Betriebspraxis, 3., neubearbeitete und erweiterte Aufl., Düsseldorf 1986, S. 10.

27 Vgl. LÜDER, K.: Investitionskontrolle, in: HABERLAND, G. (Hrsg.): Handbuch des Controlling und Finanzmanagement, München 1975, S. 360.

28 Vgl. SCHWEER, H.: Revision und Controlling, in: Zeitschrift Interne Revision, Nr. 3, 17. Jg. (1982), S. 149.

führung des Projektes (z.B. Verzögerung oder Beschleunigung) als auch auf die Organisationsform des Projektes beziehen.

Die Steuerung des Projektes setzt an all den Größen an, die sowohl bei der Planung als auch bei der Kontrolle berücksichtigt werden. Es können nötig werden:

- Änderungen in der Ablauforganisation.
- Änderungen in der Aufbauorganisation: Nötig, wenn die vorgenommene Einteilung der gestellten Aufgabe nicht entspricht.
- Korrekturen in der Aufwandsschätzung und dem verfügbaren Budget: Werden Fehlschätzungen offensichtlich, muß die gesamte Planung entsprechend korrigiert werden.
- Terminkorrekturen: Verzögerungen im Projekt dürfen nicht einfach bewußt übersehen werden, sondern müssen explizit in die Gesamtplanung eingehen. Nur in diesem Fall wird deutlich, welche anderen Aktivitäten durch die Verzögerung betroffen sind. Der Einsatz der Netzplantechnik kann dabei hilfreich sein.
- Änderungen beim Projektinformations- und dokumentationssystem: Wenn das Informationssystem die angestrebten Ziele nicht erreicht (Beispiel: Es wird nicht ausreichend Koordinations- und Kontrollinformation zur Verfügung gestellt), müssen entsprechende Änderungen vorgenommen werden.

2.2.4 Projektinformationssystem

Das Projektinformationssystem ist definiert als die "Gesamtheit der Einrichtungen und Hilfsmittel und deren Zusammenwirken bei der Erfassung, Weiterleitung, Be- und Verarbeitung, Auswertung und Speicherung von Projektinformationen."[29] Die Projektinformationen dürfen aber nicht nur die "Daten für Planung, Steuerung und Überwachung eines Projektes"[30] umfassen. Sie muß über diese an die Projektverantwortlichen gerichteten Informationen hinausgehen und sich auch an die Mitarbeiter wenden, die zwar keinen Einfluß auf die Projektplanung, -steuerung und -überwachung haben, die aber doch von der Arbeit des Projektteams betroffen sind.

Die entscheidende Koordinationsinstanz für alle Informationen, die mit dem Projekt in Zusammenhang stehen, ist das Projektmanagement. Die Koordination und die Weitergabe dieser Informationen ist erforderlich, damit in den einzelnen Unternehmensbereichen Informationen darüber vorhanden sind, inwieweit sie von bestimmten Projekten betroffen sind.[31] Nur so kann die Einbindung des Projektes in die Gesamtorganisation des Unternehmens gewährleistet werden.

Aber nicht nur die Weitergabe von Informationen nach außen, sondern auch die projektinterne Koordination wird durch ein Projektinformationssystem unterstützt. Für den Erfolg des Projektes ist es von entscheidender Bedeutung, daß die einzelnen Projektgruppen koordiniert arbeiten und nicht ungewollt gegensätzliche Ziele verfolgen. Das kann erreicht werden durch diese Koordinationsinformation, die die einzelnen Gruppen abgeben und

---

29 Deutsches Institut für Normung e.V. (Hrsg.): Informationsverarbeitung 1, a.a.O., S. 350.

30 Ebenda.

31 Vgl. REICHMANN, TH.: Grundlagen einer systemgestützten Controlling-Konzeption mit Kennzahlen, in: Zeitschrift für Betriebswirtschaft, Nr. 9, 55. Jg. (1985), S. 896.

erhalten. Speziell bei größeren Projekten muß der Informationsfluß innerhalb des Projektes formalisiert und bestimmten Regeln unterworfen werden, um eine verlustarme Informationsweitergabe sicherzustellen.
Die Aufgabe des Projektinformationssystems ist also die Versorgung der Projektbeteiligten bzw. der von einem Projekt betroffenen Personen mit den projektbezogenen Informationen.[32] Bereits bei der Projektplanung ist der Aufbau eines Projektinformationssystems zu berücksichtigen.[33]
Generell lassen sich die erforderlichen Berichte, deren Erstellung das Projektinformationssystem unterstützen muß, in zwei Kategorien teilen:[34]

- Berichte, die das Problem und die Logik der Lösung selber behandeln,
- Fortschrittsberichte.

Beide Arten von Berichten sind nötig, um Informationen ohne Verluste an andere weiterzugeben. Adressaten solcher Berichte sind im wesentlichen:

- Projektmitarbeiter selber, die mit Hilfe der Berichte immer wieder über den aktuellen Projektzustand informiert werden,
- Projektleiter und Auftraggeber des Projektes, die den Fortschritt des Projektes überwachen müssen,
- Mitarbeiter außerhalb des Projektes, für die vor allem die erste Berichtsart wichtig ist, da auch schon Teilergebnisse des Projektes, die als erstes in diesen Problemlösungsberichten erscheinen, ihre Arbeit beeinflussen können. Die Fortschrittsberichte spielen für Projektexterne eine untergeordnete Rolle, da sie den Projektverlauf i.d.R. nicht beeinflussen können.

2.3 Projektmanagement in institutioneller Hinsicht: Typische Organisationsformen

Betrachtet man das Projektmanagement in institutioneller Hinsicht, so tritt die Projektorganisation in den Vordergrund. Diese ist definiert als die "Gesamtheit der Organisationseinheiten und der aufbau- und ablauforganisatorischen Regelungen zur Abwicklung eines bestimmten Projekts."[35] "Die PO [Projektorganisation] besteht in der Regel aus Bestandteilen der vorhandenen Betriebsorganisation und ergänzenden projektspezifischen Regelungen."[36] Die vorhandene Betriebsorganisation wird im Gegensatz zur Projektorganisation auch als Primärorganisation bezeichnet.
Die Projektorganisation gehört ihrem Wesen nach zu den sogenannten Verbindungseinrichtungen, deren Zweck darin besteht, die Abstimmung und Kommunikation zwischen verschiedenen Elementen der Primärorganisation zu ermöglichen.[37] Dabei ist es unerheb-

---

32 Vgl. HABERFELLNER, R.: Projekt-Management, a.a.O., S. 143.
33 Vgl. ebenda, S. 143.
34 Vgl. ebenda, S. 143.
35 Deutsches Institut für Normung e.V. (Hrsg.): Informationsverarbeitung 1, a.a.O., S. 350.
36 Ebenda, S. 350.
37 Vgl. SCHANZ, G.: Organisationsgestaltung. Struktur und Verhalten, München 1982, S. 159.

lich, ob man von einer funktionalen, divisionalen oder Matrix-Organisation als Primärorganisation ausgeht.
Charakteristisch für alle Formen der Projektorganisation ist, daß die Projektgruppe nur temporär besteht und bei Eintreten von vorher festgelegten Ereignissen wieder aufgelöst wird. Solche Ereignisse sind z.B. der (erfolgreiche) Abschluß des Projektes oder das Erreichen von bestimmten Grenzen (z.B. Überschreitung der zulässigen Zeit oder des Budgets).[38] Die Projektorganisation ersetzt nicht die auf Dauer angelegte Primärorganisation, sondern tritt neben sie und ergänzt sie.
Als Einteilungskriterium für die hier betrachteten Organisationsformen wird die Entscheidungsbefugnis der Projektleitung herangezogen. Daraus ergeben sich die drei folgenden Grundformen der Projektorganisation:

- Einfluß-Projektorganisation,
- Reine Projektorganisation,
- Matrix-Projektorganisation.

2.3.1 Einfluß-Projektorganisation

Bei der Einfluß-Projektorganisation, die die einfachste Form der Verbindungseinrichtung darstellt, bleibt die Primärorganisation vollständig bestehen. Zusätzlich wird ein Projektmanager eingesetzt, der gegenüber den Primärinstanzen über keinerlei Weisungsrechte verfügt - er besitzt also eine typische Stabsposition.[39] Dieser Projektmanager nutzt die bestehende Organisation, um das Projekt durchzuführen und gibt den vorhandenen Instanzen Ratschläge, wie sie zur Problemlösung beitragen können. Durch seine Tätigkeit wird der Projektmanager zum informationellen Bindeglied zwischen allen Abteilungen, die von dem Projekt betroffen sind oder zu einer Lösung des Projektproblems beitragen können.
Die Möglichkeiten des Projektmanagers, Einfluß auf den Projektverlauf zu nehmen, beschränken sich in erster Linie auf die Verfügungsgewalt über Informationen, die auch für die anderen Manager von Bedeutung sein können. Der Stab (in diesem Fall der Projektmanager) erhält seine Macht und seine Einflußmöglichkeiten gegenüber der Primärorganisation durch die Beherrschung von Informationspotentialen.[40] Eine zweite ebenfalls informale Machtquelle des Projektmanagers ist seine eigene hierarchische Stellung innerhalb der Primärorganisation: Der Vorgesetzte des Projektmanagers ist meist auf einer hohen hierarchischen Ebene angesiedelt.[41] Der direkte Kontakt zu einem mit entsprechender formaler Macht ausgestatteten Manager kann auch die Machtposition des Projektmanagers stärken, der selber nicht mit formaler Macht ausgestattet ist.[42]

38 Vgl. HABERFELLNER, R.: Projekt-Management, a.a.O., S. 131.
39 Vgl. KUPPER, H.: Zur Kunst der Projektsteuerung: Qualifikation und Aufgaben eines Projektleiters bei DV-Anwendungsentwicklungen, a.a.O., S. 61.
40 Vgl. IRLE, M.: Macht und Entscheidungen in Organisationen. Studie gegen das Linie-Stab-Prinzip, Frankfurt am Main 1971, S. 54.
41 Vgl. BIETHAHN, J.; MUCKSCH, H.; RUF, W.: Ganzheitliches Informationsmanagement, Bd. I, Grundlagen, a.a.O., S. 112.
42 Vgl. SCHANZ, G.: Organisationsgestaltung. Struktur und Verhalten, a.a.O., S. 164.

Den Vorteilen dieser Projektform (hohe Flexibilität des Personaleinsatzes, keine organisatorischen Umstellungen nötig) stehen als Nachteile gegenüber, daß der Projektmanager von nicht kooperierenden Managern der Primärorganisation vollständig blockiert werden kann und daß die Reaktionsgeschwindigkeit bei Störungen gering ist.[43] Der Erfolg eines so organisierten Projektes ist stärker als z.B. bei der im folgenden beschriebenen reinen Projektorganisation von der Person des Projektleiters, von seinem Einfühlungsvermögen und seiner ganz persönlichen Autorität abhängig.
Aufgrund der unübersichtlichen Strukturen dieser Organisationsform eignet sie sich nur für relativ kleine Projekte.[44]

2.3.2 Reine Projektorganisation

Für die Mitarbeit in einem Projekt, das der 'reinen' Projektorganisation folgt, werden die Projektmitarbeiter von ihren bisherigen Aufgaben entbunden und stehen mit ihrer gesamten Zeit dem Projekt zur Verfügung. Der Projektmanager hat die volle Verfügungsgewalt über die Projektmitarbeiter, er trägt für seine Mitarbeiter die disziplinarische und fachliche Verantwortung.[45] Das bedeutet, daß der Projektleiter im Gegensatz zur Einfluß-Projektorganisation mit formaler Autorität ausgestattet ist.
Bei der reinen Projektorganisation lassen sich generell vier Machtgrundlagen erkennen, die der Projektmanager einsetzen kann, um die angestrebten Projektziele zu erreichen. Neben der schon genannten formalen Autorität stehen ihm wie bei der Einfluß-Projektorganisation sein Expertenwissen und seine Einflußmöglichkeiten nach 'oben' zur Verfügung. Darüber hinaus wird ihm in der Regel auch die Verantwortung für das Projektbudget übergeben. Er erhält damit die Möglichkeit, die benötigten Ressourcen von organisationsinternen oder -externen Quellen zu beschaffen und kann so den Projektverlauf erheblich beeinflussen.[46]
Nicht nur die formalen oder informalen Machtgrundlagen beeinflussen die Erfolgswahrscheinlichkeit eines Projektes. Die Motivation und die damit verbundene Leistungsbereitschaft der Mitarbeiter spielen eine wesentliche Rolle. Bei der betrachteten Projektorganisation hängt der persönliche Erfolg aller Beteiligten vollständig von dem Erfolg des Projektes ab. Deshalb werden die Projektteilnehmer sich i.d.R. stark mit der gestellten Aufgabe identifizieren und eine entsprechend hohe Motivation zeigen.[47]
Auf der anderen Seite bedeutet die starke Abhängigkeit vom Projekterfolg auch einen hohen Unsicherheitsfaktor für die Mitarbeiter. Sie könnten fürchten, bei einem Fehlschlag, den sie möglicherweise gar nicht zu verantworten haben, 'gebrandmarkt' zu sein. Diese Unsicherheit und die Angst vor einem Fehlschlag können dazu führen, daß qualifizierte Projektmitarbeiter versuchen, sich der Verpflichtung für 'unsichere' Projekte zu entziehen,

43 Vgl. HEINRICH, L. J.; BURGHOLZER, P.: Informationsmanagement: Planung, Überwachung und Steuerung der Informations-Infrastruktur, München u.a. 1988, S. 131.
44 Vgl. HABERFELLNER, R.: Projekt-Management, a.a.O., S. 135.
45 Vgl. HEINRICH, L. J.; BURGHOLZER, P.: Informationsmanagement: Planung, Überwachung und Steuerung der Informations-Infrastruktur, a.a.O., S. 131.
46 Vgl. SCHANZ, G.: Organisationsgestaltung. Struktur und Verhalten, a.a.O., S. 164.
47 Vgl. HABERFELLNER, R.: Projekt-Management, a.a.O., S. 133.

selbst wenn es um Probleme geht, deren Behandlung für die Gesamtorganisation von erheblicher Bedeutung ist.
Auch die langfristigen Entwicklungsmöglichkeiten der einzelnen Mitarbeiter können bei einer derartigen Organisationsform durch mangelnde Koordination der Fortbildung beeinträchtigt werden. Der Projektleiter ist an einer Fortbildung seiner Mitarbeiter nur dann interessiert, wenn sie im Sinne des Projektes liegt. Langfristige Kriterien werden durch das Kriterium des kurzfristigen Qualifikationsbedarfs ersetzt.
Die Bildung und die Auflösung eines solchen Projektteams ist mit erheblichen Schwierigkeiten verbunden: Woher kommen die Mitarbeiter und wohin gehen sie nach der Beendigung des Projektes? Wie kann ein 'sanfter' Übergang von der Primär- zur Projektorganisation gewährleistet werden? Wie werden Mitarbeiter, die nur zeitweise benötigt werden, eingebunden?
Wegen der Unruhe und dem hohen Umstellungsaufwand für die Primärorganisation, den eine solche Organisationsform mit sich bringt, eignet sich diese Projektform nur für sehr langfristige, von anderen Aufgabenstellungen klar abgrenzbare Probleme.[48]

2.3.3 Matrix-Projektorganisation

Die Matrix-Projektorganisation stellt eine Kombination der beiden dargestellten Organisationsformen 'Einfluß-Projektorganisation' und 'Reine Projektorganisation' dar.[49] Die Machtgrundlagen des Projektmanagers und damit seine Einflußmöglichkeiten liegen je nach genauer Ausprägung der Projektorganisation zwischen den Möglichkeiten des Managers in der Einfluß-Projektorganisation und in der Reinen Projektorganisation.
Die Mitarbeiter werden für die Teilnahme an dem Projekt nicht aus der Primärorganisation herausgelöst, sondern sie erhalten eine Doppelmitgliedschaft in der Primär- und in der Projektorganisation. Der Projektleiter bekommt nicht die vollständige Verfügungsgewalt über die Mitarbeiter für das Projekt, sondern er 'leiht' sie nur aus. Auch wenn sich die Projektmitarbeiter während der Projektlaufzeit mit ihrer gesamten Arbeitszeit einbringen, bleiben sie formal doch in die vorhandene Organisation eingebunden. Aufgrund der Doppelmitgliedschaft erfahren die Projektmitarbeiter eine Doppelunterstellung unter den Projektleiter und unter ihren bisherigen Vorgesetzten - es ensteht eine duale Autoritätsstruktur.[50] In der Regel wird der Projektmanager der Fachvorgesetzte werden, während der Vorgesetzte innerhalb der Primärorganisation weiterhin die Funktionen eines Disziplinarvorgesetzten wahrnimmt.[51]
Nach dem Ende des Projektes kehren die Mitarbeiter wieder in ihre alten Positionen zurück. Der Übergang von der Primärorganisation in die Projektorganisation und umgekehrt kann 'weicher' gestaltet werden als bei der reinen Projektorganisation. Gleichzeitig

---

48 Vgl. KUPPER, H.: Zur Kunst der Projektsteuerung: Qualifikation und Aufgaben eines Projektleiters bei DV-Anwendungsentwicklungen, a.a.O., S. 61.

49 Vgl. HABERFELLNER, R.: Projekt-Management, a.a.O., S. 135.

50 Vgl. SCHANZ, G.: Organisationsgestaltung. Struktur und Verhalten, a.a.O., S. 165.

51 Vgl. HEINRICH, L. J.; BURGHOLZER, P.: Informationsmanagement: Planung, Überwachung und Steuerung der Informations-Infrastruktur, a.a.O., S. 132.

tragen die Projektmitarbeiter aufgrund ihrer weiter bestehenden Kontakte zu einem besseren Informationsfluß zwischen Projekt- und Primärorganisation bei.
Die nicht aufgelöste Einbindung in die bisherige Organisation gibt den Mitarbeitern Sicherheit,[52] sowohl in Bezug auf ihre sozialen Kontakte als auch bezüglich ihrer langfristigen Entwicklungsmöglichkeiten. Der Manager der Primärorganisation als disziplinarischer Vorgesetzter orientiert die Fortbildung seiner Mitarbeiter nicht am kurzfristigen Qualifikationsbedarf für das Projekt, sondern an langfristigen Erfordernissen.[53] Diesen Vorteilen steht der relative hohe Aufwand für die Kompetenzabgrenzung zwischen dem Manager der Primärorganisation und dem Projektmanager sowie das Risiko von Kompetenzkonflikten gegenüber.[54] Dabei geht es nicht darum, ein starres Machtgleichgewicht zwischen diesen beiden herzustellen und aufrechtzuerhalten. Anzustreben ist vielmehr ein ungefähres, dynamisches Gleichgewicht, das Machtverschiebungen je nach Bedarf und angetroffener Situation zuläßt.[55]
Aus der gleichzeitigen Mitgliedschaft in zwei Organisationsformen (Primärorganisation und Projektorganisation) ergibt sich auch die Gefahr der Doppelbelastung für die Mitarbeiter, die neben ihren Aufgaben in der Primärorganisation eine zusätzliche Belastung durch die Mitarbeit in der Projektorganisation erfahren.

3 Die Entwicklung von konventionellen Softwaresystemen und Expertensystemen im Vergleich

3.1 Vorgehensmodell für die Entwicklung von konventionellen Softwaresystemen

Um die lange Laufzeit von Projekten zur Entwicklung von konventionellen Softwaresystemen in überschaubare Abschnitte zu unterteilen,[56] werden Phasenschemata eingesetzt, die sich am Software-Lebenszyklus orientieren.[57] Ein typisches Phasenschema könnte z.B. folgendermaßen aussehen:[58]

- Problemanalyse
- Anforderungsdefinition
- Grobentwurf
- Feinentwurf/Spezifikation

---

52 Vgl. HABERFELLNER, R.: Projekt-Management, a.a.O., S. 136.

53 Vgl. ebenda.

54 Vgl. LUKAT, A.: Organisation und Methodik für Projekte zum Einsatz von Informationstechnik, in: Gesellschaft für Mathematik und Datenverarbeitung mbH (Hrsg.): Arbeitspapiere der Gesellschaft für Mathematik und Datenverarbeitung, Sankt Augustin 1985, S. 28 f.

55 Vgl. SCHANZ, G.: Organisationsgestaltung. Struktur und Verhalten, a.a.O., S. 165.

56 Vgl. BIETHAHN, J.; MUCKSCH, H.; RUF, W.: Ganzheitliches Informationsmanagement, Bd. I, Grundlagen, a.a.O., S. 110.

57 Vgl. FRÜHAUF, K.; LUDEWIG, J.; SANDMAYR, H.: Software-Projektmanagement und -Qualitätssicherung, Stuttgart 1988, S. 14.

58 Vgl. KURBEL, K.: Entwicklung und Einsatz von Expertensystemen, Berlin u.a. 1989, S. 83.

- Implementierung
- Test
- Einführung
- Betrieb
- Wartung

Auf die klassischen Phasenschemata wird im Rahmen dieser Arbeit nicht näher eingegangen, sondern auf die umfangreiche Literatur zu diesem Thema verwiesen.[59]
Die einzelnen Phasen werden linear, d.h. der Reihe nach, durchlaufen und führen von Schritt zu Schritt zu einer zunehmenden Konkretisierung des Systems. Charakteristisch ist, daß jede Phase nur einmal durchlaufen wird und beim Übergang zur nächsten Phase eine Bruchstelle mit möglichem Informationsverlust auftritt.[60] Dies kann erhebliche Auswirkungen auf die Qualität der zu entwickelnden Software haben. Kommt es z.B. an der Schnittstelle zwischen Anforderungsdefinition und Grobentwurf zu einer falschen Interpretation der Anforderungen, so wird ein Grobentwurf angefertigt, der gar nicht mehr den ursprünglichen Anforderungen entspricht. Da die Phasen aber linear durchlaufen werden, kann diese Fehlinterpretation erst viel später (möglicherweise zu spät für einen wirtschaftlich sinnvollen Einsatz des Systems) bemerkt werden.
Aber selbst wenn es nicht zu einem derartigen Informationsverlust kommen sollte, können erhebliche Probleme auftreten, weil die Anforderungsdefinition zu einem sehr frühen Zeitpunkt erfolgen muß. Die späteren Benutzer können in einer so frühen Phase des Entwicklungsprozesses oft gar nicht genau festlegen, welche Anforderungen sie an das zu entwickelnde System haben.[61] Nur wenn diejenigen, die die Anforderungen festlegen, über Erfahrungen mit ähnlichen Systemen verfügen, werden sie in der Lage sein, die Anforderungen so zu bestimmen, daß diese eindeutig sind und über die Entwicklungszeit stabil bleiben.[62]
Die Kontrolle, ob die Anforderungen eindeutig beschrieben und ob sie tatsächlich erfüllt wurden, kann erst erfolgen, wenn ein konkretes Softwareprodukt vorliegt. Folgt man dem beschriebenen Phasenschema, ist dies aber erst nach der Implementierung der Fall. Zu diesem Zeitpunkt ist es aber möglicherweise bereits zu spät für die Durchführung grundlegender Änderungen.[63]

---

59 Vgl. BIETHAHN, J.; MUCKSCH, H.; RUF, W.: Ganzheitliches Informationsmanagement, Bd. I, Grundlagen, a.a.O., S. 118-127. GERKEN, W.: Systemanalyse, Bonn u.a. 1988, S. 90-126. BALZERT, H.: Die Entwicklung von Software-Systemen: Prinzipien, Methoden, Sprachen, Werkzeuge, Mannheim u.a. 1982, S. 15-22. SCHUMANN, J.; GERISCH, M.: Software Entwurf: Prinzipien, Methoden, Arbeitsschritte, Rechnerunterstützung, Köln 1986, S. 35-39. PETERS, L. J.: Software Design, New York 1981, S. 12-17.

60 Vgl. KURBEL, K.: Entwicklung und Einsatz von Expertensystemen, a.a.O., S. 84.

61 Vgl. KOWALSKI, R.: AI and Software Engineering, in: Datamation, Nr. 18, Vol. 30 (1984), S. 94.

62 Vgl. KURBEL, K.; PIETSCH, W.: Projektmanagement bei einer Expertensystem-Entwicklung, in: Information Management, Nr. 1, 1988, S. 9.

63 Vgl. KURBEL, K.: Entwicklung und Einsatz von Expertensystemen, a.a.O., S. 85.

Als Voraussetzungen für einen effektiven Einsatz eines solchen Phasenschemas sind zu nennen:[64]

- die Identifizierbarkeit und inhaltliche oder zeitliche Unabhängigkeit von Teilaktivitäten,
- die Schätzbarkeit der Aktivitätendauern,
- die frühe Spezifizierbarkeit und die Stabilität der Anforderungen über die Zeit.

3.2 Für die Entwicklung relevante Unterschiede zwischen konventionellen Softwaresystemen und Expertensystemen

Um die Besonderheiten in der Entwicklung von Expertensystemen herauszuarbeiten, werden die wesentlichen Unterschiede zwischen Expertensystemen und konventionellen Programmen dargestellt, weil sich aus diesen Unterschieden auch die Besonderheiten der Expertensystementwicklung ergeben.[65]

Bei konventionellen Programmen stehen die Verarbeitung von Massendaten und numerische Berechnungen im Vordergrund. Das gemeinsame Merkmal von Problemstellungen, für die derartige Softwaresysteme geeignet sind, ist ihre Wohlstrukturiertheit und die einheitliche Verarbeitung, die in ihren Grundzügen gleich bleibt und sich nur mit geringen Veränderungen wiederholt.

Expertensysteme dagegen eignen sich für komplexe, schlecht strukturierte Probleme. Sie müssen "... in der Lage sein, viele verschiedene Daten oder allgemeiner Wissenseinheiten zu behandeln, die auf die unterschiedlichste Art und Weise interpretiert und ausgewertet werden können."[66] Die hohe Flexibilität von Expertensystemen macht sie auch einsetzbar für Probleme, die bisher schlecht verstanden sind.[67] Oft wird die tatsächliche fachliche Problematik erst bei der Expertensystementwicklung selber offenbar.

Um den Begriff der 'Wohlstrukturiertheit' deutlich zu machen, ist einerseits der Unterschied zwischen der Strukturiertheit des Problems und des Modells, das dieses Problem abbildet, und andererseits die Deckung des Modells mit dem realen Problem zu betrachten.[68]

---

64 Vgl. KURBEL, K.; PIETSCH, W.: Projektmanagement bei evolutionärer Softwareentwicklung, in: KURBEL, K.; MERTENS, P.; SCHEER, A.-W. (Hrsg.): Interaktive betriebswirtschaftliche Informations- und Steuerungssysteme, Berlin u.a. 1989, S. 263 f.

65 Vgl. KURBEL, K.: Entwicklung und Einsatz von Expertensystemen, a.a.O., S. 19 f.

66 Ebenda, S. 19.

67 Vgl. KURBEL, K.; PIETSCH, W.: Expertensystem-Projekte: Entwicklungsmethodik, Organisation und Management, a.a.O., S. 133.

68 Vgl. KURBEL, K.: Entwicklung und Einsatz von Expertensystemen, a.a.O., S. 21.

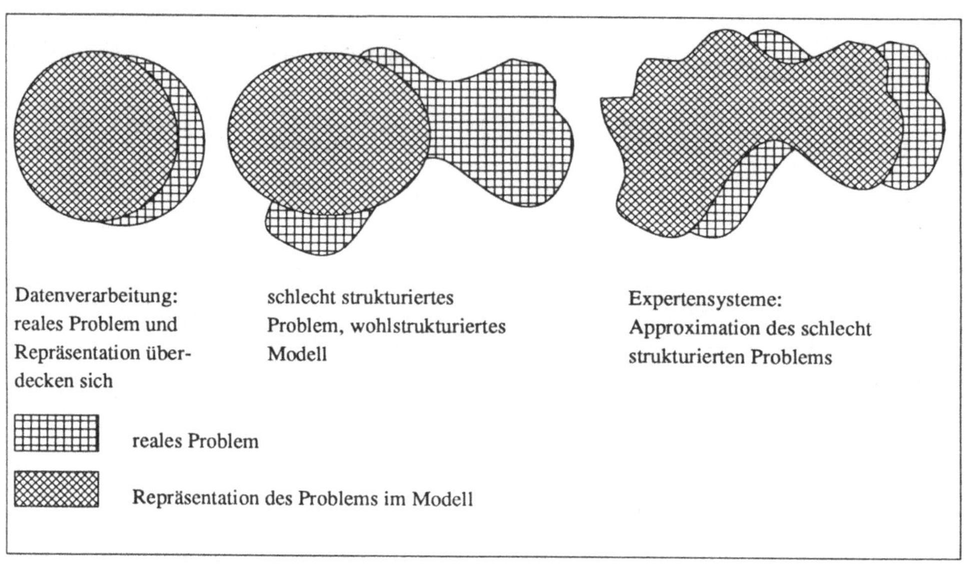

Abb. 2: Strukturiertheit von Problem und Modell[69]

Bei der klassischen Datenverarbeitung gilt in der Regel, daß sowohl die Probleme als auch ihre Darstellung im Modell wohlstrukturiert sind und sich weitgehend überdecken (Abb. links).[70]

Die gute Strukturierung des Modells und die damit mögliche Abbildung des Problems in konventionellen Programmen kann erzwungen werden, wenn man bewußt den Verzicht auf eine weitgehende Deckung von Problem und Modell in Kauf nimmt (Abb. Mitte).

Mit Expertensystemen versucht man nun das schlecht strukturierte reale Problem mit dem Modell möglichst genau anzunähern.[71] Das Vorgehen bei der Expertensystementwicklung kann man sich also so vorstellen, daß man von einer wohlstrukturierten Abbildung ausgeht (Kreis) und im Prototyping diesen Kreis so verändert, daß er dem realen Problem immer ähnlicher wird. In jedem Zyklus des Prototyping wird aus dem ursprünglichen Kreis eine 'Beule' herausgetrieben oder eine 'Delle' eingedrückt (Abb. Mitte und rechts).

Die auch für die Entwicklung wichtigen Unterschiede zwischen konventionellen Programmen und Expertensystemen lassen sich in der folgenden Feststellung zusammenfassen: "Bei der Entwicklung eines konventionellen Anwendungssystems steht die Ermittlung eines eindeutigen Lösungsverfahrens im Vordergrund. Bei einem Expertensystem existiert dagegen ein solches eindeutiges Verfahren im allgemeinen nicht."[72]

69 Quelle: KURBEL, K.; PIETSCH, W.: Expertensystem-Projekte: Entwicklungsmethodik, Organisation und Management, a.a.O., S. 134.

70 Vgl. KURBEL, K.: Entwicklung und Einsatz von Expertensystemen, a.a.O., S. 21.

71 Vgl. ebenda.

72 Ebenda, S. 81.

3.3 Vorgehensmodell für die Entwicklung von Expertensystemen

Da die Voraussetzungen für die Anwendung der Phasenschemata der konventionellen Software-Entwicklung (gute Strukturierung des Anwendungsproblems und klar definierbare Anforderungen) bei der Entwicklung von Expertensystemen nicht vorliegen, lassen sich die linearen Phasenmodelle schlecht anwenden. Das gleiche gilt für alle Methoden und Werkzeuge, die auf einem solchen Phasenmodell aufbauen und im Rahmen des Projektmanagements eingesetzt werden. Deshalb muß an dieser Stelle genauer untersucht werden, welche Anforderungen an Vorgehensmodelle zu stellen sind, die für die Entwicklung von Expertensystemen geeignet sind.
Anschließend wird ein solches Modell vorgestellt, das unter Berücksichtigung der Besonderheiten von Expertensystemen entwickelt wurde und daher im Projektmanagement einer Expertensystementwicklung eingesetzt werden könnte.

3.3.1 Anforderungen an ein Vorgehensmodell für die Entwicklung von Expertensystemen

Die wichtigste Aufgabe bei der Entwicklung von Expertensystemen besteht im Erwerb des relevanten Wissens. Für einige Autoren stellt der Wissenserwerb einen so bedeutenden Teil der Expertensystementwicklung dar, daß sie die gesamte Entwicklung unter der Überschrift 'Knowledge Acquisition' zusammenfassen.[73] Dieser Wissenserwerb entzieht sich linearen, die einzelnen Schritte nicht wiederholenden Techniken.[74] Daher ergibt sich für Expertensysteme ein iteratives Vorgehen bei der Entwicklung des Systems, das sich in sich wiederholenden Schritten immer mehr dem gewünschten Endzustand annähern soll.[75]
Im Rahmen des gestellten Themas soll aber der Wissenserwerb - trotz seiner zentralen Bedeutung für den Erfolg eines Expertensystems - nicht im Vordergrund stehen. Das Projektmanagement muß darüber hinausgehen und organisatorische Regelungen für den gesamten Entwicklungsprozeß bereitstellen - nicht nur für den Wissenserwerb.
Auch wenn der Einsatz der bekannten Phasenschemata für die Expertensystementwicklung in der bisherigen Form nicht möglich ist, so bleibt doch festzuhalten, daß ein adäquates Systemdesign die wesentliche Voraussetzung für ein funktionsfähiges Programm ist.[76] Allerdings muß man sich von der Vorstellung lösen, daß eine vollständige Spezifizierung schon vor der ersten Programmerstellung möglich wäre.[77]
Um diese Forderungen 'iteratives Vorgehen', 'adäquates Systemdesign' und 'nicht vollständige Spezifizierung vor der Programmierung' zu erfüllen, wurden verschiedene Schemata

---

73 Vgl. hierzu beispielhaft: BUCHANAN, B. et al.: Constructing an Expert System, in: HAYES-ROTH, F.; WATERMAN, D.A.; LENAT, D.B. (Hrsg.): Building Expert Systems, London u.a. 1983, S. 127-167.

74 Vgl. ebenda, S. 127.

75 Vgl. ebenda, S. 128.

76 Vgl. KÜHN, M.: Wichtig ist das Systemdesign, in: Markt&Technik, Nr. 11, 10.03.1989, S. 55.

77 Vgl. PARTRIDGE, D.: Engineering Artificial Intelligence Software, in: Artificial Intelligence Review, Nr. 1, 1989, S. 40.

entwickelt.[78] Aufgrund der Bedeutung von Phasenschemata im Rahmen des Projektmanagements kann auf ihre Darstellung nicht verzichtet werden, deshalb soll im folgenden beispielhaft das von König/Behrendt vorgeschlagene Schema vorgestellt werden.[79] Die Gründe für die Auswahl dieses Ablaufmodells sind folgende:

1. Die im Software Engineering eingesetzten und daher weitgehend bekannten Schemata bilden die Grundlage der Darstellung. Es wird kein neues Schema erfunden, sondern König/Behrendt bauen auf den Erfahrungen des Software Engineering auf.[80]
2. Bei König/Behrendt steht der zyklische Aspekt eindeutig im Vordergrund. Bei anderen Autoren kommt es nur bei festgestellten Fehlern zum Eintritt in eine Wiederholungschleife.[81] Die Zulässigkeit von Wiederholungen bei festgestellten Fehlern wird aber schon von Boehm bei der Darstellung seines Phasenschemas für die konventionelle Programmierung hervorgehoben [82] und ist damit keine Neuerung gegenüber den klassischen Schemata. Trotz der Bedeutung von Iterationen für die Expertensystementwicklung werden aber in der Praxis durch Fehler eingeleitete Wiederholungen vermieden, da ihnen immer ein Fehlereingeständnis vorausgehen muß, zu dem kein Systementwickler freiwillig bereit sein wird.[83] Voraussetzung für ein derartiges Fehlereingeständnis ist die Erkenntnis des Fehlers - und genau das ist bei einem linearen Phasenschema ein Problem.[84]
3. Der Vorschlag von König/Behrendt ist vollständig und umfaßt alle Phasen der Software-Entwicklung. Andere vorgeschlagene Schemata konzentrieren sich einseitig auf

---

78 Vgl. dazu: KURBEL, K.: Entwicklung und Einsatz von Expertensystemen, a.a.O., S. 92 ff. WEITZEL, J. R.; KERSCHBERG, L.: Developing Knowledge-Based Systems: Reorganizing the System Development Life Cycle, in: Communications of the ACM, Nr. 4, Vol. 32 (1989), S. 482-488. HARMON, P.; KING, D.: Expertensysteme in der Praxis: Perspektiven, Werkzeuge, Erfahrungen, München u.a. 1986, S. 219 f. Wegen des begrenzten Rahmens der vorliegenden Arbeit kann nicht auf alle vorgeschlagenen Schemata eingegangen oder gar ein Vergleich angestellt werden.

79 Vgl. KÖNIG, W.; BEHRENDT, R.: Die Produktion von Expertensystemen, in: Angewandte Informatik, Nr. 3, 1989, S. 95-102.

80 Vgl. KÖNIG, W.: Erstellungs- und Einsatzerfahrungen mit einem Expertensystem in der Luftfrachtplanung und -disposition, in: SCHEER, A.-W. (Hrsg.): Betriebliche Expertensysteme I: Einsatz von Expertensystemen in der Betriebswirtschaft - Eine Bestandsaufnahme, Wiesbaden 1988, S. 136.

81 Vgl. HARMON, P.; KING, D.: Expertensysteme in der Praxis: Perspektiven, Werkzeuge, Erfahrungen, a.a.O., S. 220. KURBEL, K.: Entwicklung und Einsatz von Expertensystemen, a.a.O., S. 93. Die bei KURBEL dargestellten Schritte der inkrementellen Implementierung stellen keine Schleifen dar, sondern deuten nur an, daß das Gesamtsystem in kleinen Schritten implementiert wird.

82 Vgl. BOEHM, B. W.: Software Engineering, in: IEEE Transactions on Computing C-25, 12 (Dec. 1976), S. 1227.

83 Vgl. WEITZEL, J. R.; KERSCHBERG, L.: Developing Knowledge-Based Systems: Reorganizing the System Development Life Cycle, a.a.O., S. 482.

84 Vgl. Kap. 3.1

die Wissenserhebung[85] oder vernachlässigen einzelne Phasen der Systemerstellung.[86] Diese Eingrenzungen sind jedoch im Rahmen des Projektmanagements nicht tolerierbar, da sich dies ja gerade dadurch auszeichnet, daß die Systementwicklung in ihrer Gesamtheit betrachtet wird und nicht nur in Teilaspekten, so wichtig diese auch sein mögen.

3.3.2 Ein Vorgehensmodell für die Entwicklung von Expertensystemen

König/Behrendt schlagen ein erweitertes Modell des Software Engineering vor, das sowohl die strukturierte Produktion von konventionellen Programmen, als auch die explorative Produktion von Expertensystemen erlaubt. In den Bereichen der Problemanalyse und der Kodierung ist dieses Modell durch eine Parallelisierung gekennzeichnet. In diesen Bereichen kann, alternativ zum konventionellen Vorgehen, das Prototyping im Rahmen des Expert System Engineering gewählt werden. Die jeweils verfolgten Ziele sind:

- bei der Problemanalyse: ein besseres Verständnis für die Problemstellung[87] und
- bei der Kodierung: eine höhere Flexibilität der entwickelten Software hinsichtlich Änderungen in der Aufgabenstellung.

Beide Ziele werden durch das explorative Prototyping unterstützt. Beim explorativen Prototyping kann man von relativ ungenauen Vorstellungen über die Anforderungen an das System ausgehend diese Anforderungen im Laufe der Entwicklung verfeinern und konkretisieren.[88] Die Sprache (z.B. PROLOG), in der diese Prototypen erstellt werden, kann dann nicht nur als Programmiersprache verstanden werden, sondern ist ein Hilfsmittel, um das Wissen zu erheben und zu analysieren.[89] Die Zusammenarbeit mit dem Benutzer, die im explorativen Prototyping im Vordergrund steht, ist besonders bei der Expertensystementwicklung nötig, weil der Anwender im praktischen Einsatz letztendlich über die Annahme einer vom Expertensystem vorgeschlagenen Entscheidung bestimmt.[90] Um ein solches Urteil treffen zu können, muß er aber über die hinter dem Vorschlag stehende Logik sehr genau Bescheid wissen. Daher sollte der Benutzer so früh wie möglich an der Entwicklung beteiligt werden.

---

85 Vgl. BUCHANAN, B. et al.: Constructing an Expert System, a.a.O., S. 127 ff.

86 Vgl. KURBEL, K.: Entwicklung und Einsatz von Expertensystemen, a.a.O., S. 95. KURBEL vernachlässigt gegenüber KÖNIG/BEHRENDT die Problemanalyse und beginnt sofort mit der Konzeption und der Wissenserhebung. Außerdem geht KURBEL nicht auf den Bereich der Wartung und Pflege ein, der für Expertensysteme noch wichtiger ist, als bei konventionellen Programmen. Wartung und Pflege müssen vom Projektmanagement geplant werden, auch wenn die Durchführung dieser Tätigkeiten außerhalb des Projektes liegen.

87 Vgl. KURBEL, K.; PIETSCH, W.: Expertensystem-Projekte: Entwicklungsmethodik, Organisation und Management, a.a.O., S. 133.

88 Vgl. BIETHAHN, J.; MUCKSCH, H.; RUF, W.: Ganzheitliches Informationsmanagement, Bd. I, Grundlagen, a.a.O., S. 130.

89 Vgl. KOWALSKI, R.: AI and Software Engineering, a.a.O., S. 95.

90 Vgl. KÖNIG, W.: Erstellungs- und Einsatzerfahrungen mit einem Expertensystem in der Luftfrachtplanung und -disposition, a.a.O., S. 147.

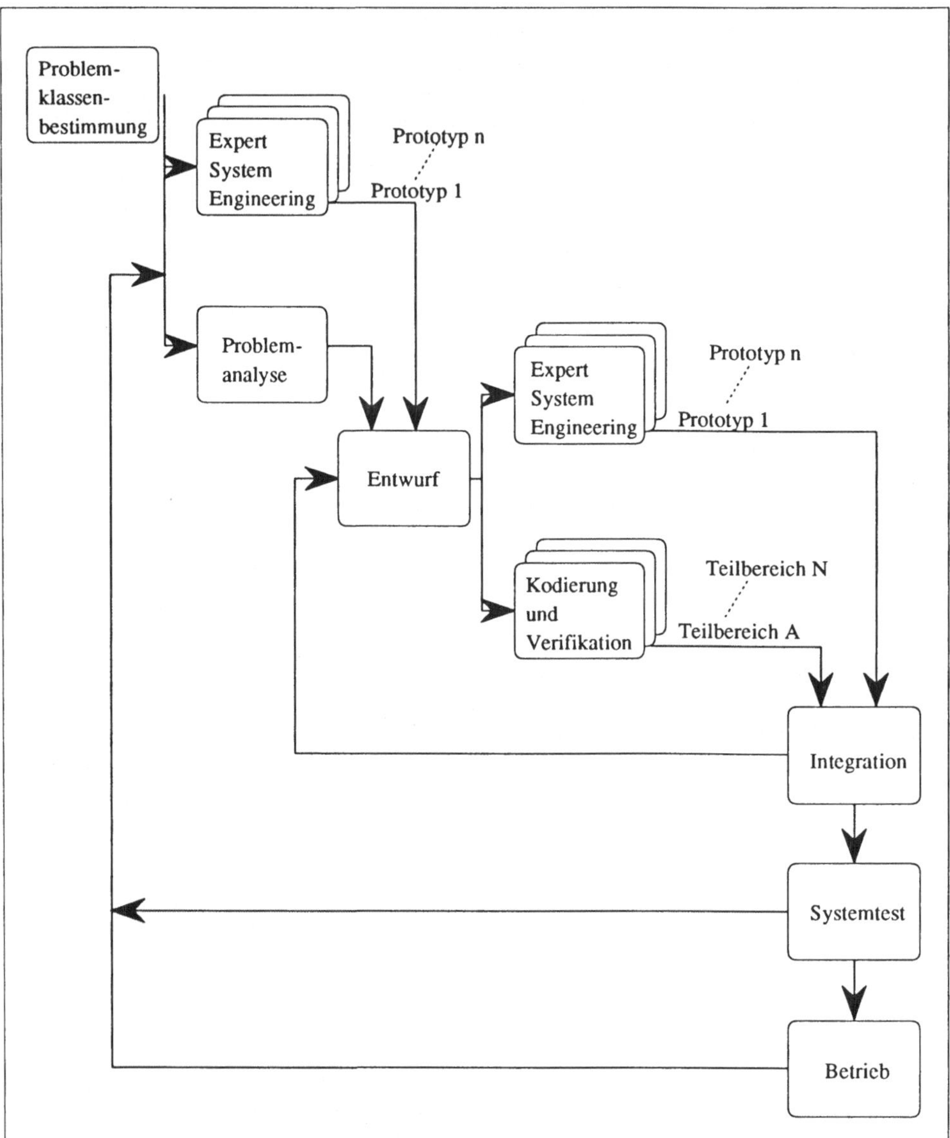

Abb. 3: Das erweiterte Software Engineering[91]

Das explorative Prototyping in den beiden genannten Phasen der Problemanalyse und der Kodierung soll durch ein Modell des Expert System Engineering unterstützt werden.

91 In Anlehnung an: KÖNIG, W.; BEHRENDT, R.: Die Produktion von Expertensystemen, a.a.O., S. 99.

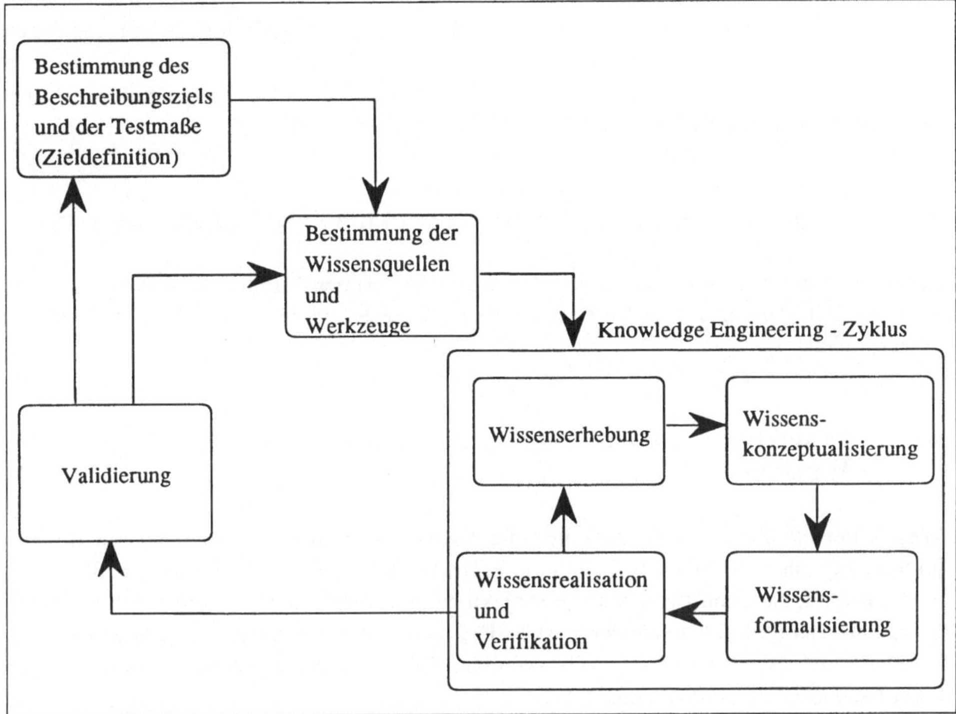

Abb. 4: Expert System Engineering[92]

Die Ziele des Expert System Engineering sind je nach der Software-Entwicklungsphase, in der es eingesetzt wird die "... Spezifikation von Systemstrukturen oder die Schaffung eines flexiblen Softwareproduktes."[93] Entsprechend der Zielsetzung erfolgt die Festlegung eines geeigneten Validationsverfahrens für die Prüfung der Zielerreichung und die Auswahl der Wissensquellen und Erstellungswerkzeuge.

Der Knowlege Engineering Zyklus als Teil des Expert System Engineering besteht aus der Wissenserhebung (Wissensextraktion), der Wissenskonzeptualisierung, der Wissensformalisierung (Systementwurf) und der Wissensrealisierung (Implementierung). Die werkzeugunabhängige Konzeptualisierung des Wissens und die werkzeugabhängige Formalisierung sind Teilbereiche der Wissensstrukturierung .[94] Die Bildung eines implementationsunabhängigen konzeptionellen Wissensmodells sowie eines Wissensmodells auf Implementierungsebene und damit die Teilung der Wissensstrukturierung in zwei Bereiche wird auch von anderen Autoren vorgeschlagen.[95]

92 Quelle: KÖNIG, W.; BEHRENDT, R.: Die Produktion von Expertensystemen, a.a.O. S. 100.

93 Ebenda, S. 100.

94 Vgl. ebenda, S. 100.

95 Vgl. KURBEL, K.; PIETSCH, W.: Expertensystem-Projekte: Entwicklungsmethodik, Organisation und Management, a.a.O., S. 138.

Zusammenfassend kann gesagt werden, daß das von König/Behrendt vorgeschlagene Schema durch die Bildung von Zyklen auf mehreren Ebenen der Systementwicklung den Anforderungen an ein Vorgehensmodell im Rahmen des Projektmanagements von Expertensystementwicklungen gerecht wird.

4 Projektmanagement für die Entwicklung von Expertensystemen

In diesem Kapitel geht es darum, die Aussagen des zweiten Kapitels zum Projektmanagement mit den Aussagen des dritten Kapitels über die Entwicklung von Expertensystemen zu verbinden.

4.1 Projektmanagement und Expertensysteme in funktioneller Hinsicht

Wegen der erwähnten Besonderheiten der Expertensystementwicklung müssen die Projektplanung, die Projektkontrolle und die Projektsteuerung entsprechend angepaßt werden. Der Einwand, daß eine zuverlässsige Projektplanung wegen der geringen Erfahrungen mit Expertensystemprojekten schwierig ist,[96] darf nicht verhindern, daß die Projektplanung, -kontrolle und steuerung durchgeführt werden. Sonst besteht die Gefahr, daß das Projekt nicht mehr gelenkt werden kann.

Planung

Im Gegensatz zu Projekten, die auf der Basis eines linearen Phasenschemas durchgeführt werden können, verlangt der zyklische Ablauf der Expertensystementwicklung nach anderen Planungstechniken. Bei klassischen Software-Entwicklungsprojekten ist schon zu Projektbeginn eine relativ detaillierte Gesamtplanung möglich. Wie oben gezeigt wurde,[97] muß aber aufgrund der Unwägbarkeiten der Wissenserhebung bei der Expertensystementwicklung eine andere Entwicklungssystematik zugrundegelegt werden. Diese Unwägbarkeiten führen dazu, daß eine frühe und detaillierte Gesamtplanung bei der Expertensystementwicklung kaum möglich ist. Der Entstehung von Expertensystemen durch Prototyping und ständige Weiterentwicklung entspricht eine rollierende und sehr flexible Planung am besten.[98]

Der Vorteil des vorgestellten Ablaufmodells der Expertensystementwicklung von König/Behrendt liegt darin, daß man sich auch bei der Projektplanung an die aus dem Software Engineering bekannten Methoden anlehnen kann. Auch wenn keine detaillierte Gesamtplanung möglich ist, müssen die in Abschnitt 2.2.1 genannten Inhalte der Projektplanung ausgefüllt werden:

Die Etappenziele, die Ablauf- und die Aufbauorganisation müssen geplant werden; eine Aufwandsschätzung und eine entsprechende Terminfestlegung müssen genauso wie die Budgetierung vorgenommen werden. Es ist aber wichtig zu beachten, daß eine endgültige

96 Vgl. PUPPE, F.: Einführung in Expertensysteme, Berlin u.a. 1988, S. 149.

97 Vgl. Kapitel 3.3.1.

98 Vgl. KURBEL, K.: Entwicklung und Einsatz von Expertensystemen, a.a.O., S. 96.

Festlegung des Plans erst nach dem Projektbeginn möglich ist. Das Wissen, das in den einzelnen Phasen über die Problemstellung gewonnen wird (z.B. durch Prototyping in der Problemanalysephase), muß sofort in die weitere Planung eingehen und gegebenenfalls zu Plankorrekturen führen.

Daraus resultierend kommt dem Projektinformations- und -dokumentationssystem eine besondere Bedeutung zu: Die zeitnahe Information über neu gewonnene Erkenntnisse ist von erheblicher Bedeutung nicht mehr nur für die Projektkontrolle und die -steuerung, sondern auch schon für die Planung selber.

Die Projektplanung wird dadurch erschwert, daß zu Beginn des Projektes keine endgültige Systemspezifikation angegeben werden kann. Die Anforderungen an das System sind nicht von vornherein klar und entwickeln sich im Verlauf der Wissensakquisition immer weiter. Dieses Problem entsteht durch die Tatsache, daß Expertensysteme i.d.R. für schlecht strukturierte Probleme entwickelt werden.

Kontrolle

Die in Abschnitt 2.2.2 genannten Ziele der Projektkontrolle gelten auch für die Entwicklung von Expertensystemen. Aufgrund der beschriebenen Problematik der Expertensystementwicklung kann die Kontrolle aber nicht so eng durchgeführt werden, wie bei klassischen Software-Projekten. Trotzdem sind Kontrollen nötig, um die zukünftige Planung von Expertensystem-Projekten zu verbessern und um subjektivbewußte Manipulationen zu verhindern. Ausgehend von dem vorgestellten Modell der Expertensystementwicklung sind Punkte, an denen Kontrollen stattfinden können und müssen:

1. der Abschluß der Problemanalyse,
2. der Abschluß des Integrationszyklus,
3. der Systemtest und
4. die Inbetriebnahme.

Diese 'großen' Kontrollpunkte werden ergänzt durch Kontrollpunkte innerhalb des Zyklus des Expert System Engineering. Kontrollen können sinnvoll nach jedem Durchlauf des Zyklus einsetzen und auf Planabweichungen hinweisen.

Wichtig bei jeder Art von Kontrolle ist, daß man sich ständig der Tatsache bewußt ist, daß Planabweichungen bei der Entwicklung von Expertensystemen nicht zu vermeiden sind. Man muß sich von der Vorstellung lösen, daß Pläne bis ins letzte Detail eingehalten werden können und müssen.

Steuerung

Für die Steuerung stehen unter Berücksichtigung der Einschränkungen, die sich durch die Besonderheiten der Expertensystementwicklung ergeben, die gleichen Möglichkeiten zur Verfügung wie bei klassischen Projekten. Daß sich die Möglichkeiten zur Steuerung von Expertensystemprojekten sehr stark an klassische Software-Projekte anlehnen können, zeigt auch Kurbel.[99] Er schlägt vor, basierend auf der Netzplantechnik, einen Gesamtaktivitätenplan zu entwerfen, der für jede Organisationseinheit einen Teilaktivitätenplan enthält.

Für jeden Zyklusdurchlauf innerhalb der Expertensystementwicklung werden Aktivitätenaufträge vergeben, die beschreiben, welche Tätigkeiten im aktuellen Zyklusdurchlauf durchzuführen sind. Die genaue Ausgestaltung dieser Aktivitäten bleibt aber den einzelnen

99 Vgl. KURBEL, K.: Entwicklung und Einsatz von Expertensystemen, a.a.O., S. 102 ff.

Gruppen selber überlassen. Die Erfüllung bzw. Nicht-Erfüllung dieser Aufträge muß am Ende eines jeden Zyklus überprüft und festgehalten werden.
Beim Einsatz derartiger Hilfsmittel ist es wichtig, daß die der Expertensystementwicklung zugrundeliegende Philosophie nicht in den Hintergrund gedrängt wird: Die Expertensystementwicklung kann nur erfolgreich sein, wenn die Kreativität der Projektmitarbeiter nicht behindert, sondern unterstützt wird.[100] Planung und Kontrolle dürfen deshalb nicht einengend sein. Ihre Bedeutung für den Erfolg des Projektes muß vielmehr allen Mitarbeitern deutlich sein. Dem Entwicklungsteam sollte nicht zu detailliert vorgeschrieben werden, wann welche Schritte durchzuführen sind. Ein genereller Leitfaden, der auf einem relativ hohen Niveau die Aufgaben beschreibt, ist besser als bürokratische Detailvorgaben.[101]

4.2 Projektmanagement und Expertensysteme in institutioneller Hinsicht

Die im zweiten Kapitel dieses Beitrags beschriebenen klassischen Organisationsformen sind nur bedingt für die Entwicklung von Expertensystemen geeignet. Einige Eigenschaften der klassischen Projektorganisation müssen durch neue ersetzt werden, die dem zyklischen Vorgehen bei der Expertensystementwicklung besser entsprechen. Die grundsätzlichen Organisationsformen (Einfluß-Projektorganisation, Reine Projektorganisation, Matrix-Projektorganisation) können aber erhalten bleiben. Im folgenden soll deshalb das Schwergewicht der Betrachtung auf den neu zu berücksichtigenden Funktionen liegen, diese können dann in die beschriebenen Organisationsformen eingebunden werden.
Wie erwähnt, ist ein wesentlicher Unterschied in der Entwicklung von Expertensystemen die Erhebung des Wissens durch den Knowledge Engineer. Zu seinen Aufgaben gehören der Wissenserwerb, die Wissensmodellierung und die Wissenscodierung.[102] Damit die Erfassung des Fachwissens nicht durch implementationsabhängige Details beeinflußt wird, sollte diese Erhebung des Fachwissens und die Wissensimplementierung im Expertensystem aber voneinander getrennt sein.[103] Diese Trennung muß durch entsprechende organisatorische Regelungen unterstützt werden, indem z.B. die Durchführung dieser Tätigkeiten zwei verschiedenen Personen übertragen wird. Dabei spielt es für die Expertensystementwicklung eine untergeordnete Rolle, in welche Projektorganisationsform diese Mitarbeiter eingebunden sind.
Im Rahmen der Expertensystementwicklung müssen folgende Aufgaben wahrgenommen werden und bedürfen daher entsprechenden organisatorischen Regelungen:[104]

---

100 Vgl. KURBEL, K.; PIETSCH, W.: Projektmanagement bei evolutionärer Softwareentwicklung, a.a.O., S. 265.

101 Vgl. KURBEL, K.; PIETSCH, W.: Projektmanagement bei einer Expertensystem-Entwicklung, a.a.O., S. 10.

102 Vgl. HARMON, P.; MAUS, R.; MORRISSEY, W.: Expertensysteme: Werkzeuge und Anwendungen, München u.a. 1989, S. 198.

103 Vgl. KURBEL, K.; PIETSCH, W.: Expertensystem-Projekte: Entwicklungsmethodik, Organisation und Management, a.a.O., S. 142.

104 Vgl. KURBEL, K.: Entwicklung und Einsatz von Expertensystemen, a.a.O., S. 98 ff.

- Wissenserhebung: Der Bereich der gesamten Wissensakquisition kann z.B. in die Teilbereiche des Wissensgebiets aufgespalten und auf verschiedene Mitarbeiter verteilt werden. Jeder dieser 'Wissenserheber' ist verantwortlich für das Aufstellen des konzeptionellen Wissensmodells in seinem Bereich.
- Implementierung: Nach jedem durchlaufenen Zyklus muß das erhobene Wissen in das zu entwickelnde System eingebracht werden. Die Schnittstelle zwischen den Gruppen 'Wissenserhebung' und 'Implementierung' ist das konzeptionelle Wissensmodell, das die Bezugsbasis und Diskussionsgrundlage für beide darstellt.
- Qualitätssicherung: Das konzeptionelle Wissensmodell muß wegen seiner Bedeutung ständig auf Korrektheit überwacht werden. Die Qualitätssicherung ist ein wichtiger Bestandteil der Kontrolle, da in ihren Aufgabenbereich auch die Abnahme und ein eventueller Mängelbericht am Ende jedes Entwicklungszyklus fällt.
- Projektleitung: Sie ist für die Planung des Projektes (einschließlich der Kontrollplanung), für die Einteilung in Entwicklungszyklen, für den Einsatz eines geeigneten Instrumentariums für die Projektdurchführung und für die Schnittstelle zur Gesamtorganisation verantwortlich.

Die Aufteilung der Aufgaben auf mehrere Beteiligte ist wichtig zum einen, um das unterschiedliche Fachwissen der Beteiligten ausnutzen zu können, und zum anderen, um Zielkonflikte deutlich zu machen, die zwischen einzelnen Projektmitarbeitern auftreten können.[105] Innerhalb eines Projektes zur Expertensystementwicklung gibt es Aufgabenstellungen, die im Gegensatz zueinander stehen. Für denjenigen, der das Fachwissen des Experten im System implementieren soll, stehen andere Kriterien im Vordergrund als für denjenigen, der das Wissen möglichst exakt erheben soll. Nur wenn diese Zielkonflikte offen zu Tage treten, können sie in Übereinstimmung mit den Projektzielen von der Projektleitung gelöst werden. Wird die Implementierung und die Wissenserhebung aber von einer Person, dem 'Knowledge Engineer', vorgenommen, werden Entscheidungen, die die Qualität des Systems beeinflussen, nicht mehr bewußt von der Projektleitung getroffen, sondern unbewußt im Kopf des Wissensingenieurs.

Neben diesen mehr technisch orientierten Aspekten der Wissenserhebung und Implementierung spielen natürlich auch inhaltliche Fragen der konkreten Aufgabenstellung eine erhebliche Rolle bei der Festlegung der Projektorganisation. Es ist z.B. zu klären, welche Mitarbeiter aus welchen Bereichen als Experten für die Wissenserhebung zur Verfügung stehen sollen. Wegen der hohen Situationsabhängigkeit dieser Problematik ist es aber fast unmöglich, allgemeingültige Aussagen dazu zu treffen.

Ein wichtiger Punkt, der unabhängig von der konkreten Aufgabenstellung ist und der auch der Regelung durch eine entsprechende Organisationsform bedarf, ist die Beteiligung der Benutzer an der Systementwicklung. Ein Vertreter der Anwender sollte auf jeden Fall in der Projektgruppe vertreten sein.[106] Nur so können Akzeptanzprobleme vermieden und ein späterer wirtschaftlicher Einsatz des Systems erreicht werden.

---

105 Vgl. KURBEL, K.; PIETSCH, W.: Expertensystem-Projekte: Entwicklungsmethodik, Organisation und Management, a.a.O., S. 143.

106 Vgl. LEBSANFT, E.: Projektmanagement und Software Engineering in Expertensystemprojekten, in: SCHEER, A.-W. (Hrsg.): Betriebliche Expertensysteme I: Einsatz von Expertensystemen in der Betriebswirtschaft - Eine Bestandsaufnahme, Wiesbaden 1988, S. 71.

5 Zusammenfassung und Ausblick

Zusammenfassend bleibt festzuhalten, daß die bisher für die Entwicklung konventioneller Software vorgeschlagenen Phasenschemata für die Expertensystementwicklung wenig geeignet sind. Aber trotz neuer Probleme, die bei der Entwicklung von Expertensystemen auftreten, müssen die klassischen Aufgaben des Projektmanagements wahrgenommen werden. Das bedeutet, daß das Vorgehen im Rahmen des Projektmanagements an die neuen Anforderungen angepaßt werden muß: Neue Phasenschemata, die sich speziell an den Erfordernissen der Expertensystementwicklung orienteren, müssen in das Projektmanagement integriert werden.

Obwohl es inzwischen Ansätze auf diesem Gebiet gibt, fehlt die Unterstützung von EDV-Werkzeugen für diese Tätigkeiten noch weitestgehend. Wegen der zunehmenden Bedeutung von Expertensystemen eröffnet sich hier ein weites, noch weitgehend unerschlossenes Tätigkeitsfeld.

6 Literaturverzeichnis

BALZERT, H.: Die Entwicklung von Software-Systemen: Prinzipien, Methoden, Sprachen, Werkzeuge, Mannheim u.a. 1982.

BIETHAHN, J.; MUCKSCH, H.; RUF, W.: Ganzheitliches Informationsmanagement, Bd. I, Grundlagen, München u.a. 1990.

BOEHM, B. W.: Software Engineering, in: IEEE Transactions on Computing C-25, 12 (Dec. 1976), S. 1226-1241.

BUCHANAN, B. et al.: Constructing an Expert System, in: HAYES-ROTH, F.; WATERMAN, D. A.; LENAT, D. B. (Hrsg.): Building Expert Systems, London u.a. 1983, S. 127-167.

Deutsches Institut für Normung e.V. (Hrsg.): Informationsverarbeitung 1, DIN 69 901, 6. Aufl., Berlin u.a. 1985.

FRÜHAUF, K.; LUDEWIG, J.; SANDMAYR, H.: Software-Projektmanagement und -Qualitätssicherung, Stuttgart 1988.

GERKEN, W.: Systemanalyse, Bonn u.a. 1988.

HABERFELLNER, R.: Projekt-Management, in: DAENZER, W. F. (Hrsg.): Systems Engineering. Leitfaden zur methodischen Durchführung umfangreicher Planungsvorhaben, 6. Aufl., Zürich 1988, S. 120-151.

HAHN, D.: Planungs- und Kontrollrechnung - PuK. Integrierte ergebnis- und liquiditätsorientierte Planungs- und Kontrollrechnung als Führungsinstrument in Industrieunternehmen mit Massen- und Serienproduktion, 3., völlig überarb. Aufl., Wiesbaden 1985.

HARMON, P.; KING, D.: Expertensysteme in der Praxis: Perspektiven, Werkzeuge, Erfahrungen, München u.a. 1986.

HARMON, P.; MAUS, R.; MORRISSEY, W.: Expertensysteme: Werkzeuge und Anwendungen, München u.a. 1989.

HEINRICH, L. J.; BURGHOLZER, P.: Informationsmanagement: Planung, Überwachung und Steuerung der Informations-Infrastruktur, München u.a. 1988.

IRLE, M.: Macht und Entscheidungen in Organisationen. Studie gegen das Linie-Stab-Prinzip, Frankfurt am Main 1971.

KÖNIG, W.; BEHRENDT, R.: Die Produktion von Expertensystemen, in: Angewandte Informatik, Nr. 3, 1989, S. 95-102.

KÖNIG, W.: Erstellungs- und Einsatzerfahrungen mit einem Expertensystem in der Luftfrachtplanung und -disposition, in: SCHEER, A.-W. (Hrsg.): Betriebliche Expertensysteme I: Einsatz von Expertensystemen in der Betriebswirtschaft - Eine Bestandsaufnahme, Wiesbaden 1988, S. 129-157.

KOWALSKI, R.: AI and Software Engineering, in: Datamation, Nr. 18, Vol. 30 (1984), S. 92-102.

KÜHN, M.: Wichtig ist das Systemdesign, in: Markt&Technik, Nr. 11, 10.03.1989, S. 55-61.

KUPPER, H.: Zur Kunst der Projektsteuerung: Qualifikation und Aufgaben eines Projektleiters bei DV-Anwendungsentwicklungen, 3. Aufl., München u.a. 1985.

KURBEL, K.; PIETSCH, W.: Expertensystem-Projekte: Entwicklungsmethodik, Organisation und Management, in: Informatik Spektrum, Nr. 12, 1989, S. 133-146.

KURBEL, K.; PIETSCH, W.: Projektmanagement bei evolutionärer Softwareentwicklung, in: KURBEL, K.; MERTENS, P.; SCHEER, A.-W. (Hrsg.): Interaktive betriebswirtschaftliche Informations- und Steuerungssysteme, Berlin u.a. 1989, S. 261-285.

KURBEL, K.; PIETSCH, W.: Projektmanagement bei einer Expertensystem-Entwicklung, in: Information Management, Nr. 1, 1988, S. 6-13.

KURBEL, K.: Entwicklung und Einsatz von Expertensystemen, Berlin u.a. 1989.

LEBSANFT, E.: Projektmanagement und Software Engineering in Expertensystemprojekten, in: SCHEER, A.-W. (Hrsg.): Betriebliche Expertensysteme I: Einsatz von Expertensystemen in der Betriebswirtschaft - Eine Bestandsaufnahme, Wiesbaden 1988, S. 67-85.

LÜDER, K.: Investitionskontrolle, Wiesbaden 1969.

LÜDER, K.: Investitionskontrolle, in: HABERLAND, G. (Hrsg.): Handbuch des Controlling und Finanzmanagement, München 1975, S. 358-375.

LUKAT, A.: Organisation und Methodik für Projekte zum Einsatz von Informationstechnik, in: Gesellschaft für Mathematik und Datenverarbeitung mbH (Hrsg.): Arbeitspapiere der Gesellschaft für Mathematik und Datenverarbeitung, Sankt Augustin 1985.

PARTRIDGE, D.: Engineering Artificial Intelligence Software, in: Artificial Intelligence Review, Nr. 1, 1989, S, 27-41.

PETERS, L. J.: Software Design, New York 1981.

PUPPE, F.: Einführung in Expertensysteme, Berlin u.a. 1988.

REICHMANN, TH.; LANGE, C.: Aufgaben und Instrumente des Investitionscontrolling, in: Die Betriebswirtschaft, Nr. 4, 45. Jg. (1985), S. 454-466.

REICHMANN, TH.: Controlling mit Kennzahlen, München 1985.

REICHMANN, TH.: Grundlagen einer systemgestützten Controlling-Konzeption mit Kennzahlen, in: Zeitschrift für Betriebswirtschaft, Nr. 9, 55. Jg. (1985), S. 887-898.

SCHANZ, G.: Organisationsgestaltung. Struktur und Verhalten, München 1982.

SCHEFFLER, H. E.: Grundlagen des Controlling, in: WISU, Nr. 8, 10. Jg. (1981), S. 382-386.

SCHMITZ, H.; WINDHAUSEN, M. P.: Projektplanung und Projektcontrolling: Planung und Überwachung von besonderen Vorhaben, Betriebswirtschaft und Betriebspraxis, 3., neubearbeitete und erweiterte Aufl., Düsseldorf 1986.

SCHUMANN, J.; GERISCH, M.: Software Entwurf: Prinzipien, Methoden, Arbeitsschritte, Rechnerunterstützung, Köln 1986.

SCHWEER, H.: Revision und Controlling, in: Zeitschrift Interne Revision, Nr. 3, 17. Jg. (1982), S. 149-163.

WEITZEL, J. R.; KERSCHBERG, L.: Developing Knowledge-Based Systems: Reorganizing the System Development Life Cycle, in: Communications of the ACM, Nr. 4, April 1989, Vol. 32, S. 482-488.

ZEHNDER, C. A.: Informatik-Projektentwicklung, Stuttgart 1986.

Aktuelle Grenzen von Expertensystemen und Entwicklungstrends

Prof. Dr. J. Biethahn

Abteilung Wirtschaftsinformatik der Universität Göttingen

Inhaltsverzeichnis

1 Abgrenzung des Themas

Nachdem in dieser Einführung die

- Grundlagen der Expertensysteme, die
- Grundtechniken der Wissensrepräsentation und der Inferenz, die
- probabilistische und nichtmonotone Inferenz, die
- Methoden der Wissensakquisition, die
- Methodologie der Entwicklung von Expertensystemen sowie
- Methoden des Knowledge-Engineering und das
- Projekt-Management von Expertensystemen

diskutiert wurden, wird mit dieser Darstellung zum Schluß versucht zu zeigen, wo zur Zeit Forschungsaktivitäten zu beobachten sind, wo es weitergeht und weitergehen sollte.

In diesem Sinne soll deshalb zunächst im ersten Punkt eine thematische Abgrenzung erfolgen: Was ist mit Expertensystemen gemeint?

In den vergangenen Beiträgen wurden Expertensysteme als eng abgegrenzte, relativ schmale wissensverarbeitende Systeme charakterisiert, wobei die Begriffe Expertensysteme und wissensverarbeitende Systeme weitestgehend synonym verwendet wurden. Außerdem wurde davon ausgegangen, daß sie für einen klar abgegrenzten, engen, i.d.R. isolierten Anwendungsbereich entwickelt wurden.

Die Literatur zum Bereich der Expertensysteme gilt zum einen diesen speziell für Anwendungszwecke geschriebenen eigentlichen Expertensystemen. Doch daneben erfolgt die Diskussion zu den sogenannten Expertensystem-Shells, die erst durch das Anreichern mit Wissen zu Expertensystemen werden. Diese mit den Shells entwickelten Expertensysteme haben dann wiederum auch nur das schmale (nur für ein Anwendungsgebiet anwendbare) Wissen von wissensbasierten Systemen. Es ist somit sinnvoll, zunächst zu klären, was aufgrund dieser Unterscheidung mit dem Thema "Aktuelle Grenzen von Expertensystemen und Entwicklungstrends" gemeint ist. Es könnte zum einen auf die Fragen zum Thema "Aktuelle Grenzen von Expertensystemen an sich", zum anderen aber auch zu denen der "Aktuellen Grenzen von Expertensystemen aufgrund der Entwicklungs-Software" eingegangen werden.

Wenn man sich zunächst verdeutlicht, daß bei den Expertensystemen an sich das Hauptproblem mehr in der Frage der Wissensbeschaffung und in der Wissensdarstellung als in der eigentlichen DV- oder Tool-unterstützten Wissensverarbeitung liegt, so wird offensichtlich, daß sich das zweite Thema aus der Behandlung des ersten ergibt. Dieses bedeutet gleichzeitig, daß es bereits sogenannte "Expertensystem-Shells" gibt, aus denen man Expertensysteme entwickeln könnte, wenn das Problem der Wissensbeschaffung und der Gestaltung der Modelle zur Wissensrepräsentation entsprechend der gewählten Shell gelöst wäre und die entsprechende Hard- und Software für die Shell zur Verfügung stünde.

Somit ist fast jedes Problem, das individuell auf dem Computer darstellbar ist und zu dessen Lösung es eines Computers zur systematischen Bearbeitung bedarf, mit Hilfe von Expertensystem-Shells mehr oder weniger effektiv bearbeitbar, obwohl man dieses kaum bei komplexen Problemen und solchen, die über prozedurale Methoden gelöst werden, nutzen würde. Diese positive Darstellung der Shells soll jedoch nicht den Eindruck hervorrufen, die Entwicklung der Shells sei erfolgreich abgeschlossen. Es soll vielmehr betont werden, daß die derzeit vorhandenen Shells i.d.R. wirklich verbesserungswürdig sind. Dieses läßt sich auch an unserem Projekt zur Erstellung des Expertensystems PC-Berater erkennen[1], mit dem Studenten sich ihren PC konfigurieren können. Dort haben wir den Wissenserwerb und die Darstellung für drei verschiedene Shells vorgenommen. Demnach sind sowohl die Shells im Rahmen dieses Beitrages als auch die zu erzeugenden Expertensysteme nicht befriedigend, und beide sollen hier gemeinsam diskutiert werden. Um dieser Zielsetzung gerecht zu werden, wird im 2. Kapitel auf die Basis der Expertensysteme, nämlich auf die Problematik des Wissens und der Wissensdarstellung eingegangen.

Darauf aufbauend werden im 3. Abschnitt in allgemeiner Form die Grenzen der Leistungsfähigkeit von Expertensystemen an sich in Anlehnung an Kurbel[2] angerissen bevor im 4. Kapitel die Tendenzen hergeleitet werden.

2 Wissen und Grenzen der Wissensdarstellung

Wie bereits erwähnt wurde, ist das Wissen die Basis des Expertensystems. Hinsichtlich des Wissens und der Wissensdarstellung stellt sich die Frage: Was ist Wissen und wie läßt sich Wissen im Sinne des Systemansatzes[3] abgrenzen? Zur Beantwortung dieser Frage mag ein Blick ins Zitatenlexikon[4] helfen:

"Wissen ist Macht", diese Feststellung machte Bacon bereits im 17. Jahrhundert in seinen "Religiösen Betrachtungen".

Außerdem macht die Bibel, 1. Korinther 13,9, deutlich:
"Wissen ist Stückwerk."

F. Rückert sagt sogar in seinem Buch "Die Weisheit der Bramahnen", Band 5, Seite 177:
"Wissen, das den Geist beschert, ist Nichtsnutz."

---

1 Vgl. BIETHAHN, J.; HOPPE, U.: Vergleich von Tools zur Erstellung wissensbasierter Systeme auf Basis der Entwicklung einer konkreten Applikation, in: EHRENBERG, D.; KRALLMANN, H.; RIEGER, B. (Hrsg.): Wissensbasierte Systeme in der Betriebswirtschaft, Berlin 1990, S. 113-132.

2 Vgl. KURBEL, K.: Entwicklung und Einsatz von Expertensystemen, Berlin u.a. 1989, S. 196-200.

3 Vgl. BIETHAHN, J.; MUCKSCH, H.; RUF, W.: Ganzheitliches Informationsmanagement, Bd. I, Grundlagen, München u.a. 1990, S. 30-55.

4 PELZER, K.; V. NORMAN, R.: Das treffende Zitat, 8. Auflage, Thun, 1985.

Die Verbindung zwischen Wissen und Können leitete Geibel in seiner "Dramaturgische Epistel" her: "Wissen ist gut, doch Können ist besser." Vielleicht wird durch dieses Zitat auch die Zielrichtung der heutigen wissensbasierten Systeme deutlich, nämlich durch Wissen Können zu erzeugen.

Wie notwendig Wissen sein kann, hebt Naragana in Hitopadesa hervor: "Ein Mensch, dem Wissen fehlt, ist blind."

Und schließlich bemerkt J. Robert Oppenheimer in "Wissenschaft und allgemeines Denken", Bd. 6: "Im Grunde sind wir unwissend. Selbst der Klügste unter uns versteht sich nur auf sehr wenige Dinge wirklich gut; und von dem gesicherten Wissen, sei es naturwissenschaftlich oder geschichtlich, ist jeweils nur ein kleiner Teil im Besitz eines einzelnen Menschen".

Eine andere Form der Betrachtung des Wissens, die vielleicht später als Gefahr für die wissensbasierten Systeme zu sehen ist, gibt John Steinbeck: "Früher war der Mensch Herr seines Wissens. Heute ist das Wissen sein Gebieter."

Aus diesen Zitaten wird deutlich, daß man sich mit der Bedeutung des Wissens und der Gefahr im Umgang mit Wissen eigentlich schon immer beschäftigt hat. Der Begriff des Wissens wird dabei in den verschiedensten Ausprägungen verwendet, z.B. deklaratives Wissen, pragmatisches Wissen, Kontrollwissen, Steuerungswissen, Metawissen, Umweltwissen, Systemwissen, Vorwissen, ...

Umso erstaunlicher ist es, daß es kaum eine einheitlich akzeptierte, praktikable Definition dessen, was Wissen ist, gibt. Selbst in der Psychologie, die sich ja u.a. mit dem Verhalten von Menschen beschäftigt, und für welches das Wissen eine wesentliche Basis bildet, gibt es offensichtlich keine einheitliche Meinung. Deshalb verwenden Opwis und Lüer[5] den Begriff des Wissens mehr pragmatisch, und zwar als die "Informationsbestände (Strukturen und Prozesse), die von einem informationsverarbeitenden System aufgenommen und gespeichert werden, bzw. per Abruf und systeminterner Verarbeitung der weiteren Nutzung zugänglich sind. In diesem Sinne könnte man Wissen auch als die Gesamtheit oder Summe der subjektiven Überzeugungen, individuellen Erfahrungen und Fertigkeiten umschreiben."[6]

Trotz dieser konkreten Beschreibung des Begriffs "Wissen" ist damit noch keine operationale Form gegeben.

---

5 Vgl. OPWIS, K.; LÜER, G.: Modelle der Repräsentation von Wissen, Arbeitsbericht des Institutes für Psychologie der Georg-August-Universität Göttingen, Abt. Allgemeine Psychologie und Methodenlehre, Nr. 18, 1989.

6 Vgl. ebenda, S. 13.

Eine klare Abgrenzung dessen, was einerseits Wissen ist, was andererseits Glauben oder schließlich was Kenntnis ist, ist damit auch noch nicht gegeben. Insofern handelt es sich also beim Begriff des Wissens um eine ausgesprochen unscharfe Größe.

Auch in der Wirtschaftswissenschaft ist Wissen kaum schärfer definiert:

Wittmann geht dabei ausführlich auf die Notwendigkeit des Vorhandenseins von Wissen ein und bezeichnet es als einen immateriellen Potentialfaktor.[7]

Kyrer definiert Wissen als: "die in einem informationsverarbeitenden System unmittelbar verfügbare Information, die zur Lösung eines Problems direkt genutzt werden kann. Wissen umfaßt also nicht nur die Informationen, sondern auch deren Verfügbarkeit und strukturierte Nutzbarkeit in Situationen, in denen Probleme gelöst werden sollen."[8]

In beiden Definitionen wird Wissen mit Information in Verbindung gebracht, aber eine klare Abgrenzung findet nicht statt. Diese ist auch kaum möglich, da auch der Begriff des Nichtwissens nicht exakt faßbar ist. Abgrenzungsversuche dieser Art findet man unter dem Stichwort des vagen oder unsicheren Wissens. Als Beispiel hierfür führt Richter[9] die Begriffe "ganz wahr, ganz falsch" an, die sicher für sich relativ scharf sind, während der Ausdruck "relativ falsch" von ausgesprochen unscharfem Charakter ist. Bei der Unschärfe sind insbesondere folgende verschiedene Formen zu berücksichtigen:

- Die sensorische Unschärfe: Sie hängt letztlich vom Empfinden, von den Sinnesorganen und deren individueller Reizfähigkeit ab.

- Die begriffliche oder linguistische Unsicherheit oder Unschärfe: Sie ist abhängig von der personengebundenen Ausdrucksweise.

- Die subjektive Unschärfe: Als Beispiel für diese Form der Unschärfe sei die Aussage angeführt: "Heute ist es schönes Wetter." Die Einschätzung, was unter "schönem Wetter" zu verstehen ist, variiert von Mensch zu Mensch.

- Die objektive Unschärfe: Sie entsteht im wesentlichen durch Meßfehler oder Unkenntnis.

Die Unschärfe und das mangelnde Allgemeinwissen von Expertensystemen, die die natürliche Sprache nutzten, führten dazu, daß Winograd die folgende Warnung aussprach: "Es ist gefährlich, Systeme zu bauen, die an der Oberfläche wie Menschen erscheinen, ..., bis ein großes Unglück passiert."[10] Es fehlt neben dem exakten Wissen auch das Allgemein-

---

7 Vgl. WITTMANN, W.: Betriebswirtschaftslehre I, Tübingen 1982, S. 127.

8 Vgl. KYRER, A.: Wirtschafts- und EDV-Lexikon, München u.a. 1985, S. 196.

9 Vgl. RICHTER, M. M.: Prinzipien der Künstlichen Intelligenz, Stuttgart 1988, S. 197.

10 Zitiert nach KONRAD, E.: Grenzen der Anwendbarkeit von Expertensystemen, in: KRALLMANN, H. (Hrsg.): Expertensysteme in Unternehmen, Berlin 1986, S. 155

wissen, was dazu führt, daß die Gesamtsituation nicht erkannt wird und derartige "Unglücke" passieren können.
Nach Zadeh[11] ist die Berücksichtigung von unscharfem Wissen im Bereich der Entscheidungsfindung und der Expertensysteme von besonderer Bedeutung. Deshalb muß zukünftig verstärkt nach Wegen gesucht werden, wie man die Unschärfe als wesentliches Kennzeichen des bei uns zu bearbeitenden Wissens mit in den Abbildungsprozeß einbeziehen kann. Solange dies nicht geschieht, wird man das reale Wissen nicht einbeziehen können. Hier wird eventuell die Theorie der Fuzzy Sets noch Hilfe bringen.[12] Erst wenn man in Expertensystemen auch unscharfes Wissen bearbeiten kann, wird man Wissen abgrenzen und die Frage nach Wissen und Nichtwissen beantworten können.

Es zeigt sich also, daß, obwohl es bereits sogenannte Wissensbasierte Systeme gibt, keine völlige Klarheit darüber besteht, was Wissen ist und wie man damit generell umgeht. Bisher gibt es offensichtlich nur in sehr engen Teilbereichen derartige Erkenntnisse über das Wissen, so daß man mit dem dort vorhandenen Wissen auch entsprechend umgehen kann. Um jedoch zu einer Verarbeitung von mehr Allgemeinwissen und unscharfem Wissen zu kommen, ist noch viel Forschungsarbeit nötig. Bis dahin wird man nicht umhinkommen, daß man sich mit einem mehr pragmatischen Arbeitsbegriff zufrieden gibt und Fehler in Kauf nimmt.

Nach diesem unbefriedigenden Ergebnis mit der Abgrenzung dessen, was Wissen ist, soll als nächstes auf die Wissensdarstellung und die Form des Wissens[13] eingegangen werden:

"Ist Wissen als Text darstellbar oder ist es die Abbildung eines Zustands?" Wenn Wissen ein Text ist, läßt es sich sequentiell abspeichern und in gleicher Form bearbeiten. Wenn Wissen dagegen als Zustand wiedergegeben wird, d.h., daß sich darin unter verschiedenen Aspekten verschiedene logisch aufeinander folgende Ketten erkennen lassen (wie z.B. bei einem Bild), so könnte es auch unaussprechliches Wissen wie z.B. subjektive Empfindungen geben. Ein derartiges Wissen beeinflußt aber, wie jeder aus eigener Erfahrung weiß, das Handeln eines Experten nicht unwesentlich.

Es gibt viele Gründe, die für die Annahme sprechen, Wissen sei zustandsorientiert, denn bekanntlich kann vieles nicht gut ausgedrückt werden, insbesondere, wenn man an die Funktionen der Intuition und der Kreativität denkt. Insofern scheint es offensichtlich, daß Wissen keine eindimensionale Größe wie ein Textstring ist. Dieses wird zusätzlich deutlich, wenn man versucht, einen Teilbereich des Wissens (z.B. für ein Referat) in Reihenfolgen oder in Netzen (semantischen Netzen) auszudrücken. Spätestens dann sieht man, daß sich Wissen wohl nur schwer vollständig in Texten erfassen oder wiedergeben läßt.[14]

---

11 Vgl. ZADEH, L. A.: Outline of a Theory of Usuality based on a Fuzzy Logic, in: Jones, A. (Hrsg.): Fuzzy Sets Theory and Applications, Dordrecht u.a., 1986, S. 81.

12 Ansätze zu dieser Diskussion findet man auch bei RICHTER, M. M.: Prinzipien der Künstlichen Intelligenz, a.a.O., S. 197 ff.

13 Vgl. KONRAD, E.: Grenzen der Anwendbarkeit von Expertensystemen, a.a.O., S. 155.

14 Vgl. SCHANK, R. C.; ABELSON, R. P.: Scripts, Plans, Goals and Understanding. An Inquiry into Human Knowledge Structures, Hilldale 1977.

Da aber weitere Formen der Darstellung von Wissen in anwendungsneutraler, bzw. nicht zweckorientierter Form zur Zeit schwer realisierbar erscheinen, müssen wir bei der Übernahme von Wissen von Darstellungs- und Übertragungsfehlern bzw. Unvollständigkeiten ausgehen.

Geht man also von der Darstellung des Wissens als Text aus, so wählt man für die Erfassung und Verarbeitung von Wissen als Text gern aus der DV-technischen Sicht die "Methoden des Information Retrieval", die für den Bereich des Dokumentations- und Bibliothekswesens entwickelt wurden, an. Will man jedoch diese zur Wissenspflege anwenden, so wird man bald feststellen, daß der größte Teil des privaten Wissens nicht auffindbar ist, da er nie erfaßt wurde. Nur ein geringer Teil des öffentlichen Wissens wurde aufgenommen und verbal festgehalten, und höchstens dieser ist für eine solche Textanalyse erreichbar. Bei näherer Prüfung wird man zusätzlich feststellen, daß die Methoden nur eingeschränkt geeignet sind, da die natürliche Sprache bekanntlich durch die Aspekte der Semantik, der Syntax und der Pragmatik geprägt ist und daß durch die Syntax das in dieser Form der natürlichen Sprache dargestellte Wissen in seiner Semantik nicht eindeutig dargestellt wird. Es gibt bekanntlich sehr große Schwierigkeiten bei der semantischen Analyse, d.h. der Wortbedeutung und insbesondere der kontextabhängigen Interpretation. Insofern sind für die DV-gestützte Wissensanalyse noch viele Defizite im Bereich der natürlichsprachlichen Systeme zu beseitigen, die die derzeitigen wissensverarbeitenden Systeme zu besseren wissensverarbeitenden Systemen werden lassen, indem sie auch in die Lage versetzt werden, eine wirkliche Volltextanalyse vorzunehmen.

Als weiteres Stichwort zum Bereich des Wissens und der Wissensdarstellung wird häufig das des Tiefenwissens genannt, mit dem die sogenannten Expertensysteme der zweiten Generation erfolgreicher werden sollten.[15]

Durch die Verwendung des Begriffs Tiefenwissen soll im Gegensatz zum Oberflächenwissen gezeigt werden, wie man aus dem Problemverständnis kausale Modelle entwickeln kann, d.h. man will Wissen über die Ursachen erarbeiten und über diese Ursachen dann Erklärungen finden bzw. Handlungen herleiten. Das Tiefenwissen soll also eine breitere Verwendbarkeit des Wissens und eine bessere Erklärungsfähigkeit der bisherigen Expertensysteme gewährleisten. Doch haben die bisherigen auf dem Tiefenwissen basierenden Expertensysteme wenig Erfolge gezeigt. Die Ursache mag darin liegen, daß der Aufwand zur Erstellung des Tiefenwissens und der zugehörige Eingabeaufwand zu hoch sind. Insofern wird das Tiefenwissen wohl in der nächsten Zeit primär in Form von Heuristiken[16] bzw. kompilierter Form in die übrigen Formen der Wissensdarstellung mit einfließen.

---

15 Vgl. PUPPE, F.: Einführung in die Expertensysteme, Berlin u.a. 1988, S. 181, wonach die bisherigen Expertensysteme primär auf empirisches Wissen zurückgreifen.

16 Vgl. PARTRIDGE, D.: KI und das Software-Engineering der Zukunft, Hamburg u.a., 1989, S. 61-65. Auch für die Entwicklung der Heuristiken gibt es kein eindeutig festes Verfahren, da es sich um einen weitgehend kreativen Prozeß handelt.

Damit ergibt sich die Frage: "Wie soll das darzustellende Wissen genutzt werden?" Denn schließlich bemüht man sich, das Wissen unter dem Aspekt der späteren Nutzung zielorientiert darzustellen. Dazu wird im folgenden geprüft, inwieweit zur Darstellung des Wissens eine Unterteilung der Verfahren[17] in solche für deklaratives und prozedurales Wissen[18] hilft.

Bei deklarativen Verfahren wird das Wissen als statische Sammlung von Situationen, z.B. mit der Aussagen- oder der Prädikatenlogik dargestellt. Dieses Wissen wird von einer kleinen Menge an Verfahren zur Auswertung begleitet.

Demgegenüber versucht man bei den prozeduralen Verfahren das meiste Wissen in Prozeduren für Anwendungen bereitzustellen. Die Vorteile der deklarativen Wissensdarstellung liegen hauptsächlich in der Vielfachverwendbarkeit, da sie weitgehend auswertungsneutral sind. Außerdem ist es leicht ergänzbar, da nur Fakten angefügt werden. Bei der prozeduralen Darstellung ist dagegen die leichtere Ergänzungsmöglichkeit von Schlußfolgerungen und Heuristiken hervorzuheben.

Unter Berücksichtigung dieser Aufteilung fordert SAVORY, daß man sich insbesondere um deklarativ dargestelltes Wissen bemühen sollte, da dieses eher von den einzelnen Problemfällen unabhängig ist und eher für eine Datenbankanwendung geeignet ist.[19] SAVORY geht also davon aus, daß man sich in der nächsten Zeit zunehmend darum bemühen wird, deklarativ dargestelltes Wissen über Datenbankanwendungen in die Wissensverarbeitung einfließen zu lassen.

Diese Unterteilung in deklarativ und prozedural dargestelltes Wissen legt gleichzeitig eine weitere nahe, und zwar die in permanentes und temporäres Wissen im Sinne der Datenbankanwendungen. Die dort gesammelten Erfahrungen werden sich sicher bei den Darstellungsverfahren für deklaratives und prozedurales Wissen nutzen lassen.[20]

Zur Darstellung des Wissens werden wohl neben diesen Darstellungsformen auch diejenigen zu berücksichtigen sein, die durch die Heranziehung neuronaler Netze an Bedeutung gewinnen werden. Diese neuronalen Netze werden nach dem Bericht aus dem KI-Führer'90[21] von vielen Experten als zukunftsweisend angesehen.

17 Vgl. RICH, E.: KI - Einführung und Anwendung, Hamburg u.a. 1989, S. 218.

18 Die Verfahren stehen im Gegensatz zu dem nicht eindeutig definierten Begriff des deklarativen bzw. prozeduralen Wissens.

19 Vgl. SAVORY, S. E.: KI-Trends 1990. Aktuelle Expertenprognosen aus Wirtschaft und Hochschule, in: Euro-KI-Führer 1990, München 1990, S. 10.

20 Neben dieser Unterscheidung für die Wissensbereitstellung in Datenbanken empfiehlt sich nach LÜER und OPWIS eine Dreiteilung nach:
Datenwissen oder deklarativem Wissen (wissen was), Methodenwissen, dem operativen oder prozeduralen Wissen (wissen wie) und Kontroll- und Metawissen (wissen wann). Vgl. OPWIS, K.; LÜER, G.: Modelle der Repräsentation von Wissen, a.a.O., S. 14-42.

21 Vgl. RADIG, B.: KI-Trends 1990. Aktuelle Expertenprognosen aus Wirtschaft und Hochschule, a.a.O., S. 6.

Der wohl schwierigste Aspekt bei der Bereitstellung von Wissen in Expertensystemen dürfte in der Darstellung des Allgemeinwissens liegen. Auf die Erfordernis eines derartigen - auch vielfach anwendbaren - Allgemeinwissens für Expertensysteme machte bereits YAGER auf der Tagung für Fuzzy-Sets in Louvain-La-Neuve 1985 aufmerksam, als er sagte, daß es nur durch die Einbeziehung von Allgemeinwissen oder auch Umgebungswissen möglich ist, grobe Irrtümer von Expertensystemen zu vermeiden.[22]

Auf diesen Sachverhalt macht ebenfalls MERTENS (Kaiserslautern) aufmerksam indem er sagt: "Bedeutende Innovationsschübe für die KI-Werkzeugentwicklung sind von den intensiven weltweiten Forschungsbemühungen zur Repräsentation von Alltagswissen (common sense) und zur Ableitung von leistungsfähigen Lernalgorithmen sicherlich nicht kurzfristig, aber hoffentlich mittelfristig zu erwarten."[23]

Aus den Fragen zum Wissen und zur Wissensdarstellung wurde deutlich, daß es noch keine allgemein als sinnvoll anerkannte Theorie gibt und daß wir uns noch im Anfangsstadium befinden. Es wird notwendig, daß man sich hier um allgemeine Konzepte bemüht, für die bisher nur Ansätze und Gliederungsaspekte vorliegen.

Nachdem bisher die Wissensdarstellung als Basis für Expertensysteme im Vordergrund stand, soll im folgenden Abschnitt in Anlehnung an KURBEL[24] die generellen Grenzen von Expertensystemen aufgezeigt werden.

3 Grenzen der Leistungsfähigkeit

Expertensysteme sind bekanntlich Programme[25], die in einem eng abgegrenzten Anwendungsbereich die Problemlösungsfähigkeiten eines menschlichen Experten erreichen oder übertreffen sollen. Die Beschränkung auf eine enge Problemdomäne ist erforderlich, da es zur Zeit noch keinen allgemeinen Wissensspeicher gibt und zum weiteren ein wirklich umfassendes Wissen nur schwer erhebbar und aufgrund der Komplexität nur schwer strukturierbar ist. Je enger die Problemdomäne ist, desto eher kann ein Expertensystem erfolgreich sein. Wenn man jedoch einem Expertensystem einen ihm fremden Problemfall vorlegt, wird es in der Regel vollkommen versagen, d. h., das Verhalten könnte unkontrollierbar werden. Deshalb sollte deutlich sein:

---

22 Vgl. YAGER, R.: Vortrag auf der Tagung Fuzzy Sets Theory and Applications, 8.-20. Juli 1985 in Louvaine-la-Neuve, Belgium, und BALDWIN, J. F.: Support Logic Programming, in: JONES, A.; KAUFMANN, A.; ZIMMERMANN, H. J. (Hrsg.): Fuzzy Sets Theory and Applications, Dordrecht u.a. 1986, S. 134.

23 Vgl. MERTENS, P.: KI-Trends 1990. Aktuelle Expertenprognosen aus Wirtschaft und Hochschule, in: Euro-KI-Führer 1990, München 1990, S. 15.

24 Vgl. KURBEL, K.: Entwicklung und Einsatz von Expertensystemen, a.a.O., S. 196-200.

25 Ebenda, S. 198.

Ein Expertensystem weiß nicht, was es nicht weiß!

Ein menschlicher Experte hingegen verfügt nicht nur über die Problemlösungskompetenz sondern darüberhinaus über die Fähigkeit, diese zu beurteilen, um sich bei Problemen, die außerhalb dieser Kompetenz liegen, anstandsvoll zurückziehen zu können ("to degrade gracefully"[26]).

Gerade aus der offensichtlich möglichen Unsinnigkeit eines Ergebnisses, die sich aus dem überaus eingeschränkten Problemwissen ergeben kann, wird deutlich, daß zur Interpretation von potentiellen Ergebnissen Umweltwissen im Sinne des Entscheidungsansatzes[27] bzw. ein erhebliches Maß an Allgemeinwissen und gesunder Menschenverstand erforderlich sind. Dieses läßt sich jedoch bei komplexen Problemstellungen mit Hilfe der heutigen Expertensystemtechnologie nicht repräsentieren. Insofern läßt sich ausführen:

Ein Expertensystem verfügt nicht über gesunden Menschenverstand oder Common Sense!

Auch ist offensichtlich, daß alles, was in der Wissensbasis steht (selbst wenn Konfidenzfaktoren für das Eintreten von unterschiedlichen Situationen vorliegen oder andere Formen der Wissensgewichtung verwendet werden), für das Expertensystem inhaltlich gleichermaßen Bedeutung hat. Es findet auch kein Aussortieren von falschem oder logisch inkonsistentem Wissen statt, da in Regeln dargestelltes Wissen logisch hergeleitet und somit eigentlich nicht widersprüchlich sein kann (menschliches Wissen ist aber in der Regel widersprüchlich). Zusätzlich wird fehlendes Wissen kaum erkannt und ergänzt, so daß alles mehr einen statischen Charakter hat, weil eine tiefere Einsicht über die Differentiation der inhaltlichen Bedeutung fehlt. Insofern läßt sich das nächste Gesetz herleiten:

Ein Expertensystem "glaubt" alles gleichermaßen, was in seiner Wissensbasis steht!

Die zu lösende reale Problemstellung ist in der Regel von großer Komplexität geprägt. Das ablauffähige Expertensystem hingegen operiert lediglich auf einem engen Realitätsausschnitt der Problemstellung. Die zwischen dem meist verbal formulierten Expertenwissen und dem Expertensystem bestehende konzeptionelle Lücke wird durch Modellierungsprozesse überbrückt, also:

Ein Expertensystem löst nicht das reale Problem, sondern die eingeschränkte Abbildung auf das Problemgebiet!

Es zeigt sich also, daß die primären Grenzen des Einsatzes von Expertensystemen im zu bearbeitenden Problembereich, der Problemdomäne, und dem ausgewählten Problem

---

26 Vgl. DAVIS, R.: Expert Systems: Where are we? And where do we go from here?, in: AI Magazine, Spring 1982, S. 4.

27 Vgl. BIETHAHN, J.; MUCKSCH, H.; RUF, W.: Ganzheitliches Informationsmanagement, Bd. I, Grundlagen, a.a.O., S. 76ff.

selbst liegen. Zusätzlich ist zu sehen, daß eine Aufnahme zusätzlichen Wissens, das über die definierten Grenzen hinaus geht, kaum möglich ist, also:

Ein Expertensystem lernt nicht über die vorgesehenen Grenzen hinaus.

Da dieses Lernverhalten von der Konstruktion auch nicht gegeben ist, zeigt sich, daß Expertensysteme sich nur in der Problemdomäne in engen Grenzen bewegen und keine wirklich neuen Lösungen bringen. Insofern suggeriert der Begriff "Expertensystem" einen Anspruch, der im allgemeinen nicht aufrechterhalten werden kann, denn die Expertensysteme entlasten den Experten nicht vollständig.

Nach diesen Vorbemerkungen zu den Grenzen soll nunmehr auf mögliche Tendenzen eingegangen werden.

4 Tendenzen der Expertensysteme

Wesentliche Tendenzen lassen sich bereits in den Grundlagenwerken zu den Expertensystemen bzw. zur Künstlichen Intelligenz von Kurbel[28], Puppe[29], Richter[30], Rich[31] und Partridge[32] erkennen. Darüber hinaus ließen sich Erweiterungen aus dem Euro-KI-Führer 1990 mit den KI-Trends 1990[33] herleiten. Die darin gesammelten Aussagen lassen sich in sieben Punkten zusammenfassen:

4.1 Wissensdarstellung

Bereits in Kapitel 2 wurde deutlich, daß im Bereich der Wissensdarstellung noch viel geforscht werden muß und Verbesserungen realisiert werden müssen. Deshalb soll dieser Punkt hier nur in Stichworten zusammengefaßt werden:

- Trennung des Wissens nach Wissensarten
- Einbeziehung von Informations Retrieval Systemen
- Nutzung von Datenbanken durch entsprechende Schnittstellen
- bewußte Berücksichtigung von unscharfen Wissen
- Suche nach allgemeingültigen Konzepten.

Doch nicht nur in diesem Bereich ist eine Weiterentwicklung Voraussetzung für die effektive Anwendung von Expertensystemen. Ähnlich sieht es mit der Lernfähigkeit aus.

---

28 KURBEL, K.: Entwicklung und Einsatz von Expertensystemen, a.a.O., S. 196-200.

29 PUPPE, F.: Einführung in Expertensysteme, a.a.O.

30 RICHTER, M. M.: Prinzipien der künstlichen Intelligenz, a.a.O.

31 RICH, E.: KI-Einführung und Anwendungen, a.a.O.

32 PARTRIDGE, D.: KI und das Software-Engineering der Zukunft, a.a.O.

33 Vgl. KI-Trends 1990. Aktuelle Expertenprognosen aus Wirtschaft und Hochschule, a.a.O., S. 6-15.

4.2 Lernen von Expertensystemen

Menschliche Experten sind lernfähig. Dieses sollte man auch von Expertensystemen erwarten. Für die Aufnahme neuen Wissens verfügen Expertensysteme über eine sogenannte Wissenserwerbskomponente, die jedoch in der Regel nur vom Wissensingenieur benutzt werden kann. Nur er kann nach erheblicher Vorkenntnis des Expertensystems und des Wissensbereichs Wissen in die Wissensbasis oder Wissensbank einfließen lassen, da die Schnittstelle für den Experten selbst noch nicht hinreichend geeignet ist. Da also der Wissenszugang in Expertensysteme i.d.R. nur periodisch über einen Wissensingenieur und nicht über den Normalnutzer erfolgt, haben die Expertensysteme einen weitgehend statischen Charakter. Das Forschungsfeld der Wissensbasierten Systeme mit einer sich selbst schulenden oder automatisch erweiternden oder lernenden Wissensbasis ist derzeit noch weitgehend Neuland. "Sollte es gelingen, Lernmethoden zu implementieren, die im Sinne einer evolutionär zunehmenden Einsicht in der Lage sind, wie der Mensch aus guten und schlechten Erfahrungen allgemeines Wissen abzuleiten, wird dies einem Durchbruch der KI in eine sehr breitgefächerte Anwendung gleichkommen."[34] Für diese Aufgabe verspricht sich RADIG Hilfe von den neuronalen Netzen, die aus dem Verhalten bei anderen Experimenten lernen.[35]

Selbst wenn eine weitgehend auf der natürlichen Sprache basierende Schnittstelle zum menschlichen Experten für die Kommunikation entwickelt werden würde, wäre es aufgrund des zu geringen Allgemeinwissens und der Unschärfe des Wissens kaum möglich, einem Expertensystem ein automatisches Lernverhalten beizubringen.

Es stellt sich also generell die Frage: Lassen sich Einstellungen oder Erkenntnisse automatisch lernen?[36] Dieses wird aufgrund der Unschärfe des Wissens kaum möglich sein. Dagegen könnte aber eine Sammlung an Faktenwissen und ein beschränkter Teil an Regelwissen, das für ein Expertensystem gelernt werden müßte, durch die Inanspruchnahme von Information-Retrieval-Systemen wesentlich unterstützt werden.

Neben der Frage der technischen Möglichkeit ist dabei auch die der Wirtschaftlichkeit zu prüfen. Es gilt also zu klären, inwieweit Lösungsansätze des Lernens oder der Wissensakquisition auch wirtschaftlich vertretbar sind. Bisher wissen wir von traditionellen Programmen, daß die Wartung und Instandhaltung 70%, dagegen die Neuerstellung nur 30% der Gesamtkosten ausmachen.[37] Es ist davon auszugehen, daß der Aufwand für die Pflege der Wissensbasis mindestens in einem ähnlichen Verhältnis zu dem der Anfangserstellung eines Expertensystems stehen wird und daß somit erhebliche Pflegekosten zu erwarten sind.

---

34 Vgl. MERTENS, P.: KI-Trends 1990. Aktuelle Expertenprognosen aus Wirtschaft und Hochschule, a.a.O., S. 15.

35 Vgl. RADIG, B.: KI-Trends 1990. Aktuelle Expertenprognosen aus Wirtschaft und Hochschule, a.a.O., S. 6.

36 Vgl. hierzu auch KONRAD, E.: Grenzen der Anwendbarkeit von Expertensystemen, a.a.O., S. 156.

37 Vgl. KURBEL, K.: Entwicklung und Einsatz von Expertensystemen, a.a.O., S. 197.

Ebenso wie die Frage zum Erwerb des Wissens wirft auch die zu dem Bereich des Problemlösens weitere Fragen auf, aus denen sich vielleicht Tendenzen ergeben. Darauf soll nun eingegangen werden.

4.3 Die Inferenz oder die Fähigkeit des Problemlösens

Expertensysteme erheben den Anspruch, Nicht-Experten in die Lage zu versetzen, komplexe Probleme zu lösen. Nach DREYFUSS[38] ist dieses aber falsch, denn Experten lösen keine Probleme, weil sie keine Probleme haben. DREYFUSS unterscheidet zur Klassifikation der Experten zwischen verschiedenen Stufen der Könnerschaft. Der Anfänger lernt die Regeln und wendet diese Regeln an, ohne dabei über Umgebungswissen oder Allgemeinwissen zu verfügen und darüber den Kontext mit einzubeziehen. Der erfahrenere Anfänger ist aufgrund seiner Erfahrung in der Lage, ebenfalls die Entscheidungssituation miteinzubeziehen. Und schließlich erkennt der absolute Könner oder auch Experte intuitiv, was getan werden muß und wie er es tut. Insofern hat dieser Könner keine Probleme, denn er weiß alles, hat für jedes (Standard)-Problem seiner Problemdomäne eine Lösungsstrategie. Nach dieser Einteilung verhält sich das Expertensystem wie ein Anfänger. Es wird jedoch von den Auftraggebern die Entwicklung einer Strategie und das Verhalten wie bei einem Könner erwartet.

Um im Expertensystem zu Lösungen zu kommen, gibt es gewisse traditionelle[39] Problemlösungsstrategien, und zwar die der Tiefen-, der Breiten- und der heuristischen Suche, über die zusammen mit den Techniken der Vorwärts- und Rückwärtsverkettung die Lösung gefunden und realisiert werden sollen. Eine Verbesserung dieser Techniken verspricht die Software AG in ihrem Tool Natural Expert durch den Einsatz der sogenannten "Lazy Evaluation", die eine Mischform der obigen Lösungsstrategien darstellt.[40] Trotz dieser Techniken muß man sich über die Form, die Zuverlässigkeit der Ergebnisse und die benötigte Zeit zur Lösungsfindung Gedanken machen. Hierzu wurde auch bereits im Rahmen des unscharfen Wissens eingegangen. Derartige Überlegungen führen aber immer zur Forderung nach komplexeren Wissens- und Problemdomänen. Es läßt sich ohne Probleme herleiten, daß bei Vergrößerung des Wissens und einer Verfeinerung der Lösungstechniken zur Steigerung der Intelligenz (im Sinne der Berücksichtigung größerer Problemdomänen) die Laufzeit erheblich wachsen wird. Konrad behauptet sogar, daß das Wachstum der Intelligenz mit einem exponentiellen Wachstum der Laufzeit verbunden ist.[41]

Es ist also insofern zu überlegen, inwieweit man durch neue Verfahren versuchen kann, die Laufzeiten zu reduzieren. Ansätze sind beispielsweise in neueren Lösungsstrategien für die Bearbeitung des Wissens oder der Regeln auf der Softwareseite zu sehen. Eine andere

---

38 Zitiert nach KONRAD, E.: Grenzen der Anwendbarkeit von Expertensystemen, a.a.O., S. 155.

39 Neben den traditionellen gibt es auch Problemlösungsstrategien mit einem erheblich höheren Abstraktionsniveau. Vgl. hierzu Beitrag von UWE HOPPE in diesem Buch.

40 Vgl. Benutzerhandbücher der SAG, z.B. Natural Expert, User's Guide, NEX-112-020, Software AG, Darmstadt 1990.

41 Vgl. KONRAD, E.: Grenzen der Anwendbarkeit von Expertensystemen, a.a.O., S. 154.

Möglichkeit wird auf der Hardwareseite in der Parallelisierung von Fragen der Abarbeitung verfolgt. Hier erwartet man sich insbesondere durch die neuronalen Netze völlig neue Problemlösungswege.[42]

4.4 Die Erklärungskomponente

Die Erklärungskomponente ist nach Konrad so etwas wie das Fenster für die Menschen zum Expertensystem.[43] Bisher ist die Erklärungskomponente neben der Wissenserwerbskomponente in fast allen Expertensystemen eher schwach ausgestaltet worden. Normalerweise werden bei Anforderung einer Erklärung die bearbeiteten Regeln bzw. die Frames angezeigt, die bisher benutzt wurden, so daß man den Weg zum bisherigen Ergebnis auf dem Computer verfolgen kann. Dieses gilt selbstverständlich auch nur dann, wenn man die Methoden der Wissensrepräsentation beherrscht, d.h. die Erklärungskomponente ist i.d.R. nicht für den eigentlichen Nutzer des Expertensystems, für den das System geschaffen sein sollte, verständlich, da nur der Wissensingenieur diese Ergebnisse interpretieren kann. Somit wird der Zweck der Erklärungskomponente nicht erfüllt. Insofern besteht dringender Bedarf, die Erklärungskomponente so zu gestalten, daß sie auch für die Experten verständlich ist. Nur dann kann das Expertensystem aus der Forschungs- und Entwicklungsabteilung in die Fachabteilung komplett übergeben und von dort auch anschließend weiter gepflegt werden.[44]

Das Problem der Wartung des Wissens kann auch aufgrund der ungenügenden Unterstützung des Knowledge Engineers durch die Erklärungskomponente noch als weitgehend ungelöst angesehen werden. Die Ursache liegt darin, daß man bisher i.d.R. nicht in der Lage ist, ein komplexeres Regelsystem durch Hinzufügen einiger weiterer Regeln mit Garantie lauffähig zu erhalten.

Hier wäre es sinnvoll, wenn die Problemlösungsstrategien über die Erklärungs- und die Dialogkomponente transparenter entwickelt werden könnten, so daß durch Nutzung einer mehr natürlichsprachlichen Schnittstelle zur Erklärungskomponente die Wartung in die Fachabteilung verlagert werden kann.

4.5 Die Integration in ganzheitliche Informationssysteme

Betrachtet man die Menge der realisierten Expertensysteme bzw. der Prototypen, so wird deutlich, daß es sich i.d.R. um isolierte Inselsysteme handelt, die kaum über eine systematische Anbindung an Datenbanken verfügen. Wünschenswert wäre jedoch eine Anbindung, bei der neben den üblichen Nutzern der traditionellen Datenbanken die Expertensysteme

42 Vgl. RADIG, B.: KI-Trends 1990. Aktuelle Expertenprognosen aus Wirtschaft und Hochschule, a.a.O., S. 6.

43 Vgl. KONRAD, E.: Grenzen der Anwendbarkeit von Expertensystemen, a.a.O., S. 154.

44 Vgl. GILL, U.: KI-Trends 1990. Aktuelle Expertenprognosen aus Wirtschaft und Hochschule, a.a.O., S. 8.

als Nutzer der Datenbasis auftreten. Deshalb sollten die betrieblichen Expertensysteme in das gesamte betriebliche Informationssystem integriert werden. Auf eine Konzeption[45] hierfür soll im folgenden kurz eingegangen werden. Danach besteht das Informationssystem aus:

1. Datenbankmanagementsystem mit dazugehöriger Datenbank,
2. traditionellem Programmsystem,
3. Methodenbank/Toolsystem und schließlich
4. Expertensystembank.

Alle diese Systeme sollen über ein Dictionary verwaltet werden und auf gemeinsame Tools bzw. Methoden aus der Methodenbank/Toolsystem zurückgreifen können. In diesem Sinne könnten beispielsweise Funktionen und komplette Rules Methoden aus der Methodenbank sein. Für die Erklärung würden ebenfalls Methoden aus der Methodenbank herangezogen werden. Desgleichen sind die bisherigen Shells zur Erzeugung von Expertensystemen ebenfalls Systeme von Methoden, denn bekanntlich ist eine Expertensystem-Shell ein leeres Expertensystem, d.h. Expertensystem ohne problemspezifisches Wissen, dessen Methoden zur Bearbeitung von Wissen bereitstehen, und das durch die Anreicherung mit Wissen erst zum eigentlichen Expertensystem wird. Die Shells wären dann Bestandteil der Methodenbank. Fertige Expertensysteme wird man dagegen in der Expertensystembank ablegen, wie man die individuellen Programmanwendungen im Programmsystem bereithält.

Das Wissen sollte weitestgehend in der Datenbank untergebracht werden und durch das DBMS verwaltet werden. Sicher wird es durch diese Forderung notwendig, die Anforderungen an das DBMS neu zu formulieren bzw. zu ergänzen.

Eine weitere ganzheitliche Ergänzung der Expertensysteme könnte darin bestehen, daß viele Benutzer möglichst gleichzeitig auf gemeinsames Wissen zugreifen können, d.h. es wird wie im Bereich der traditionellen Datenverarbeitung in die Richtung der Multi-User Expertensysteme gehen.[46]

---

45 Vgl. hierzu BIETHAHN, J.; MUCKSCH, H.; RUF, W.: Ganzheitliches Informationsmanagement, Bd. II, Daten- und Entwicklungsmanagement, München u.a. 1991, Kapitel 1.
BIETHAHN, J.: Concepts for the Knowledge Acquisition Process resulting from the Application of different Tools in the Development of an Expert System, in: WHITTEN, B.; GILBERT, J.; DAVIS, K. R. (Hrsg.): Proceedings of the 1990 Annual Meeting, Decision Sciences Institut Nov. 19-21, San Diego 1990, S. 318-319.

46 Vgl. hierzu BOLTE, C.: Verteilte Künstliche Intelligenz, Arbeitsberichte des Lehrstuhls für Wirtschaftsinformatik Dortmund, 12/1985.

4.6 Knowledge- and Software-Engineering

Wie bereits im letzten Punkt ausgeführt wurde, wird man sich bemühen, sich weiteren und auch immer komplexeren Anwendungsbereichen zuzuwenden. Bisher fand aber die Entwicklung primär im Bereich des Erstellens von Prototypen über Shells statt. Dabei stößt man zunehmend auf Probleme, die z.T. bereits schon angesprochen wurden:

1) Wurde die Struktur des Wissens optimal berücksichtigt?
2) Ist der Inferenzmechanismus problemadäquat ausgewählt?
3) Sind die Probleme der Hierarchisierung von Wissen in der richtigen Weise erkannt worden?
4) Sind die traditionellen Prinzipien der Sofwareentwicklung[47] für qualitativ hochwertige Software berücksichtigt worden?

Im Bereich des Software-Engineerings von Expertensystemen wird man deshalb speziellere Shells heranziehen müssen und evtl. auch die Fragen der Performance oder des Laufzeitverhaltens verstärkt mit aufnehmen, indem z.B. wirkliche Produktionssysteme für die regelmäßige Anwendung geschaffen werden.

Nach Ansicht des Hauses Siemens[48] wird es dazu führen, daß die bisher dominierenden monolithischen Shells zunehmend durch maßgeschneiderte Spezialshells für spezielle Problemklassen verdrängt werden.

4.7 Hardware

Bereits vor zehn Jahren hat man das Projekt der Computer der fünften Generation in Japan formuliert. Es gibt inzwischen zwar Prototypen, jedoch haben diese bisher noch nicht das geleistet, was man von Ihnen erwartet.[49] Die Antwort der konkurrierenden Staaten bestand u.a. darin, daß man versuchte, verstärkt zu parallelisieren und andere Software zum Einsatz zu bringen.

Eine weitere Antwort, die zunehmend auf der Hardwareseite an Bedeutung gewinnt, ist die Schaffung von neuronalen Netzen.

Bisher wurde bei den Expertensystemen stets kaum beachtet, daß wir zwar wissen, daß der Mensch denkt, daß wir aber den Prozeß des Denkens und Wissensbearbeitens im Menschen noch kaum durchschaut haben. Trotzdem wird jedoch dieses menschliche Denken auf einfachste Strukturen zurückgeführt und auf eine Maschine, die für andere Zwecke

47 Zu den Prinzipien vgl. BIETHAHN, J.; MUCKSCH, H.; RUF, W.: Ganzheitliches Informationsmanagement, Bd. II, Daten- und Entwicklungsmanagement, a.a.O., Kapitel 3.

48 Vgl. REMMELE, W.; BÄSSLER, R.: KI-Trends 1990. Aktuelle Expertenprognosen aus Wirtschaft und Hochschule, a.a.O., S.12.

49 Vgl. HENN, R.: Wettlauf um die Technologie der Zukunft, in MEGA, Sonderheft "Expertensysteme" München 1987, S. 23.

geschaffen ist, übertragen. Der Einsatz neuronaler Netze zielt darauf ab, das Verhalten des Menschen in einer Maschine zu simulieren. Dazu wird ein Modell über die Vorstellung des Denkvorgangs von Menschen entwickelt. Nach diesem Modell geht man davon aus, daß sich das Denken durch das Zusammenwirken von einer Vielzahl an gleichartigen Zellen, den Neuronen, in einem Netz, dem sogenannten neuronalen Netz ergibt. Derartige neuronale Netze wurden nun elektronisch nachgebaut, und man versucht, sie mit Informationen zu versorgen und sie darüber lernfähig zu machen. Durch diese neue Hardware kann es somit auch für die Expertensysteme zu völlig neuen Systemen kommen.

5 Ausblick

Expertensysteme und insbesondere die Shells hierzu sind sicher noch verbesserungswürdig. Hier sind insbesondere die Verfolgung der Methodik im Umgang und der Bearbeitung des Wissens, der Methodik in der Gestaltung von Expertensytemen und der ganzheitlichen Ausrichtung zu nennen. In allen drei Richtungen wird bereits intensiv gearbeitet.

Zusätzlich sollte aber verstärkt in die Ausbildung hinsichtlich des Umgangs mit Expertensystemen investiert werden, damit auch Nicht-DV-Leute in allen betrieblichen Teilbereichen ihre Arbeit mit dem Wissen von Experten ausführen können.

6 Literaturverzeichnis

BALDWIN, J. F.: Support Logic Programming, in: JONES, A.; KAUFMANN, A.; ZIMMERMANN, H. J. (Hrsg.): Fuzzy Sets Theory and Applications, Dordrecht u.a. 1986, S. 133-170.

BIETHAHN, J.: Concepts for the Knowledge Acquisition Process resulting from the Application of different Tools in the Development of an Expert System, in: WHITTEN, B.; GILBERT, J.; DAVIS, K. R. (Hrsg.): Proceedings of the 1990 Annual Meeting, Decision Sciences Institut, Nov. 19-21, San Diego 1990, S. 317-319.

BIETHAHN, J.; HOPPE, U.: Vergleich von Tools zur Erstellung wissensbasierter Systeme auf Basis der Entwicklung einer konkreten Applikation, in: EHRENBERG, D.; KRALLMANN, H.; RIEGER, B. (Hrsg.): Wissensbasierte Systeme in der Betriebswirtschaft, Berlin 1990, S. 113-132.

BIETHAHN, J.; MUCKSCH, H.; RUF, W.: Ganzheitliches Informationsmanagement, Bd. I, Grundlagen, München u.a. 1990.

BIETHAHN, J.; MUCKSCH, H.; RUF, W.: Ganzheitliches Informationsmanagement, Bd. II, Daten- und Entwicklungsmanagement, München u.a. 1991.

BOLTE, C.: Verteilte Künstliche Intelligenz, Arbeitsberichte des Lehrstuhls für Wirtschaftsinformatik Dortmund, 12/1985.

DAVIS, R.: Expert Systems: Where are we? And where do we go from here?, in: AI Magazine, Spring 1982, S. 3-22.

GILL, U.: KI-Trends 1990. Aktuelle Expertenprognosen aus Wirtschaft und Hochschule, in: Euro-KI-Führer 1990, München 1990, S. 6-15.

HENN, R.: Wettlauf um die Technologie der Zukunft, in MEGA, Sonderheft "Expertensysteme" München 1987, S. 22-32.

KONRAD, E.: Grenzen der Anwendbarkeit von Expertensystemen, in: KRALLMANN, H. (Hrsg.): Expertensysteme in Unternehmen, Berlin 1986, S. 153-157.

KURBEL, K.: Entwicklung und Einsatz von Expertensystemen, Berlin u.a. 1989.

KYRER, A.: Wirtschafts- und EDV-Lexikon, München u.a. 1985.

MERTENS, P.: KI-Trends 1990. Aktuelle Expertenprognosen aus Wirtschaft und Hochschule, in: Euro-KI-Führer 1990, München 1990, S. 6-15.

OPWIS, K.; LÜER, G.: Modelle der Repräsentation von Wissen, Arbeitsbericht des Institutes für Psychologie der Georg-August-Universität Göttingen, Abt. Allgemeine Psychologie und Methodenlehre, Nr. 18, 1989.

PARTRIDGE, D.: KI und das Software-Engineering der Zukunft, Hamburg u.a., 1989.

PELZER, K.; V. NORMAN, R.: Das treffende Zitat, 8. Auflage, Thun, 1985.

PUPPE, F.: Einführung in die Expertensysteme, Berlin u.a. 1988.

RICHTER, M. M.: Prinzipien der Künstlichen Intelligenz, Stuttgart 1988.

RADIG, B.: KI-Trends 1990. Aktuelle Expertenprognosen aus Wirtschaft und Hochschule, in: Euro-KI-Führer 1990, München 1990, S. 6-15.

REMMELE, W.; BÄSSLER, R.: KI-Trends 1990. Aktuelle Expertenprognosen aus Wirtschaft und Hochschule, in: Euro-KI-Führer 1990, München 1990, S. 6-15.

RICH, E.: KI - Einführung und Anwendung, Hamburg u.a. 1989.

SAVORY, S. E.: KI-Trends 1990. Aktuelle Expertenprognosen aus Wirtschaft und Hochschule, in: Euro-KI-Führer 1990, München 1990, S. 6-15.

SCHANK, R. C.; ABELSON, R. P.: Scripts, Plans, Goals and Understanding. An Inquiry into Human Knowledge Structures, Hilldale 1977.

Software AG Benutzerhandbücher, z.B. Natural Expert, User's Guide, NEX-112-020, Software AG, Darmstadt 1990.

WITTMANN, W.: Betriebswirtschaftslehre I, Tübingen 1982.

YAGER, R.: Vortrag auf der Tagung Fuzzy Sets Theory and Applications, 8.-20. Juli 1985 in Louvaine-la-Neuve, Belgium.

ZADEH, L. A.: Outline of a Theory of Usuality based on a Fuzzy Logic, in: Jones, A. (Hrsg.): Fuzzy Sets Theory and its Applications, Dordrecht u.a. 1986, S. 79-98.